| 개발자 취업 성공 프로젝트 #2

보통의 취준생을 위한 코딩 테스트 with 파이썬

| 백준 플래티넘 5 &
| 코드포스 파란색 랭크 달성하기

개발자 취업 성공 프로젝트 #2

보통의 취준생을 위한 코딩 테스트 with 파이썬
백준 플래티넘 5 & 코드포스 파란색 랭크 달성하기

지은이 권국원 **1판 1쇄 발행일** 2022년 2월 24일
펴낸이 임성춘 **펴낸곳** 로드북 **편집** 홍원규 **디자인** 이호용(표지), 심용희(본문)
주소 서울시 동작구 동작대로 11길 96-5 401호
출판 등록 제 25100-2017-000015호(2011년 3월 22일) **전화** 02)874-7883 **팩스** 02)6280-6901
정가 30,000원 **ISBN** 978-89-97924-95-0 93000

이 책에 나오는 모든 문제는 출처를 포함하고 있으며, 저작권은 해당 출처에 있음을 밝힙니다.
책 내용에 대한 의견이나 문의는 출판사 이메일이나 블로그로 연락해 주십시오.
잘못 만들어진 책은 서점에서 교환해 드립니다.

이메일 chief@roadbook.co.kr **블로그** www.roadbook.co.kr

"오늘도 열공 중인
개발자 취준생을
응원합니다"

저자 서문

"개발자의 길로 안내해 준 코딩 테스트"

필자는 컴퓨터공학 전공이었는데도, 코딩 공부가 쉽지 않았습니다. 대학 커리큘럼을 보면 답답함이 밀려오고 시시각각 새로 등장하고 변화하는 수많은 IT 기술을 보고 있으면, 마치 어마어마한 장서로 위압감을 자랑하고 있는 거대한 도서관에서 무엇을 해야 할지 몰라 나홀로 서 있는 모습이 연상되곤 했습니다.

이때 필자를 구원해준 것이 코딩 테스트였습니다. 정말 수많은 문제를 미친 듯이 풀었습니다. 밥 먹는 시간도 잊어버리기 일쑤였고 밤을 꼴딱 새우는 것은 부지기수였습니다. 군 복무 중에도 틈날 때마다 코딩 테스트 문제를 풀었습니다. 요즘 군대는 자유시간이 충분히 보장되고 컴퓨터도 사용할 수 있어 정말 의지만 있다면 자신이 좋아하는 공부를 할 수 있습니다.

주로 〈백준〉과 〈코드포스〉 문제를 풀었습니다. 그렇다고 필자가 〈백준〉과 〈코드포스〉에서 최상위 레벨을 얻은 것은 아닙니다. 한 문제 한 문제 혼자 힘으로 풀기 위해 정말 많은 시간을 들였던 것 같습니다. 해답 보기가 정말 싫었거든요. 이런 성격 때문인지, 레벨업은 더딘데, 오히려 더 탄탄한 내공이 생겼던 것 같습니다. 개인적으로 코딩 테스트 근육이 생겼다고 주변에 자랑하고 다닌 적도 있습니다.

지금은 개발회사를 만들어 하루하루 즐겁게 코딩하고 있는 개발자가 되었지만, 필자도 평범한 취준생이었던 적이 있었습니다. 내가 풀기에는 난이도가 어마어마한 문제였는데, "이게 왜 안 풀리지?" 하면서 일주일 넘게 그 한 문제로만 시간을 보낸 적도 있었습니다. 결국엔 답을 보고 내가 풀 수 없었다는 것을 알았을 땐 뭔가 잘못되었다는 것을 너무 늦게 깨달았습니다. 이렇게 공부하면 안 되었거든요. 지금 생각해보면 취업준비(취준)를 위한 코딩 테스트 공부는 딱 6개월이면 충분히 준비할 수 있는 것 같습니다.

이 책은 필자가 몇 년 간 코딩 테스트 공부를 하면서 비효율적으로 낭비했던 시간들을 생각하며 썼습니다. 가장 중요한 것은 학부 수준의 핵심 알고리즘 10가지입니다. 그리고 문제의 난이도를 파악할 수 있는 능력입니다. 문제의 난이도를 파악할 수 있으려면 핵심 알고리즘 10가지의 개념을 확실하게 익혀야 하고 그에 따른 문제를 풀어보며 다양한 난이도를 체험해봐야 합니다. 이 책은 그 시간을 좀 더 단축시켜 코딩 테스트에 합격할 수 있을 정도의 문제를 고를 수 있도록 단계별 학습법을 제시해줍니다.

핵심 알고리즘과 자료구조, 그리고 기초적인 수학 배경이 없다면, 아무리 생각을 많이 하고 논리적 구조를 짜 본다고 한들 해결책을 찾을 수는 없습니다. 그리고 시간 제한이 있기 때문에 해결책을 찾았다 하더라도, 너무 오래 걸리는 비효율적인 답이 되어 버리기 일쑤입니다. 예를 들어, 1부터 100억까지 합을 구한다고 할 때, 컴퓨터에게 일일이 하나하나 더하라고 하면 1억 번 연산에 1초가 걸린다고 가정하는 시간 제한을 훨씬 뛰어넘어 100초가 걸리는 답을 낼 것입니다. 가우스의 수학 공식을 알고 있다면 더하기와 나누기, 곱셈 이렇게 세 번의 연산만 하면 답을 구할 수 있는 데 말입니다. 배열을 모르면 또 어떨까요? 변수를 너무 많이 만들어야 합니다. 스택 자료구조를 모르면 도저히 시간 제한을 맞추지 못하는 경우가 허다합니다. 큐 또한 마찬가지입니다. 이렇듯 코딩 테스트에는 주어진 자원(특히 실행시간)이 한정적이기 때문에 그에 맞는 알고리즘을 생각해 내는게 핵심입니다.

이 책을 통해 보통의 취준생 여러분이 꼭 합격하는 기쁨을 맛보기를 희망합니다. 이에 더해서 한 가지 더 희망한다면 코딩 테스트 문제가 적성(?)에 맞으면, 취미로라도 한번 계속해서 풀어보길 권합니다. 코딩의 잔근육이 정말 강해지는 것을 느낄 수 있을 것입니다.

2022년 2월

권국원

이 책으로 공부하는 방법

1. 1장부터 차근차근 순서대로 읽는 것을 권장합니다. 1부는 워밍업 단계이기 때문에 문제가 나왔을 때 모르더라도 당황하지 마세요. 그 문제의 목적(예를 들어, 난이도 파악 등)에 맞게만 이해하면 됩니다.

   > **A. Remove Smallest**   http://codeforces.com/contest/1399/problem/A
   >
   > time limit per test   memory limit per test   input   output
   > 1 second   256MB   standard input   standard output
   >
   > You are given the array a consisting of n positive (greater than zero) integers.

2. 시간 복잡도에 대한 내용은 확실하게 숙지해야 합니다. 알고리즘에 따라 연산 속도가 차이 나기 때문입니다. 시간 복잡도는 우리가 알고리즘을 배워야 하는 이유 중 하나입니다.

   > **2-1 컴퓨터는 1초에 1억 번밖에 연산을 못하더라**
   >
   > 1부터 n까지의 수, 즉 1, 2, 3, 4, 5, 6, ..., $n-1$, n을 전부 더하는 것을 컴퓨터로 구현한다고 하면 여러 방법이 있을 수 있다. 그 중 두 가지 방법은 숫자를 더한 값을 저장할 변수 x를 이용하여 표현했을 때,

   ※ 알고리즘과 코딩 테스트를 어느 정도 공부한 사람은 1부를 건너뛰어도 됩니다.

3. 2부에서는 핵심 알고리즘 10개와 저자가 엄선한 문제 및 해설을 다룹니다. 뒤로 갈수록 난이도가 높아지므로 앞부분부터 단계적으로 공부할 것을 추천합니다.

   > **2부**
   > **코딩 테스트 준비,**
   > **10가지 알고리즘이면 충분하다**

4. 코딩 테스트를 빠르게 학습하고자 하는 독자는 출제 빈도를 활용하는 방법이 있습니다. 자주 출제되는 항목 위주로 빠르게 공부할 수 있습니다. 파란색 막대가 많을수록 출제 빈도가 높습니다. 하지만 6개월 정도의 시간을 두고 단계적인 학습을 추천합니다.

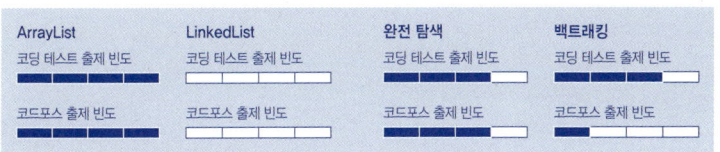

5. 부록에서는 코딩 테스트 기출문제를 풀어볼 수 있는 곳과 코드포스 활용법, 그리고 기술 면접 준비를 위해 빠르게 요약해서 읽어볼 수 있도록 문답식 요약정리집을 제공하고 있습니다.

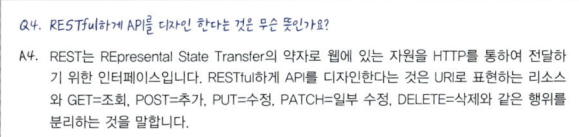

6. 이 책의 소스코드를 구할 수 있고 궁금한 내용은 저자에게 질의/응답할 수 있는 Codefirst 카페를 제공합니다. 이곳에 가입하여 함께 공부하는 것을 추천합니다.

백견불여일타 네이버 카페 주소: cafe.naver.com/codefirst

코딩 테스트 학습 로드맵 6단계

여러분의 시간에 맞게 단계별로 학습 내용을 조절하길 바랍니다. 코딩 테스트 준비를 충분하게 하려면 최소 6개월은 필요합니다. 6개월 단위로 맞추어 아래 단계를 거치기를 추천합니다. 출제빈도는 코딩 테스트 기준입니다.

1단계

프로그래밍 언어 선택하기
(C++, 파이썬, 자바)

가장 많이 쓰이는 세 가지 언어 중에 하나를 고릅니다. 이 책은 파이썬을 기준으로 설명하고 있습니다.

대기업 모집요강 알아보기
(❸장, ❹장)

이 책에서는 대표적으로 카카오와 삼성의 코딩 테스트에 대해 소개하고 있습니다.
3장과 4장을 통해서 기업의 모집요강을 보는 방법을 확인하고, 자신이 지원하는 회사의 모집요강을 꼭 숙지하기 바랍니다. 이후 기출된 코딩 테스트 문제를 가볍게 풀어보기 바랍니다.

코딩 테스트 개념잡기
(❶장, ❷장)

왜 기업들이 코딩 테스트로 알고리즘 시험을 보는지 그 목적을 잘 파악해야 합니다.

입출력 등 구현의 기초 공부하기
(❺장)

자신이 선택한 언어에 맞게 입출력 등 간단한 프로그래밍 언어의 사용법을 숙지하기 바랍니다.

2단계

자료구조 공부하기 1
(❻~❽장)

자료구조를 공부할 때는 꼭 그림을 그려보며 코드를 구조화해 보아야 합니다. 잊지 마세요.
뒤로 갈수록 문제는 어려워집니다. 어려운 문제는 당장은 접어두고 후에 꼭 다시 풀어보는 방법도 추천합니다.

주요 공부 내용
- ArrayList와 LinkedList
- 스택과 큐

ArrayList의 출제 빈도가 가장 높아 중요한 자료구조입니다. 스택의 출제 빈도는 보통이며 큐는 낮은 편입니다.

3단계

자료구조 공부하기 2
(❾~⓫장)

슬럼프가 올 수 있는 단계입니다. 1장에서 저자가 코딩 테스트에 실패했던 사례를 한번 더 읽어보세요.

주요 공부 내용
- 트리
- 맵
- 힙, 우선순위 큐

트리의 출제 빈도는 낮고 맵은 상당히 자주 출제됩니다.
힙, 우선순위 큐는 함께 공부해야 하며 출제 빈도는 보통입니다.

코딩 테스트 학습 로드맵 6단계

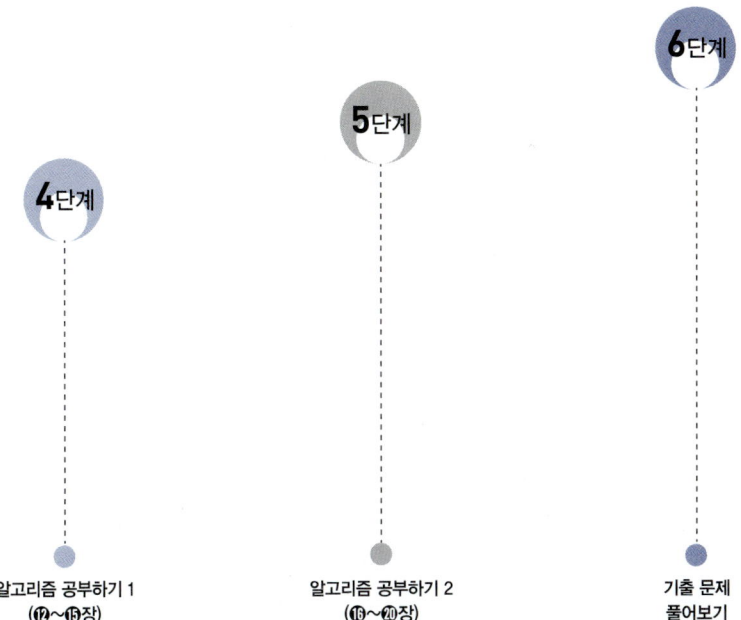

4단계 알고리즘 공부하기 1
(⓬~⓯장)

코드포스 도전하기
4단계부터는 수학적 사고력을 높이고 실제 코딩 테스트 상황에 적응하기 위해 코드포스에 도전합니다.
부록 B에 코드포스 대회 출전에 대해 적어두었습니다.

주요 공부 내용
- 탐욕법
- 재귀와 분할 정복
- 완전 탐색
- 그래프(BFS와 DFS)

탐욕법의 출제 빈도는 낮습니다. 재귀와 완전 탐색, 그래프의 출제 빈도는 매우 높은 편이며 분할 정복은 가끔씩 출제되는 편입니다.

5단계 알고리즘 공부하기 2
(⓰~⓴장)

난이도가 점점 올라가는 단계에 접어들었지만, 코드포스를 통해 맷집을 많이 키웠다면 거뜬히 통과할 수 있는 단계입니다.
조금만 힘을 내세요!!

주요 공부 내용
- 수학(조합론과 정수론)
- 이분탐색
- 정렬
- 문자열
- 동적 프로그래밍

수학에서는 조합론과 정수론을 다루는데, 코딩 테스트에서는 자주 출제되는 편이 아닙니다. 이분탐색과 문자열은 단골로 출제되니 반드시 숙지해야 합니다.
정렬은 ArrayList와 함께 가장 많이 출제되는 주제입니다.

6단계 기출 문제 풀어보기

부록 A에 기출문제를 풀어 볼 수 있는 곳을 적어두었습니다. 기출문제를 풀어보면서 기초지식이 기억나지 않으면 다시 한번 전 단계에서 정리했던 부분들을 복습하며 진행하세요.
반드시 기억하세요. 문제를 많이 푸는 것보다 알고리즘의 개념을 명확하게 아는 것이 중요합니다.
코딩 테스트 공부를 통해 여러분이 원하는 결과를 얻었으면 좋겠습니다.
파이팅!!

목차

저자 서문   4
이 책으로 공부하는 방법   6
코딩 테스트 학습 로드맵 6단계   8

1부 코딩 테스트 워밍업

제1장 코딩 테스트 준비, 6개월이면 충분하다

1-1 코딩 테스트만 1년 간 죽어라 파보니   24
1-2 나의 스승인 〈백준〉과 〈코드포스〉   29
1-3 이것만 하면 대기업에 취업할 수 있다고?   40
1-4 너도 할 수 있어. 6개월이면   49

    서로소 (https://www.acmicpc.net/problem/4355)   40
    A. Remove Smallest (http://codeforces.com/contest/1399/problem/A)   45

제2장 코딩 테스트의 주적, 시간 복잡도

2-1 컴퓨터는 1초에 1억 번밖에 연산을 못하더라   52
    2-1-1 시간복잡도가 $O(n)$인 경우   57
    2-1-2 시간복잡도가 $O(\log^n)$인 경우   58
    2-1-3 시간복잡도가 $O(n^2)$인 경우   61
    2-1-4 시간복잡도가 $O(2^n)$인 경우   62
    2-1-5 시간복잡도가 $O(n!)$인 경우   64
2-2 알고리즘 문제풀이에 시간복잡도 적용하기   66

    달팽이는 올라가고 싶다 (https://www.acmicpc.net/problem/2869)   66

제3장 카카오톡의 오픈채팅방은 무슨 알고리즘으로 구현할까?

3-1 카카오 개발자 신입 공개 채용 과정	72
3-2 2020년 카카오 개발자 신입 공개 채용 1차 1번 오픈채팅방 문제	74
3-3 카카오 코딩 테스트 그 이후	84
3-3-1 인프라 분야	85
3-3-2 프로그래밍 분야	87

오픈채팅방(정답률 59.91%) (https://programmers.co.kr/learn/courses/30/lessons/42888) 74

제4장 구현의 달인, 삼성 코딩 테스트

4-1 삼성 개발자 신입 공개 채용 과정	92
4-2 삼성의 주력 서비스	93
4-3 삼성 S/W 역량 테스트 A형 기출 문제	95
4-4 삼성 코딩 테스트 그 이후	106
4-5 아! 알고리즘이란 컴퓨터에서 뗄 수 없는 존재구나	107

치킨 배달 (https://www.acmicpc.net/problem/15686) 95

제5장 구현의 기초적인 문제

5-1 입출력에 관한 기본	110
5-1-1 출력	110
5-1-2 입력	111
5-2 if문	116

5-3 for문(컴퓨팅 사고력 향상) ... 118
    5-3-1 for문 예제 1 ... 118
    5-3-2 for문 예제 2 ... 121
    5-3-3 for문 예제 3 ... 123

5-4 함수 ... 125

Hello World (https://www.acmicpc.net/problem/2557) ... 110
사칙연산 (https://www.acmicpc.net/problem/10869) ... 114
두 수 비교하기 (https://www.acmicpc.net/problem/1330) ... 116
별 찍기-1 (https://www.acmicpc.net/problem/2438) ... 118
별 찍기-2 (https://www.acmicpc.net/problem/2439) ... 121
별 찍기-5 (https://www.acmicpc.net/problem/2442) ... 123
사칙연산 (https://www.acmicpc.net/problem/10869) ... 125

2부 코딩 테스트 준비, 10가지 알고리즘이면 충분하다

제6장 ArrayList와 LinkedList - 평생 사용해야 할 자료구조

6-1 ArrayList ... 132
    6-1-1 ArrayList를 사용하는 예제 ... 135
    6-1-2 2차원 배열 사용 예제 ... 138
    6-1-3 삽입과 삭제가 많은 ArrayList의 잘못된 사용 예 ... 141

6-2 LinkedList ... 144
    6-2-1 LinkedList를 이용한 예제 ... 146

최소, 최대 (https://www.acmicpc.net/problem/10818) ... 135
나는 요리사다 (https://www.acmicpc.net/problem/2953) ... 138
크게 만들기 (https://www.acmicpc.net/problem/2812) ... 141
요세푸스 문제 (https://www.acmicpc.net/problem/1158) ... 146

제7장 스택

7-1 스택   154
7-2 스택의 잘못된 사용 예와 잘 사용된 예   156
7-3 스택을 포함한 다양한 자료구조의 올바른 사용   161
7-4 스택을 사용하는 예제 1   163
7-5 스택을 사용하는 예제 2   166
7-6 스택을 사용하는 예제 3   170

   스택 (https://www.acmicpc.net/problem/10828)   163
   쇠막대기 (https://www.acmicpc.net/problem/10799)   166
   크게 만들기 (https://www.acmicpc.net/problem/2812)   170

제8장 큐

8-1 큐   176
8-2 큐를 사용하는 예제 1   179
8-3 큐를 사용하는 예제 2   183
8-4 큐를 사용하는 예제 3   187

   큐 2 (https://www.acmicpc.net/problem/18258)   179
   카드 2 (https://www.acmicpc.net/problem/2164)   183
   뱀 (https://www.acmicpc.net/problem/3190)   187

제9장 트리

9-1 트리   198
9-2 이진트리   199
9-3 완전 이진트리   201
9-4 이진트리의 순회 및 예제   202

9-5 이진 검색 트리	210
9-5-1 이진 검색 트리 예제	211

트리 순회 (https://www.acmicpc.net/problem/1991)	202
이진 검색 트리 (https://www.acmicpc.net/problem/5639)	211

제10장 맵

10-1 맵	220
10-2 트리를 이용하여 구현하는 맵	221
10-3 해시를 이용하여 구현하는 맵	221
10-3-1 체이닝 방식	223
10-3-2 오픈 어드레싱 방식	225
10-4 맵을 사용하는 예제 1	227
10-5 맵을 사용하는 예제 2 - 〈코드포스〉	231
10-6 맵을 사용하는 예제 3 - 〈코드포스〉	235

패션왕 신해빈 (https://www.acmicpc.net/problem/9375)	227
D. Non-zero Segments (http://codeforces.com/problemset/problem/1426/D)	231
D. MEX maximizing (http://codeforces.com/problemset/problem/1294/D)	235

제11장 힙, 우선순위 큐

11-1 힙	244
11-1-1 최대 힙	244
11-1-2 최소 힙	248
11-2 우선순위 큐	251
11-2-1 우선순위 큐를 사용하는 예제 1	254
11-2-2 우선순위 큐를 사용하는 예제 2	258

최대 힙 (https://www.acmicpc.net/problem/11279)	254
카드 정렬하기 (https://www.acmicpc.net/problem/1715)	258

제12장 탐욕법

12-1 탐욕법	264
12-2 탐욕법을 이용한 예제 1	267
12-3 탐욕법을 이용한 예제 2	270
12-4 탐욕법을 이용한 예제 3	274
12-5 탐욕법을 이용한 예제 4	278
12-6 탐욕법을 이용한 예제 5	283

잃어버린 괄호 (https://www.acmicpc.net/problem/1541)	267
회의실 배정 (https://www.acmicpc.net/problem/1931)	270
소트 (https://www.acmicpc.net/problem/1083)	274
소트 (https://www.acmicpc.net/problem/1071)	278
대결 (https://www.acmicpc.net/problem/1489)	283

제13장 재귀와 분할정복

13-1 재귀	290
13-1-1 재귀를 이용한 예제 1	291
13-1-2 재귀를 이용한 예제 2	295
13-1-3 재귀를 이용한 예제 3	301
13-2 분할정복	308
13-2-1 분할정복을 이용한 예제 1	310

팩토리얼 (https://www.acmicpc.net/problem/10872)	291
하노이 탑 이동 순서 (https://www.acmicpc.net/problem/11729)	295
파이프 옮기기 1 (https://www.acmicpc.net/problem/17070)	301
색종이 만들기 (https://www.acmicpc.net/problem/2630)	310

제14장 완전 탐색

14-1 완전 탐색	320
14-2 순수 완전 탐색	321
14-2-1 순수 완전 탐색을 이용한 예제 1	322
14-2-2 순수 완전 탐색을 이용한 예제 2	326
14-2-3 순수 완전 탐색을 이용한 예제 3	334
14-3 백트래킹	342
14-3-1 백트래킹을 이용한 예제 1	344
14-3-2 백트래킹을 이용한 예제 2	350
14-3-3 백트래킹을 이용한 예제 3	354

영화감독 숌 (https://www.acmicpc.net/problem/1436)	322
체스판 다시 칠하기 (https://www.acmicpc.net/problem/1018)	326
테트로미노 (https://www.acmicpc.net/problem/14500)	334
N과 M (3) (https://www.acmicpc.net/problem/15651)	344
N과 M (1) (https://www.acmicpc.net/problem/15649)	350
연산자 끼워넣기 (https://www.acmicpc.net/problem/14888)	354

제15장 그래프

15-1 그래프 이론	362
15-2 BFS	365
15-2-1 BFS를 사용하는 예제 1	369
15-2-2 BFS를 사용하는 예제 2	375
15-2-3 BFS를 사용하는 예제 3	381
15-3 DFS	389
15-3-1 DFS를 사용하는 예제 1	391
15-3-2 DFS와 BFS를 사용하는 예제 1	396

미로 탐색 (https://www.acmicpc.net/problem/2178)	369
벽 부수고 이동하기 (https://www.acmicpc.net/problem/2206)	375
연구소 (https://www.acmicpc.net/problem/14502)	381
부분수열의 합 (https://www.acmicpc.net/problem/1182)	391
DFS와 BFS (https://www.acmicpc.net/problem/1260)	396

제16장 수학

16-1 수학	404
16-2 조합론	405
16-2-1 조합론 예제 1	407
16-2-2 조합론 예제 2 - 모듈러 연산	408
16-2-3 조합론 예제 3 - 〈코드포스〉	413
16-3 정수론	418
16-3-1 소수	419
16-3-2 소수를 이용한 예제 1	421
16-3-3 소수를 이용한 예제 2 - 〈코드포스〉	424
16-3-4 최대공약수와 최소공배수	429
16-3-5 최소공배수를 이용한 예제	431

이항 계수 1 (https://www.acmicpc.net/problem/11050)	407
이항 계수 2 (https://www.acmicpc.net/problem/11051)	408
C. Kuroni and Impossible Calculation (http://codeforces.com/problemset/problem/1305/C)	413
소수 구하기 (https://www.acmicpc.net/problem/1929)	421
A. Tile Painting (http://codeforces.com/contest/1242/problem/A)	424
LCM (https://www.acmicpc.net/problem/5347)	431

제17장 이분탐색

17-1 이분탐색	436
17-2 이분탐색을 이용한 예제 1	438
17-3 이분탐색을 이용한 예제 2	441
17-4 이분탐색을 이용한 예제 3	448

수 찾기 (https://www.acmicpc.net/problem/1920)	438
랜선 자르기 (https://www.acmicpc.net/problem/1654)	441
개똥벌레 (https://www.acmicpc.net/problem/3020)	448

제18장 정렬

18-1 정렬	458
18-2 선택정렬	459
18-3 퀵정렬	460
18-4 정렬을 이용하는 예제 1, 2	463
18-5 정렬을 이용하는 예제 3	467
18-6 계수정렬	471
18-7 안정정렬과 불안정정렬	475

수 정렬하기 1 (https://www.acmicpc.net/problem/2750)	463
수 정렬하기 2 (https://www.acmicpc.net/problem/2751)	464
저울 (https://www.acmicpc.net/problem/2437)	467
수 정렬하기 3 (https://www.acmicpc.net/problem/10989)	471
나이순 정렬 (https://www.acmicpc.net/problem/10814)	475

제19장 문자열

19-1 문자열	482
19-1-1 문자열을 이용한 예제 1	483
19-1-2 문자열을 이용한 예제 2	486
19-1-3 문자열을 이용한 예제 3	488
19-2 트라이 자료구조	495
19-2-1 트라이 자료구조를 이용한 예제	498

숫자의 합 (https://www.acmicpc.net/problem/11720)	483
백대열 (https://www.acmicpc.net/problem/14490)	486
문자열 폭발 (https://www.acmicpc.net/problem/9935)	488
전화번호 목록 (https://www.acmicpc.net/problem/5052)	498

제20장 동적 프로그래밍

20-1 동적 프로그래밍	508
20-2 동적 프로그래밍의 기본 예제 1	510
20-3 동적 프로그래밍의 기본 예제 2	514
20-4 동적 프로그래밍 완전 탐색	520
20-5 동적 프로그래밍의 기본 예제 3 - 〈코드포스〉	526
20-6 2부를 마치며	531

포도주 시식 (https://www.acmicpc.net/problem/2156)	510
가장 긴 증가하는 부분수열 (https://www.acmicpc.net/problem/11053)	514
내리막 길 (https://www.acmicpc.net/problem/1520)	520
F1. Flying Sort (Easy Version) (http://codeforces.com/problemset/problem/1367/F1)	526

부록 A 코딩 테스트 기출문제, 전공면접

    A-1 삼성 S/W 역량 테스트를 풀어보는 곳   536

    A-2 카카오 신입 공채 코딩 테스트를 풀어보는 곳   542

    A-3 전공 면접 준비   545

        A-3-1 개발 상식   545

        A-3-2 컴퓨터 네트워크   548

        A-3-3 운영체제   551

        A-3-4 컴퓨터구조   555

        A-3-5 데이터베이스   557

        A-3-6 그 밖의 질문들   559

부록 B 코드포스 대회

    B-1 〈코드포스〉 대회 참가 경험   562

        B-1-1 〈코드포스〉 대회 문제 A   563

        B-1-2 〈코드포스〉 대회 문제 B   566

        B-1-3 〈코드포스〉 대회 문제 C   572

    B-2 〈코드포스〉 대회 참가 방법   580

찾아보기   584

1부
코딩 테스트 워밍업

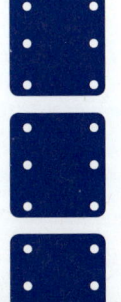

프로그래밍이 하고 싶었지만, 어디서부터 어떻게 시작해야 할지 막막했다. 지금 바로 돌아가는 서비스를 만들기에는 알아야 할 것이 너무 많았다.
그런데, "난 문제를 기어코 풀어내는 끈기가 있는 것 같아…."
그래서 코딩 테스트에 몇 년 동안 푹 빠져 지낸 적이 있었다. 아직도 틈틈이 〈코드포스〉 문제나 코딩 테스트 기출문제를 찾아서 풀어보곤 한다.
1부는 코딩 테스트의 소기 목적인 취업과 프로그래밍의 재미를 달성하기 위한 워밍업이다. 그리고 2부부터 본격적으로 달리기 위해 이것저것 알아야 할 내용을 담고 있다. 1부는 가벼운 마음으로 읽어보기 바란다.

제1장

코딩 테스트 준비, 6개월이면 충분하다

독자 난 남들보다 열심히 노력했는데, 왜 안 되는 걸까?

저자 노력이 중요한 게 아니야! 노력의 방향이 중요한 거야. 코딩 테스트가 요구하는 방향이 무엇인지 알아보자.

1-1 코딩 테스트만 1년 간 죽어라 파보니

"4차 산업혁명 시대 '코딩 인재' 키운다."
"개발자 모시기 전쟁, 네이버 세 자릿수 채용 나선다."
*"4차 산업혁명 시대 주도권 경쟁이 심화하는 만큼 기업에서는
AI(인공지능) · 빅데이터 등 차세대 분야에서 많은 인재가 필요한 상황이지만
소화할 인력이 부족한 상황이다."*

요즘 매체를 보면 자주 보이는 문구이다. 4차 산업혁명이 무엇인지 정의를 내리는 것은 나의 지적 영역에서 벗어난 문제이거니와 너무도 많은 매체와 책에서 다룬 내용이므로 따로 설명하지 않기로 한다. 다만, 우리가 지금 살아가는 시대를 정의하는 용어로 널리 활용되고 있고, 우리가 얘기하고자 하는 코딩과 너무 깊은 관련이 있다는 것은 누구나 알 것이다.

나는 처음부터 4차 산업혁명이라는 거대한 트렌드 때문에 코딩이라는 길을 택한 것은 아니다. 대학의 첫 전공은 건설공학이었는데, 안타깝게도 물리학 같은 따분한 수업이 있는 건설공학 수업에 흥미를 느끼지 못했다. 마침 교양과목으로 〈컴퓨터 개론 및 실습〉 과목을 듣게 되었다. 이때 나의 흥미를 끌었던 것이 매크로 프로그램이었는데, 기차 예매표가 매진되어 좌석을 고르지 못한 상황에서 누군가 예매표를 취소하면 즉시 예매표를 구매해주는 프로그램이었다. 이외에도 스마트폰에서 쉽게 즐길 수 있는 게임을 API$_{\text{Application Programming Interface}}$와 다양한 엔진을 통해서 만들 수 있다는 얘기에 솔깃했고 아예 컴퓨터공학과로 전과를 해버렸다.

이렇게 전과를 하고 나서도 처음엔 당황스러움의 연속이었다. 특히 이론에 치우친 수업으로 인해, '제대로 된 프로그램은 언제 만들 수 있을까?', '이런 식으로 공부해서 취업했을 때 과연 회사에서 내가 제대로 된 일을 할 수 있을까?' 이런 온갖 상념과 잡념이 나를 괴롭혔다. 무엇보다 과연 '내가 취직이라는 것을 할 수 있을까?'가 가장 큰 고민이었다. 그래도 내 딴에는 대기업에 들어가려는 욕심이 있었으므로 이때부터 대기업 개발자가 되는 꿈을 꾸기 시작했다. 대기업 개발자가 되려면 무엇을 해야 할지 찾아 보았고 크게 두 가지 방법이 있다고 나름의 결론을 내보았다.

① 잘 만들어진 프로젝트 포트폴리오로 어필하여 취직하는 방법
② 대기업에서 출제하는 코딩 테스트라는 알고리즘 문제를 맞추고 나머지 회사별 테스트와 면접을 통과하는 방법

학부생이었던 당시의 나는 첫 번째 방법은 너무 막연하기만 했다. 무엇을 어떻게, 어디서부터 시작해야 할지도 모르겠고, 무엇보다 배워야 할 영역이 너무 많아 보였다. 코딩뿐만 아니라 서버와 클라이언트, 네트워크 등의 기반 지식도 학습해야 해서 엄두가 나질 않았다. 그래서 두 번째 방법인 코딩 테스트에 도전해보기로 했다. 물론, 두 번째 방법으로 시작하기는 했지만, 결국엔 이를 계기로 코딩에 자신감이 생기니 학습 동기도 높아져서 다양한 프로그램을 즐겨 만들게 되었고, 나만의 멋진 포트폴리오도 만들 수 있는 수준이 되었다.

하지만, 처음 코딩 테스트를 공부하려고 할 때는 총체적 난국이었다. 대학교 동아리 선배를 통해 〈백준〉 온라인 저지[1]라는 사이트를 알게 되었고 그 선배로부터 "〈백준〉 온라인 저지 사이트의 문제를 풀면 대기업 코딩 테스트 알고리즘 공부는 거의 다 할 수 있다"는 말을 듣게 된다. 나는 이 사이트의 문제만 잘 풀어도 취업 준비는 거의 끝난다는 생각으로 어떤 식으로 공부해야 하는지는 모른 채 마구잡이식으로 공부하기 시작했다. 하지만 시간이 어느 정도 흐르고 나서 나의 학습 방법에는 크게 세 가지 문제점이 있다는 것을 깨달았다.

첫째, 자신의 실력보다 어려운 문제에 대한 도전을 두려워했다.

처음 공부할 때는 그 문제가 쉬운 문제인지, 어려운 문제인지 모르므로 그냥 문제 길이가 짧고 "딱" 봤을 때 풀 수 있을 것 같은 문제로만 골라 풀었다. '오~ 뭐야, 나 잘하는 거 같은데?'라는 생각이 들었지만 그것은 정말 기초 중에 기초 문제였으며 한 달이라는 시간을 기초 문제에만 투자한 것이다.

그러다 깨달았다.

    "수학의 정석처럼 코딩 문제에도 알고리즘이라는 개념이 있다는 것을 …."

처음 접한 완전 탐색 알고리즘은 이제껏 푼 단순 입출력, 사칙연산, 개수 세기와는 비교도 안 되는 사고력을 필요로 했으며 쉬운 문제만 골라 푼 나는 갑자기 어려워진 난이도에 좌절감을 처음으로 느끼게 되었다.

---

[1] https://www.acmicpc.net/

'한 달 동안 해도 내 실력은 여전히 똑같구나….'

지금 생각해 보면 그때 한 달 동안의 공부는 코딩을 해봤다는, 코딩을 시작했다는 의미에서 나쁘지 않은 성과였지만 실력 향상을 기대하기는 어려운 성과였다. 운동으로 비유하자면 팔굽혀펴기를 20개 했을 때 처음 운동하는 사람은 힘들 수 있다. 그러다 적응하여 결국 20개를 하게 되었을 때, 목표 개수를 늘리지 않고 똑같이 20개만 한다면 실력은 늘 수 없다. 시간이 금이라고 생각하던 그때의 나는 '제대로 된 공부법을 찾아야겠다'며 짧은 기간 그나마 약간의 실력 향상이 있었던 코딩 능력을 활용하여 처음으로 알고리즘이 뭔지 제대로 감을 잡기 위한 공부를 시작했다.

둘째, 문제를 풀다가 정답을 모르면 해답을 먼저 보며 내 것으로 만들지 않았다.
알고리즘 공부를 시작한 지 1개월쯤부터는 아래 내용을 하나하나 공부했다.

- 컴퓨터의 빠른 연산 속도를 이용하여 모든 경우를 확인해보는 완전 탐색 알고리즘[2]
- 한번 계산해 둔 부분은 저장해두었다가 다시 계산하지 않고 그대로 쓰는 다이내믹 프로그래밍
- 수들을 크기 순서대로 배치하는 정렬 알고리즘
- 그 밖에도 컴퓨터에서 데이터를 저장하는 방법인 자료구조 등

3개월쯤 공부했을 때는 크게 응용이 필요하지 않은 알고리즘 기본문제를 몇십 분 동안 고민하면 풀 수 있는 수준이 되었다. 하지만, 대기업 기출문제를 한번 풀어볼까 하고 도전해 본 나는 다시 한 번 벽에 부딪히고 말았다.

삼성 S/W[3] 역량 테스트 문제인 '구슬 탈출 2'[4]라는 문제를 읽고 도저히 어떤 알고리즘을 써야 풀 수 있는 건지 감이 오질 않았다. 두 시간 정도 더 고민한 뒤에 '이건 내가 못 푸는 문제다'라는 생각으로 해답을 보며 '아~ 이 문제는 이 알고리즘을 사용해야 하는구나'라고 혼자 생각하며 해답을 보며 대충 문제를 풀어 넘겼다.

---

2 여기서 나오는 알고리즘 이름들은 우선 이런 것이 있다는 정도만 알아두자. 뒤에서 자세히 설명할 것이다.

3 SoftWare의 약어로, 이하 S/W로 칭한다.

4 https://www.acmicpc.net/problem/13460에 등장하는 문제이다.

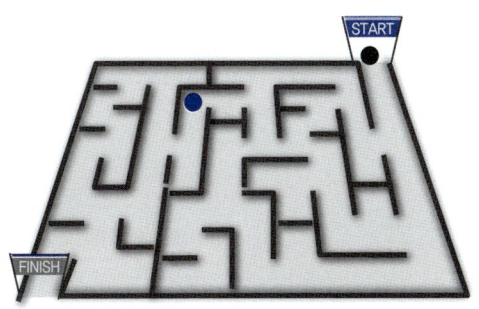

[그림 1-1] 구슬 탈출 2 문제

이 문제는 판을 상하좌우로 최대 10번 움직여서 별색 공은 도착 지점에 오게 하며, 검정 공은 도착 지점에 오지 못하게 만들 수 있는지를 코드로 구현해야 하는 문제이다. 각각의 공 위치는 무작위(random)로 주어지며, 검정 공만 10번 이내에 도착할 수 있다면, 이동횟수 중 최소횟수를, 도착하지 못한다면 −1이 정답이 된다.

그래프 이론인 깊이 우선 탐색(Depth-First Search) 알고리즘이나 너비 우선 탐색(Breadth-First Search) 알고리즘 중 하나를 이용하여 완전 탐색을 해주면 풀 수 있는 문제였는데, 어떤 알고리즘을 사용해야 문제를 풀 수 있는지와 해답코드를 보며 어떻게 코드를 구현했는지만 보며 대충 넘어간 것이다.

3개월 간 모르는 문제가 생기면 해답을 보고 '아~ 이렇게 푸는 거구나'라는 생각만 하고 해답을 내 것으로 만드는 노력을 하지 않았다. 이는 '내가 문제를 이해하면 실력이 늘었겠지'라는 생각이 들게 했지만 다음에 비슷한 응용문제가 나왔을 때도 풀 수 없게 되어 또다시 해답을 봐야만 하는 악순환이 계속되었고 이는 최악의 습관이 되어 버렸다.

셋째, 풀어본 문제에 대하여 사색의 시간을 갖지 않았다.

잘못된 방법으로 공부하던 나는 그때 막 알게 된 코딩 대회인 〈코드포스〉라는 사이트 대회에 출전하게 되었다. 이 사이트는 보통 두 시간 동안 코딩 문제를 많이 풀수록, 그리고 빨리 풀수록 높은 점수를 주어 두 시간이 끝났을 때 획득한 점수로 등수가 올라가거나 내려가게 되는 구조이다. '이제 알고리즘을 공부한 지 넉 달이나 넘었는데, 그리고 문제도 꽤 잘 푸는데, 그래도 괜찮은 등수가 나오지 않겠어?'라는 자신감 가득한 상태로 대회에 출전했다.

그런데 한 문제도 풀지 못했다. 참담했다. 두 시간 내내 붙잡고 있던 첫 번째 문제는 수학을 이용하여 푸는 문제였는데, 두 시간 동안 겨우 그 문제 하나도 방정식을 만들지 못하여 대회에서 꼴등을 한 것이다.

멘탈mental이 나가 집에 가서 혼자 울었고, 울다 지쳐 그 후로도 몇 시간은 기운 빠진 사람 마냥 누워 있었다. 지금 생각해 보면 그때 내가 한 문제도 풀지 못한 이유는 그냥 실력이 부족해서였다.

나의 실력은 어설프게 정답을 맞추기에 급급했으며 문제가 요구하는 방정식을 정확하게 짜본 적 없는 가짜였던 것이다.

수학 혹은 알고리즘을 공부할 때는 자신의 풀이를 증명할 수 있어야 하고, 더 나은 풀이가 있는지, 내 풀이는 왜 틀렸는지 복기하는 시간이 있어야 자신의 실력을 높일 수 있다. 나는 효율적인 공부법을 몰랐으므로 정답을 맞추면 좋아하고, 틀리면 우울해하는 단순한 기계식 풀이에 적응되어 있었던 것이다.

앞선 세 가지 문제를 인식하게 된 건 코딩 테스트 공부에 매진한 지 4개월쯤 되어서였다. 이때부터 시행착오를 겪지 않기 위해 제대로 된 공부법을 고민하게 되었다. 알고리즘 문제를 보면 그림으로 도식화해서 풀어보고, 각 알고리즘의 개념을 명확히 이해하여 어떤 경우에 자주 쓰이는지 파악했다. 정답을 맞춘 문제에 대해서도 이런 생각을 하기 시작했다.

'내 풀이는 길이가 너무 긴데 다른 사람 풀이는 어떨까?'

'이 문제는 이러이러하므로 이렇게 접근해야겠구나.'

자신의 실력보다 어려운 문제에 도전하며 생각해 보는 시간을 많이 가졌으며, 코드로 구현하기 전에 미리 풀이에 대한 증명을 끝낸 후 펜으로 노트에 적어가며 코드 구조를 미리 짜본 후 코드를 입력했다.

이는 결국 코드 구현력, 컴퓨팅 사고력, 수학적 사고력을 높여주어 나에게 자신감을 안겨주었다.

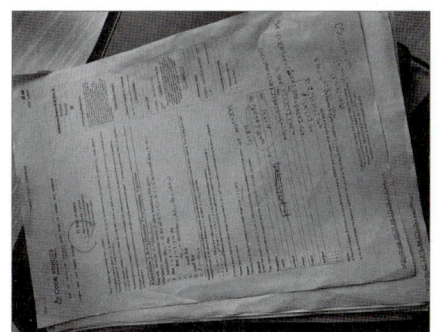 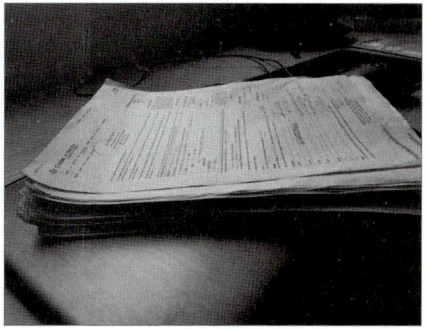

[그림 1-2] 내가 코딩 테스트를 공부했던 흔적들

프로젝트 포트폴리오를 업데이트 해나가며 취업을 준비하는 게 너무 막연하고 힘들다면 코딩 테스트에 올인해 볼 것을 추천한다. 코딩 테스트에 빠져 공부하다 보면 문제 해결에 대한 열정, 호기심 등이 자연스레 생겨나며 알고리즘을 통해 코드 구현력, 컴퓨팅 사고력, 수학적 사고력이 자신도 모르게 높아짐을 느낄 것이다. 이것은 프로그램을 구현하는 데 가장 기초가 되는 재료이기도 하다. 더 나아가 간단한 프로그램을 뚝딱 만들어내는 수준이 되면, 코딩이라는 막막한 세계에서 뚜렷한 목표를 가지고 전진할 수 있을 것이다.

1-2 나의 스승인 〈백준〉과 〈코드포스〉

나에게 코딩 테스트의 스승은 www.boj.kr이라는 〈백준〉 온라인 저지 사이트(이하 〈백준〉)와 또 하나는 www.codeforces.com이라는 코딩 대회 사이트(이하 〈코드포스〉)이다.

이 두 스승만으로도 코딩 테스트의 자신감을 넘어 다양한 문제의 코딩 역량을 높이기에 충분했다.

〈백준〉의 모든 문제에는 난이도가 있다. solved.ac라는 사이트는 중수와 고수 사용자가 〈백준〉 문제를 풀어보고 '아, 이 문제는 이 정도의 난이도일 것 같다'라고 집단지성으로 난이도를 책정하게 만들어둔 프로그램을 제공해 준다.

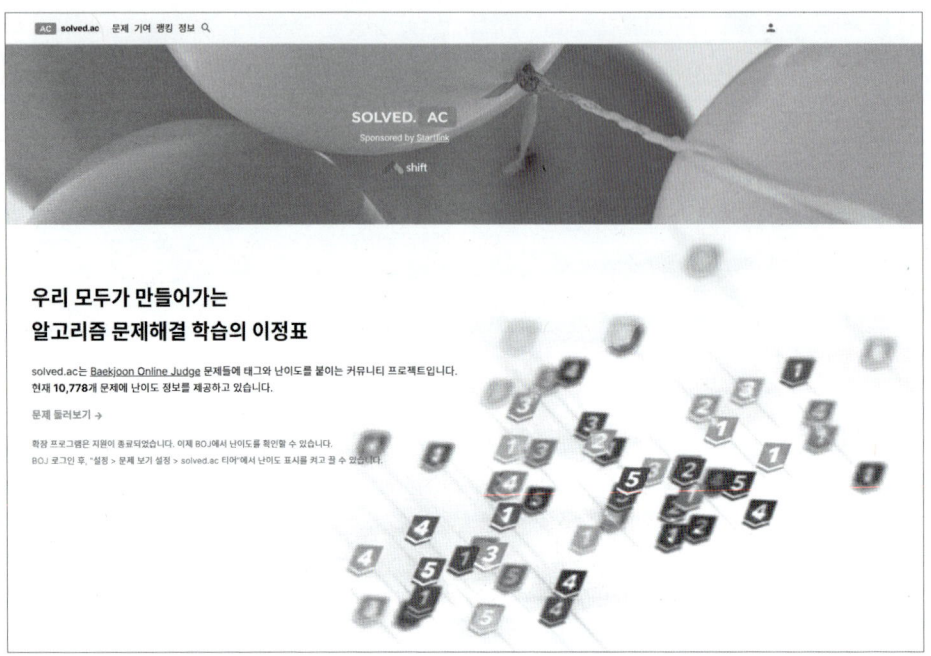

[그림 1-3] 집단지성으로 난이도를 책정해주는 solved.ac 사이트

〈백준〉 문제의 난이도 등급은 아래와 같다. 위에서 아래로, 왼쪽에서 오른쪽으로 갈수록 어려운 난이도인데, 해당 문제를 풀면 그 문제의 난이도에 해당하는 경험치를 받아 자신의 계정도 등급이 올라간다.

브론즈5 → 브론즈4 → 브론즈3 → 브론즈2 → 브론즈1 →
실버5 → 실버4 → 실버3 → 실버2 → 실버1 →
골드5 → 골드4 → 골드3 → 골드2 → 골드1 →
플래티넘5 → 플래티넘4 → 플래티넘3 → 플래티넘2 → 플래티넘1 →
다이아5 → 다이아4 → 다이아3 → 다이아2 → 다이아1 →
루비5 → 루비4 → 루비3 → 루비2 → 루비1

삼성 S/W 역량 테스트 중 A형 테스트는 삼성에서 자격증 같은 의미가 있는데, 신입 코딩 테스트로 활용하는 테스트로도 유명하다. 3시간 동안 두 문제를 시험 보며 한 문제나 두 문제를 맞추었을 때 코딩 테스트에 합격했다고 할 수 있다.[5] 삼성 S/W 역량 테스트나 삼성 A형 기출문제는 〈백준〉에서도 몇몇 문제를 제공하고 있는데 쉬운 문제의 난이도가 대략 실버1 정도이고 어려웠던 문제의 난이도가 골드1로, 자신이 〈백준〉 문제들을 골드1까지 무리 없이 풀 수 있다면 삼성 신입 공개채용에 합격할 수 있는 기준은 넘었다고 판단할 수 있다(물론, 면접 등과는 별개의 이야기이다).

카카오 신입 공개채용의 코딩 테스트는 1차로 5시간 동안 7문제 중에서 보통 4문제 이상을 맞춘다면 합격한다. 7문제 중에서 1문제는 난이도가 플래티넘 정도의 문제였지만 6문제 정도는 (내 척도로는) 골드 이하의 문제였다.

〈코드포스〉의 계정 랭크는 다음처럼 높아진다.

회색 → 초록색 → 청록색 → 파란색 → 보라색 → 주황색 → 짙은 주황색 → 빨간색 → 짙은 빨간색 → 검은 빨간색

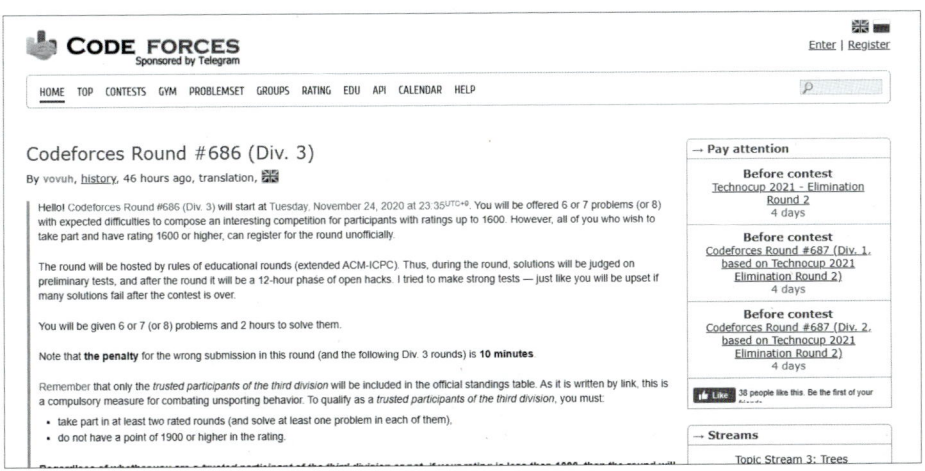

[그림 1-4] 〈코드포스〉 사이트

---

5 삼성 계열사별로 합격에 필요한 문제 수나 컷 기준이 다르다.

"빨간색 랭크를 갖고 있다고 서류에 작성하면 나머지 시험을 치루지 않고 바로 회사에서 모셔간다"라는 말이 있을 정도로 상위 랭크 입성이 어렵다. 보통 한국 대기업 신입 공채 문제는 파란색 랭크 정도이면 무난히 합격할 수 있는 수준이다. 실제로 대기업에 재직 중인 사람의 계정을 보면 초록색 랭크도 종종 보이고, 청록색 랭크나 파란색 랭크가 많이 차지하고 있으며 종종 보라색 랭크 이상의 실력자도 보인다.

코딩 테스트를 공부한 지 6~7개월쯤 되었을 때 대학교 학부 수준에서 배우는 기초 알고리즘은 전부 통달했고 그걸 응용해서 문제를 푸는 게 가능한 수준이 되자, 〈백준〉 골드3 난이도까지는 문제를 읽으면 문제 의도와 어떤 식으로 접근해야 하는지 보이게 되었다. 사실 그때 나는 이제야 문제가 좀 잘 풀린다는 생각에, 너무 기쁜 마음에, 뭔가 코끝이 찡해지는 느낌까지 받아서 감동의 눈물을 흘린 적이 있다. 이게 알고리즘 코딩 테스트를 공부하는 매력이기도 하다. 문제를 해결한 후 느끼는 희열이 코딩의 매력이라고들 말하는데, 그걸 느끼게 해주고 코딩에 더욱 몰입을 하게끔 해주는 것은 코딩 테스트만한 것도 없다. 특히 코딩 입문자에게는 더욱 그렇다.

알고리즘을 6개월 동안 공부하면서 매일 이 실력으로는 도저히 아무것도 할 수 없을 것 같은 압박감이 들었지만, 6시간 이상씩 컴퓨터 앞에 앉아 문제와의 싸움을 이어갔다. 노력이란 차갑고 정적인 것이다. 책에서나 글귀에서는 노력하면 뭐든지 할 수 있다고 하지만 결국 노력은 차갑고 정적인 그 시간을 버티거나 즐길 수 있는지를 테스트하는 것이라고 생각한다.

[그림 1-5] 자신과의 싸움인 코딩 테스트

마구잡이식으로 공부했지만 결국 7개월쯤 공부한 결과를 말하자면, 먼저 문제를 풀 수 있는 자신감을 얻었다는 것이다. 그때쯤 코딩 테스트 문제도 술술 풀리기 시작하자 공부한 지 1년 차에는 즐겁게 문제를 풀자는 생각으로 공부하여 〈코드포스〉에서 많은 대회에 출전해 보며 파란색 랭크, 보라색 랭크 문제를 풀어보고, 대회에서 필요로 하는 알고리즘도 공부했다. 그리고 나름 중급 알고리즘인 Segment tree와 Lazy propagation, KMP(Knuth-morris-Pratt), 고속 푸리에 변환 등 다양한 알고리즘을 공부했다. 또한 〈백준〉 계정은 플래티넘5까지 달성했으며, 여러 회사 기출문제를 혼자 풀어보며 '이 문제는 쉽게 냈네?', '이 문제는 사람들이 많이 틀리겠다'라고 평가할 수 있었다. 객관적으로 〈백준〉 계정 플래티넘5 정도이면 특별히 뛰어나게 잘 한다고는 할 수 없지만 코딩 테스트에 합격하기에는 충분한 실력이라고 생각한다. 여러분이 〈코드포스〉 파란색 랭크 이상 혹은 〈백준〉 계정 플래티넘5 이상이라면 이 책을 봐도 도움이 되지 않을 것이다. 이 책의 대상 독자는 알고리즘 공부를 해도 실력이 늘지 않는 사람이거나, 취업을 위해 코딩 테스트를 준비하는 사람, 혹은 단순하게 알고리즘에 흥미가 생겨 공부를 시작해보려 하는 사람이다. 나는 이들에게 조금이라도 도움을 줄 수 있는 지침(guideline)과 시작 방법을 제시하고 싶다.

코딩, 그 중에서도 알고리즘은 머리가 좋냐 나쁘냐에 의해서 실력 향상 속도가 달라질 수도 있다. 앞서 〈코드포스〉에서 빨간색 랭크이면 회사에서 모셔간다고 언급한 적이 있는데, 2020년 기준으로 〈코드포스〉의 한국 계정 중 빨간색 랭크와 주황색 랭크를 합쳐도 150명을 넘지 못한다. 주황색 랭크는 전 세계 상위 4%, 보라색 랭크는 전 세계 상위 8%, 파란색 랭크는 전 세계 상위 20%이다. 그러면 파란색 랭크는 한국 계정에서는 몇 등 정도할까? 대략 400위 안에 든다. 〈코드포스〉라는 사이트에는 중학생부터 고등학생, 대학생, 현업 개발자까지 누구나 참여하는데, 한국에서는 파란색 랭크마저도 그렇게 많이 보이지 않는다. 즉 파란색 랭크 이상이면 어느 정도 알고리즘을 공부해봤다는 의미이다.

대학생 알고리즘 세계대회에서 가장 규모가 큰 대회인 ICPC(International Collegiate Programming Contest)라는 대회에서는 〈코드포스〉 주황색 랭크 이상이면 우승을 노려볼 만하다고 한다. 그리고 실제로 우승을 한 팀에게는 페이스북에서 바로 취업을 권했는데, 현재 페이스북 개발자의 경우 초봉이 약 16만6천 달러(한국 돈으로 환산하면 약 1억9천만 원)이며 구글의 개발자 초봉은 (레벨3) 한국 돈으로 약 2억2천4백만 원이다.[6]

---

6 https://eng.snu.ac.kr/node/14986?language=en

〈코드포스〉 한국 계정 중 빨간색 랭크, 주황색 랭크는 누가 차지하고 있을까 궁금해서 계정을 클릭하여 출신을 확인해보니 서울대, 고려대, 연세대, 영재고, 과학고, 인터넷고 혹은 중학생까지 머리가 좋다는 소리를 들어봤을 법한 대학교, 중고등학교 출신이 적지 않게 포진되어 있었다. 어떤 파란색 계정을 클릭하여 보았는데 그 사람은 꾸준히 대회를 출전하지만 10년째 파란색 랭크를 유지하고 있었다. 하지만 다른 사람은 2개월 만에 파란색 랭크로 갔고 그 사람은 결국 공부한 지 6개월 만에 오렌지 랭크까지 올라갔다. 그걸 보며 알고리즘에는 수학적 사고력이 중요한데 머리 좋은 사람이 확실히 빛을 낸다는 것을 느끼곤 한다. 하지만 중요한 것은 그런 머리 좋은 사람은 소수에 해당하며 노력으로 빨간색 랭크, 주황색 랭크를 차지한 사람이 더 많다는 것이며 심지어 머리가 좋다고 할 법한 사람마저도 공통적으로 한 것이 있는데 그것은 바로 '어설프게 문제 풀지 않기'이다. 대학교 선배 중 〈코드포스〉 주황색 랭크 계정을 보유한 사람에게 어떻게 주황색 랭크를 차지한 것이냐고 물어보면 항상 똑같은 대답으로 "노력하세요"라고 한다. 그가 코딩을 처음 시작하여 주황색 랭크를 달기까지 2년 반이라는 시간이 소요됐으며 그는 알고리즘 문제를 푼 후, 자신의 풀이가 틀렸다면 이 풀이는 왜 틀린 건지 확인하며 남들이 푼 정답과 비교하여 더 간단하게 풀이를 작성할 수 있는지, 다른 사람은 그 문제를 보고 왜 그런 식으로 접근했는지 보며 복기해보곤 했다고 한다. 알고리즘 공부의 핵심은 정확성에 있다. 문제를 고민하다 도저히 답을 모르겠어서 답을 봤는데 '아~ 저렇게 하면 되는 거였네'라며 대충 넘어간다면 이미 그 습관으로 인해 높은 단계를 위한 도약은 힘들 것이다.

개발자라면 실리콘밸리에 취직하여 억대 연봉과 명예를 갖고 싶어 할 것이라고 생각한다. 실리콘밸리에는 흔히 알고리즘 천재라고 불리는 사람이 많지만 천재라고 불리는 그들은 끊임없는 노력과 집중력을 발휘해 한 문제, 한 문제를 정확하게 풀어나갈 수 있는 능력을 가지고 있는 우리와 똑같은 평범한 사람일 뿐이라는 것을 명심하자.

아래 [그림 1-6]은 solved.ac를 통해 나(필자)의 계정 등급을 나타낸 모습이다.

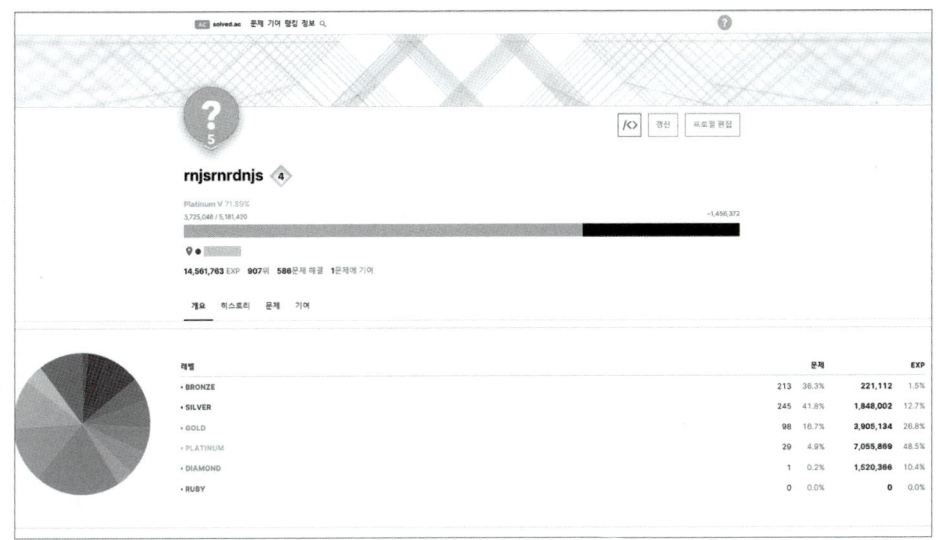

[그림 1-6] solved.ac를 통한 나의 계정 등급

나는 907위, 586문제 해결, 1문제에 기여했다. 플래티넘5 이상의 계정은 문제에 난이도를 매길 수 있는 기능이 있다. 난이도를 매기면 문제에 기여한 수가 증가한다. 문제를 많이 푸는 것이 무조건 좋다고 할 수는 없다. 브론즈 문제와 다이아 문제의 난이도 차이는 넘을 수 없는 벽이 있다고 생각한다. solved.ac가 제공하는 등수는 문제를 많이 푼 수로 등수를 매기지 않고, 계정 등급(브론즈, 실버, …, 루비)이 높은 순으로 등수를 매긴다. 어려운 문제를 푸는 것이 많은 문제를 푸는 것보다 등수가 올라가므로 훌륭한 등수 책정 방식이라고 생각한다. 〈백준〉을 사용하는 사람 수는 대략 20만 명 정도이다. 알고리즘 문제를 풀며 한 명, 한 명 따라잡으며 등수를 올리는 재미가 내게는 큰 동기부여가 되었다.

〈백준〉 등수에는 너무 집착할 필요가 없다. 실시간으로 치러지는 대회가 아니므로 구글링을 통한 해답코드만 제출하여 등수를 높일 수도 있고(물론 이러한 행위는 옳지 않고 행하면 안 되는 일이다), 쉬운 문제를 많이 풀어서 등수를 높일 수도 있다. 쉬운 문제로 등수를 높이는 행위를 흔히 '랭작(랭크 작업)'이라고 하는데 solved.ac에서 문제들을 풀었을 때 주는 경험치량을 보자.

[표 1-1] 〈백준〉 사이트의 랭크 및 경험치

랭크	경험치	랭크	경험치
브론즈5	480	플래티넘5	172,714
브론즈4	672	플래티넘4	265,117
브론즈3	954	플래티넘3	408,280
브론즈2	1,374	플래티넘2	630,792
브론즈1	1,992	플래티넘1	977,727
실버5	2,909	다이아몬드5	1,520,366
실버4	4,276	다이아몬드4	2,371,771
실버3	6,329	다이아몬드3	3,771,822
실버2	9,430	다이아몬드2	5,827,560
실버1	14,145	다이아몬드1	9,178,407
골드5	21,288	루비5	14,501,883
골드4	32,145	루비4	22,985,485
골드3	48,699	루비3	36,546,921
골드2	74,023	루비2	58,292,339
골드1	112,885	루비1	93,267,742

내 계정의 경우 586문제를 풀어 14,561,763의 경험치를 획득하여 플래티넘5의 계정을 만들었다. 누군가가 루비4 한 문제를 풀어 22,985,485의 경험치를 획득한다면 한 문제만으로 나보다 더 높은 티어를 획득할 수 있다. 그럴만한 게 플래티넘5 문제와 실버1 문제의 난이도 차이는 매우 크고, 루비4 문제와 플래티넘5 문제의 난이도 차이 또한 매우 크기 때문이다. 플래티넘5 한 문제를 푸는 것은 브론즈1 문제를 90문제 푸는 것과 같다. '랭작'을 통해 쉬운 문제만 골라 풀어 경험치량을 상승시킬 수도 있지만, 이러한 방법은 절대 추천하지 않는다. 쉬운 문제를 풀고 성취감을 느끼는 달콤함은 자신을 멈추게 만든다. 나 같은 경우 쉬운 문제를 골라 푼 그 기간 동안 얻어간 것이 없었고, 시간을 보람차게 쓰지 못했다고 생각한다. solved.ac 등수를 높일 땐 어려운 문제에 도전하는 것을 목표로 푸는 것이 실력 상승을 위한 지름길이다.

그럼 〈백준〉 문제의 난이도 체감을 보자.

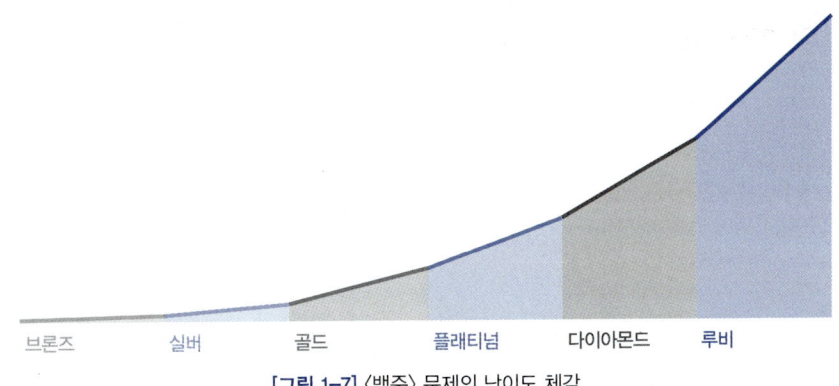

[그림 1-7] 〈백준〉 문제의 난이도 체감

플래티넘 난이도 문제를 풀어본 경험으로, 처음 브론즈 난이도 문제를 풀 때는 하나하나 푸는 재미가 있는 쉬운 문제였다. 그러다 실버 난이도 문제를 접하고, 처음으로 내 앞에 벽이 있다는 생각을 접했다. 그래도 몇 개월 공부하니 실버 난이도 문제를 막힘없이 풀 수 있는 실력이 되었고, 이제 골드 난이도 문제를 접하자 또 한 번 내 앞에 벽이 있다는 생각을 접했다. 플래티넘 난이도를 풀고 있는 현재, 골드 난이도는 플래티넘에 비하면 쉽다는 생각을 하며, 아마 이런 난이도 체감 차이는 루비 난이도를 푸는 그 순간까지 계속될 것 같다.

〈코드포스〉 랭크를 다시 한 번 보자.

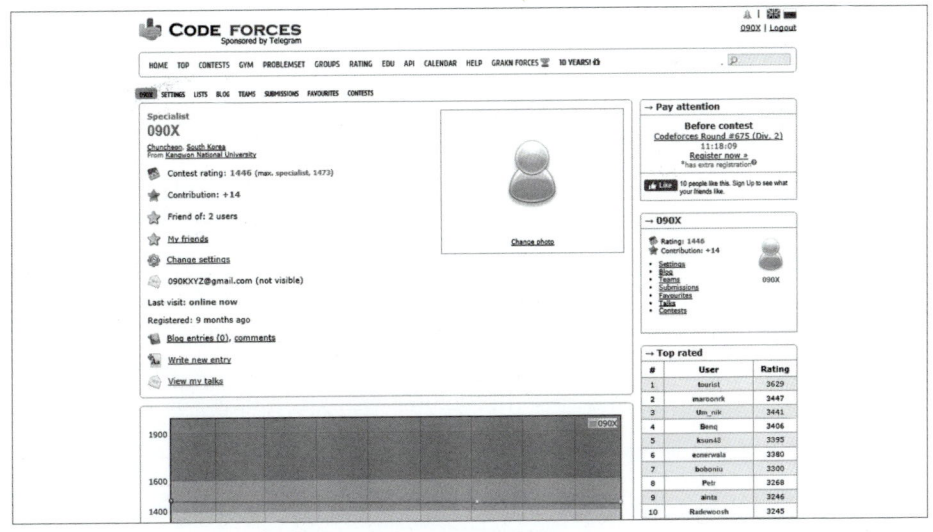

[그림 1-8] 〈코드포스〉 사이트에서 제공하는 랭크 모습

제1장 코딩 테스트 준비, 6개월이면 충분하다

[표 1-2] 〈코드포스〉 랭크와 레이팅

랭크	레이팅
회색	0~1199
초록색	1200~1399
청록색	1400~1599
파란색	1600~1899
보라색	1900~2099

랭크	레이팅
주황색	2100~2299
짙은 주황색	2300~2399
빨간색	2400~2599
짙은 빨간색	2600~2999
검은 빨간색	3000~

〈코드포스〉 대회를 통해 현재의 레이팅이 높아지거나 떨어지거나 하여 레이팅이 측정되며 측정된 레이팅에 맞는 랭크를 얻게 된다.

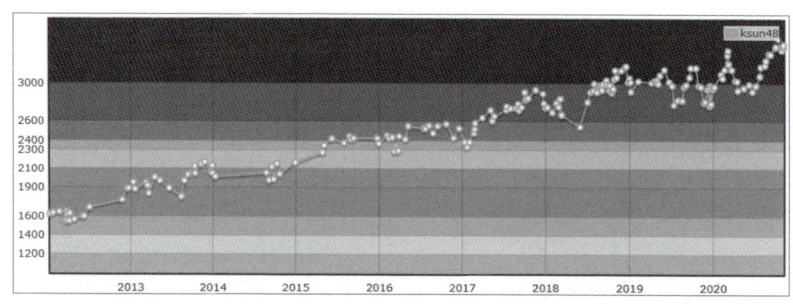

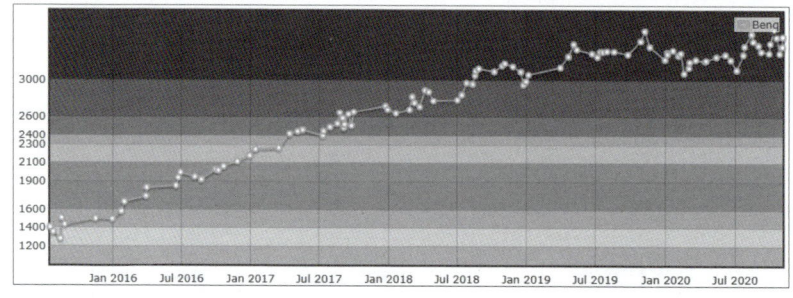

[그림 1-9] 〈코드포스〉 전 세계 랭킹 10위 권 안에 드는 사람의 랭크를 나타낸 모습

[그림 1-9]는 〈코드포스〉 전 세계 랭킹 10위 권 안에 드는 사람들의 랭크를 나타낸 모습이다. 이들은 검은 빨간색 랭크를 얻기 위해 대개 5년에서 8년 이상의 시간을 알고리즘 공부에 투자하여 최정상의 자리에 위치한 사람들이다. 내 경우에는 〈코드포스〉로 인해 스트레

스를 많이 받았다. 한시라도 빨리 랭크를 올리고 싶지만 잦은 실수(변수 타입 오류, 긴 코드로 인한 디버깅 실패, 생각 없이 짜는 코드)로 인해 아쉽게 성적을 거두지 못할 때가 많았다. 잦은 실수는 실력이고, 알고리즘 공부는 재미있기에 결과가 어떻게 되든 나는 알고리즘을 공부한 것에 대해 후회하지 않는다.

Codeforces			
Div. 2	Div. 1		비슷한 수준의 티어
A			Bronze V — Silver III
B			Silver IV — Gold II
C~D	A		Gold III — Platinum III
	B		Platinum V — Diamond V
	C		Platinum II — Diamond II
	D		Diamond IV —

[그림 1-10] 〈코드포스〉 대회 종류

〈코드포스〉에는 Div.4, Div.3, Div.2, Div.1 대회가 있다.

Div.4 대회의 경우에는 〈코드포스〉 초록색 랭크 이하만 참여할 수 있다.
Div.3 대회의 경우에는 〈코드포스〉 청록색 랭크 이하만 참여할 수 있다.
Div.2 대회의 경우에는 〈코드포스〉 보라색 랭크 이하만 참여할 수 있다.
Div.1 대회의 경우에는 〈코드포스〉 보라색 랭크 이상만 참여할 수 있다.

보통 대회마다 5~7문제가 주어지며, 각 문제 번호는 A, B, C, D, E … 처럼 주어지며 A → B → C → D → E … 순으로 어려워지는 추세이다.

대략적으로 가늠하면 다음과 같다.

Div.2 기준으로 A 한 문제 정도를 풀 수 있다면 초록색 랭크로 갈 수 있다.
Div.2 기준으로 A, B 두 문제 정도를 풀 수 있다면 청록색 랭크로 갈 수 있다.
Div.2 기준으로 A, B, C 세 문제 정도를 풀 수 있다면 파란색 랭크로 갈 수 있다.

위의 [그림 1-10]을 보자.

Div.2의 A 문제는 〈백준〉의 브론즈5~실버3 정도의 난이도이다.
Div.2의 B 문제는 〈백준〉의 실버4~골드2 정도의 난이도이다.
Div.2의 C 문제는 〈백준〉의 골드3~플래티넘3 정도의 난이도이다.

1-3 이것만 하면 대기업에 취업할 수 있다고?

앞서 말한 세 가지 실수 중 첫 번째는 어려운 문제에 대한 도전을 두려워하는 것이라고 했는데, 사실 알고리즘 초보자의 관점에서 봤을 때는 그 문제가 어려운 문제인지 쉬운 문제인지 구별하기 쉽지 않다. 문제를 봤을 때 쉬워 보이지만 해답 풀이는 생각보다 매우 어려운 문제인 예시를 살펴보자. 물론 대기업 코딩 테스트에서는 이러한 수준의 중고급 알고리즘을 이용하여 풀어야 하는 문제는 나오지 않으며 꼭 필요한 알고리즘 10개라는 틀 안에서 나온다는 것을 미리 밝힌다. 이 문제를 예시로 둔 이유는 초보자들이 쉬운 문제인지 어려운 문제인지 구별하기 힘들 것 같은 문제의 예시에 초점을 맞추고 있다는 것을 참고하기 바란다.

서로소

https://www.acmicpc.net/problem/4355

시간 제한	메모리 제한	제출	정답	맞힌 사람	정답 비율
1초	128MB	1092	533	430	52.826%

문제

양의 정수 n이 주어졌을 때, n보다 작은 양의 정수 중에서 n과 서로소인 수 개수를 구하는 프로그램을 작성하시오.

두 정수 a와 b가 서로소가 되려면 $x>1$, $y>0$, $z>0$이면서, $a=xy$, $b=xz$를 만족하는 정수가 없어야 한다.

입력

입력은 여러 개의 테스트 케이스로 이루어져 있으며, 각 테스트 케이스는 $n \leq 1,000,000,000$으로 이루어져 있다.

입력의 마지막 줄에는 0이 주어진다.

출력

입력으로 주어진 n마다 n보다 작으면서 서로소인 양의 정수의 수를 출력한다.

예제 입력 1	예제 출력 1
7 12 0	6 4

시간 제한은 1초로 최대 1억 번의 연산을 할 수 있고, 〈백준〉 난이도는 골드1이다.

시간 제한	최대	난이도
1초	1억 번 연산	골드1

> **여기서 잠깐!**
> 앞으로 나오는 모든 문제에 시간제한과 난이도를 삽입하겠다. 이는 뒤에서 배울, 시간 복잡도를 항상 염두에 두라는 의미와 난이도를 쉽게 보기 위해서이다. 〈백준〉 문제는 브론즈5~루비1, 〈코드포스〉 문제는 회색~검은 빨간색으로 난이도를 적는다.

문제설명

〈백준〉 난이도 골드1이며, 시간 제한은 1초이다(시간 제한과 컴퓨터가 1초에 1억 번 연산한다는 설명은 뒤에서 자세히 할 것이다). 정수 $n(n<=1,000,000,000)$이 주어질 때 1부터 $n-1$까지의 수 중에서 n과 서로소(두 자연수 a, b의 최대공약수가 1인 수)인 수의 개수를 물어보는 문제이다.

알고리즘을 조금 공부해본 사람이 이 문제를 봤을 때 '1부터 $n-1$까지 하나하나 전부 n과 비교하여 최대공약수가 1인지 파악하면 되는 쉬운 문제이겠네'라고 생각할 수 있는데, 뒤에서 말하겠지만 컴퓨터는 1초에 1억 번을 연산할 수 있기 때문에 1부터 $n-1$까지 n과 비교하여 최대공약수가 1인지 파악하기 위해서는 n의 최댓값이 10억이므로 최소 10초 이상이 걸려 문제에서 요구한 시간 제한 1초에 미치지 못해 실패이다.

문제를 해결하기 위해서는 다음처럼 '오일러 파이 Euler's phi'라는 함수를 이용하여 문제가 요구한 시간 제한을 초과하지 않는 빠른 시간 내에 정답을 구해야 한다.

ϕ(m)=m*(1-1/p1)*(1-1/p2)*(1-1/p3)*....*(1-1/pn)
(단 p1, p2,,, pn이 m의 소인수)

여기서 위 수식이 의미하는 바에 대해서는 설명하지 않는다. 단지, '이러한 수식이 있구나.' 정도로만 이해하면 된다.

언뜻 쉬워 보이는 문제이지만 오일러 파이 함수라는 공식을 모른다면 수학자 오일러와 같은 탐구 정신으로 새로운 공식을 도출해내지 않는 이상, 이 문제는 풀 수 없다. 이렇듯 초보자들은 그 문제가 쉬운 문제인지 어려운 문제인지 구별하기 어려우며 이것이 대기업에서 필요로 하는 알고리즘인지 모른 채 무작정 푼다면 코딩 테스트 합격을 위한 길과는 동떨어진 길로 가게 된다. 다다익선이라고 많은 알고리즘을 알면 좋다는 것을 인정하지만 대기업에서 이런 수학과가 아닌 이상 들어보기 힘들 만한 함수를 아느냐에 따라서 합격인지 불합격인지를 요구하는 이상한 방법으로 코딩 테스트 문제를 출제할까? 아니다.

대기업에서 채용하고 싶은 개발자는 코드를 구현할 수 있는 능력이 있으며, 기초적인 알고리즘을 숙지했을 때, 그 알고리즘을 응용하여 난이도 있는 문제를 해결할 수 있는 문제 해결 능력이 있는지를 묻는다. 문제 해결 능력은 실무 상황에서 정답이 주어지지 않은 프로젝트의 미해결 부분과 마주쳤을 때 자신의 힘으로 해결할 수 있게 하는 능력이다. 대기업의 대규모 프로젝트 실무에서는 미해결 부분이 자주 등장할 것이며 이런 문제 해결 능력이 있는 인재를 채용하고 싶어 하는 것이 당연할 것이다.

초보자들은 문제를 봤을 때 쉬운 문제인지 어려운 문제인지 혹은 그 문제가 대기업 코딩 테스를 위해서 공부해야 할 문제인지 판단할 경험이 부족하다. 한국 대기업 코딩 테스트 문제를 해결하기 위해서는 대학교 학부 과정에서 배우는 10가지의 알고리즘을 학습한 후 각 알고리즘을 이용한 문제를 풀어봐야 한다. 이 10가지 알고리즘 문제에만 집중해도 코딩 테스트를 통과하는 데는 큰 어려움이 없을 것이다.

그렇다면 코딩 테스트에서 쉬운 문제와 어려운 문제를 어떻게 구별할 수 있을까? 여러 방법 중 하나는 〈백준〉 문제의 난이도를 측정해둔 확장 프로그램인 solved.ac를 활용하는 것이다. solved.ac의 사용법은 부록에서 다루겠지만 앞서 예시로 둔 문제를 보면 문제 제목인 서로소 밑을 보면 '골드1'이라는 난이도가 측정되어 있다(이 책에서는 문제의 맨 뒤에 두었다). 현재 자신의 〈백준〉 계정이 브론즈인데 골드 난이도의 문제를 붙잡고 계속 씨름하는 것은 문제를 어떻게 풀지 고민한 시간 외에는 남는 것이 없다.

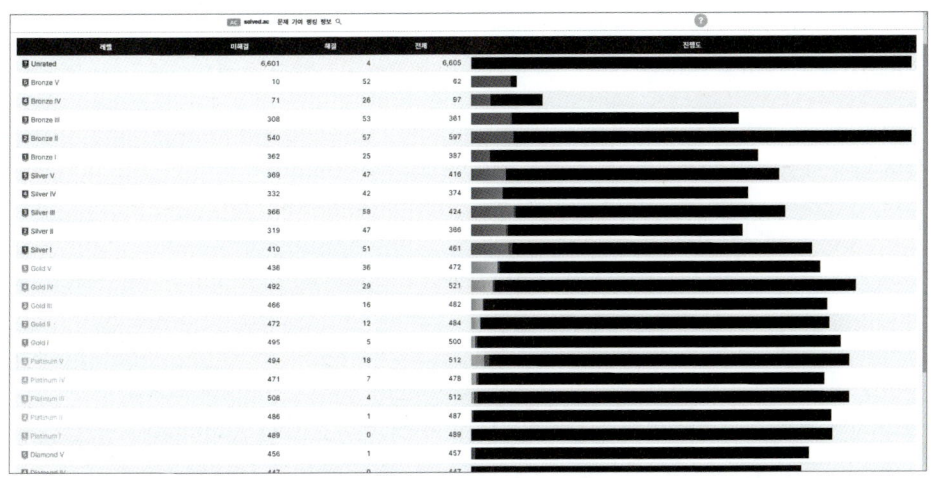

[그림 1-11] 〈백준〉 문제의 난이도를 측정해둔 확장 프로그램 solved.ac(https://solved.ac/problems/level)

시간을 낭비하지 않기 위해서 solved.ac에 있는 문제 중 난이도가 책정되어 있는 문제를 이용하여 쉬운 문제(브론즈, 실버)부터 풀어보며 점차 높은 난이도(골드, 더해보고 싶다면 플래티넘 이상의 문제까지)의 문제를 풀어가며 자신의 실력을 높이는 방법을 추천한다. 문제를 풀어 자신의 계정을 골드1, 혹은 플래티넘 이상으로 만든다면 대기업 코딩 테스트에서 출제하는 문제를 커버할 만한 문제 해결 능력을 갖출 수 있을 것이다.

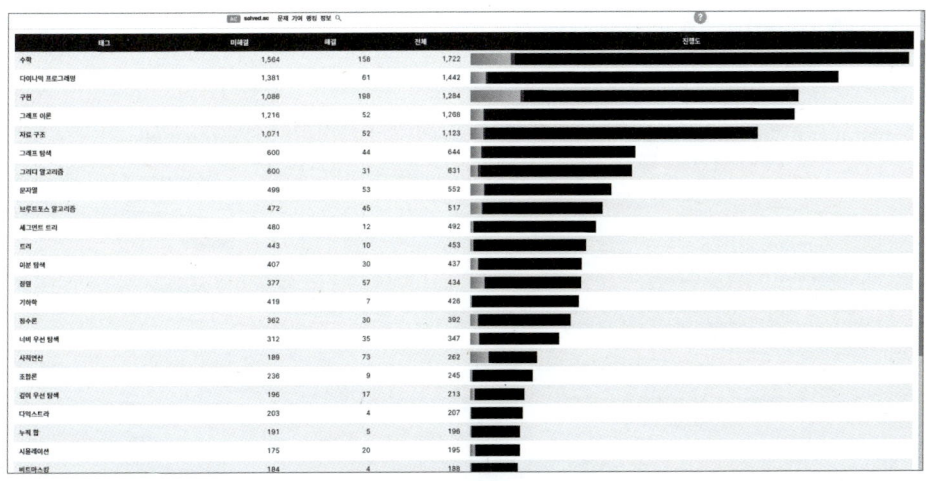

[그림 1-12] solved.ac를 통해 문제들을 알고리즘별로 배치하여 사용 가능하게 한 모습
(https://solved.ac/problems/tags)

우리나라의 대기업 코딩 테스트에서는 크게 10가지의 알고리즘만 알아도 문제를 풀기 위한 준비를 갖출 수 있다. solved.ac에는 문제들을 알고리즘 유형별로 모아두었다. solved.ac를 통해 필요한 알고리즘별로 난이도가 쉬운 문제부터 어려운 문제 순으로 순차적으로 풀어간다면 더욱 효율적으로 문제를 풀 수 있을 것이다.

"이것만 하면 대기업에 취업이 가능하다고?"라고 말한다면 대학 수준의 전공 지식(컴퓨터 구조, 자료구조, 알고리즘, 운영체제, 데이터베이스, 네트워크) 시험이나 면접을 제외한 코딩 테스트 합격은 가능하다고 말할 수 있다.

그러나 내 생각엔 조금 더 확실한 준비를 하라고 말하고 싶다. 알고리즘 문제를 풀 때 자신의 문제 해결 능력이 뛰어날수록 문제의 난이도가 더 쉽다고 느낄 것이다. 대기업 코딩 테스트에서는 각 회사별로 시험 시간을 주고 주어진 시간 동안 많은 문제를 풀어야 합격할 수 있다. 코딩 테스트를 볼 때 쉽다고 생각된 문제는 다음 문제로 빠르게 넘어갈 수 있게 하여, 아직 풀지 않은 문제를 풀 수 있는 시간을 확보해주므로 문제의 체감 난이도 자체를 낮추어 확실한 준비를 하는 것을 추천한다. 문제의 체감 난이도를 낮출 수 있고, 코딩 테스트처럼 실전 감각을 높이기 위해 〈코드포스〉라는 사이트를 추천한다. 〈코드포스〉는 시험 시간이 주어지고 주어진 시간 안에 문제를 풀수록 랭크가 높아지는 시스템이다. 〈코드포스〉의 장점은 크게 3가지다.

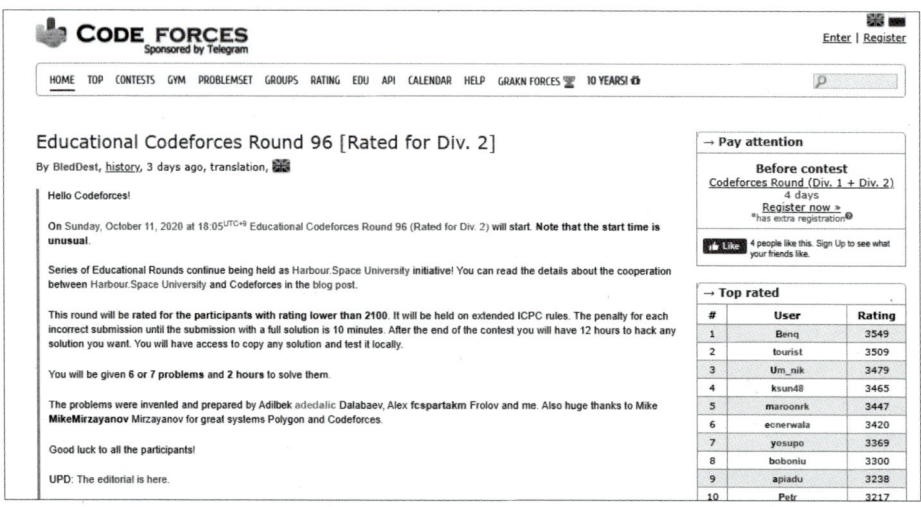

[그림 1-13] 영어와 프랑스어를 지원하는 〈코드포스〉의 메인 화면(http://codeforces.com/)

첫째, 실전과 같은 경험을 체험할 수 있다.

〈코드포스〉의 특징은 보라색 랭크의 난이도까지는 주로 잘 알려진 기초 알고리즘을 응용하여 풀 수 있는 문제이거나, 수학적 사고력이 있는가를 물어보는 문제를 출제한다. 대기업 코딩 테스트 문제는 남들이 모르는 알고리즘을 아느냐 모르느냐에 따라 합격, 불합격을 가르는 것이 아닌 기초 알고리즘을 통하여 문제 해결 능력이 있는지 없는지를 보는 것이기 때문에 〈코드포스〉라는 대회는 실전과 같은 경험을 주기에는 최고의 사이트이다.

둘째, 수학적 사고력을 단번에 높일 수 있다.

셋째, 코너 케이스를 통해 생각 능력을 높일 수 있다.

알고리즘 문제들은 문제의 샘플 테스트 케이스는 정상적으로 실행되어도 정답이 되지 않는 예외의 테스트 케이스에 의하여 정답을 받지 못하는 상황이 자주 등장한다. 이러한 여러 변수와 환경의 복합적인 상호작용으로 발생하는 문제를 '코너 케이스Coner Case'라고 한다.

〈코드포스〉의 둘째와 셋째 장점을 알아보기 위해 〈코드포스〉 대회 문제를 살펴보자.

A. Remove Smallest

http://codeforces.com/contest/1399/problem/A

time limit per test	memory limit per test	input	output
1 second	256MB	standard input	standard output

You are given the array a consisting of n positive (greater than zero) integers.

In one move, you can choose two indices i and j $(i \neq j)$ such that the absolute difference between a_i and a_j is no more than one ($|a_i - a_j| \leq 1$) and remove the smallest of these two elements. If two elements are equal, you can remove any of them (but exactly one).

Your task is to find if it is possible to obtain the array consisting of **only one element** using several (possibly, zero) such moves or not.

You have to answer t independent test cases.

Input

The first line of the input contains one integer $t(1 \leq t \leq 1000)$ - the number of test cases. Then t test cases follow.

The first line of the test case contains one integer $n(1 \leq n \leq 50)$ - the length of a. The second line of the test case contains n integers $a_1, a_2, \cdots, a_n (1 \leq a_i \leq 100)$, where a_i is the i-th element of a.

Output

For each test case, print the answer: "YES" if it is possible to obtain the array consisting of **only one element** using several (possibly, zero) moves described in the problem statement, or "NO" otherwise.

Example

input

```
5
3
1 2 2
4
5 5 5 5
3
1 2 4
4
1 3 4 4
1
100
```

output

```
YES
YES
NO
NO
YES
```

Note

In the first test case of the example, we can perform the following sequence of moves:

- choose $i=1$ and $j=3$ and remove a_i (so a becomes $[2;2]$);
- choose $i=1$ and $j=2$ and remove a_j (so a becomes $[2]$).

In the second test case of the example, we can choose any possible i and j any move and it doesn't matter which element we remove.

In the third test case of the example, there is no way to get rid of 2 and 4.

시간 제한은 1초로 최대 1억 번의 연산을 할 수 있고, 〈코드포스〉 난이도는 *800(회색)이다.

시간 제한	최대	난이도
1초	1억 번 연산	*800(회색)

문제를 보고 어떤 식으로 접근할지는 2장의 '2-1. 컴퓨터는 1초에 대략 1억 번밖에 연산을 못하더라' 부분부터 자세하게 설명할 것이다. 이 문제는 간단하게 수학적 사고력이 필요하다는 것과 코너 케이스 생각에 초점을 두면 될 것이다.

문제설명

이 문제는 집합의 크기 n이 주어지며 집합의 수를 $A_1, A_2, \cdots A_{n-1}, \cdots A_n$이라고 할 때 그 중 두 개를 선택하여 첫 번째 수 A_i와 두 번째 수 A_j(i는 j와 같을 수 없음, $1<=i, j<=n$)를 골랐을 때 A_i-A_j의 절댓값이 1보다 작거나 같다면 A_i, A_j 둘 중 작은 수를 집합에서 지운다. 이것을 반복하여 집합의 크기를 1로 만들 수 있다면 "YES"를 출력하고 1로 만들 수 없다면 "NO"를 출력해야 하는 문제이다.

집합의 크기가 3이고 집합에 들어있는 수가 $A_1=1, A_2=2, A_3=2$일 때 $\{1, 2, 2\}$

1) $A_1=1, A_2=2$를 고르고 A_1-A_2의 절댓값은 1보다 작으므로 둘 중 작은 수인 $A_1=1$을 지운다.
   - 집합의 크기가 2가 되며, $A_1=2, A_2=2$가 된다. $\{2, 2\}$

2) $A_1=2, A_2=2$를 고르고 A_1-A_2의 절댓값은 1보다 작으므로 둘 중 작은 수인 $A_1=2$를 지운다.
   - 집합의 크기가 1이 되며 $A_1=2$가 된다. $\{2\}$

결국 집합의 크기를 1로 만들 수 있으므로 "YES"를 출력하면 정답인 문제이다.

문제의 Example을 보면 집합의 수 A_i와 그 수의 다음 수 A_{i+1}의 ($1<=i<=n-1$) 차이가 1보다 크다면 "NO"를 출력하면 된다는 것을 알 수 있다. 하지만 집합의 크기가 5이고 $A_1=3, A_2=4, A_3=1, A_4=2, A_5=5$일 때 (이때의 집합은 $\{3, 4, 1, 2, 5\}$) 집합의 수와 그 수의 다음 수 차이가 1보다 크지만 결국 집합의 크기를 1로 만들 수 있다는 것을 알 수 있다.

1) A_3, A_4를 고르면 $\{3, 4, 2, 5\}$가 된다.
2) A_1, A_3을 고르면 $\{3, 4, 5\}$가 된다.
3) A_1, A_2를 고르면 $\{4, 5\}$가 된다.
4) A_1, A_2를 고르면 $\{5\}$가 된다.

이 문제를 해결하기 위해서는 먼저 주어진 집합의 수를 오름차순으로 정렬한 후 집합의 수 A_i와 그 수의 다음 수 A_{i+1}의 ($1<=i<=n-1$) 차이가 1보다 크다면 "NO"를 출력하면 된다는 것을 알아내야 한다. 집합의 수 중에 2개를 고를 땐 어떤 순서에 의해 골라도 되지 않기 때문에 오름차순으로 정렬을 한다는 것이 키포인트이다.

예 집합의 크기가 5이고, $A_1=3$, $A_2=4$, $A_3=1$, $A_4=2$, $A_5=6$이라면 {3, 4, 1, 2, 6} 오름차순으로 정렬하여 {1, 2, 3, 4, 6}의 집합으로 바꾸어 준 뒤 $A_4=4$, $A_5=6$을 골랐을 때 두 수의 차이가 1보다 크기 때문에 "NO"를 출력해주면 정답이 된다.

앞의 문제에서 모든 샘플 테스트 케이스는 오름차순으로 정렬되어 있기에, 집합의 수 A_i와 그 수의 다음 수 A_{i+1}의 ($1<=i<=n-1$) 차이가 1보다 크다면 "NO"를 출력하면 된다고 생각할 수 있다. 이것은 일부러 실수를 유발하기 위해서 샘플 테스트 케이스를 오름차순으로 정렬해 둔 것이다. 문제 조건에서는 집합이 오름차순이라는 조건이 없다.

앞서 코너 케이스를 언급했는데, 바로 이러한 문제가 코너 케이스에 해당되는 문제이다. 샘플 테스트 케이스는 정상적으로 실행되어도 정답으로 인정이 안 되는 예외적인 테스트 케이스가 생긴다는 것이다.

코너 케이스는 오류가 발생하는 상황을 재현하기가 쉽지 않다는 특징이 있어 테스트와 디버그가 쉽지 않다. 〈코드포스〉 문제는 이러한 코너 케이스를 직접 만들어보며 어떤 케이스에서 정답이 안 되는지 스스로 파악할 능력을 길러주며, 이러한 접근은 수학적 사고력을 높여주는 데 도움이 된다.

대기업 코딩 테스트에서 출제된 문제 또한 샘플 테스트 케이스는 전부 맞추어도 예외 테스트 케이스에서 틀려 정답을 맞추지 못하는 상황이 자주 발생할 수 있다. 내 경우에는 〈코드포스〉에서 스스로 코너 케이스를 만들어 본 훈련 덕분에 문제를 봤을 때 어떤 풀이가 정확한 풀이가 될지 생각하는 데 많이 도움이 되었다.

코너 케이스 발견 작업은 개발자에게도 중요한 작업이다. 프로그램을 개발한 후 발견되지 않은 코너 케이스는 프로그램을 출시했을 때, 버그를 유발하며 보안적으로 문제가 될 수 있는 여지를 남겨준다. 그러므로 개발자들은 프로그램 출시 전에 코너 케이스가 있는지 많은 검토를 해야 한다. 이러한 코너 케이스 발견 작업은 돈을 주고 남에게 부탁하여 진행될 정도로 중요한 작업으로 여겨진다.

1-4 너도 할 수 있어. 6개월이면

앞에 이야기한 것을 요약해보면 다음과 같다. 1년 동안의 알고리즘 공부에서 나는 3가지 실수를 범했었다.

1. 자신의 실력보다 어려운 문제에 대한 도전을 두려워했다.
2. 문제를 보고 정답을 모를 때 해답을 보며 자신의 것으로 만들지 않았다.
3. 풀어본 문제에 대하여 사색의 시간을 갖지 않았다.

복기를 통하여 정답에 확신이 없던 문제는 해답을 보며 해답을 정확하게 내 것으로 만들어야 하는 노력을 해야 한다. 또한 아는 문제라도 자신의 답이 왜 맞는지 증명할 수 있어야 하고 어떻게 푸는 게 더 좋을지 사색하며 그리고 그 문제는 왜 그런 식으로 접근했는지 그 정보들을 토대로 정확한 식 수립을 연습해야 한다.

초보자들은 문제가 어려운 문제인지 쉬운 문제인지 구별이 어려우므로 〈백준〉과 solved.ac를 이용하여 문제를 풀면 입문하기 좋을 것이다. 대기업 코딩 테스트를 준비할 때 필요한 알고리즘은 10개 정도이면 충분하기 때문에 solved.ac를 이용하여 알고리즘별로 필요한 알고리즘들을 공부하여 문제 해결 능력을 기른다. 좀 더 확실하게 준비하기 위하여 〈코드포스〉 대회를 통해 실전과 같은 문제 풀이를 해보며 수학적 사고력과 코너 케이스 적응력을 높여야 한다.

6개월, 즉 180일 동안 매일 6시간이라는 시간을 공부한다면 1,080시간이 주어진다. 이는 결코 짧은 시간이 아니며 대기업 코딩 테스트를 준비하기에 충분한 시간이다. 마구잡이식으로 공부한 나도 공부한 지 7개월쯤에 알고리즘이라는 것을 더욱 깊게 이해하게 되었는데, 내가 추천하는 공부 방법을 이용한다면 6개월이면 충분하다고 생각한다.

이 책을 읽는 독자들 대다수는 코딩 테스트라는 알고리즘 시험을 통과하고 싶은 자신만의 이유가 있을 것이다. 만약 여러분이 간절하다면 포기하지 말자. 6개월이라는 시간 속에는 좌절과 극복이 반복될 것이므로 힘들 수 있다. 그럴 때마다 자신이 처음 알고리즘 공부를 하기로 마음먹었던 이유를 생각하며 우직해지자.

다음은 책상 위에 붙여두고 힘들 때 보면서 위로를 받는 내가 좋아하는 명언이다.

"만일 지금 성실하게 일하는 것밖에
내세울 것이 없다고 한탄하고 있다면
그 우직함이야말로 가장 감사해야 할
능력이라고 말하고 싶다.

지속의 힘. 지루한 일이라도
열심히 계속해나가는 힘이야말로
인생을보다 가치 있게 만드는
진정한 능력이다."

- 이나모리 가즈오(일본 교세라 창업자) -

제2장

코딩 테스트의 주적, 시간 복잡도

독자 모든 출력 값이 맞으니 정답이겠지? (제출) 시간 초과로 인한 실패? 이게 무슨 뜻이지?

저자 앞으로 너의 주적이 될 녀석이야. 프로그램의 속도를 향상하기 위한 방법을 배워보자.

2-1 컴퓨터는 1초에 1억 번밖에 연산을 못하더라

1부터 n까지의 수, 즉 1, 2, 3, 4, 5, 6, ..., $n-1$, n을 전부 더하는 것을 컴퓨터로 구현한다고 하면 여러 방법이 있을 수 있다. 그 중 두 가지 방법은 숫자를 더한 값을 저장할 변수 x를 이용하여 표현했을 때,

첫 번째는

```
x=1+2+3+4+5+6...+n-1+n
```

처럼 하나하나 전부 변수 x에 더해 주는 것이며,

두 번째는

```
x=(n)*(n+1)/2
```

처럼 가우스 공식을 이용하여 구해주는 것이다.

가우스 공식이란 가우스가 1부터 100까지의 합을 수 초 안에 풀었던 방법으로 다음과 같이 증명할 수 있다.

1부터 n까지 더한 값을 x라 할 때 x는 아래의 식으로 표현할 수 있다.

```
x=1+2+3+...+(n-2)+(n-1)+n
x=n+(n-1)+(n-2)+...+3+2+1
```

위의 식은 순서만 앞뒤로 바꿔둔 상태이다.

두 가지 표현식을 위아래끼리 더하면 $2*x$는 아래의 식과 같아진다.

```
2*x=(n+1)+(n+1)+(n+1)+...+(n+1)+(n+1)+(n+1)
```

$2*x$는 $(n+1)$이 n번 있다.

즉, 다음을 증명할 수 있게 된다.

2*x=(n+1)*n
x=(n+1)*n/2

첫 번째 경우 + 연산자는 n번 사용하지만 두 번째 경우는 세 번(*, +, /)만 사용하면 된다. CPU의 성능과 다른 부가적인 요소에 따라 컴퓨터마다 다르겠지만 현대의 컴퓨터 사양으로는 1초에 32억 번 이상의 연산이 가능하다고 한다.

그러나 코딩 테스트에서 사용하는 알고리즘에서는 보통 컴퓨터가 1초당 1억 번 정도 연산할 수 있다고 가정한다.

자, 그럼 n이 1억이라면 첫 번째 방법은 컴퓨터가 1억 번 +를 사용해야 하므로 1억 번 연산하는 데 1초가 걸리지만 두 번째 방법은 세 번의 연산(*, +, /)만 사용하여 3/1억 초 정도가 걸린다. 그럼 n이 100억이라면? 첫 번째 방법은 100초가 걸리지만 두 번째 방법은 여전히 3/1억 초가 걸린다.

신기하지 않은가? 같은 목적인 1부터 n까지 더한다는 목표가 있지만 어떤 방법은 컴퓨터가 목표를 달성하기 위해 연산하는 데 100초가 걸릴 수도 있고 어떤 방법은 3/1억 초도 안 걸릴 수가 있다.

또 하나의 예를 보자. 요즘 가장 핫한 플랫폼 중 하나인 유튜브youtube에는 전 세계 사람이 동영상을 찍고 그것을 편집하여 올린다. 유튜브에는 1분마다 400시간이 넘는 분량의 새 동영상이 업로드된다고 하고 전 세계에서 매일 10억 시간을 유튜브 영상 시청에 쓴다고 한다. 유튜브에 업로드된 동영상의 총 개수를 100억 개라고 가정하고 유튜브 검색창에 '치킨'이라는 단어를 검색한다고 해보자. 유튜브에 업로드된 100억 개의 동영상 중에 '치킨'이라는 단어와 하나하나 비교하여 제목에 '치킨'이라는 단어와 일치하는 단어가 있으면 검색 결과로 보여주고, 일치하지 않는다면 검색 결과로 보여주지 않을 것이다. 컴퓨터는 1초에 1억 번 연산을 할 수 있다고 했으므로 100억 개의 동영상 제목 길이를 '치킨'이라는 단어의 길이와 비교한다면 최소 100초(100억*제목의 길이*치킨이라는 단어의 글자수/1억) 이상의 연산 시간이 걸린다.

100억 개의 동영상 제목에서 '치킨'이 있는지 비교하는 것을 이해해보자.

   1번째 동영상의 제목 치이이이킨
   2번째 동영상의 제목 킨킨킨치치
   ...
   ...
   ...
   100억 번째 동영상의 제목 치킨칅힌

우리가 찾고 싶은 제목은 '치킨'이다.

1번째 동영상 제목인 '치이이이킨'에서 치킨이라는 단어가 있는지 비교해 본다.

   1) 치이이이킨   - 치와 치, 이와 킨을 비교한다.
       치킨
   2) 치이이이킨   - 이와 치, 이와 킨을 비교한다.
       치킨
   3) 치이이이킨   - 이와 치, 이와 킨을 비교한다.
        치킨
   4) 치이이이킨   - 이와 치, 킨과 킨을 비교한다.
        치킨

1번째 동영상 제목에는 '치킨'이라는 단어가 없다.

2번째 동영상 제목인 '킨킨킨치치'에서 치킨이라는 단어가 있는지 비교해 본다.

   1) 킨킨킨치치   - 킨과 치, 킨과 킨을 비교한다.
       치킨
   2) 킨킨킨치치   - 킨과 치, 킨과 킨을 비교한다.
        치킨
   3) 킨킨킨치치   - 킨과 치, 치와 킨을 비교한다.
         치킨
   4) 킨킨킨치치   - 치와 치, 치와 킨을 비교한다.
          치킨

2번째 동영상 제목에도 '치킨'이라는 단어가 없다.

100억 번째 동영상 제목인 '치킨칢힌'에서 치킨이라는 단어가 있는지 비교해 본다.

1) 치킨칢힌   – 치와 치, 킨과 킨을 비교한다.
   치킨

2) 치킨칢힌   – 킨과 치, 칢과 킨을 비교한다.
   치킨

3) 치킨칢힌   – 칢과 치, 힌과 킨을 비교한다.
   치킨

100억 번째 동영상 제목에는 '치킨'이라는 단어가 있다.

영상의 제목에 치킨이라는 단어가 있는지 비교하는 횟수는 치킨이라는 단어의 길이를 영상의 제목 길이만큼 비교하기에

   [치킨이라는 단어의 길이 * 영상의 제목 길이]

가 된다.

이것을 100억 개의 영상에 똑같이 적용해주니 총 연산 횟수는

   [100억 * 치킨이라는 단어의 길이 * 영상의 제목 길이]

가 된다.

우리는 치킨과 관련된 동영상을 시청하거나 찾기 위해 100초 이상의 시간을 투자할 수 있을까? 물론 아닐 것이다.

마찬가지로 구글 검색엔진도 우리가 찾고자 하는 것을 구글을 통해 검색했을 때 전 세계에서 업로드한 게시물들을 검색 키워드와 비교하여 찾고자 한다면 통상적으로 모든 전 세계에 업로드된 게시물 수와 게시물 제목의 길이와 검색 키워드를 비교한다면 최소 몇 백 초 이상의 시간이 걸릴 것이지만 유튜브와 구글 모두, 검색창을 이용하여 검색했을 때 데이터의 속도와 다른 부가사항을 제외하면 빠르면 1초 안에, 느려도 수 초 안에 검색 결과를 보여주는 것을 볼 수 있다.

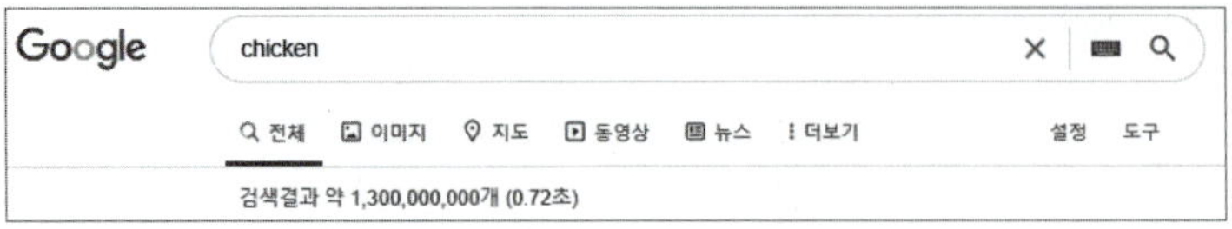

[그림 2-1] 구글에서 chicken을 검색한 결과

실제 구글 검색엔진에 chicken을 검색하면 위 그림처럼 약 1,300,000,000개의 게시물을 0.72초의 시간이 걸려 결과를 보여준다.

이것이 대기업에서 개발자를 채용할 때 코딩 테스트로 알고리즘 시험을 보는 이유이며 개발자에게 있어서 알고리즘은 뗄려야 뗄 수 없는 관계인 이유이다. 같은 목적의 프로그램을 만들어야 하는 상황에서도 어떤 개발자는 프로그램을 더 빨리 실행하게 만들 수 있는 반면, 어떤 개발자는 프로그램으로 사용하기에 실행속도가 너무 느린 프로그램을 개발해서 아예 프로그램으로 쓸 수 없다면 기업은 당연히 전자를 택할 것이다.

그렇다면, 구글은 chicken이라는 단어를 검색했을 때 어떻게 0.72초 만에 13억 개의 게시물을 찾을 수 있었을까? 구글의 검색 알고리즘은 구글 측에서 비밀로 다루므로 정확한 시간복잡도는 알 수 없다. 하지만 앞에서 100개의 영상 제목에 치킨이 있는지 확인하는 방법보다 더 빠르게 원하는 검색을 하는 방법이 있다. 어떤 방법일지는 앞으로 나올 내용을 읽으며 스스로 생각해보자. 실무적인 개발 얘기를 하자면 내가 생각했을때 트리 자료구조를 이용하는 elasticserach라는 고급 검색 기술과 로드밸런싱, CDN$_{Content\ Delivery\ Network}$, 그리고 매우 높은 사양의 컴퓨터를 이용했을 것이라고 생각한다.

앞서 말한 컴퓨터가 1초에 1억 번 정도 연산을 할 수 있으므로 무슨 알고리즘을 적용하여 해결해야 할지는 자료구조 학문 중 시간복잡도와 매우 밀접하다. 처음 소개했던 1부터 n까지의 수를 더할 때 n값에 따라서 어떤 방법은 $n!$, 즉 $n*(n-1)*(n-2)*....*3*2*1$번 연산을 할 수도 있고, 어떤 방법은 $n^2(n*n)$번 연산을 할 수도 있고, 어떤 방법은 n번 연산을 할 수도 있고, 어떤 방법은 $\log_2^n$번 연산을 할 수도 있으며, 어떤 방법은 n값에 상관없는 연산을 할 수도 있다. 이처럼 n값에 따른 컴퓨터 연산횟수를 함수로 나타냈을 때의 표현법을 '시간복잡도의 빅오 표현법'이라고 하며 함수의 입력값이 n일 때 총연산횟수인 출력은 대문자 O를 이용하여,

입력값이 n이고 총연산횟수가 $n!$번 연산일 때 $O(n!)$,
입력값이 n이고 총연산횟수가 2^n번 연산일 때 $O(2^n)$,
입력값이 n이고 총연산횟수가 n^2번 연산은 $O(n^2)$,
입력값이 n이고 총연산횟수가 n번 연산은 $O(n)$,
입력값이 n이고 총연산횟수가 $\log^n$번 연산은 $O(\log^n)$, $\log^n$은 지수가 10인 로그값이다.
입력값 n에 상관없이 총연산횟수가 상수(그 값이 변하지 않는 불변량)번 연산은 $O(1)$로 표시한다.

$O(n)$, $O(\log^n)$, $O(n^2)$, $O(2^n)$, $O(n!)$, 외계어처럼 보이는 이들은 눈으로 본다고 해도 직관적으로 이해하기 힘들 것이다. 이를 이해하기 위해 예시를 통해 이해해보자.

2-1-1 시간복잡도가 O(n)인 경우

집합의 크기가 10이고 집합에 들어있는 수가 {3, 1, 4, 2, 7, 6, 5, 9, 8, 10}이라고 할 때 집합에서 찾고자 하는 수 x를 집합의 왼쪽부터 오른쪽 순으로 하나하나 비교하면 몇 번이 걸리는지 보자.

3　　1　　4　　2　　7　　6　　5　　9　　8　　10

찾고자 하는 수 x가 3일 때, 3은 맨 왼쪽에 있으므로 1번 만에 찾을 수 있다.
찾고자 하는 수 x가 5일 때, 5는 왼쪽에서 7번째에 있으므로 7번 만에 찾을 수 있다.
찾고자 하는 수 x가 10일 때, 10은 왼쪽에서 10번째에 있으므로 10번 만에 찾을 수 있다.

집합에서 찾을 수 x를 가장 빨리 찾는 경우는 1번 만에 찾는 것이며 가장 늦게 찾는 경우는 집합의 크기인 10번 만에 찾는 것이다.

집합의 크기가 n일 때 집합에서 x가 있는지 찾기 위해서 가장 빨리 찾는 경우는 1번 만에 찾는 것이며, 가장 늦게 찾는 경우는 n번 만에 찾는 것이다.

n값에 따라서 최악의 경우 n번의 연산을 해야 하는 경우에는 빅오표기법인 $O(n)$으로 나타낸다.

2-1-2 시간복잡도가 O(logⁿ)인 경우

$O(\log^n)$을 이해하기 위해 log 계산법을 알아둘 필요가 있다.

로그는 위 그림과 같이 밑과 진수에 숫자를 대입하여 결괏값을 얻는 방법이다.

여기서 중요한 로그 계산법은 다음과 같다.

$$\log_a 1 = 0, \boxed{\log_a a = 1}$$
$$\log_a M + \log_a N = \log_a MN$$
$$\log_a M - \log_a N = \log_a \frac{M}{N}$$
$$\boxed{\log_a M^k = k \log_a M}$$

시간복잡도를 계산하는 데 필요한 로그 계산법은 네모 칸의 두 공식이다.

$\log_2 2 = 1$, $\log_2 2^2 = 2$, $\log_2 2^{1000} = 1000$
$\log_{10} 10 = 1$, $\log_{10} 10^5 = 5$, $\log_{10} 10^{30000} = 30000$

log의 밑과 진수가 같으면 1이 된다.

$\log_4 4^5$에서 log의 지수가 4^5이고 밑이 4라면 진수의 제곱 부분인 5를 앞으로 빼내어 $5 * \log_4 4$가 되며 이는 5가 된다.

log는 직관적으로 이해하기 어려울 것이다.

쉽게 생각한다면 $\log_2 8 = \log_2 2^3 = 3$의 경우,

진수인 8은 밑인 2를 1에 몇 번 곱하면 8이 되는가를 묻는 것이다.

1에 2를 3번 곱하면 1*2*2*2=8이 되며 총 3번 곱한 것을 볼 수 있다.

$\log_2 10 = 3.32193$의 경우,

진수인 10을 밑인 2를 1에 몇 번 곱하면 10이 되는지 본다면 1에 2를 3.32193번 곱하면 10이 된다.

방금 $O(n)$을 설명할 때 집합 {3, 1, 4, 2, 7, 6, 5, 9, 8, 10}을 크기가 작은 수가 왼쪽으로 오게 하여 왼쪽에서부터 오른쪽까지 오름차순으로 수를 정렬하면 집합은 {1, 2, 3, 4, 5, 6, 7, 8, 9, 10}이 된다.

1   2   3   4   5   6   7   8   9   10

이 수들을 자신보다 작은 수는 왼쪽 아래로, 자신보다 큰 수를 오른쪽 아래로 두며 자신의 아래에는 최대 2개의 수가 올 수 있다. 이 모양을 트리라고 하며 트리와 비슷한 형태를 두어 표현하면 아래 그림과 같아진다.

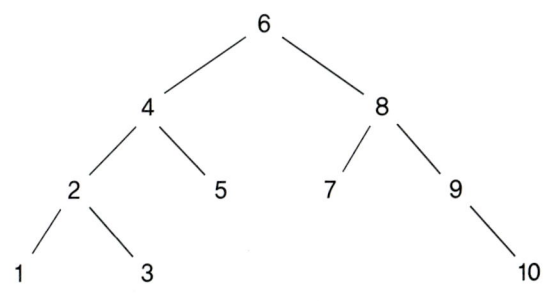

[그림 2-2] 트리 형태로 배열한 모습

이때 찾고자 하는 수 x가 있을 때 찾는 방법은 다음과 같은 방법을 이용한다.

1) 트리의 가장 위(그림에서는 6)를 현재 위치로 둔다.
2) 현재 위치 값과 x가 같다면 종료한다.
3) 3-1) 찾고자 하는 수 x가 현재 위치 값보다 작다면 현재 위치를 왼쪽 아래로 옮긴다.
       2)로 이동한다.
    3-2) 찾고자 하는 수 x가 현재 위치 값보다 크다면 현재 위치를 오른쪽 아래로 옮긴다.
       2)로 이동한다.

찾고자 하는 수 x가 6일 때

   1) 찾고자 하는 수 6과 현재 위치 값 6은 같기 때문에 1번 만에 찾을 수 있다.

찾고자 하는 수 x가 5일 때

   1) 찾고자 하는 수 5는 현재 위치 값 6보다 작으므로 왼쪽 아래로 현재 위치를 바꾼다.
      ※이 경우 7, 8, 9, 10은 확인해 볼 필요가 없다.

   2) 찾고자 하는 수 5는 현재 위치 값 4보다 크므로 오른쪽 아래로 현재 위치를 바꾼다.
      ※이 경우 1, 2, 3은 확인해볼 필요가 없다.

   3) 찾고자 하는 수 5와 현재 위치 값 5는 같기 때문에 3번 만에 찾을 수 있다.

찾고자 하는 수 x가 10일 때

   1) 찾고자 하는 수 10은 현재 위치 값 6보다 크므로 오른쪽 아래로 현재 위치를 바꾼다.
      ※이 경우 1, 2, 3, 4, 5는 확인해볼 필요가 없다.

   2) 찾고자 하는 수 10은 현재 위치 값 8보다 크므로 오른쪽 아래로 현재 위치를 바꾼다.
      ※이 경우 7은 확인해볼 필요가 없다.

   3) 찾고자 하는 수 10은 현재 위치 값 9보다 크므로 오른쪽 아래로 현재 위치를 바꾼다.
      ※이 경우 8은 확인해볼 필요가 없다.

   4) 찾고자 하는 수 10은 현재 위치 값 10과 같기 때문에 4번 만에 찾을 수 있다.

위와 같은 탐색방법을 이분탐색이라고 하며, 수가 오름차순, 혹은 내림차순으로 정렬되어 있을 때 사용 가능한 탐색방법이다. 이분탐색은 한 번의 탐색마다 탐색해야 할 수가 2분의 1씩 줄어드는 특징을 볼 수 있다. 만약 오른쪽 아래로 현재 위치를 바꾼다면 찾고자 하는 수는 왼쪽 아래 부분보다는 무조건 크다는 것을 보장하므로 왼쪽 아래 부분은 탐색할 필요가 없기 때문이다.

집합에서 찾을 수 x를 가장 빨리 찾는 경우는 1번 만에 찾으며 가장 늦게 찾는 경우는 $\log_2 10 = 3.32193$(올림해서 4번) 만에 찾는다($\log_2 10$의 진수가 10인 이유는 데이터 크기가 10이기 때문이며, 밑이 2인 이유는 연산을 할 때마다 2분의 1씩 연산 횟수가 줄어들기 때문이다).

이분탐색은 결국 n값에 따라 2분의 1씩 탐색 부분이 줄어들므로 최대 $\log_2 n$번의 비교를 한다면 찾고자 하는 수를 찾을 수 있다.

n값에 따라서 최악의 경우 $\log^n$번의 연산을 해야 하는 경우는 빅오표기법으로 $O(\log^n)$으로 나타낸다. 참고로 $\log_{10} n$은 $\log^n$으로 표현할 수 있다. 이분탐색의 경우 $\log_2 n$번을 연산하지만 $\log_2 n$과 $\log_{10} n$, 두 수식의 그래프의 모형은 비슷하므로 시간복잡도로 표현할 때는 $\log^n$으로 표현해도 큰 문제가 되지 않는다.

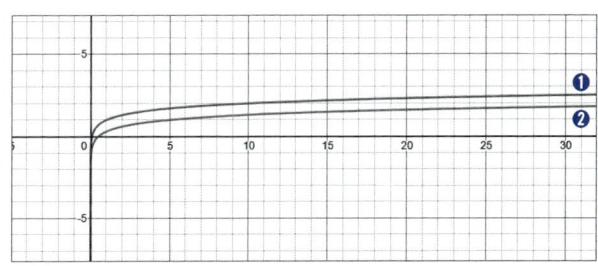

[그림 2-3] ❶은 $\log_{10} n$의 그래프, ❷는 $\log_2 n$의 그래프

2-1-3 시간복잡도가 O(n²)인 경우

집합의 크기가 4이며, 집합에 들어 있는 수가 {1, 2, 3, 4}라고 할 때 이 중에서 중복없이 두 가지 수 a, b를 택하여 합이 5가 되는 경우는 몇 가지인지 구해보자.

a	b	a+b	합이 5?
1	2	3	x
1	3	4	x
1	4	5	o
2	1	3	x
2	3	5	o
2	4	6	x
3	1	4	x
3	2	5	o
3	4	7	x
4	1	5	o
4	2	6	x
4	3	7	x

두 수를 택하기 위해서 a를 하나 선택해 두고 남은 집합의 크기 3에서 b를 택하기 위해서는 다음의 경우가 생긴다.

[a를 택하는 방법 4] * [b를 택하는 방법 3] = 12가지

즉 집합의 크기가 n일 때 두 수 a, b를 택하는 방법은 $n*(n-1)$가지의 방법이 생긴다는 것을 알 수 있다.

n값에 따라서 최악의 경우 $n*n$번 연산을 해야 하는 경우는 빅오표기법 $O(n^2)$으로 나타낸다. 예시의 경우 $n*(n-1)=n^2-n$번 연산하지만 n^2-n과 n^2 두 수식의 그래프 모형은 비슷하므로 시간복잡도로 표현할 때는 n^2로 표현해도 큰 문제가 되지 않는다.

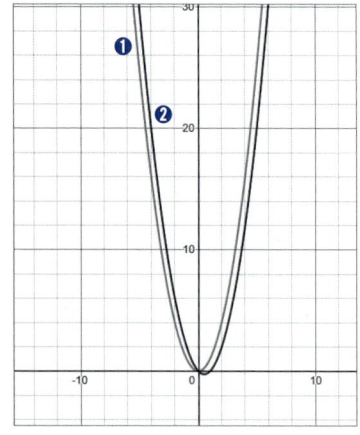

[그림 2-4] ❶은 n^2의 그래프. ❷는 $n*(n-1)$의 그래프

2-1-4 시간복잡도가 O(2^n)인 경우

시작점에서 출발하여 가는 곳마다 갈림길이 2가지로 나뉜 곳을 지나 보석이 있는 곳을 찾으려 한다. 이때 가능한 방법은 모든 길을 전부 탐색하여 보석이 있는 곳을 발견하면 된다.

그림을 보면서 이해해보자.

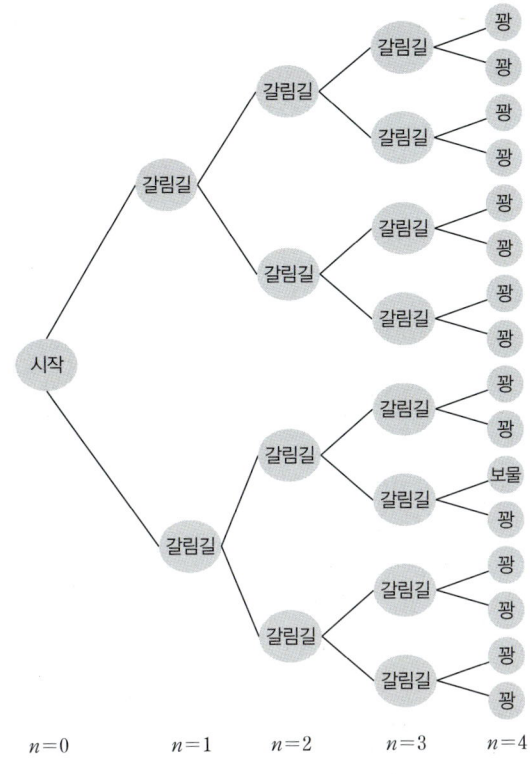

[그림 2-5] 보물을 찾는 과정

$n=1$인 지점에 보석이 있다면 2가지의 경우를 탐색해보면 된다. $2^1=2$
$n=2$인 지점에 보석이 있다면 4가지의 경우를 탐색해보면 된다. $2^2=4$
$n=3$인 지점에 보석이 있다면 8가지의 경우를 탐색해보면 된다. $2^3=8$
$n=4$인 지점에 보석이 있다면 16가지의 경우를 탐색해보면 된다. $2^4=16$([그림 2-5]에 해당)

모든 경우를 확인하기 위해 n값에 따라 경우의 수는 2의 거듭제곱꼴(2^n)로 늘어나는 것을 볼 수 있다.

n값에 따라서 최악의 경우 2^n번 연산을 해야 하는 경우는 빅오표기법 $O(2^n)$으로 나타낸다.

2-1-5 시간복잡도가 O(n!)인 경우

숫자 1, 2, 3을 이용하여 나타낼 수 있는 모든 집합의 조합은 몇 개가 있을까?

1) {1, 2, 3}
2) {1, 3, 2}
3) {2, 1, 3}
4) {2, 3, 1}
5) {3, 1, 2}
6) {3, 2, 1}

총 6가지가 있다.

그렇다면 숫자 1, 2, 3, 4를 이용한다면 모든 집합의 조합은 몇 개가 있을까?

1) {1, 2, 3, 4}	2) {1, 2, 4, 3}	3) {1, 3, 2, 4}	4) {1, 3, 4, 2}	5) {1, 4, 2, 3}
6) {1, 4, 3, 2}	7) {2, 1, 3, 4}	8) {2, 1, 4, 3}	9) {2, 3, 1, 4}	10) {2, 3, 4, 1}
11) {2, 4, 1, 3}	12) {2, 4, 3, 1}	13) {3, 1, 2, 4}	14) {3, 1, 4, 2}	15) {3, 2, 1, 4}
16) {3, 2, 4, 1}	17) {3, 4, 1, 2}	18) {3, 4, 2, 1}	19) {4, 1, 2, 3}	20) {4, 1, 3, 2}
21) {4, 2, 1, 3}	22) {4, 2, 3, 1}	23) {4, 3, 1, 2}	24) {4, 3, 2, 1}	

총 24가지가 있다.

그렇다면 숫자 1, 2, 3, 4, ..., 98, 99, 100을 이용한다면 모든 집합의 조합은 몇 개가 있을까?

숫자 100개를 이용하여 모든 조합의 수를 찾으면 매우 매우 큰 수가 나오기 때문에 하나하나씩 경우의 수를 만들기 어렵다.

숫자 1, 2, 3과 숫자 1, 2, 3, 4를 이용한 조합의 경우를 보며 규칙을 찾아보자.

숫자 1, 2, 3을 이용하면

　집합의 1번째 수로는 3가지 경우가 올 수 있고,
　집합의 2번째 수로는 1번째에서 사용한 수를 제외한 2가지가 올 수 있고,
　집합의 3번째 수로는 1번째와 2번째에서 사용한 수를 제외한 1가지가 올 수 있다.

즉, 3*2*1=6가지의 경우가 생긴다.

숫자 1, 2, 3, 4를 이용하면

집합의 1번째 수로는 4가지 경우가 올 수 있고,
집합의 2번째 수로는 1번째에서 사용한 수를 제외한 3가지가 올 수 있고,
집합의 3번째 수로는 1번째와 2번째에서 사용한 수를 제외한 2가지가 올 수 있고,
집합의 4번째 수로는 1번째, 2번째, 3번째에서 사용한 수를 제외한 1가지가 올 수 있다.

즉, 4*3*2*1=24가지의 경우가 생긴다.

숫자가 n개 있고 이를 이용하여 모든 조합의 개수를 만들기 위해서는

$n*(n-1)*(n-2)*...*3*2*1$의 경우가 생기며 수학적으로 이를 $n!$이라고 표현한다.

n값에 따라서 최악의 경우 $n!$번 연산을 나오는 경우는 빅오표기법 $O(n!)$으로 나타낸다.

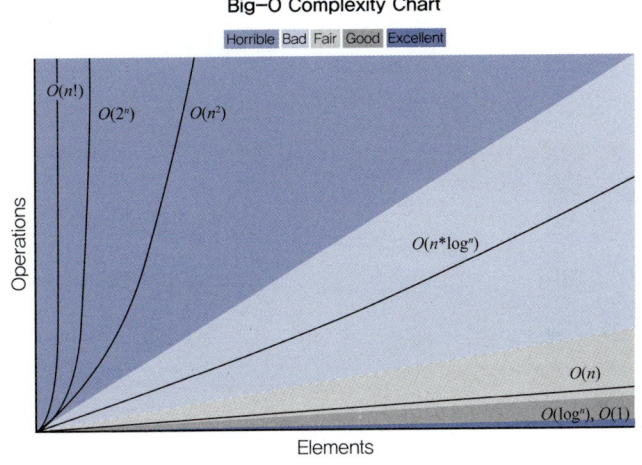

[그림 2-6] 시간복잡도 함수를 그래프로 표현했을 때 모습(http://bigocheatsheet.com/)

위 그림은 시간복잡도 함수를 그래프로 표현했을 때 모습인데,

$O(n!) \to O(2^n) \to O(n^2) \to O(n*\log^n) \to O(n) \to O(\log^n) \to O(1)$

의 순서로 n의 값이 커져도 연산 횟수가 줄어드는 것을 보여준다. 즉 개발자에게 있어 어떤 프로그램을 만들어야 하는 경우 $O(1)$에 가까운 시간복잡도를 사용하는 방법을 이용하여 개발해야 프로그램의 속도가 빨라질 수 있으며 훌륭한 개발자가 될 수 있음을 알 수 있다.

$O(1)$의 시간복잡도로 프로그램을 만드는 것은 매우 어렵다. 현업 개발자들은 $O(n)$이나 $(n*\log^n)$ 정도의 시간복잡도로 프로그램을 완성해도 사용하기 괜찮다는 소리를 듣는다고 한다. 하지만 코딩 테스트의 알고리즘이 우리에게 요구하는 것은 다르다. 〈백준〉이나 〈코드포스〉를 포함한 알고리즘 문제들은 문제마다 시간 제한을 주는데, 만약 문제에서 시간 제한을 2초로 잡았다면 컴퓨터가 1초에 1억 번 연산을 할 수 있으므로 컴퓨터가 최대 2억 번 연산까지 사용하여 문제가 요구하는 사항을 실행될 수 있도록 원하는 것이다. 이때 중요한 것이 문제를 보면 '어떤 알고리즘을 사용해야 하며 그 알고리즘의 시간복잡도를 계산해봤을 때 문제가 제시한 시간 제한 안에 풀 수 있겠구나!'를 생각해낼 줄 알아야 한다는 것이다.

2-2 알고리즘 문제풀이에 시간복잡도 적용하기

예제를 하나 보도록 하자. 이 예제는 알고리즘 문제를 풀어보지 않은 초보자에게는 어려울 수 있으므로 간단하게 이런 식으로 알고리즘 및 시간복잡도를 선택해야 한다는 것에만 주목하면 될 것이다.

달팽이는 올라가고 싶다   https://www.acmicpc.net/problem/2869

시간 제한	메모리 제한	제출	정답	맞힌 사람	정답 비율
0.15초(추가 시간 없음)	128MB	83741	21071	17808	26.819%

문제

땅 위에 달팽이가 있다. 이 달팽이는 높이가 V미터인 나무 막대를 올라갈 것이다.

달팽이는 낮에 A미터 올라갈 수 있다. 하지만, 밤에 잠을 자는 동안 B미터 미끄러진다. 또, 정상에 올라간 후에는 미끄러지지 않는다.

달팽이가 나무 막대를 모두 올라가려면, 며칠이 걸리는지 구하는 프로그램을 작성하시오.

입력

첫째 줄에 세 정수 A, B, V가 공백으로 구분되어서 주어진다. (1≤B<A≤V≤1,000,000,000)

출력

첫째 줄에 달팽이가 나무 막대를 모두 올라가는 데 며칠이 걸리는지 출력한다.

예제 입력 1

```
2 1 5
```

예제 출력 1

```
4
```

예제 입력 2

```
5 1 6
```

예제 출력 2

```
2
```

예제 입력 3

```
100 99 1000000000
```

예제 출력 3

```
999999901
```

시간 제한은 0.15초로 최대 1,500만 번의 연산을 할 수 있고, 〈백준〉 난이도는 브론즈2 이다.[1]

시간 제한	최대	난이도
0.15초	1,500만 번 연산	브론즈2

문제설명

이 문제의 경우 달팽이는 하루 동안 A미터를 올라갔다가 B미터를 내려오는데, 올라갔을 때 높이가 V미터 이상이 될 때까지 총 며칠이 걸리는지 구하면 되는 문제이다.

간단하게 풀어보면 현재 달팽이의 높이를 저장할 변수 x를 0으로 설정해둔다. 며칠이 걸릴지를 저장해둘 변수 y를 0으로 설정해 둔다.

$$x=0, y=0$$

---

[1] 메모리 제한은 코딩을 배우고 변수형에 대한 이해가 있어야 하므로 이 책에서는 자세히 다루지 않겠다.

1) 그 후 우선 총 며칠이 걸리는지 정하는 변수 y를 1 증가시킨 후

$$y=y+1$$

2) 현재 높이 x에 낮에 올라가는 A미터를 더했을 때 x가 V미터 이상이 된다면 y값을 출력하고 프로그램을 종료하면 된다.

$$x=x+A,\ x>=V$$라면 y값을 출력한 후 프로그램 종료

3) x가 V미터 미만이므로 현재 높이 x에서 밤에 B미터만큼 내려가 주므로 x에서 B를 빼주고 다시 1)로 돌아가면 된다.

$$x=x-B,\ 1)로\ 돌아감$$

예제의 경우 $A=2$, $B=1$, $V=5$이므로 첫 날은 낮에 $x=2$, 밤에 $x=1$이 되며,

2번째 날은 낮에 $x=3$, 밤에 $x=2$가 되며,

3번째 날은 낮에 $x=4$, 밤에 $x=3$이 되며,

4번째 날은 낮에 $x=5$이므로

V미터 이상의 값이므로 정답은 4가 된다. 이때 총연산횟수(부등호도 연산횟수에 포함해야 하지만 대략적으로 +, -, /, *의 사용횟수)는 $V/(A-B)$로 시간복잡도는 $O(V/(A-B))$가 된다.

예제의 경우는 문제없이 프로그램이 실행될 수 있지만 만약 A가 2, B가 1, V가 1,000,000,000이라면 총연산횟수는 대략 10억으로 프로그램이 돌아가는 데 10초가 걸리므로 문제에서 요구한 0.15초 안에 프로그램이 돌아가지 못했으므로 실패이다.

그렇다면 연산횟수를 줄여야 하는데 이런 식으로 접근하면 어떨까? 이미 시간복잡도로 힌트를 주었지만 달팽이는 하루에 $(A-B)$미터씩 총 V미터를 올라가면 된다. 하지만 달팽이가 목표 지점에 도달한 날에는 굳이 밤에 B미터씩 내려올 필요가 없으니 총 $(V-B)$미터를 올라가게 된다. 이를 식으로 표현하여 총 며칠이 걸릴지를 나타낼 변수 y에 $y=(V-B)/(A-B)$로 방정식을 짜고 이때 $(V-B)$가 $(A-B)$로 나누어 떨어지지 않는 경우에는 1일이

추가되므로 결국 $y=(V-B-1)/(A-B)+1$로 방정식을 짤 수 있다. A, B, V값에 상관없이 이 문제의 시간복잡도는 상수 번 연산을 하기 때문에 $O(1)$이 되고 문제에서 요구한 0.15초 안에 프로그램을 실행할 수 있으므로 정답이 된다.

무슨 알고리즘을 사용했냐고 물어본다면 이 문제는 수학으로 분류된다. 다른 거창한 이름을 가지고 있는 알고리즘에 비해 수학적 사고력을 요구하는 문제이며 한국 대기업의 코딩 테스트에는 대개 이런 수학적 사고력을 이용하여 시간복잡도까지 계산해야 할 정도의 수준은 무조건 되어야만 한다. 이제 시간복잡도에 대해 어느 정도 이해가 되었다면 다음은 카카오와 삼성이란 회사는 어떤 알고리즘을 주로 출제하는지를 그들의 주력 서비스와 비교하여 알아보자.

> **보통의 취준생을 위한 팁!**
>
> "저는 미적분이 기억나지 않아요. 고등학교 수학도 다시 공부해야 할까요?"
>
> 대기업 코딩 테스트와 대회에서 출제하는 알고리즘 문제는 중학교, 고등학교 수학 과정 중 자연수, 정수와 유리수, 함수, 부등식, 경우의 수, 지수함수와 로그함수, 수열, 이 정도만 알아도 배경지식으로는 충분하다. 이산수학이라고 컴퓨터공학에서 배우는 전공과목은 앞에서 말한 중고등학교의 수학 배경지식만 있어도 필요할 때 공부할 수 있으며 미적분과 같은 심화된 수학은 굳이 필요없다. 나중에 인공지능이나, 아니면 필요한 분야에서 일해야 할 때 그때 다시 배우면 된다.

보통의
취준생을 위한

코딩 테스트
with 파이썬

제3장

카카오톡의 오픈채팅방은 무슨 알고리즘으로 구현할까?

저자 카카오톡의 신입 공개 채용 과정부터 코딩 테스트 그리고 이후에 취업을 하여 개발업무까지 한 눈에 알아볼 시간이에요.

독자 개발업무라면 카카오톡과 같은 프로그램을 만들겠네요?, '오픈채팅방은 어떻게 만들어야 하지?'

3-1 카카오 개발자 신입 공개 채용 과정

지원서 작성 → 온라인 코딩 테스트 → 오프라인 테스트 → 1차 면접 → 2차 면접

2020년 카카오 신입 공개 채용 과정은 위의 순으로 진행되었다. 채용 과정은 매년 조금씩 다를 수 있지만 위의 방식과 크게 다르지 않다.

지원서를 작성할 때는 이름, 이메일, 연락처, 지원하는 회사(계열사), 이 4가지만 적으라고 되어 있다. 카카오에 지원할 때에는 학벌과 자격증을 따로 어필할 필요가 없다.

지원서를 작성하고 온라인 코딩 테스트는 〈백준〉이나 〈코드포스〉 문제처럼 알고리즘 문제와 시험시간이 주어지며 시험시간 내에 많은 문제를 풀수록 합격률이 높아진다. 온라인 코딩 테스트는 보통 5시간 동안 7문제가 주어지며 7문제 중 4문제를 맞추었을 때 합격할 수 있었다.

온라인 코딩 테스트에 합격하면 오프라인 코딩 테스트의 시험 자격이 주어진다. 오프라인 코딩 테스트는 온라인 코딩 테스트와 다르게 인터넷에서 모르는 부분을 검색하며 풀어갈 수 없다. 보통 오프라인 테스트는 객관식/단답형 문제를 풀고 코딩 테스트 시험을 치룬다.

객관식/단답형 문제의 경우 대학교 학부 과정에서 배우는 전공지식(컴퓨터 네트워크, 컴퓨터구조, 운영체제, 데이터베이스, 자료구조, 알고리즘) 수준으로 나오며 학교 수업을 잘 들었거나 따로 공부를 해봤다면 어렵지 않게 풀 수 있는 수준의 문제로 출제되었다.

사실상 오프라인 테스트의 핵심은 오프라인 코딩 테스트이다. 오프라인 코딩 테스트는 온라인 코딩 테스트와 다른 점이 있다. 온라인 코딩 테스트의 대표적인 형태인 〈백준〉, 〈코드포스〉 등의 알고리즘 문제들은 표준입력(Standard Input)을 통해 데이터를 입력받고 표준출력(Standard Output)으로 결과를 출력하는 형식이지만 오프라인 테스트는 개발 실무에서 볼 수 있는 주제가 나온다. 예를 들어, HTTP 요청/응답을 이용하여 데이터를 주고받는 것 등이다. 결국 문제에 맞는 알고리즘을 이용하여 푸는 것은 똑같지만 HTTP 요청/응답 등을 이해하고 구현하기 위해서는 알고리즘 이외에도 웹 개발에 대한 어느 정도 이해가 있어야 한다는 것이 다르다.

이렇게 온라인, 오프라인 테스트를 합격하면 블라인드 채용인만큼 학벌과 자격증 유무를 묻지 않고 개발 경험, 졸업 예정 시기(고등학교 졸업자도 문제 없음) 등을 추가적으로 요구한다. 그 후 1차, 2차 면접을 본 후 합격과 불합격이 정해지는 시스템이다.

카카오 계열사로는 카카오, 카카오게임즈, 카카오모빌리티, 카카오브레인, 카카오엔터프라이즈, 카카오커머스, 카카오페이, 카카오페이지 등이 있다.

이들의 주력서비스는 무엇일까? 카카오의 주력사업은 게임·음원·웹·소설·웹툰 등 콘텐츠 사업으로 1조4천642억 원을 벌어들었으며(2016년 기준) 전체 매출의 47.9%를 차지했다.

이 밖에도 대한민국에서 가장 많이 쓰이는 카카오톡은 문자를 수신하고 송신받을 수 있는 채팅 플랫폼을 제공하여 다운로드 수 1억 이상을 기록했으며, 이 플랫폼을 이용하여 카카오택시, 카카오티비, 카카오페이 등에서 수익을 얻고 있다. 카카오톡이 카카오의 가장 큰 핵심이라고 해도 과언이 아닐 것이다. 카카오톡이 1억 이상의 다운로드 수를 기록한 비결의 근본은 채팅에 있다. 통신을 통하여 언제 어디서나 쉽고 빠르게 누군가와 대화를 한다는 점에서 많은 사람이 카카오톡을 쓰게 된 것이다. 2019년 4분기 카카오의 핵심 사업은 플랫폼 부분이었다. 카카오톡 관련 사업인 톡비즈 부문 매출은 2018년 대비 73%가 상승하여 2천216억 원에 달했다. 카카오톡의 대화 목록에 보이는 광고 서비스인 톡보드의 성공으로 만들어낸 결과이다.[1]

계속 언급하지만 카카오의 핵심은 카카오톡이다. 카카오의 신입 공개 채용 코딩 테스트 문제는 대학교 학부 과정에서 배우는 기초 알고리즘에서 충실하게 내고 있지만, 문자열 기반 채팅 어플리케이션인 카카오톡은 카카오의 핵심인 만큼 문자열과 관련된 알고리즘이 항상 출제되고 있다.

---

1 https://www.yna.co.kr/view/AKR20170209076300017 참고
　https://biz.chosun.com/site/data/html_dir/2020/02/13/2020021301731.html 참고

3-2 2020년 카카오 개발자 신입 공개 채용 1차 1번 오픈채팅방 문제

이와 관련하여 카카오는 어떤 식으로 문제를 출제했는지 보자. 문제와 해답코드를 보여 줄 것인데 해답코드는 대기업 코딩 테스트 문제인 만큼 초보자가 보고 이해할 수 없을 수도 있을 것이다. 대기업 코딩 테스트에 합격하기 위해 이 정도 코드를 구현해 낼 수 있어야 한다는 것에 초점을 두어 해답의 설명을 읽어보기 바란다.

오픈채팅방 (정답률 59.91%)　　　https://programmers.co.kr/learn/courses/30/lessons/42888

카카오톡 오픈채팅방에서는 친구가 아닌 사람들과 대화를 할 수 있는데, 본래 닉네임이 아닌 가상의 닉네임을 사용하여 채팅방에 들어갈 수 있다.

신입사원인 김크루는 카카오톡 오픈채팅방을 개설한 사람을 위해, 다양한 사람들이 들어오고, 나가는 것을 지켜볼 수 있는 관리자창을 만들기로 했다. 채팅방에 누군가 들어오면 다음 메시지가 출력된다.

"[닉네임]님이 들어왔습니다."

채팅방에서 누군가 나가면 다음 메시지가 출력된다.

"[닉네임]님이 나갔습니다."

채팅방에서 닉네임을 변경하는 방법은 다음과 같이 두 가지이다.

- 채팅방을 나간 후, 새로운 닉네임으로 다시 들어간다.
- 채팅방에서 닉네임을 변경한다.

닉네임을 변경할 때는 기존에 채팅방에 출력되어 있던 메시지의 닉네임도 전부 변경된다.

예를 들어, 채팅방에 "Muzi"와 "Prodo"라는 닉네임을 사용하는 사람이 순서대로 들어오면 채팅방에는 다음과 같이 메시지가 출력된다.

"Muzi님이 들어왔습니다."
"Prodo님이 들어왔습니다."

채팅방에 있던 사람이 나가면 채팅방에는 다음과 같이 메시지가 남는다.

"Muzi님이 들어왔습니다."
"Prodo님이 들어왔습니다."
"Muzi님이 나갔습니다."

Muzi가 나간 후 다시 들어올 때, Prodo라는 닉네임으로 들어올 경우 기존에 채팅방에 남아있던 Muzi도 Prodo로 다음과 같이 변경된다.

"Prodo님이 들어왔습니다."

"Prodo님이 들어왔습니다."

"Prodo님이 나갔습니다."

"Prodo님이 들어왔습니다."

채팅방은 중복 닉네임을 허용하기 때문에, 현재 채팅방에는 Prodo라는 닉네임을 사용하는 사람이 두 명이 있다. 이제, 채팅방에 두 번째로 들어왔던 Prodo가 Ryan으로 닉네임을 변경하면 채팅방 메시지는 다음과 같이 변경된다.

"Prodo님이 들어왔습니다."

"Ryan님이 들어왔습니다."

"Prodo님이 나갔습니다."

"Prodo님이 들어왔습니다."

채팅방에 들어오고 나가거나, 닉네임을 변경한 기록이 담긴 문자열 배열 record가 매개변수로 주어질 때, 모든 기록이 처리된 후, 최종적으로 방을 개설한 사람이 보게 되는 메시지를 문자열 배열 형태로 return 하도록 solution 함수를 완성하라.

제한사항

- record는 다음과 같은 문자열이 담긴 배열이며, 길이는 1 이상 100,000 이하이다.
- 다음은 record에 담긴 문자열에 대한 설명이다.
    - 모든 유저는 [유저 아이디]로 구분한다.
    - [유저 아이디] 사용자가 [닉네임]으로 채팅방에 입장 – "Enter [유저 아이디] [닉네임]" (ex. "Enter uid1234 Muzi")
    - [유저 아이디] 사용자가 채팅방에서 퇴장 – "Leave [유저 아이디]" (ex. "Leave uid1234")
    - [유저 아이디] 사용자가 닉네임을 [닉네임]으로 변경 – "Change [유저 아이디] [닉네임]" (ex. "Change uid1234 Muzi")
    - 첫 단어는 Enter, Leave, Change 중 하나이다.
    - 각 단어는 공백으로 구분되어 있으며, 알파벳 대문자, 소문자, 숫자로만 이루어져 있다.
    - 유저 아이디와 닉네임은 알파벳 대문자, 소문자를 구별한다.
    - 유저 아이디와 닉네임의 길이는 1 이상 10 이하이다.
    - 채팅방에서 나간 유저가 닉네임을 변경하는 등 잘못된 입력은 주어지지 않는다.

입출력 예

record

["Enter uid1234 Muzi", "Enter uid4567 Prodo", "Leave uid1234", "Enter uid1234 Prodo", "Change uid4567 Ryan"]

result

["Prodo님이 들어왔습니다.", "Ryan님이 들어왔습니다.", "Prodo님이 나갔습니다.", "Prodo님이 들어왔습니다."]

입출력 예 설명

입출력 예 #1
문제의 설명과 같다.

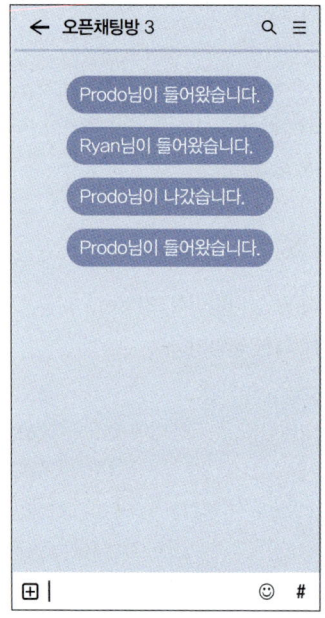

[그림 3-1] 입출력 예시의 result 상태

카카오톡에 있는 오픈채팅방 기능을 다들 사용해본 적이 있을 것이다. 오픈채팅방은 카카오톡의 친구목록에 없는 사람이라도 목적에 따라 채팅을 할 수 있는 기능이 있다.

'2020년 카카오 1차 온라인 테스트' 1번 문제이다. 카카오 코딩 테스트는 1번부터 마지막 문제까지 차례대로 난이도가 높아지는 경향이 있다. 1번 문제답게 정답률 59.91%로 많은 사람이 정답을 맞추었다.

위의 문제를 설명하자면 주어지는 명령어는 3가지이다.

1) 명령어가 Enter인 경우
    오픈채팅방에 사람이 들어오면
    [유저 아이디]에 해당하는 "[닉네임]님이 들어왔습니다."라는 문구를 채팅방에 출력한다.

2) 명령어가 Change인 경우
    오픈채팅방에서 닉네임을 변경하는 방법은 2가지이다.
    • 채팅방을 나간 후, 새로운 닉네임으로 다시 들어간다.
    • 채팅방에서 닉네임을 변경한다.

    이때 닉네임을 변경하면 기존 채팅방에 [유저 아이디]에 해당하는 출력된 메시지의 [닉네임]도 전부 변경된다.

3) 명령어가 Leave인 경우
    오픈채팅방에 있던 사람이 나가는 경우
    [유저 아이디]에 해당하는 "[닉네임]님이 나갔습니다."라는 문구를 채팅방에 출력한다.

닉네임은 중복되지만 유저 아이디는 중복되지 않으며, 입력의 record가 주어졌을 때, record의 문자열을 차례대로 처리하여 마지막 결과 상태를 나타내면 되는 문제이다.

[유저아이디]	[닉네임]
010-1xxx-xxxx	권일등
010-2xxx-xxxx	심이등
010-3xxx-xxxx	심이등

이해를 도우려고 휴대폰 번호를 유저 아이디로, 닉네임을 이름으로 해서 시뮬레이션을 해 보자.

1) 010-1XXX-XXXX가 닉네임 권일등으로 오픈채팅방에 들어온다.
   [오픈채팅방 상태]
   권일등(010-1XXX-XXXX)님이 들어왔습니다.

2) 010-2XXX-XXX가 닉네임 심이등으로 오픈채팅방에 들어온다.
   [오픈채팅방 상태]
   권일등(010-1XXX-XXXX)님이 들어왔습니다.
   심이등(010-2XXX-XXXX)님이 들어왔습니다.

3) 010-1XXX-XXXX가 오픈채팅방에서 나갔다.
   [오픈채팅방 상태]
   권일등(010-1XXX-XXXX)님이 들어왔습니다.
   심이등(010-2XXX-XXXX)님이 들어왔습니다.
   권일등(010-1XXX-XXXX)님이 나갔습니다.

4) 010-3XXX-XXXX가 닉네임 심이등으로 오픈채팅방으로 들어온다.
   [오픈채팅방 상태]
   권일등(010-1XXX-XXXX)님이 들어왔습니다.
   심이등(010-2XXX-XXXX)님이 들어왔습니다.
   권일등(010-1XXX-XXXX)님이 나갔습니다.
   심이등(010-3XXX-XXXX)님이 들어왔습니다.

5) 010-2XXX-XXXX가 닉네임을 권일등으로 변경했다.
   [오픈채팅방 상태]
   권일등(010-1XXX-XXXX)님이 들어왔습니다.
   권일등(010-2XXX-XXXX)님이 들어왔습니다.
   권일등(010-1XXX-XXXX)님이 나갔습니다.
   심이등(010-3XXX-XXXX)님이 들어왔습니다.

6) 010-1XXX-XXXX가 닉네임 최삼등으로 오픈채팅방으로 들어온다.
   [오픈채팅방 상태]
   최삼등(010-1XXX-XXXX)님이 들어왔습니다.
   권일등(010-2XXX-XXXX)님이 들어왔습니다.
   최삼등(010-1XXX-XXXX)님이 나갔습니다.
   심이등(010-3XXX-XXXX)님이 들어왔습니다.
   최삼등(010-1XXX-XXXX)님이 들어왔습니다.

해답코드(파이썬 3)

```
1   def solution(record):
2       answer = []
3       trace = []
4       Map = {}
5
6       for i in range(len(record)):
7           temp = record[i].split(' ')
8
9           if temp[0] == 'Enter':
10              Map[temp[1]] = temp[2]
11              trace.append([temp[0], temp[1]])
12          elif temp[0] == 'Leave':
13              trace.append([temp[0], temp[1]])
14          else:
15              Map[temp[1]] = temp[2]
16
17      for i in range(len(trace)):
18          if trace[i][0] == 'Enter':
19              result = Map[trace[i][1]] + "님이 들어왔습니다."
20              answer.append(result)
21          else:
22              result = Map[trace[i][1]] + "님이 나갔습니다."
23              answer.append(result)
24
25      return answer
```

카카오 온라인 코딩 테스트는 〈Programmers〉라는 사이트를 통해서 시험을 실시한다.

코드의 실행 방법은 다음과 같다.

먼저 https://programmers.co.kr/learn/courses/30/lessons/42888를 통해 들어가서 해답 코드를 아래 그림과 같이 입력한다. 그리고 [코드 채점하고 제출] 버튼을 누른다.

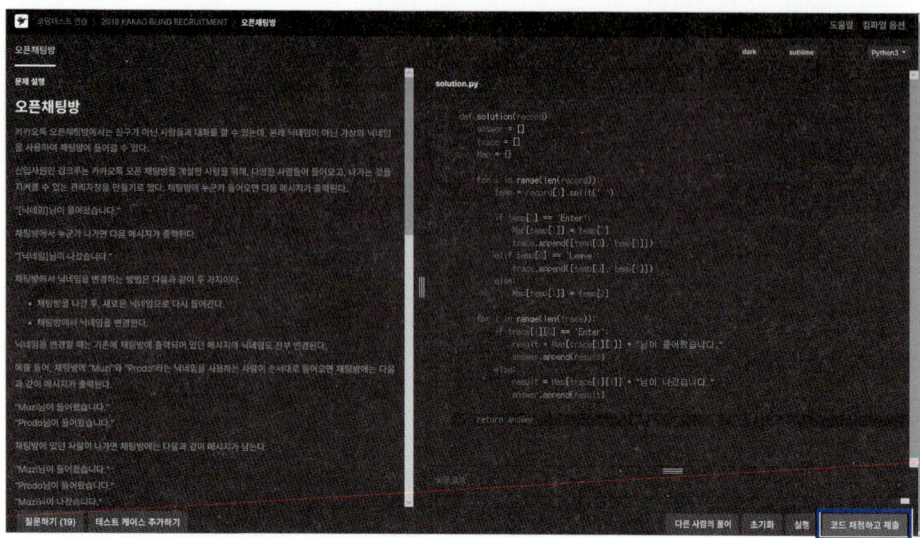

[그림 3-2] 해답코드 실행 화면 ①

그 다음에 나오는 화면에서 오른쪽 밑의 [제출 후 채점하기] 버튼을 누른다.

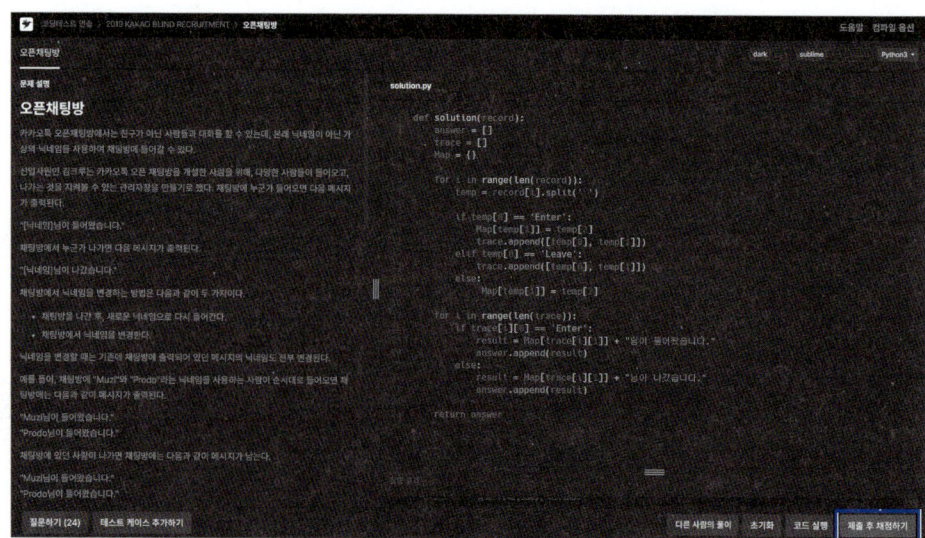

[그림 3-3] 해답코드 실행 화면 ②

그러면 아래 그림과 같이 정답인지 확인할 수 있다.

[그림 3-4] 해답코드 실행 화면 ③

〈백준〉 solved.ac 기준으로 난이도는 실버3 정도이다(지금은 대충 대기업 코딩 테스트 문제를 풀려면 어느 정도의 코드를 구현해야 하는지에 대한 감만 익힐 수 있으면 된다).

이 문제를 풀기 위하여 맵 자료구조와 문자열 파싱 두 가지를 이용했다.

문제를 풀기 위한 핵심은 "유저 아이디(key)는 중복되지 않으며 유저 아이디(key)에 해당하는 닉네임(value)은 중복을 허용한다"라는 것이다. 이러한 중복되지 않는 key값에 따른 value를 저장하는 방법은 맵 자료구조를 이용하여 키-값(key-value) 접근을 이용할 수 있다. Map은 key에 해당하는 값이 무엇인지 물어보면 key 안에 들어있는 value값을 결과로 준다.

입력의 "Enter uid1234 Muzi"와 같은 문자열은 [명령어, 유저 아이디, 닉네임] 3가지가 한 번에 들어있으므로 다루기 까다롭다. 따라서 띄어쓰기를 기준으로 [명령어], [유저 아이디], [닉네임] 3가지로 나누어 다루기 편하게 만들 수 있는데 이를 문자열 파싱이라고 한다 (Enter uid1234 사이의 띄어쓰기와 uid1234 Muzi 사이의 띄어쓰기를 기준으로 분리했다).

카카오 코딩 테스트 문제의 경우 문자열 파싱을 요구하는 문제가 많이 출제되었다.

풀이 과정은 이러하다.

1) 코드라인 7: 문자열 파싱을 이용하여 입력 문자열을 [명령어], [유저 아이디], [닉네임] 3가지로 분류한다.

2) 코드라인 9~15: 명령어가
    2-1) Enter인 경우
    Map의 key 유저 아이디의 value값을 닉네임으로 설정한다.
    명령어 Enter가 입력된 순서를 기록해둔다.
    2-2) Leave인 경우
    명령어 leave가 입력된 순서를 기록해둔다.
    2-3) Change인 경우
    Map의 key 유저 아이디의 value값을 닉네임으로 설정한다.

3) 코드라인 17~23: 명령어가 입력된 순서를 기록한 곳을 보며
    3-1) 기록된 명령어가 Enter인 경우
    Map의 key 유저 아이디의 value값(닉네임) + "님이 들어왔습니다."를 출력하면 된다.
    3-2) 기록된 명령어가 Leave인 경우
    Map의 key 유저 아이디의 value값(닉네임) + "님이 나갔습니다."를 출력하면 된다.

이 풀이 과정을 앞선 전화번호와 유저 아이디를 빗대어 설명한 예시를 통해 확인해보면 정답이 나온다는 것을 확인할 수 있다.

맵이라는 자료구조를 모르는 사람을 위해 (3장에서 설명하겠지만) 미리 무슨 자료구조인지 살펴보겠다. 시간복잡도를 설명할 때 $\log^n$의 설명이 기억나는가? 집합의 크기가 n이고 집합이 오름차순 혹은 내림차순으로 정렬되어 있다면 집합에서 원하는 값을 찾기까지 최대 $\log^n$번 연산하면 된다. Map은 중복을 허용하지 않는 key와 key 안에 value라는 값이 들어 있는 키-값(key-value) 형식의 자료를 저장하는 방법이다. key는 오름차순으로 정렬되어 있다.

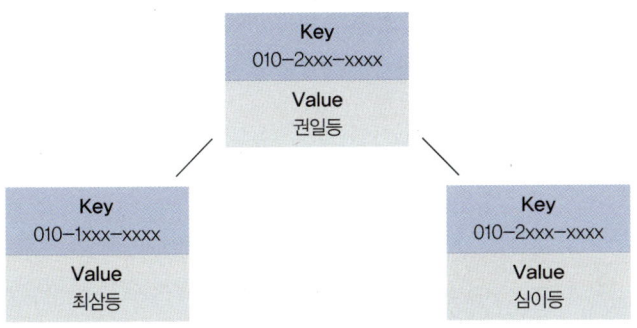

[그림 3-5] 오픈채팅방 데이터의 Map 상태

전화번호를 예로 들어 설명한 오픈채팅방 상태의 맵 자료구조 상태는 위와 같이 생성되어 있다.

맵 자료구조의 key값의 개수를 n이라 하자. key값에 접근할 때 시간복잡도는 $O(\log_2^n)$이 된다. key값을 추가할 때의 시간복잡도는 $O(\log_2^n)$이다(key값의 추가는 레드-블랙 트리라는 중급 이상의 자료구조를 알아야 설명할 수 있으므로 생략한다). key값을 추가할 때도 모든 key는 정렬되어 있는 상태를 유지한다.

카카오톡의 경우 1억 명 이상의 사용자가 있다. 사람들이 카카오톡에 가입할 때 맵 자료구조를 이용하지 않고 카카오톡을 만들었다면 가입하는 데 몇 초가 걸릴까?

1억 명의 사람이 한 번에 가입하지는 않겠지만 1억 명을 카카오톡에 가입시키는 데는 앞서 말한 대로 컴퓨터는 1초에 1억 번 연산할 수 있으므로 가입에 걸리는 시간은 1억 명*전화번호의 길이(11)*이름(대략 3)/1억으로 대략 33초 이상이 걸릴 것이다(물론, 실제 개발에서는 다양한 요인으로 인해 더 많은 시간이 소요된다).

여기서 오픈채팅방에 들어가는 데 걸리는 시간은 카카오톡에 가입되어 있는 모든 사람 중 자신의 전화번호를 찾고 그 데이터를 통해 오픈채팅방에 들어가므로 1억 명/1억, 대략 1초씩 걸릴 것이다.

오픈채팅방을 이용하는 모든 사람이 1초씩 투자하며 대화를 참여한다면 카카오톡의 서버는 과부화된 연산에 의하여 힘들어할 것이다.

하지만 맵 자료구조를 이용한다면 1억 명을 카카오톡에 가입시키는데 $\log_2 100000000=$ 26.5*전화번호의 길이(11)*이름(대략 3)/1억으로 대략 858/1억 초가 걸릴 것이다.

또한 오픈채팅방에 들어가는 데 걸리는 시간은 $\log_2 100000000/1$억으로 대략 26/1억 초가 걸릴 것이다.

알고리즘을 공부하기 전에는 카카오톡의 오픈채팅방에 들어갈 때 몇 초가 걸릴지 생각해본 적 없지만, 나와 같은 경우 알고리즘을 공부한 뒤로 생각의 틀이 바뀌었다. 잘 만들어진 어플을 보면 '이 어플의 기능은 무슨 알고리즘을 사용하지 않았을까?'라는 생각이 들기 시작했으며, 어떤 자료구조와 어떤 알고리즘을 사용해서 개발을 하는지는 프로그램 속도의 판을 바꿀 수 있다는 걸 알게 되었다.

보통의 취준생을 위한 팁!

사실, 보통의 취준생이라면 자료구조에 대한 이해가 부족할 수 있다. 심지어 맵에 대해서는 들어는 보았으나 머릿속에 바로 그려지지 않은 분도 있을 것이다. 코딩 구현 능력 또한 부족하여 이해하는 데 더딜 수도 있다. 하지만, 여기서 보여주고 싶은 것은 자료구조가 왜 필요한지, 맵이란 놈을 그냥 외우지 말고 위의 사례를 생각하며 배우면 얼마나 학습 효율이 오를지 하는 것이다. 이해를 하지 못하더라도 학습 동기만이라도 생긴다면 보통의 취준생을 위한 이 책은 성공이다.

3-3 카카오 코딩 테스트 그 이후

여러분이 코딩 테스트를 치루는 이유는 회사에 입사해 프로그래밍을 통해 개발업무를 하기 위해서, 즉 개발자가 되기 위해서일 것이다. 막연히 개발자가 되려고 코딩 테스트를 준비하고 회사에서 무슨 개발업무를 하는지 모른다면 직무 적성에 맞는지 확인해볼 기회를 잃는 것이다. 여기서는 카카오 개발자 신입 공개 채용을 통해 입사 후 어떤 개발 분야가 있는지 소개할 것이다. 여러분이 회사를 선택할 때 단순히 취업을 위해서가 아닌 개발 직무에 따라 자신의 의지로 회사를 택할 수 있는 안목을 길렀으면 한다.

2021년 카카오 신입 개발자 블라인드 채용에서는 크게 인프라 분야와 프로그래밍 분야로 개발자의 직무가 나뉘었다.[2]

3-3-1 인프라 분야

> **Infra - 국내 최대/최고 IT인프라 전문가 집단**
> 최고의 업무 환경을 경험할 수 있는 카카오의 인프라/데이터플랫폼 조직!
> 카카오 및 자회사의 IT 인프라/DB/협업 도구/Hadoop 설계 구축 및 운영을 담당하며 모든 서비스 개선에 앞장서고 있습니다. 나아가 다양한 IT 솔루션을 배울 수 있고 개발 능력까지 키울 수 있는 조직입니다. 인프라/데이터플랫폼 조직은 유연하고 수평적인 문화 속에서 배움을 공유하고 서로의 성장을 격려하며, 다양한 학습 경험을 나누고 있습니다.

인프라는 시스템 구조 및 체계라고 생각할 수 있다. 인프라의 구성요소는 4가지로 나뉜다.

1. 하드웨어: 서버 장비 본체 혹은 데이터를 저장하기 위한 장치
2. 네트워크: 사용자와 사용자를 연결하는 도구들
   예 라우터, 브릿지, 허브 등
3. 운영체제: 하드웨어와 소프트웨어를 제어하여, 사용자가 쉽게 컴퓨터를 쓰도록 하는 프로그램
   예 윈도우즈, 맥OS, 리눅스
4. 미들웨어: 운영체제와 애플리케이션 중간에서 도움을 주는 소프트웨어
   예 mySQL, 아파치 HTTP 서버

예를 들어, 카카오톡을 통해 채팅할 때, 채팅 데이터는 서버라는 하드웨어에 저장되어 있을 것이다. 서버가 해킹당하면 카카오톡을 이용하는 모든 채팅 데이터는 누군가에게 유출되게 된다. 이를 방지하기 위해 서버의 보안성을 높일 필요가 있다. 또한 채팅을 하기 위해서는 이용자 간의 네트워크가 형성되어야 한다. 이용자1이 입력한 대화는 서버로 이동하고, 서

---

[2] 이제부터 소개하는 2021년 카카오 신입 개발자 블라인드 채용과 관련한 분야 소개는 카카오의 채용 사이트인 https://careers.kakao.com/jobs/P-11750에서 직접 인용하여 수록했다.

버에 이용자1의 대화 데이터를 저장한다. 그 후 이용자2에게 이용자1의 대화 데이터를 보내준다. 이것이 가능하게 되려면 대규모 트래픽을 지탱할 수 있는 네트워크가 형성되어야 한다. 또한 mySQL 혹은 MongoDB 같은 소프트웨어 미들웨어를 이용하여 데이터를 쉽게 서버에 저장할 수 있어야 한다. 이 모든 것을 개발자가 쉽게 할 수 있는 이유는 운영체제의 도움 때문이다.

카카오톡을 위해 필요한 모든 요소가 인프라 즉 시스템 구조 및 체계라고 할 수 있겠다. 세부 업무로는 5가지가 있다.

1. System Engineer
카카오의 대규모 서비스가 구동되는 서버/스토리지 인프라 설계 및 구축, 성능개선 업무를 합니다. 이를 위해 Linux 시스템 운영 및 관리, H/W 벤치마크 및 애플리케이션 성능 테스트, 시스템 자동화를 위한 아키텍처 설계 및 개발, HTTP, TCP/IP Protocol-Level 서비스 성능 분석 및 HTTP 콘텐츠 캐싱 서비스 등을 운영합니다.
→ 프로그래머가 개발한 소프트웨어가 동작할 수 있도록 인프라 구조를 구축하고 운영하여 정상적으로 동작하는지 감시, 보수작업을 한다.

2. Network Engineer
카카오의 대규모 트래픽을 지탱할 수 있는 네트워크 엔지니어링 업무를 담당합니다. 서비스 네트워크 설계, 구축 및 운영을 하면서 네트워크 장애 예방, 진단 및 해결, 관리 자동화 관련 다양한 업무를 경험할 수 있습니다.
→ 인터넷에서 데스크톱, 모바일 기기들이 통신을 하기 위해 주소체계와 데이터를 주고받는 규약인 인터넷 프로토콜 등의 지식을 필요로 하며 이러한 배경지식을 토대로 네트워크 장비(스위치, 라우터)를 설치하고 관리하는 역할을 한다.

3. DBA
카카오의 수많은 데이터를 안정적으로 저장, 운영하기 위해 데이터베이스 운영 및 운영 자동화/데이터베이스 모니터링 및 쿼리/서버 설정 튜닝/데이터베이스 장애 대응 및 트러블 슈팅/데이터베이스 신기능 테스트 및 성능 테스트 등의 업무를 담당합니다.
→ DBA는 Database Administration의 약자로 데이터베이스 관리를 뜻한다. 데이터베이스에 관련된 모든 관리를 하는 역할을 한다. 데이터베이스의 관계모델을 설계하거나 테이블 생성 및 프로시저 작성 등의 업무를 한다. 그렇게 작성한 데이터베이스의 관리 혹은 백업을 한다.

> **4. Data Architect**
>
> 서비스 데이터 운영을 위한 아키텍트 설계 및 프로세스 구축 업무를 포함하여, 서비스 요구사항에 적합한 데이터 추출/변환/적재하는 업무, ERD 및 속성정의서, 플랫폼 운영 및 개발을 하며, 데이터 실시간 연동 플랫폼 운영 및 개발 업무 등을 담당합니다.
>
> → 시스템이 비대해지면서 통일되지 않는 시스템의 부분을 해결하기 위해 전체적인 시스템 구조를 잡고 방향성을 제시하는 역할을 한다.
>
> **5. Hadoop Engineer**
>
> 카카오의 모든 하둡(Hadoop) 플랫폼을 운영하고 있으며, 하둡 플랫폼 아키텍처 설계 및 구축하고, 대규모 하둡 플랫폼을 운영하는 데 필요한 기술을 연구하고 개발하고 있습니다.
>
> → 하둡이란 하나의 성능 좋은 컴퓨터를 이용해 데이터를 처리하는 대신, 평범한 성능의 컴퓨터 여러 대를 통해 데이터를 분산 처리하는 것을 말한다. 이를 통해 주로 빅데이터를 처리할 수 있다.

인프라 분야에서는 눈앞에 보이는 결과물보다는 결과물을 위해 보이지 않는 곳에서 일하는 사람들과 같다고 생각한다. 예를 들면 TV를 통해 연예인들을 보면 연예인들의 화려하고, 생기 있는 단편적인 모습만 볼 수 있다. 하지만 그들이 TV에 나오기까지 카메라감독, 조명감독, PD를 포함한 다수의 사람이 있었기에 가능한 일이다. 어찌보면 사람들에게 주목받는 역할을 하진 않지만 그들이 없었다면 해결할 수 없는 일이라고 본다.

3-3-2 프로그래밍 분야

프로그래밍 분야는 백엔드라는 서버와 프론트엔드라는 클라이언트 분야 그리고 데이터, 이렇게 세 분야로 나뉜다.

1. 서버 분야

> **서버(Server) – 대한민국을 움직이는 대규모 트래픽을 다룰 수 있는 기회!**
>
> 전 국민이 사용하는 카카오톡과 다음, 멜론을 비롯한 다양한 서비스, 이를 기반으로 하는 비즈니스 가치를 창출하는 광고 플랫폼 그리고 이를 지탱하는 다양한 전사 플랫폼까지 카카오의 서버 어플리케이션을 책임지고 있습니다. 이를 기반으로 어느 회사보다 뛰어난 경험을 쌓고 높게 성장하는 개발자가 될 수 있습니다.

세부 업무를 먼저 보자.

> **1. 카카오톡, 다음, 멜론, 소셜 등 서비스 개발**
> 전 국민이 매일 사용하는 다양한 서비스를 만들고 있습니다. 카카오톡 및 카카오톡과 연동된 다양한 서비스뿐만 아니라 다음, 멜론, 소셜 서비스를 직접 개발하실 수 있습니다.
>
> **2. 비즈니스 플랫폼 개발**
> 종합 Ad-Tech 플랫폼과 카카오의 모든 톡 비즈니스 플랫폼 및 서비스 시스템을 개발합니다. 대용량의 트래픽을 다루고, 다양한 비즈니스 모델과 개발을 경험할 수 있으며, 카카오의 다양한 조직들과의 협업을 경험할 수 있습니다.
>
> **3. 클라우드 플랫폼/지도 플랫폼/개발 도구 개발**
> 클라우드 플랫폼, 지도 플랫폼을 담당하고 있습니다. 카카오톡을 비롯한 카카오의 방대한 트래픽을 실시간으로 다루고 분석하며, 카카오 본사 및 공동체 개발자들이 사용하는 클라우드와 플랫폼을 지속적으로 개발하고 제공합니다.

서버에 대한 이해가 없다면 이해하기 어려울 것이라고 생각하는데, 쉽게 생각하면 프로그램에서 보이지 않는 기능을 만드는 역할이다. 예시로 카카오톡에 로그인하기 위해 전화번호와 비밀번호를 누르고 로그인한다. 이때 전송된 전화번호와 비밀번호는 서버로 넘어가고 서버에서 전화번호에 해당하는 비밀번호가 맞는지 암호화 과정을 거쳐 확인한다. 또한 멜론 차트 같은 경우 최근 24시간을 기준으로 한 곡당 1인이 1회 재생하는 횟수를 집계해 1시간마다 업데이트한다고 한다. 이 과정에서 1시간마다 업데이트하기 위해 스케줄러 작업을 프로그래밍하고, 재생될 때마다 재생된 횟수를 저장하는 등의 기능은 서버 측 프로그래밍을 통해 해결할 수 있다.

2. 클라이언트 분야

> **클라이언트(Client) - 유려한 사용자 경험을 제공하는 클라이언트 기술**
> 카카오는 카카오톡, 다음앱, 카카오맵, 멜론, 카카오스토리, 카카오TV 등 다양한 서비스를 사용자에게 제공하고 있으며 이를 통해 한국의 IT 산업을 선도하고 있습니다. 이 많은 서비스를 사용자에게 유려하게 제공하기 위해서는 사용자와 직접 연결되는 클라이언트가 매우 중요합니다. 카카오에서는 이러한 서비스 클라이언트들을 직접 만드는 과정을 통해 훌륭한 클라이언트 개발자로 성장할 수 있는 기회를 제공할 것입니다.

클라이언트 분야로 세부 업무를 먼저 보자.

> **1. Android/iOS 앱 개발**
> 카카오에서 모바일 애플리케이션 형태로 제공되는 서비스인 카카오톡, 멜론, 카카오맵, 다음카페, 카카오TV 등을 Android/iOS 각 플랫폼별로 개발합니다. 모바일 앱 기능 구현을 비롯, 전반적인 앱의 배포, 버전별 데이터 마이그레이션 등을 수행하며 이를 통해 대규모 서비스의 지속적인 제공을 위한 능력들을 습득합니다.
>
> **2. Front-End 개발**
> 카카오톡 연관 서비스인 웹톡, 톡서랍 FE개발/지도, 페이먼트, 뮤직, 카카오스토리 등 소셜서비스의 FE개발/카카오 광고주를 위한 비즈니스 서비스 FE를 개발합니다. 또한 이러한 다양한 서비스에 적용될 FE 개발 도구 및 재사용성이 높은 UI 컴포넌트 개발합니다.

클라이언트 영역은 눈앞에 보이는 화면 UI/UX를 꾸미는 데 많은 것을 할애한다. UI/UX는 정말 중요하다. "보기 좋은 떡이 먹기도 좋다"라고 하듯이 프로그램의 디자인이 별로라면 사람들은 다운로드를 하지 않는다. 이를 위해 디자이너가 작업한 결과물을 컴퓨터에 옮기거나, 다양한 애니메이션을 추가하는 역할을 한다.

3. 데이터 분야

> **데이터(Data) - 데이터를 통해 카카오 서비스 전반의 가치 창출에 기여**
> 카카오의 수많은 대용량 데이터의 수집, 저장이 가능한 시스템을 구축하고, 이렇게 축적한 카카오의 빅데이터를 분석하여 새로운 기회와 실행 전략을 찾고, 다양한 기법을 활용하여 제품의 가치를 높이는 역할을 수행합니다.

데이터 분야도 마찬가지로 세부 업무를 보자.

> 1. 데이터 엔지니어링
> 카카오의 수많은 대용량 데이터의 수집, 저장이 가능한 시스템을 구축하고 실시간 처리와 배치 처리 모두 가능한 유연한 분석 시스템을 설계합니다. 모인 데이터들은 실제 서비스 개선에 활용할 수 있도록 서비스 부서에 제공합니다. 또한 누구나 데이터 분석을 할 수 있는 Self Service BI 플랫폼을 제공해 누구나 새로운 인사이트를 얻도록 도와줍니다.
>
> 2. 데이터 사이언스
> 데이터 사이언스 분야는 카카오 전반에 걸쳐 주요 서비스 관련 데이터 분석, 데이터 파이프라인 구축, 머신러닝 기반 예측 및 진단 시스템 개발 등 다양한 과정을 통해 가치 창출에 핵심 역할을 담당하고 있습니다. 방대하면서도 잘 준비된 빅데이터 환경 그리고 이를 활용하여 다양한 서비스를 제공하고 있는 카카오에서 의미 있는 데이터를 탐색하고 이를 실제 서비스에 활용 가능한 형태로 만들어 가는 과정을 통해 데이터 사이언스를 경험할 수 있는 최고의 기회를 제공할 것입니다.

데이터베이스에 저장되어 있는 데이터를 토대로 분석하는 역할을 한다. 예를 들면 유튜브에서 추천하는 동영상은 검색 기록을 바탕으로 좋아할 만한 데이터를 추출해낸다. 이렇게 데이터들을 분석하는 역할에 해당된다.

또한 데이터를 통해 머신러닝하여 인공지능 프로그램을 만드는 데 사용하게 한다. 알파고와 같은 프로그램이 이러한 데이터 머신러닝을 통해 만들어졌다.

제4장

구현의 달인, 삼성 코딩 테스트

독자 삼성 코딩 테스트 문제들은 너무 많은 코드를 필요로 하는 것 같아요. 이거 봐요. 제 코드는 100줄이나 돼요.

저자 스마트폰은 3,000만 줄의 코드가 필요한데... 이번 기회로 코드 관리를 연습해 봐요.

4-1 삼성 개발자 신입 공개 채용 과정

지원서 접수 → 직무적합성 평가 → 직무적성 검사 → 종합 면접 → 채용 건강검진

위 절차는 2020년 상반기 삼성 3급 채용 순서이다. 삼성 또한 채용 과정은 매년 조금씩 다를 수 있지만 위 방식과 크게 다르지 않다.

지원 자격에는 먼저 어학 자격(OPic 또는 TOEIC Speaking)이 있는데, 계열사별로 일정 조건 이상을 취득해야 하며, 서류 지원서에는 본인의 성적, 취미나 특기, 병역, 특이사항 등을 요구한다. 삼성의 경우 지원서 서류를 꼼꼼히 보는 느낌이 있다고 하니 자신이 쌓은 스펙이나 외부활동 등을 세세하게 작성하는 것을 추천한다.

지원서 접수 후 직무적합성 평가를 본다. 직무적합성 평가는 지원서와 자기소개서를 토대로 종합적으로 평가하는 서류전형 단계로 지원서와 자기소개서를 잘 썼다면 문제될 게 없다.

직무적합성 평가에서 합격했다면 개발자의 경우에는 직무적성 검사를 받는데, 삼성 개발자 취업절차 중 가장 핵심 과정이라고 할 수 있는 S/W 역량 테스트, 즉 코딩 테스트를 치르게 된다. S/W 역량 테스트는 오프라인 테스트이다. 시험 언어는 C, C++, 자바Java, 파이썬Python 4가지 언어 중에서 지원하며 3시간 동안 2문제가 주어진다. 삼성 S/W 역량 테스트는 3급 공개 채용 절차 외에서도 시험을 볼 수 있다. 상시 S/W 역량 테스트라고 하는데, A, B, C, 3가지의 시험이 있으며 난이도는 A형 → B형 → C형 순으로 어려워지며 A형보다 B형은 매우 어려우며 B형보다 C형은 매우 매우 매우 어렵다. 여기서 S/W 역량 테스트 A형 시험은 3급 공개 채용 과정에서 보는 시험과 비슷하며 A형 이상의 시험을 통과하면 직무적성 검사나 직무적합성 평가에서 가산점을 부여받는다.

S/W 역량 테스트를 통과한다면 면접 날짜가 주어지고 기술 면접, 인성 면접, 창의 면접, 3가지의 면접 과정을 하루 만에 실시한다.

기술 면접

대학교 학부 과정에서 배우는 자료구조, 알고리즘, 운영체제, 데이터베이스, 컴퓨터 네트워크 등의 컴퓨터 과학(Computer Science) 전반의 지식을 물어본다. 기술 면접 시 3개의 키워드를 주고 그 중 한 가지를 선택한다. 그 후 펜과 용지에 선택한 키워드에 해당하는 문제를 풀고, 풀고 난 문제에 대한 대화를 나눈다.

인성 면접

컴퓨터로 인성검사 테스트를 실시한다. 그 후 면접관들과 대화를 나누며 여러 질문을 받는다. 삼성전자를 입사하고 싶은 이유가 무엇인지, 직장 상사와의 마찰이 생기면 어떻게 대처할지 등의 질문을 받고 답변하면 된다.

창의 면접

다양한 주제로부터 질문이 나오는데, 이 질문에 창의적인 해결책을 요구하는 것이 면접의 핵심이다. 질문은 면접을 보는 그 자리에서 주어지며 30~50분 가량의 생각할 수 있는 시간이 주어지므로 그 시간 안에 적절한 해결책을 요구하는 순발력이 요구된다.

이렇게 종합 면접을 보고 합격한다면 사실상 거의 채용에 합격한 것이며, 그 후 채용 건강 검진을 실시하여 최종 합격을 받을 수 있다.

4-2 삼성의 주력 서비스

삼성전자의 계열사로는 삼성전자, 삼성디스플레이, 삼성생명, 삼성SDS, 삼성SDI, 삼성전기, 삼성카드 등이 있다.

이들의 주력서비스는 무엇일까?

다들 들어본 적이 있을 테지만, 삼성은 반도체 부분에서 입지가 뛰어나다. 2020년 기준으로 삼성전자의 스마트폰 세계 시장 점유율은 22%를 차지하며, 순위는 전체 1위이다. 그 해 상반기 전 세계 스마트폰용 메모리 반도체 시장 매출의 절반을 차지하면서 1위를 차지했는데, 이는 전 세계 시장에서 판매된 스마트폰 10대 중 5대에 삼성전자의 메모리 반도체가 탑재된 셈이다.[1]

스마트폰에 대한 흥미로운 얘기가 있다. "스마트폰은 3,000만 줄의 코딩이 필요하며, 5G 통신 장비는 3,000만의 20배인 6억 줄의 코딩이 필요하다"라며 삼성의 관계자는 소프트웨어 개발자가 절대 부족 상태라고 말했다.[2]

3,000만 줄의 코드가 실감이 되는가? 앞서 설명한 카카오 오픈채팅방의 해답코드는 25줄 정도의 코드로 정답을 구현할 수 있었다. 3,000만 줄의 코드는 오픈채팅방을 구현하는 데 필요한 코드 수의 120만 배가 필요하다. 하물며 6억 줄의 코딩을 구현하려면 오픈채팅방을 구현하는 데 필요한 코드 수의 2,400만 배가 필요하다.

코드가 길어지면 길어질수록 코드에 대한 정확한 구현이 필요하며, 각 코드의 역할이 무엇인지 뚜렷하게 알 필요가 있다. 그렇지 않으면 3,000만 줄의 코드 중 오류가 발생했을 때 어디가 잘못되었는지 파악하기가 쉽지 않을 것이다. 삼성전자는 소프트웨어, 하드웨어 제품 모두 막강하고 긴 코드를 필요로 하므로 삼성전자 측에서는 긴 코드를 요구하는 프로그램을 만들어야 할 경우, 길고 긴 코드를 구현할 능력이 있으며, 정확하게 구현해 나가는 사람을 필요로 할 것이다.

이를 위해 삼성 S/W 역량 테스트에서의 문제들은 주로 힘겨운 구현을 요구한다. 완전 탐색 알고리즘, 백트래킹 알고리즘, 그래프 이론 등을 위주로 출제되며 그 밖에도 동적 프로그래밍, 그리디 알고리즘 등이 출제된다.

이제 삼성 S/W 역량 테스트 문제를 보며 이해도를 높여보자. 이 문제 또한 초보자들이 봤을 때 이해하기 어려울 수 있으므로 이런 식의 문제가 출제되고 완전 탐색이 무엇인지 정도만 이해해도 훌륭한 도움이 될 것이다.

---

1 https://ebn.co.kr/news/view/1454821 참고
  https://biz.chosun.com/site/data/html_dir/2020/10/16/2020101602273.html 참고

2 https://www.hankyung.com/it/article/2019020644691 참고

> **완전 탐색 알고리즘이란 무엇일까?**
>
> 완전 탐색이란 말 그대로 모든 경우의 수를 전부 확인해보는 것을 말한다.
>
>
>
> [그림 4-1] 미로 찾기 게임
>
> 한 가지를 예로 들면 미로 찾기 게임에서 출발 지점에서 도착 지점까지 가는 방법 중 하나는 모든 길을 전부 가보며 정답이 되는 길을 찾는 것이다. 이처럼 컴퓨터의 빠른 연산속도(1초에 1억 번 연산)를 이용하여 모든 경우의 수를 전부 확인해보는 알고리즘을 완전 탐색 알고리즘이라고 한다.

4-3 삼성 S/W 역량 테스트 A형 기출 문제

치킨 배달

https://www.acmicpc.net/problem/15686

시간 제한	메모리 제한	제출	정답	맞힌 사람	정답 비율
1초	512MB	33142	15383	8720	42.221%

문제

크기가 $N \times N$인 도시가 있다. 도시는 1×1 크기의 칸으로 나누어져 있다. 도시의 각 칸은 빈칸, 치킨집, 집 중 하나이다. 도시의 칸은 (r, c)와 같은 형태로 나타내고, r행 c열 또는 위에서부터 r번째 칸, 왼쪽에서부터 c번째 칸을 의미한다. r과 c는 1부터 시작한다.

이 도시에 사는 사람들은 치킨을 매우 좋아한다. 따라서, 사람들은 "치킨 거리"라는 말을 주로 사용한다. 치킨 거리는 집과 가장 가까운 치킨집 사이의 거리이다. 즉, 치킨 거리는 집을 기준으로 정해지며, 각각의 집은 치킨 거리를 가지고 있다. 도시의 치킨 거리는 모든 집의 치킨 거리의 합이다.

임의의 두 칸 (r_1, c_1)과 (r_2, c_2) 사이의 거리는 $|r_1-r_2|+|c_1-c_2|$로 구한다.

예를 들어, 아래와 같은 지도를 갖는 도시를 살펴보자.

0 2 0 1 0
1 0 1 0 0
0 0 0 0 0
0 0 0 1 1
0 0 0 1 2

0은 빈칸, 1은 집, 2는 치킨집이다.

(2, 1)에 있는 집과 (1, 2)에 있는 치킨집과의 거리는 |2−1|+|1−2|=2, (5, 5)에 있는 치킨집과의 거리는 |2−5|+|1−5|=7이다. 따라서, (2, 1)에 있는 집의 치킨 거리는 2이다.

(5, 4)에 있는 집과 (1, 2)에 있는 치킨집과의 거리는 |5−1|+|4−2|=6, (5, 5)에 있는 치킨집과의 거리는 |5−5|+|4−5|=1이다. 따라서, (5, 4)에 있는 집의 치킨 거리는 1이다.

이 도시에 있는 치킨집은 모두 같은 프랜차이즈이다. 프렌차이즈 본사에서는 수익을 증가시키기 위해 일부 치킨집을 폐업시키려고 한다. 오랜 연구 끝에 이 도시에서 가장 수익을 많이 낼 수 있는 치킨집의 개수는 최대 M개라는 사실을 알아내었다.

도시에 있는 치킨집 중에서 최대 M개를 고르고, 나머지 치킨집은 모두 폐업시켜야 한다. 어떻게 고르면, 도시의 치킨 거리가 가장 작게 될지 구하는 프로그램을 작성하시오.

입력

첫째 줄에 $N(2 \leq N \leq 50)$과 $M(1 \leq M \leq 13)$이 주어진다.

둘째 줄부터 N개의 줄에는 도시의 정보가 주어진다.

도시의 정보는 0, 1, 2로 이루어져 있고, 0은 빈칸, 1은 집, 2는 치킨집을 의미한다. 집의 개수는 $2N$개를 넘지 않으며, 적어도 1개는 존재한다. 치킨집의 개수는 M보다 크거나 같고, 13보다 작거나 같다.

출력

첫째 줄에 폐업시키지 않을 치킨집을 최대 M개를 골랐을 때, 도시의 치킨 거리의 최솟값을 출력한다.

예제 입력 1

```
5 3
0 0 1 0 0
0 0 2 0 1
0 1 2 0 0
0 0 1 0 0
0 0 0 0 2
```

예제 출력 1

```
5
```

예제 입력 2

```
5 2
0 2 0 1 0
1 0 1 0 0
0 0 0 0 0
2 0 0 1 1
2 2 0 1 2
```

예제 출력 2

```
10
```

예제 입력 3

```
5 1
1 2 0 0 0
1 2 0 0 0
1 2 0 0 0
1 2 0 0 0
1 2 0 0 0
```

예제 출력 3

```
11
```

예제 입력 4

```
5 1
1 2 0 2 1
1 2 0 2 1
1 2 0 2 1
1 2 0 2 1
1 2 0 2 1
```

예제 출력 4

```
32
```

제4장 구현의 달인, 삼성 코딩 테스트

시간 제한은 1초로 최대 1억 번의 연산을 할 수 있고, 〈백준〉 난이도는 골드5이다.

시간 제한	최대	난이도
1초	1억 번 연산	골드5

문제설명

n*n 크기의 도시에서
0으로 채워진 곳은 빈칸을 의미하며
1로 채워진 곳은 집이 있는 곳을 의미하며
2로 채워진 곳은 치킨집이 있는 곳을 의미한다.

2로 채워진 치킨집이 있는 곳 중 m개의 치킨집을 선택하여 치킨집과 모든 집 사이의 거리의 합이 가장 최소화되는 경우의 거리를 정답으로 출력하면 되는 문제이다.

문제의 핵심은 2로 채워진 치킨집이 있는 곳 중 어떤 치킨집을 선택하여 m개의 치킨집을 고를지이다. 이를 해결하기 위해 완전 탐색 알고리즘을 택해보자.

예제 입력 1의 경우 n(도시의 가로 세로 크기)은 5이며 치킨집을 선택할 수 m은 3이다.

도시의 상태

	1	2	3	4	5	c(가로의 좌표)
1	0	0	1	0	0	
2	0	0	2	0	1	
3	0	1	2	0	0	
4	0	0	1	0	0	
5	0	0	0	0	2	

r(세로의 좌표)

치킨집의 위치(2로 채워진 곳) 좌표 (r, c)는 (2, 3), (3, 3), (5, 5)이다.

집의 위치(1로 채워진 곳) 좌표 (r, c)는 (1, 3), (2, 5), (3, 2), (4, 3)이다.

1) 치킨집을 선택할 수 m은 3이므로 치킨집의 위치좌표 (2, 3), (3, 3), (5, 5)를 모두 선택한다.

   치킨집에서 집과 가장 가깝게 위치시키는 방법은

   집의 위치좌표 (1, 3)과 치킨집의 위치좌표 (2, 3)을 연결한다. 거리=1

   집의 위치좌표 (2, 5)와 치킨집의 위치좌표 (2, 3)을 연결한다. 거리=2

   집의 위치좌표 (3, 2)와 치킨집의 위치좌표 (3, 3)을 연결한다. 거리=1

   집의 위치좌표 (4, 3)과 치킨집의 위치좌표 (3, 3)을 연결한다. 거리=1

   집과 치킨집 사이의 최단거리의 합=5

집과 치킨집 사이의 최단거리의 합 중 가장 작은 값은 5가 된다.

예제 입력 2의 경우 n(도시의 가로 세로 크기)은 5이며 치킨집을 선택할 수 m은 2이다.

도시의 상태

```
    1  2  3  4  5    c(가로의 좌표)

1   0  2  0  1  0
2   1  0  1  0  0
3   0  0  0  0  0
4   2  0  0  1  1
5   2  2  0  1  2
r(세로의 좌표)
```

치킨집의 위치(2로 채워진 곳) 좌표 (r, c)는 (1, 2), (4, 1), (5, 1), (5, 2), (5, 5)이다.

집의 위치(1로 채워진 곳) 좌표 (r, c)는 (1, 4), (2, 1), (2, 3), (4, 4), (4, 5), (5, 4)이다.

1) 치킨집을 선택할 수 m은 2이므로 치킨집의 위치좌표 (1, 2), (4, 1)을 선택한다.

   치킨집에서 집과 가장 가깝게 위치시키는 방법은

   집의 위치좌표 (1, 4)와 치킨집의 위치좌표 (1, 2)를 연결한다. 거리=1

   집의 위치좌표 (2, 1)과 치킨집의 위치좌표 (4, 1)을 연결한다. 거리=2

   집의 위치좌표 (2, 3)과 치킨집의 위치좌표 (1, 2)를 연결한다. 거리=1

집의 위치좌표 (4, 4)와 치킨집의 위치좌표 (4, 1)을 연결한다. 거리=3
집의 위치좌표 (4, 5)와 치킨집의 위치좌표 (4, 1)을 연결한다. 거리=4
집의 위치좌표 (5, 4)와 치킨집의 위치좌표 (4, 1)을 연결한다. 거리=4
집과 치킨집 사이의 최단거리의 합=15

...

이런 식으로 치킨집의 위치좌표 2개를 고르는 경우는

2) 치킨집을 선택할 수 m은 2이므로 치킨집의 위치좌표 (1, 2), (5, 1)을 선택한다.
3) 치킨집을 선택할 수 m은 2이므로 치킨집의 위치좌표 (1, 2), (5, 2)를 선택한다.
4) 치킨집을 선택할 수 m은 2이므로 치킨집의 위치좌표 (1, 2), (5, 5)를 선택한다.
5) 치킨집을 선택할 수 m은 2이므로 치킨집의 위치좌표 (4, 1), (5, 1)을 선택한다.
6) 치킨집을 선택할 수 m은 2이므로 치킨집의 위치좌표 (4, 1), (5, 2)를 선택한다.
7) 치킨집을 선택할 수 m은 2이므로 치킨집의 위치좌표 (4, 1), (5, 5)를 선택한다.
8) 치킨집을 선택할 수 m은 2이므로 치킨집의 위치좌표 (5, 1), (5, 2)를 선택한다.
9) 치킨집을 선택할 수 m은 2이므로 치킨집의 위치좌표 (5, 1), (5, 5)를 선택한다.
10) 치킨집을 선택할 수 m은 2이므로 치킨집의 위치좌표 (5, 2), (5, 5)를 선택한다.

10가지(5C2 → 5 Combination 2로 5*4/2)가 있으며 결과적으로 집과 치킨집 사이의 최단 거리의 합 중 가장 작은 값은 10이 된다.

해답코드(파이썬 3)

```
1   def Brute_Force(idx, x, y):
2       global answer
3       if(idx == m):
4           choice_chicken = []
5           for i in range(n):
6               for j in range(n):
7                   if(City[i][j] == 3):
8                       choice_chicken.append((i, j))
9           res = Min_Distance(choice_chicken, house)
```

```python
10          if(answer > sum(res)):
11              answer = sum(res)
12          return
13      else:
15          for i in range(x, n):
16              if(i == x): k = y
17              else: k = 0
18              for j in range(k, n):
19                  if(City[i][j] == 2):
20                      City[i][j] = 3
21                      Brute_Force(idx+1, i, j+1)
22                      City[i][j] = 2
23
24  def Min_Distance(chicken, house):
25      sum_Distance = []
26      for i in house:
27          min_D = 987654321
28          for j in chicken:
29              Distance = abs(i[0]-j[0]) + abs(i[1]-j[1])
30              min_D = min(min_D, Distance)
31          sum_Distance.append(min_D)
32      return sum_Distance
33
34  n, m = map(int, input().split())
35  City = [list(map(int, input().split())) for _ in range(n)]
36  answer = 987654321
37  house = []
38  for i in range(n):
39      for j in range(n):
40          if(City[i][j] == 1):
41              house.append((i, j))
42  Brute_Force(0, 0, 0)
43  print(answer)
```

문제를 풀기 위한 순서는 다음과 같다.

1) 코드라인 34~35: 문제의 입력 부분인 n과 m을 입력 받고, n*n 크기의 도시 상태를 입력받는다.

2) 코드라인 1~22: 치킨집 m개를 선택하기 위한 방법으로 모든 좌표를 탐색해가며 도시 상태가 2이며 해당 위치 좌표의 치킨집은 아직 고르지 않은 상태일 때,

   if: 치킨집을 고른 개수가 m에 달했을 때

   3) 코드라인 24~32: 모든 집과 치킨집 사이의 최단 거리를 구한 후 종료한다.
   (시간복잡도는 $O(2n*m)$)

   else: 치킨집을 고른 개수가 n이 아닐 때

   2-1) 치킨집을 고른다. 2)를 추가로 실시한다.

   2-2) 골랐던 치킨집을 고르지 않은 상태로 둔다.
   (시간복잡도는 $O(2^m)$)

4) 코드라인 43: 집과 치킨집 사이의 최단거리의 합 중 가장 작은 값을 출력한다.

완전 탐색 알고리즘을 사용할 때 자주 쓰이는 방법은 재귀함수이다. 재귀함수란 함수 내에서 자기 자신을 다시 호출하는 함수를 의미한다.

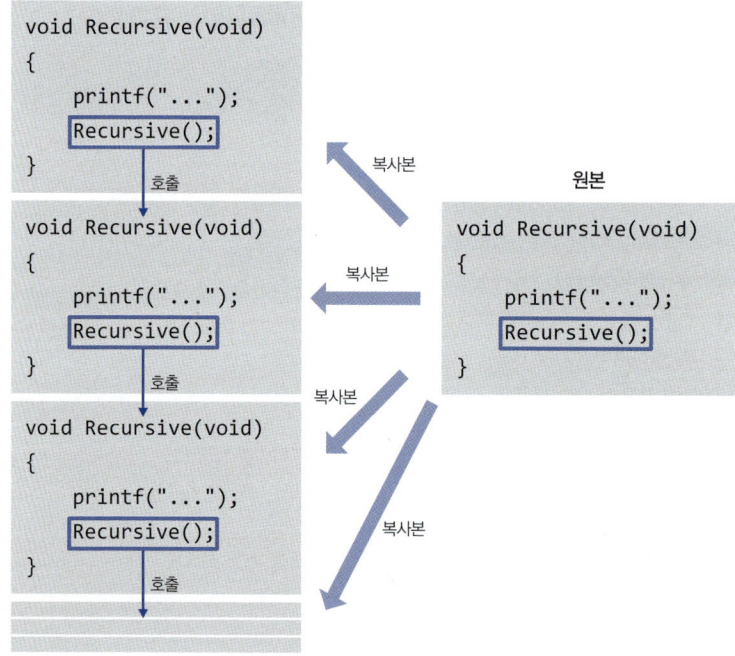

[그림 4-2] 재귀함수의 이해

재귀함수는 함수의 원본을 실행했을 때, 원본에서 자기 자신을 호출하고, 호출한 함수에서 또 자기 자신을 호출하는 형태의 함수이다.

순서도 2-1) 치킨집을 고른 후 2)를 추가로 실시하는 부분이 있다.

2)를 호출한 순서도는 2)를 추가로 호출하여 치킨집을 고른 후에 골랐던 치킨집을 고르지 않은 상태로 둔다.

예제 입력 2를 예시로 보면 치킨집의 위치좌표 (1, 2), (4, 1), (5, 1), (5, 2), (5, 5) 중에서 우선 치킨집 위치좌표 (1, 2)를 고른다.

그 후 2-1)을 호출한다.

    치킨집 위치좌표 (4, 1)을 고른다.

    그 후 2-1)을 호출한다.

        치킨집을 고른수가 $M=2$이므로

        모든 집과 치킨집 사이의 최단거리를 구한 후 호출된 순서도를 종료한다.

    2-2) (4, 1)의 치킨집을 고르지 않은 상태로 둔다.

    치킨집 위치좌표(5, 1)을 고른다.

    ...

우선 치킨집 위치좌표(4, 1)을 고른다.

그 후 ...

재귀함수를 통하여 M개의 치킨집을 고르는 모든 방법을 탐색했을 때의 모습이다.

해답의 총연산횟수는 대략 $2^m*2*n*m=10,649,600$으로 문제가 요구한 시간 제한 1초(1억 번의 연산) 안에 해결할 수 있다.

삼성 S/W 역량 테스트를 합격하기 위한 완전 탐색 알고리즘의 일부이다. 초보자들에겐 어려울 수 있지만, 방금과 같은 순서도는 S/W 역량 테스트 문제를 풀기 위한 기본 틀로 완전 탐색 알고리즘을 제대로 공부하기 시작할 때쯤 이해가 갈 것이다.

삼성 S/W 역량 테스트 자체는 수학적 사고력을 크게 요구한다기보다 문제가 요구하는 구현(방금 문제에서는 치킨집 중에 m개를 선택하는 방법) 그대로를 정확하게 구현할 능력이 있는지 물어보는 문제가 출제되었다.

문제의 해답을 이해하는 건 초보자들이라면 중요치 않다. 여기서 주목해야 할 것은 파이썬 언어의 특성상 코드를 간략하게 구현하여 코드라인을 짧게 했음에도, 43줄의 코드로 구현한 것이다. 이 문제 같은 경우 삼성 S/W 역량 테스트 문제 중에서도 쉬운 편에 속하므로 43코드라인으로 해결할 수 있었지만 더 어려운 문제들은 구현에 따라 100코드라인으로도 부족할 수 있다.

이렇게 코드라인이 길어질 때 중요한 점은 3가지이다.

1. 코드를 줄일 수 있도록 평소에 자신의 코드 개선 방향을 연구한다(남들과 코드를 비교해 보기 등).
2. 코드가 길어질수록 자신의 코드가 무슨 역할을 하는지 기억하기 어려워진다. 따라서 코드의 의미를 잘 확인할 수 있는 자신만의 방법을 구한다(자주 쓰는 변수명 짓기, 변수명을 통해 역할 파악해두기 등).
3. 코드가 길어질 때 함수를 통해 역할을 세분화 해두어야 한다(위 문제에서는 치킨집 m개를 선택하기, 집과 치킨집 사이의 거리 구하기 등에서 2가지 함수 작성하기 등).

문제의 정답을 확인해 볼 수 있는 곳은 https://www.acmicpc.net/problem/15686 이니 직접 확인해보기 바란다.

작성한 코드를 제출하는 방법은 다음과 같다.

[그림 4-3] 코드 제출 방법

먼저 〈백준〉 사이트에 접속한 후 위에 있는 [제출] 버튼을 누른 뒤, 언어를 python3와 pypy3, 둘 중에서 하나를 선택하고, 소스 코드 부분에 해답코드를 넣어준 뒤 아래에 있는 [제출] 버튼을 눌러주면 된다.

[그림 4-4] 코드 확인 방법

그리고 제출을 했다면 맞았는지 틀렸는지도 확인할 수 있다. 네모 안에 있는 C++, Python, Pypy 3가지 언어의 실행시간이 다른 모습을 볼 수 있다. 같은 알고리즘을 사용했지만 C++ → Pypy3 → Python순으로 실행시간이 느려진 것을 볼 수 있다(1000ms는 1초, 문제에서 시간 제한을 1초로 설정했지만, 파이썬 같은 경우 추가 시간을 부여했다).

이는 뒤에서 설명하겠지만 각 언어마다의 장점과 단점이 있고 파이썬 같은 경우 간략한 코드 작성이 가능하지만 파이썬 언어 자체의 실행시간이 느리다는 단점이 있음을 알 수 있다 (이를 해결하기 위한 pypy3 언어가 있다).

4-4 삼성 코딩 테스트 그 이후

'3-4. 카카오 코딩 테스트 그 이후'와 마찬가지로 삼성 신입 공개 채용을 통해 입사 후 어떤 개발 분야가 있는지 알아보자. 많은 분야가 있지만 그중 소프트웨어 분야만 살펴보겠다.
크게 3가지의 소프트웨어 분야로 나뉜다.

시스템 소프트웨어(System Software)

시스템 운영에 필요한 소프트웨어를 개발하는 직무로, 펌웨어, 디바이스 드라이버, 커널, 그래픽스 관련 개발을 합니다.

미들웨어 소프트웨어(Middleware Software)

시스템과 어플리케이션을 연결하는 플랫폼을 개발하는 직무로, 유저 인터페이스, 멀티미디어, 네트워크, 모뎀 프로토콜 등을 개발합니다.

- 반도체 설비제어 S/W Platform 개발(Cluster 공정설비, 검사설비, Test설비, Robot 등)
  - 고속 Network Protocol (Field bus), 실시간 OS
- 제품 특화 Middleware 개발 (SSD, DRAM Module, CPU, GPU, Multimedia 등)
  - Firmware, SW 제품적용 및 평가, 제품 성능 최적화
- Protocol, Device Driver, Linux, Windows 기반 Middleware 개발

어플리케이션 소프트웨어(Application Software)

어플리케이션 소프트웨어 유저에게 제공되는 어플리케이션을 개발하는 직무로, 안드로이드/타이젠/윈도우 등의 OS를 기반으로 한 다양한 어플리케이션을 개발하고 있습니다.

- 스마트팩토리
  - 설비/인프라 자동화 시스템 개발(인지/제어/분석 시스템, 상시 모니터링 시스템 등)
  - 생산 무인화 지원 시스템 개발(생산 제어, 물류 반송, 시스템 관제 등)
- 생산기술 S/W
  - AI 기반 Machine/Deep Learning, 음성/자연어/이미지/영상 처리 및 Solution 개발
  - Cloud 기반 설비 Big Data 분석(이중 Data 상관분석, 생산/수리 예측 및 최적화 등)
  - IoT 기반 Connectivity 및 Edge Computing, Trusted Solution, Automotive, Metrology 엔진
- 제품응용 S/W
  - 로봇 반송 Path Planning, 스펙트럼 분석 등

  - https://www.samsung.com/sec/aboutsamsung/careers/job-fields/kr/
  - https://www.samsung-dsrecruit.com/job_intro/laboratory/softwareDev.php

'3-4. 카카오 코딩 테스트 그 이후'에서 보았던, 시스템 엔지니어System Engineer, 미들웨어 소프트웨어Middleware Software를 포함해서 안드로이드/타이젠/윈도우즈 등의 다양한 운영체제를 이용한 어플리케이션 소프트웨어Application Software를 개발한다.

반도체로 유명한 삼성답게 소프트웨어를 통해 하드웨어를 제어하거나 개발하는 직군이 대다수인 것을 볼 수 있다. 주변에 "삼성이라면 대기업이니까 들어가야 해"라고 하는 사람이 있는데, 만약 여러분 중 삼성에 취업을 했을 때 하드웨어를 싫어하는 사람이라면 직무 적성에 맞지 않는 판단이라고 생각한다. 물론 하드웨어 외에도 소프트웨어적으로 인공지능, 보안, 서버 등 더 넓은 분야가 있지만 여기서 하고픈 이야기는 당장 무엇을 하고 싶은 분야가 없다면 상관없지만 적어도 원서를 지원한 회사가 어떤 분야의 직무를 주로 하는지 정도는 알고 지원서를 신청하라는 것이다.

4-5 아! 알고리즘이란 컴퓨터에서 뗄 수 없는 존재구나

우리는 3장과 4장을 통해 카카오와 삼성의 주력 상품을 알아보고 회사별로 자주 출제되는 알고리즘을 살펴보았다.

대기업 코딩 테스트에서 출제되는 알고리즘 문제는 대학교 학부 과정에 배우는 기초적인 알고리즘 내에서 출제된다. 쉽지 않은 문제와 설명을 읽느라 고생했을 법한데 지금 당장 이해가 되지 않더라도 이러한 배경지식 정도만 알아두어도 공부하는 데 큰 도움이 될 것이다.

개발자를 꿈꾸는 사람 중 "알고리즘을 꼭 공부해야 해?"와 같이 생각하는 사람이 적지 않다. "정답은 없다"라고 생각한다. 어떤 개발 분야는 알고리즘이 필요 없을 수도 있고, 어떤 개발 분야는 알고리즘이 매우 중요할 수도 있기 때문이다. 하지만 최근 코딩 테스트를 통해 알고리즘 구현 능력을 검증하려는 기업들이 많아지고 있기 때문에 취업 준비생이라면 반드시 이에 대한 대비는 필요하다.

우리는 양치를 할 때도 다음과 같은 순서로 한다.

1. 칫솔을 든다.
2. 칫솔에 치약을 짠다.
3. 칫솔로 입안을 닦는다.
4. 혀를 닦는다.
5. 물로 입안을 헹군다.

위 순서는 어떤 문제를 해결해기 위한 절차를 나열한 것이다. 우리는 이것을 알고리즘이라 부른다. 우리가 작성하는 코드도 순서가 있다. 그 순서를 작성하는 사람도 결국 사람이므로 정확한 절차와 효율성을 보장하기 위해 꼭 취업을 위해서가 아니더라도 개발자를 꿈꾸고 있다면 알고리즘 공부는 큰 도움이 될 것이다.

앞서 말한 삼성의 스마트폰과 통신장비(5G)에 들어가는 3,000만 줄 이상의 코드를 구현하는 능력은 알고리즘의 구현 능력에 기초하고 있다. 카카오의 오픈채팅방을 효율적으로 사용하기 위한 맵 자료구조 또한 어떤 자료구조를 택할지, 택한 자료구조의 시간복잡도는 무엇인지 생각하는 과정 또한 알고리즘 구현 능력이다.

개발을 하는 대부분의 사람들이 알게 모르게 알고리즘을 접하고 있으며, 지금 책을 읽는 여러분이 알고리즘 공부를 시작한다면 그것은 개발의 축소판이라고 해도 이상하지 않다.

이 책의 독자가 취업을 위해 알고리즘을 공부한다면 나는 그 또한 매우 잘한 선택이라고 말할 것이다. 알고리즘을 공부하여 개발자가 되기 위한 첫걸음을 내딛었으면 하고, 알고리즘을 공부하며 생긴 컴퓨팅 사고력을 통한 컴퓨터와의 완벽한 대화를 준비하길 바란다.

제5장
구현의 기초적인 문제

저자 5장에서는 코딩 테스트의 기초가 되는 문제를 알아볼 것이다. 어느 정도 코딩을 해본 독자라면 이 장은 넘어가도 된다. 매우 기본적이고 쉬운 문제를 통해 코딩 테스트와 <백준> 알고리즘 문제 풀이, <코드포스> 대회를 준비하는 데 있어 기초가 되는 것을 복습해 보자.

5-1 입출력에 관한 기본

5-1-1 출력

Hello World

https://www.acmicpc.net/problem/2557

시간 제한	메모리 제한	제출	정답	맞힌 사람	정답 비율
1초	128MB	479704	199672	147641	41.495%

문제

Hello World!를 출력하시오.

입력

없음

출력

Hello World!를 출력하시오.

예제 입력 1	예제 출력 1
	Hello World!

시간 제한은 1초로 최대 1억 번의 연산을 할 수 있고, 〈백준〉 난이도는 브론즈5이다.

시간 제한	최대	난이도
1초	1억 번 연산	브론즈5

파이썬을 통해 출력하는 방법을 배워보자. 주의해야 할 점은 상단에 있는 시간 제한과 메모리 제한이다. 시간 제한이 1초라면 컴퓨터가 1초에 1억 번을 연산하니 문제를 해결함에 있어 "최대 1억 번의 연산을 사용해라"라고 생각하면 된다.

메모리 제한은 파이썬을 제외한 자료형을 사용하는 C++, 자바의 경우 숫자(int)는 4바이트, 큰 숫자(long long)는 8바이트이지만 파이썬에서는 메모리 크기가 고정되어 있지 않고 크기가 커짐에 따라 달라진다. 위 문제에서 128MB는 128,000,000바이트를 뜻한다는 정도만 우선 알아두자(메모리 초과로 인해 실패할 경우 내가 변수를 많이 사용했는지 등의 유추를 통해 추후에 고치면 된다).

이 문제는 Hello World!를 출력하길 원하는 것이고 파이썬에서는 print() 함수를 이용하여 출력할 수 있다.

```
1    print("Hello World!")
```

Hello World!를 ""(큰따옴표) 안에 두어 출력했는데, 문자열의 경우 컴퓨터에서 인식하기 위해 " " 안에 두어 출력을 해야 한다. 문자열이 아닌 숫자 3을 출력한다면 print(3)과 같이 해서 출력할 수 있다.

5-1-2 입력

파이썬에서 입력받는 방법을 알아보자.

1. 하나를 입력받기

파이썬에서 숫자 하나를 입력받기 위해서는 변수=int(input())를 통해 입력받을 수 있다.

예

입력
3

→ num=int(input())
num=3

2. 한 줄을 입력받기

한 줄에 숫자 두 개가 있다면 map(int, input().split())을 통해 입력받을 수 있다(이 경우에는 받을 변수의 개수를 지정할 수 있다).

예

입력
3 5

→ a, b=map(int, input().split())
a=3, b=5

3. 리스트를 통해 한 줄을 입력받기

한 줄에 숫자 여러 개(1차원 배열)가 있다면 map(int, input().split())을 통해 받은 여러 개의 수를 list 배열 안에 넣어 입력받을 수 있다.

예

입력
1 2 3 4 5 6 7 8 9

→ num=list(map(int, input().split()))

num이라는 배열 안에는 num[0]=1, num[1]=2, ..., num[7]=8, num[8]=9가 들어 있다.

4. 한 줄로 문자열 변수 여러 개를 입력받기

예

입력
abc def

a, b=input().split()
a=abc, b=def

5. 문자열 여러 줄을 입력받기 ①

변수명=[input() for _ in range(n)]와 같이 range 안에 변숫값을 통해 몇 개의 줄을 입력받을지 정할 수 있다.

> **예**
>
> ABCDEF
> BCDEFA
> CDEFAB
>
> str=[input() for _ in range(3)]
> str[0]=ABCDEF, str[1]=BCDEFA, str[2]=CDEFAB

6. 문자열 여러 줄을 입력받기 ②

한 줄에 띄어쓰기 없이 정수를 여러 개 받았을 때, 2차원 배열 형태로 저장하는 방법이다.

변수명=[list(map(int, input())) for _ in range(n)]과 같이 range 안에 변숫값을 통해 몇 개의 줄을 입력받을지 정할 수 있다.

> **예**
>
> 0101
> 1010
> 0101
> 1010
>
> arr=[list(map(int, input())) for _ in range(4)]
>
> arr[0][0]=0, arr[0][1]=1, arr[0][2]=0, arr[0][3]=1
> arr[1][0]=1, arr[1][1]=0, arr[1][2]=1, arr[1][3]=0
> arr[2][0]=0, arr[2][1]=1, arr[2][2]=0, arr[2][3]=1
> arr[3][0]=1, arr[3][1]=0, arr[3][2]=1, arr[3][3]=0

7. 2차원 배열을 입력받기

한 줄에 띄어쓰기가 있는 배열을, 여러 개의 줄을 통해 입력받을 때, 2차원 배열 형태로 저장하는 방법이다.

변수명=[list(map(int, input().split())) for _ in range(n)]과 같이 range 안에 변숫값을 통해 몇 개의 줄을 입력받을지 정할 수 있다.

> 예

입력
1 2 3 4 5
6 7 8 9 10
5 4 3 2 1

arr=[list(map(int, input().split())) for _ in range(3)]

arr[0][0]=1, arr[0][1]=2, arr[0][2]=3, arr[0][3]=4, arr[0][4]=5
arr[1][0]=6, arr[1][1]=7, arr[1][2]=8, arr[1][3]=9, arr[1][4]=10
arr[2][0]=5, arr[2][1]=4, arr[2][2]=3, arr[2][3]=2, arr[2][4]=1

이 정도면 알고리즘 문제 풀이에 필요한 입력 방법으로는 충분하다.

이제 간단한 입출력과 사칙연산 문제를 풀어보자.

사칙연산

https://www.acmicpc.net/problem/10869

시간 제한	메모리 제한	제출	정답	맞힌 사람	정답 비율
1초	256MB	183246	92254	81287	51.408%

> 문제

두 자연수 A와 B가 주어진다. 이때, A+B, A-B, A*B, A/B(몫), A%B(나머지)를 출력하는 프로그램을 작성하시오.

> 입력

두 자연수 A와 B가 주어진다. (1≤A, B≤10,000)

출력

첫째 줄에 A+B, 둘째 줄에 A-B, 셋째 줄에 A*B, 넷째 줄에 A/B, 다섯째 줄에 A%B를 출력한다.

예제 입력 1

```
7 3
```

예제 출력 1

```
10
4
21
2
1
```

시간 제한은 1초로 최대 1억 번의 연산을 할 수 있고, 〈백준〉 난이도는 브론즈5이다.

시간 제한	최대	난이도
1초	1억 번 연산	브론즈5

위 문제는 두 개의 자연수 A, B를 입력으로 받고

A+B
A-B
A*B
A/B

A%B를 출력해야 하는 문제이다.

입력 a, b를 받기 위해 아래의 코드를 사용한다.

a,b= map(int, input().split())

그 후

print(a+b) → 덧셈
print(a-b) → 뺄셈
print(a*b) → 곱셈
print(int(a/b)) → 나눗셈(파이썬에는 자료형이 없으므로 나눗셈의 소수 이하 부분도 출력된다. 따라서 int()로 수를 감싸 정수로 사용할 수 있다).
print(a%b) → 나머지

해답코드

```
1  a,b= map(int, input().split())
2  print(a+b)
3  print(a-b)
4  print(a*b)
5  print(int(a/b))
6  print(a%b)
```

5-2 if문

두 수 비교하기

https://www.acmicpc.net/problem/1330

시간 제한	메모리 제한	제출	정답	맞힌 사람	정답 비율
1초	512MB	151765	73698	63613	51.124%

문제

두 정수 A와 B가 주어졌을 때, A와 B를 비교하는 프로그램을 작성하시오.

입력

첫째 줄에 A와 B가 주어진다. A와 B는 공백 한 칸으로 구분되어져 있다.

출력

첫째 줄에 다음 세 가지 중 하나를 출력한다.

- A가 B보다 큰 경우에는 '>'를 출력한다.
- A가 B보다 작은 경우에는 '<'를 출력한다.
- A와 B가 같은 경우에는 '=='를 출력한다.

제한

- $-10{,}000 \leq A, B \leq 10{,}000$

예제 입력 1	예제 출력 1
1 2	<

예제 입력 2	예제 출력 2
10 2	>

예제 입력 3	예제 출력 3
5 5	==

시간 제한은 1초로 최대 1억 번의 연산을 할 수 있고, 〈백준〉 난이도는 브론즈4이다.

시간 제한	최대	난이도
1초	1억 번 연산	브론즈4

입력으로 A, B 두 정수가 주어질 때,

A가 B보다 큰 경우에는 '>'를 출력한다.
A가 B보다 작은 경우에는 '<'를 출력한다.
A와 B가 같은 경우에는 '=='를 출력한다.

3가지 조건에 맞게 출력을 하면 된다. 코드를 통해 if문을 어떻게 사용하는지 보자.

해답코드

```
1  A, B = map(int, input().split())
2  if A > B:
3      print('>')
4  elif A < B:
5      print('<')
6  else:
7      print('==')
```

코드라인 1: A, B를 입력받는다.

코드라인 2~3: A가 B보다 크다면 >를 출력한다.

코드라인 4~5: A가 B보다 작다면 <를 출력한다.

코드라인 6~7: A가 B보다 같다면 ==를 출력한다.

코드라인 2~7에서

    코드라인 2: if 조건이 성립되어 코드라인 3이 실행되면, 코드라인 4~7은 실행되지 않는다.

    코드라인 4: if 조건이 성립되어 코드라인 5가 실행되면, 코드라인 3~4, 6~7은 실행되지 않는다.

    코드라인 6: if 조건이 성립되어 코드라인 7이 실행되면, 코드라인 3~5는 실행되지 않는다.

if, elif, else는 한 쌍으로, 이 중 한 가지 조건만 실행된다.

5-3 for문(컴퓨팅 사고력 향상)

컴퓨팅 사고력에 정말 도움이 되는 별 찍기 시리즈를 통해 for문을 익혀보자. 나도 코딩을 처음 배울 때, 별 찍기 문제를 30분 이상 투자하여 하나씩 풀면서 스스로 문제를 해결했는데, 컴퓨팅 사고력에 도움이 많이 되었다. 이 문제를 통해 컴퓨터가 동작하는 방법을 익히길 권한다.

5-3-1 for문 예제 1

별 찍기 - 1

https://www.acmicpc.net/problem/2438

시간 제한	메모리 제한	제출	정답	맞힌 사람	정답 비율
1초	128MB	148595	91069	77607	62.421%

문제

첫째 줄에는 별 1개, 둘째 줄에는 별 2개, N번째 줄에는 별 N개를 찍는 문제

입력

첫째 줄에 N(1≤N≤100)이 주어진다.

출력

첫째 줄부터 N번째 줄까지 차례대로 별을 출력한다.

예제 입력 1

```
5
```

예제 출력 1

```
*
**
***
****
*****
```

시간 제한은 1초로 최대 1억 번의 연산을 할 수 있고, 〈백준〉 난이도는 브론즈3이다.

시간 제한	최대	난이도
1초	1억 번 연산	브론즈3

n이 주어질 때, 첫째 줄에는 별 1개, 둘째 줄에는 별 2개, ..., n번째 줄에는 별 n개를 찍으면 된다.

파이썬 방식으로 풀면 컴퓨팅 사고력에 도움이 되지 않기에, C++와 같은 코딩 기법을 파이썬에 적용해서 이 문제를 풀어보겠다.

이 문제를 해결하기 위해 예제 입력 1을 보면

$n=5$일 때, 출력은 다음과 같다.

```
*
**
***
****
*****
```

$n=3$이라면, 출력은 다음처럼 될 것이다.

```
*
**
***
```

제5장 구현의 기초적인 문제

문제를 풀기 위해 생각해봐야 할 것은 총 출력 줄은 n개가 있다는 것이다.

1) $n=5$라면 5개의 출력 줄, $n=3$이라면 3개의 출력 줄이 있다.

```
    1 2 3 4 5
1   *
2   * *
3   * * *
4   * * * *
5   * * * * *
```
→ 5개의 줄

2) 또 하나의 특징은 각 줄마다 별은 각 줄의 순서만큼 존재한다는 것이다. 첫 번째 줄에는 별 1개, 두 번째 줄에는 별 2개, ..., n번째 줄에는 별 n개처럼 말이다.

그러므로 1)을 구현하기 위해서는 for문이 하나 필요하다.

```
for i in range(n):
```

2)를 구현하기 위해서 i번째 줄에는 *을 i번 출력해야 한다. 해당 줄이 끝날 때마다 다음 줄에 별을 출력하기 위해 print()를 사용해 출력 위치를 다음 줄로 넘긴다.

```
for i in range(n):
    for j in range(i + 1):
        print('*', end="")
    print()
```

해답코드

```
1  n = int(input())
2  for i in range(n):
3      for j in range(i + 1):
4          print('*', end="")
5      print()
```

코드라인 4: print('*', end="")에서 end=""를 통해 출력 위치를 다음 줄로 넘기는 것을 방지할 수 있다.

5-3-2 for문 예제 2

별 찍기-2

https://www.acmicpc.net/problem/2439

시간 제한	메모리 제한	제출	정답	맞힌 사람	정답 비율
1초	128MB	140024	79131	68994	57.260%

문제

첫째 줄에는 별 1개, 둘째 줄에는 별 2개, N번째 줄에는 별 N개를 찍는 문제 하지만, 오른쪽을 기준으로 정렬한 별(예제 참고)을 출력하시오.

입력

첫째 줄에 N(1≤N≤100)이 주어진다.

출력

첫째 줄부터 N번째 줄까지 차례대로 별을 출력한다.

예제 입력 1
```
5
```

예제 출력 1
```
    *
   **
  ***
 ****
*****
```

시간 제한은 1초로 최대 1억 번의 연산을 할 수 있고, 〈백준〉 난이도는 브론즈3이다.

시간 제한	최대	난이도
1초	1억 번 연산	브론즈3

예제 1과는 조금 다르게 이번에는 별의 위치가 앞이 아닌 뒤부터 시작한다.

$n=5$일 때 다음과 같다.

```
  1 2 3 4 5
1         *
2       * *
3     * * *
4   * * * *
5 * * * * *
```

풀기 위한 사고를 해보자.

1) 별은 n개의 줄에 출력되고 있다.
2) 각 줄마다 별이 출력되는 처음 위치 이전에는 (n-줄의 위치)의 띄어쓰기 ' '가 존재한다.
3) 각 줄마다 별의 개수는 해당 줄의 위치와 같다.

첫 번째 줄에는 1개, 두 번째 줄에는 2개, ..., n번째 줄에는 n개이다.

1)을 해결하기 위해 n개의 줄에 출력하기 위한 for문을 하나 만든다.

```
for i in range(n):
```

2)를 해결하기 위해 각 줄마다 ($n-i-1$)번의 띄어쓰기(' ')를 출력해준다(i는 현재 몇 번째 줄 인지를 의미한다. i가 0이라면 첫 번째 줄은 $n-i-1(5-0-1)=4$로 4번의 띄어쓰기를 해줘야 한다).

```
for i in range(n):
    for j in range(n-i-1):
        print(' ', end="")
```

3)을 해결하기 위해 각 줄마다 별을 i번 출력해준다.

```
for i in range(n):
    for j in range(n-i-1):
        print(' ', end="")
    for j in range(i + 1):
        print('*', end="")
    print()
```

전체 해답코드는 아래와 같다.

해답코드

```
1   n = int(input())
2   for i in range(n):
3       for j in range(n-i-1):
4           print(' ', end="")
5       for j in range(i + 1):
6           print('*', end="")
7       print()
```

5-3-3 for문 예제 3

별 찍기 – 5

https://www.acmicpc.net/problem/2442

시간 제한	메모리 제한	제출	정답	맞힌 사람	정답 비율
1초	128MB	34438	19503	17468	57.117%

문제

첫째 줄에는 별 1개, 둘째 줄에는 별 3개, ..., N번째 줄에는 별 2×N−1개를 찍는 문제
별은 가운데를 기준으로 대칭이어야 한다.

입력

첫째 줄에 N(1≤N≤100)이 주어진다.

출력

첫째 줄부터 N번째 줄까지 차례대로 별을 출력한다.

예제 입력 1

```
5
```

예제 출력 1

```
    *
   ***
  *****
 *******
*********
```

시간 제한은 1초로 최대 1억 번의 연산을 할 수 있고, 〈백준〉 난이도는 브론즈3이다.

시간 제한	최대	난이도
1초	1억 번 연산	브론즈3

첫째 줄에는 별 1개, 둘째 줄에는 별 3개, …, N번째 줄에는 별 2×N−1개를 찍으며, 별은 가운데를 기준으로 대칭이어야 하는 문제이다.

이것도 별 찍기 문제를 풀면서 접근한 단계적 사고를 해보자.

$n=5$일 때는 다음과 같다.

```
    1 2 3 4 5 6 7 8 9 10
1           *
2         * * *
3       * * * * *
4     * * * * * * *
5   * * * * * * * * *
```

1) 출력은 n개의 줄로 이루어져 있다.
2) 별을 찍기 이전에는 (n−현재위치줄)의 띄어쓰기(' ')가 있다.
3) 현재위치줄*2−1의 별을 찍어야 한다.

1)을 해결하기 위해 for문을 통해 n개의 줄에 출력하도록 한다.

for i in range(n):

2)를 해결하기 위해 n개의 줄 각각에 n−현재위치줄($n-i-1$)의 띄어쓰기 ' '를 출력한다.

for i in range(n):
    for j in range(n-i-1):
        print(' ', end="")

3)을 해결하기 위해 현재위치줄에 해당하는 곳에 $n*$현재위치−1($2*i+1$)만큼 별을 출력해주면 된다. 현재위치가 첫 번째 줄이라면 i가 0이므로 for문의 범위는 2*0+1까지가 된다. 그러므로 1번 출력한다.

```
    for i in range(n):
        for j in range(n-i-1):
            print(' ', end="")
        for j in range(2*i + 1):
            print('*', end="")
        print()
```

해답코드

```
1  n = int(input())
2  for i in range(n):
3      for j in range(n-i-1):
4          print(' ', end="")
5      for j in range(2*i + 1):
6          print('*', end="")
7      print()
```

지금까지 for문을 이해하고 기본적인 컴퓨팅 사고력을 높이기 위한 별 찍기 문제였다.

5-4 함수

사칙연산

https://www.acmicpc.net/problem/10869

시간 제한	메모리 제한	제출	정답	맞힌 사람	정답 비율
1초	256MB	183246	92254	81287	51.408%

문제

두 자연수 A와 B가 주어진다. 이때, A+B, A−B, A*B, A/B(몫), A%B(나머지)를 출력하는 프로그램을 작성하시오.

입력

두 자연수 A와 B가 주어진다. (1≤A, B≤10,000)

출력

첫째 줄에 A+B, 둘째 줄에 A−B, 셋째 줄에 A*B, 넷째 줄에 A/B, 다섯째 줄에 A%B를 출력한다.

예제 입력 1	예제 출력 1
7 3	10
	4
	21
	2
	1

시간 제한은 1초로 최대 1억 번의 연산을 할 수 있고, 〈백준〉 난이도는 브론즈5이다.

시간 제한	최대	난이도
1초	1억 번 연산	브론즈5

함수를 이해하기 위해 다시 한 번 사칙연산 문제를 통해 살펴보겠다.

해답코드(함수 사용)

```
1   def sum(A, B):
2       return A+B
3   def sub(A, B):
4       return A-B
5   def mul(A, B):
6       return A*B
7   def div(A, B):
8       return int(A/B)
9   def sur(A, B):
10      return A%B
11
12  a, b= map(int, input().split())
13  print(sum(a, b))
14  print(sub(a, b))
15  print(mul(a, b))
16  print(div(a, b))
17  print(sur(a, b))
```

코드라인 1~2: A+B의 덧셈 값을 반환하는 함수이다.
코드라인 3~4: A+B의 뺄셈 값을 반환하는 함수이다.
코드라인 5~6: A+B의 곱셈 값을 반환하는 함수이다.
코드라인 7~8: A+B의 나눗셈 값을 반환하는 함수이다.
코드라인 9~10: A+B의 나머지 값을 반환하는 함수이다.

파이썬에서 함수는 다음 문법처럼 사용할 수 있다.

def 함수명(함수인자...):
    함수에서 실행할 코드

물론, 함수를 굳이 만들지 않아도 문제를 해결할 수 있지만, 이후에 배울 재귀함수나 백트래킹 등의 알고리즘을 사용하기 위해서 함수 사용은 필수적이다.

또한 이 문제를 통해서 말해주고 싶은 것은 코드의 동작 방식이다. 코드는 기본적으로 위(코드라인 1)에서부터 아래(코드라인 17)로 실행된다.

코드라인 1~10으로 컴퓨터는 def를 통해 함수를 정의한다고 인식하고, 메모리의 어딘가에 함수를 정의해 둔다는 것을 알 수 있다.

그 후 코드라인 12, 13, 14, 15, 16, 17 순서대로 해당 함수들을 불러오고 실행한다.

코드를 이해할 때, 한 줄 한 줄 코드가 실행되는 순서를 보며 어떻게 동작하는지 정확히 파악해야 한다.

보통의
  취준생을 위한
코딩 테스트
with 파이썬

2부

코딩 테스트 준비,
10가지 알고리즘이면 충분하다

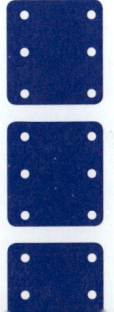

이 책은 코딩 테스트 기출문제 풀이보다는 최대한 자료구조나 알고리즘의 기본과 응용에 초점을 맞추고 있다. 여타 다른 책은 어떨지 몰라도 알고리즘 문제는 해답을 본 순간 난이도가 어떻든 쉬운 문제가 된다. 더욱이 코딩 테스트 기출문제를 스스로의 힘이 아닌 남의 도움을 받아서 푸는 것은 좋은 응용 기회를 놓친 것이고, 도움도 되지 않는다.

가장 중요한 것은 기본이다. 알고리즘 문제 풀이에 있어 기본은 어떤 식으로 입출력을 받는지, 시간 복잡도를 어떻게 적용하는지 등의 여부와 프로그래밍 언어의 문법과 알고리즘별로 기본 예제 숙지와 기본 응용법이다. 기본이 튼튼하면 어떤 어려운 문제가 나오더라도 남은 건 수학적 사고력과 문제 해결 능력뿐이다.

코딩을 처음 접해보는 사람이라면 2부에서 다루는 문제는 어려울 수 있다. 너무 어렵다고 판단되면 과감히 해당 문제를 포기하고 이후에 다시 보는 것을 추천한다. 독자들이 이해하기 쉽게 최대한 코드 라인을 자세히 설명해서 풀이하겠다.

ArrayList		LinkedList	
코딩 테스트 출제 빈도	■■■■□	코딩 테스트 출제 빈도	■■■□□
코드포스 출제 빈도	■■■□□	코드포스 출제 빈도	■□□□□

제6장

ArrayList와 LinkedList
– 평생 사용해야 할 자료구조

독자 0 1 2 3 5 6... 어? 4가 빠져있네? 3과 5 사이에 4를 넣고 싶은데 컴퓨터는 이를 어떻게 처리할까요?

저자 다양한 방법이 있어요. 우리는 그중에서 ArrayList와 LinkedList 방식을 알아볼 거예요.

6-1 ArrayList

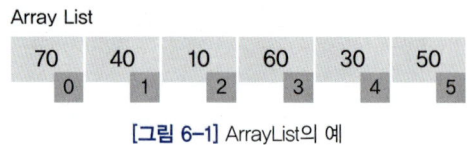

[그림 6-1] ArrayList의 예

ArrayList는 쉽게 생각해서 배열이라고 생각해두면 된다(배열은 데이터가 연속적이라는 점에서 ArrayList와 다르지만 지금은 이해하기 쉽게 배열이라고 생각해두자). 배열의 2번째 위치에 접근하면 10이 있고, 4번째 위치에 접근하면 30이 들어 있다. 이렇듯 ArrayList는 원하는 위치의 값을 얻기 위해 $O(1)$의 시간복잡도로 얻을 수 있는 자료구조이다.

> **여기서 잠깐!**
>
> **왜 배열은 1번째부터가 아닌 0번째부터 시작하나요?**
>
> 이는 컴퓨터 과학자 다익스트라(Dijkstra)가 코드의 가독성과 오류를 덜 일으키는 최적의 방안이라 제시했기 때문이다. 이유가 더 궁금하다면 아래 사이트를 참고하자.
>
> https://www.cs.utexas.edu/users/EWD/transcriptions/EWD08xx/EWD831.html

1. ArrayList의 삽입과 삭제

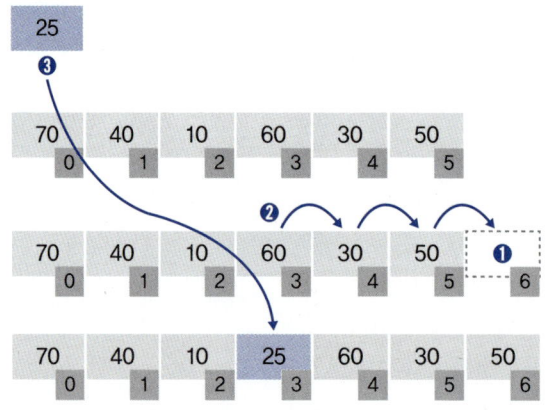

[그림 6-2] Array List의 삽입과 삭제 예 ①

위 그림처럼 ArrayList 3번째 위치에 25를 삽입한다고 해보자. 삽입할 위치만큼 공간을 확보하여 기존의 원소들을 뒤로 이동시킨다. 그림에서는 4, 5번째의 원소들을 5, 6번째의 위치로 이동했다. 그 후 확보된 자리에 넣고자 하는 값을 넣는다. 그림에서는 3번째 위치에 25를 삽입했다.

ArrayList에서 원하는 값을 추가하고자 할 때는 배열의 크기가 n일 때 최대 n번의 이동을 통해 자리를 만들어 주어야 한다. 따라서 시간복잡도는 $O(n)$이 된다.

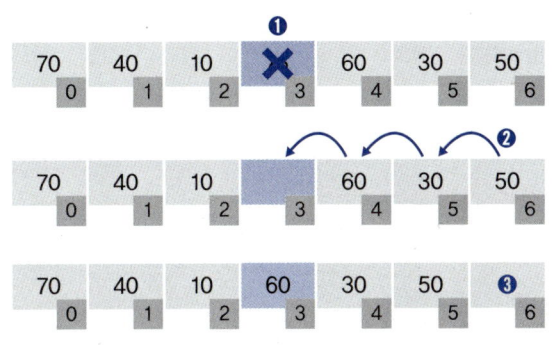

[그림 6-3] ArrayList의 삽입과 삭제 예 ②

다른 예로 ArrayList에 3번째 위치의 원소를 삭제해보자. 먼저 원하는 위치의 원소를 빈 값으로 바꾸어준다. 위 그림에서는 3번째 위치의 25를 삭제했다. 그 후 삭제한 위치의 이후에 있는 값들을 왼쪽으로 이동시켜 준다. 그림에서는 4, 5, 6번째의 원소들이 3, 4, 5번째로 이동했다.

ArrayList에서 원하는 값을 삭제하고자 할 때는 배열의 크기가 n일 때 최대 n번의 이동이 필요하다. 따라서 시간복잡도는 $O(n)$이 된다.

> **여기서 잠깐!**
>
> **삽입과 삭제 후 원소들의 위치를 바꾸지 않으면 되는 것이 아닌가요?**
> 삽입이 많을 시에는 배열의 크기가 늘어나며, 삭제 후 원소의 위치를 바꾸지 않는다면 배열의 순서가 보장되지 않으므로 원치 않는 값을 지울 수 있다. 따라서 삽입과 삭제 후에는 반드시 원소의 위치를 바꾸어 주어야 한다.

ArrayList는 배열과 비슷하다고 보면 되는데 알고리즘 문제들은 배열의 삽입과 삭제가 빈번히 일어나므로 시간복잡도와의 싸움이 자주 일어나게 된다. 이에 따라 배열의 삽입 혹은 삭제를 시간복잡도에 상관없이 마구잡이로 사용하면 문제를 해결하지 못할 수 있다는 점을 인지해두며, 뒤에서 배열을 필요로 하는 문제를 풀어가며 숙련도를 높여보자.

ArrayList의 사용법을 간략히 살펴보면 다음과 같다.

- 파이썬: 변수명=[]으로 리스트를 통해 사용한다.
- C++: vector<자료형> 변수명으로 vector 라이브러리를 통해 사용한다.
- 자바: ArrayList<자료형> 변수명 = new ArrayList<>();으로 ArrayList 라이브러리를 통해 사용한다.

참고로 파이썬, C++에서는 ArrayList만을 위한 자료구조가 따로 존재하지 않는다. 파이썬의 변수명=[], C++의 vector<자료형>은 ArrayList를 대체하기 위한 자료구조이다.

예

파이썬

첫 번째 방법

```
1  arr=[]
```

두 번째 방법

```
1  arr=list()
```

C++

```
1  vector<int> arr;
```

자바

```
1  ArrayList<int> arr=new ArrayList<>();
```

각 프로그램 언어마다 ArrayList를 사용하는 방법이 조금씩 다르지만 데이터의 삽입과 삭제가 어떤 식으로 이루어지는지를 알고 예제들을 살펴보며 ArrayList를 배워보자.

ArrayList는 데이터의 삽입과 삭제 시 시간복잡도는 $O(n)$이므로 문제가 요구하는 연산횟수 안에서 해결하기 위해 항상 조심해서 사용해야 한다는 점이 가장 중요하다.

6-1-1 ArrayList를 사용하는 예제

최소, 최대

https://www.acmicpc.net/problem/10818

시간 제한	메모리 제한	제출	정답	맞힌 사람	정답 비율
1초	256MB	125976	54079	42858	43.435%

문제
N개의 정수가 주어진다. 이때, 최솟값과 최댓값을 구하는 프로그램을 작성하시오.

입력
첫째 줄에 정수의 개수 N(1≤N≤1,000,000)이 주어진다. 둘째 줄에는 N개의 정수를 공백으로 구분해서 주어진다. 모든 정수는 −1,000,000보다 크거나 같고, 1,000,000보다 작거나 같은 정수이다.

출력
첫째 줄에 주어진 정수 N개의 최솟값과 최댓값을 공백으로 구분해 출력한다.

예제 입력 1
```
5
20 10 35 30 7
```

예제 출력 1
```
7 35
```

시간 제한은 1초로 최대 1억 번의 연산을 할 수 있고, 〈백준〉 난이도는 브론즈3이다.

시간 제한	최대	난이도
1초	1억 번 연산	브론즈3

문제설명
n개의 정수가 입력으로 들어올 때 그 수에서 최댓값과 최솟값을 출력해야 하는 문제이다.

배열을 이용해야 하는 전형적인 문제이다.

n개의 정수를 입력받기 위해 배열을 사용하지 않고 하나하나 전부 변수를 만들어 입력받는다면 n개의 변수를 직접 만들어야 한다.

```
1    one=int(input())
2    two =int(input())
3    three=int(input())
4    four=int(input())
...
10000 bigNumber=int(input())
```

문제에서 n의 최대 범위는 1,000,000으로 백만 개의 변수를 하나하나 전부 만드는 것은 매우 비효율적인 일이다. 이렇게 여러 개의 수를 입력 받아야 하는 상황에서 하나의 변수만으로 모든 데이터를 저장하기 위해 배열을 사용한다.

위의 예제에서,

5
20 10 35 30 7

을 입력 받기 위한 코드는 아래와 같다.

```
1    n = int(input())
2    array_list = list(map(int, input().split()))
```

최댓값과 최솟값을 찾기 위해서는 배열 안에 수들을 하나하나 순회해보며 가장 큰 값과 가장 작은 값을 찾으면 된다.

이를 위해 최댓값을 저장할 변수 max_num을 만들고, 배열의 첫 번째 값으로 초기화해 둔다.

max_num = array_list[0]

최솟값을 저장할 변수 min_num을 만들고, 배열의 첫 번째 값으로 초기화해 둔다.

min_num = array_list[0]

그 후 최댓값을 찾기 위해 배열을 순회하며 현재 배열값 num이 max_num보다 크다면 max_num값을 num값으로 바꿔준다.

max_num=num

최솟값을 찾기 위해서는 배열을 순회하며 현재 배열값 num이 min_num보다 작다면 min_num값을 num값으로 바꿔준다.

min_num=num

해답코드

```
1   n = int(input())
2   array_list = list(map(int, input().split()))
3
4   max_num = array_list[0]
5   min_num = array_list[0]
6
7   for num in array_list:
8
9       if num > max_num:
10          max_num = num
11      if num < min_num:
12          min_num = num
13
14  print(min_num, max_num)
```

코드라인 1~2: 정수 n과 n개의 정수를 입력받는다.
코드라인 4~5: 최댓값과 최솟값을 저장하기 위한 변수를 생성한다.
코드라인 7: for문을 이용하여 배열을 순회한다.
코드라인 9~10: 현재 배열값 num이 max_num값보다 크다면 max_num값을 num값으로 바꿔준다.
코드라인 11~12: 현재 배열값 num이 min_num값보다 작다면 min_num값을 num값으로 바꿔준다.
코드라인 14: 최솟값과 최댓값을 출력한다.

배열 예제는 "여러 개의 데이터를 한 변수에 저장하기 위해 사용한다"는 정도만 알면 충분하고, ArrayList의 다양한 기능은 앞으로 나올 예제를 통해 알아가도록 하자.

6-1-2 2차원 배열 사용 예제

나는 요리사다

https://www.acmicpc.net/problem/2953

시간 제한	메모리 제한	제출	정답	맞힌 사람	정답 비율
1초	128MB	11719	7393	6659	64.720%

문제

"나는 요리사다"는 다섯 참가자들이 서로의 요리 실력을 뽐내는 티비 프로이다. 각 참가자는 자신있는 음식을 하나씩 만들어오고, 서로 다른 사람의 음식을 점수로 평가해준다. 점수는 1점부터 5점까지 있다.

각 참가자가 얻은 점수는 다른 사람이 평가해 준 점수의 합이다. 이 쇼의 우승자는 가장 많은 점수를 얻은 사람이 된다.

각 참가자가 얻은 평가 점수가 주어졌을 때, 우승자와 그의 점수를 구하는 프로그램을 작성하시오.

입력

총 다섯 개 줄에 각 참가자가 얻은 네 개의 평가 점수가 공백으로 구분되어 주어진다. 첫 번째 참가자부터 다섯 번째 참가자까지 순서대로 주어진다. 항상 우승자가 유일한 경우만 입력으로 주어진다.

출력

첫째 줄에 우승자의 번호와 그가 얻은 점수를 출력한다.

예제 입력 1

```
5 4 4 5
5 4 4 4
5 5 4 4
5 5 5 4
4 4 4 5
```

예제 출력 1

```
4 19
```

예제 입력 2

```
4 4 3 3
5 4 3 5
5 5 2 4
5 5 5 1
4 4 4 4
```

예제 출력 2

```
2 17
```

시간 제한은 1초로 최대 1억 번의 연산을 할 수 있고, 〈백준〉 난이도는 브론즈3이다.

시간 제한	최대	난이도
1초	1억 번 연산	브론즈3

문제설명

1) 5명의 참가자가 각각 4번의 점수를 받는다.
2) 가장 많이 점수를 받은 참가자와 점수를 출력해라.
3) 입력은 우승자가 한명인 경우만 들어온다.

예제 입력 1을 보면,

   첫 번째 참가자   = 5 4 4 5 → 합 18
   두 번째 참가자   = 5 4 4 4 → 합 17
   세 번째 참가자   = 5 5 4 4 → 합 18
   네 번째 참가자   = 5 5 5 4 → 합 19
   다섯 번째 참가자 = 4 4 4 5 → 합 17

네 번째 참가자가 가장 많은 점수를 받았기에 다음을 출력하면 정답이 된다.

4 19

이를 위해 2차원 배열을 입력받는 방법을 이용한다.

변수명=[list(map(int, input().split())) for _ in range(참가자수)]

그리고 각 참가자가 총 몇 점을 받았는지 저장해서 가장 높은 점수를 받은 사람을 출력하면 된다.

해답코드

```
1   human=[list(map(int, input().split())) for _ in range(5)]
2   humanScore=[0]*5
3   score=0
4   for i in range(5):
5       sum=0
6       for j in range(4):
7           sum+=human[i][j]
8       humanScore[i]=sum
9       score=max(score, sum)
10
11  for i in range(5):
12      if humanScore[i]==score:
13          print(i+1, score)
14          break
```

코드라인 1: 각 참가자들의 점수를 2차원 배열 형태로 입력받는다.
코드라인 2: 참가자들의 총합 점수를 저장하기 위한 배열을 생성한다.
코드라인 3: 최대 점수를 저장하기 위한 변수를 생성한다.
코드라인 4: 0부터 4까지 for문을 탐색해 참가자들을 순회한다.
코드라인 5: 참가자의 점수를 저장하기 위한 변수 sum이다.
코드라인 6: 4번의 평가를 받았으므로, 0~3까지 for문을 실행한다.
코드라인 7: sum에 참가자가 받은 점수를 더해준다.
코드라인 8: 해당 참가자의 총 점수는 sum에 저장한다.
코드라인 9: 점수의 최댓값을 score에 저장한다.
코드라인 11~14: 참가자의 총 점수가 score(최대 점수)라면 i+1과 score(최대 점수)를 출력하고 for문을 탈출한다.

ArrayList의 개념을 알기 위해서보단 앞으로 자주 나올 2차원 배열들은 어떻게 사용되는지를 보기 위해 추가한 문제이다.

6-1-3 삽입과 삭제가 많은 ArrayList의 잘못된 사용 예

크게 만들기

https://www.acmicpc.net/problem/2812

시간 제한	메모리 제한	제출	정답	맞힌 사람	정답 비율
1초	128MB	12565	2656	1967	22.971%

문제

N자리 숫자가 주어졌을 때, 여기서 숫자 K개를 지워서 얻을 수 있는 가장 큰 수를 구하는 프로그램을 작성하시오.

입력

첫째 줄에 N과 K가 주어진다. ($1 \leq K < N \leq 500,000$)

둘째 줄에 N자리 숫자가 주어진다. 이 수는 0으로 시작하지 않는다.

출력

입력으로 주어진 숫자에서 K개를 지웠을 때 얻을 수 있는 가장 큰 수를 출력한다.

예제 입력 1
```
4 2
1924
```

예제 출력 1
```
94
```

예제 입력 2
```
7 3
1231234
```

예제 출력 2
```
3234
```

예제 입력 3
```
10 4
4177252841
```

예제 출력 3
```
775841
```

시간 제한은 1초로 최대 1억 번의 연산을 할 수 있고, 〈백준〉 난이도는 골드5이다.

시간 제한	최대	난이도
1초	1억 번 연산	골드5

문제설명

n과 k, 그리고 n자릿수를 가진 정수가 입력으로 주어질 때, k번 수를 삭제해서 만들 수 있는 가장 큰 수를 구하는 문제이다.

이번에 소개할 문제를 풀기 위해서는 탐욕법 알고리즘과 스택 자료구조가 무엇인지 알아야 정확한 풀이를 할 수 있다. 이 문제는 배열을 사용하여 데이터의 삽입과 삭제가 많을 때 시간복잡도에 문제가 생길 수 있다는 점을 소개하며 잘못된 정답을 코드로 보여주는 것이다. 이에 정답 로직을 미리 설명하고 문제점을 얘기해보겠다.

가장 큰 수를 만들기 위해서는 수를 지우는 가능한 횟수 k가 남아 있을 때, 수의 index 위치에 해당하는 값보다 왼쪽에 있는 수가 커야 한다.

n=4, k=2
num=1924

즉 위와 같은 경우, 처음에 1을 순회하고, 그 다음 9를 순회할 때 해당 index 위치보다 왼쪽에 있는 1은 9보다 작으므로 지워야 한다.

num=924, k=1

그 다음 2를 순회할 때 9는 2보다 크므로 넘어가고, 그 다음 4를 만났을 때 해당 index 위치보다 왼쪽에 있는 9, 2 중에 2는 4보다 작으므로 지운다.

num=94, k=0

예외적으로

n=4, k=2
num=4321

위와 같이 해당 인덱스 위치 값의 왼쪽 수보다 모두 작아 k가 남는다면 끝에서부터 지우면 된다.

num=43, k=0

위의 로직을 코드화하면 아래와 같다(아래 코드는 해답코드가 아니며 크게 의미가 없으므로 코드 설명은 생략한다).

```
1    n, k=map(int, input().split())
2    number=list(input())
3
4    for i in range(0, len(number)):
5      while number[i]>number[i-1] and k:
6        k-=1
7        del number[i-1]
8        number.insert(0, 'a')
9
10   answer=''
11   for i in range(0, len(number)-k):
12     if number[i]!='a':
13       answer+=number[i]
14
15   print(answer)
```

하지만 이 코드는 아래 그림처럼 시간 초과가 난다.

29546165	rnjsrnrdnjs	2812	시간 초과			PyPy3 / 수정	225 B	18시간 전
29545310	rnjsrnrdnjs	2812	맞았습니다!!	37404 KB	240 ms	Python 3 / 수정	212 B	18시간 전
29545301	rnjsrnrdnjs	2812	맞았습니다!!	164896 KB	196 ms	PyPy3 / 수정	212 B	18시간 전
17557999	rnjsrnrdnjs	2812	맞았습니다!!	2884 KB	12 ms	C++14 / 수정	1632 B	1년 전

[그림 6-4] 시간 초과된 코드 결과

n의 최댓값은 500,000으로 배열을 순회하는 데 $O(n)$의 시간복잡도가 소요되며, k번 수를 지우는 데 k의 최댓값은 500,000이다. 그렇다면 k번 수를 지우는 데 시간복잡도는 어떻게 될까?

이를 알기 위해 중요한 것은 코드라인 7, 8이다.

```
7    del number[i-1]
8    number.insert(0, 'a')
```

del number[i-1]에서 del은 ArrayList에서 해당 인덱스값을 지우는 문법이고, number.insert(0, 'a')는 첫 번째 인자의 인덱스에 두 번째 인자의 데이터를 삽입하는 문법이다.

ArrayList를 소개할 때 말했듯이 데이터의 삽입과 삭제의 시간복잡도는 $O(n)$이다. k번 수를 지우는 데 소요되는 총 시간복잡도는 $O(k*n)$으로, 전체적인 시간복잡도는 $O(k*n+n)$이 되며 이는 500,000*500,000+500,000으로 1억을 넘는 수가 된다.

이 문제를 통해 배열의 삽입과 삭제가 번번할 때 시간복잡도에 유의하며 사용해야 한다는 것을 명심하자(이 문제의 해결은 '7장. 스택'에서 하겠다).

6-2 LinkedList

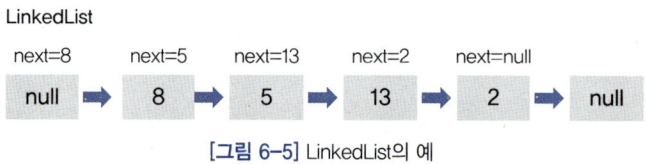

[그림 6-5] LinkedList의 예

LinkedList는 ArrayList와는 다르게 원하는 위치값으로 $O(1)$의 접근이 불가능하다. LinkedList의 각각의 노드들은 저장할 값과 next를 통하여 다음 노드의 위치를 저장해 둔 방식으로 원하는 값을 찾을 때 $O(n)$의 시간복잡도가 소요된다.

위의 그림에서 13을 찾는다고 해보자. 처음 null은 next=8을 통해 8을 찾는다. 그 다음 8은 next=5를 통해 5를 찾는다. 그 다음 5는 next=13을 통해 13을 찾는다.

1. LinkedList의 삽입과 삭제

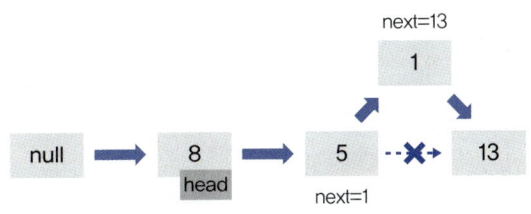

[그림 6-6] LinkedList의 삽입

LinkedList의 삽입은 다음 노드의 위치를 저장할 next값만 변경해주면 되고, ArrayList처럼 삽입할 공간을 만들지 않아도 된다.

5와 13 사이에 1을 추가한다고 할 때, 5의 원래 next=13을 next=1로 변경하고, 1의 next=13으로 한다면 다음 노드의 위치들을 저장할 수 있다. 즉 원소의 삽입에 $O(1)$의 시간복잡도가 소요된다(단, 삽입할 위치를 모른다면 $O(n)$의 시간복잡도가 소요된다).

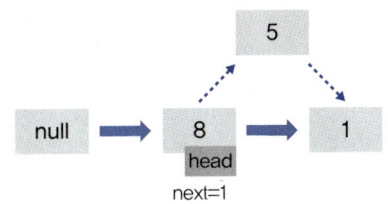

[그림 6-6] LinkedList의 삭제

LinkedList의 삭제는 다음 노드의 위치를 저장할 next값만 변경해주면 되고, ArrayList처럼 삭제 후의 원소들의 위치를 변경할 필요가 없다.

8과 1 사이의 5를 삭제한다고 할 때, 8의 원래 next=5를 next=1로 변경하면 다음 노드의 위치들을 저장할 수 있다. 즉 원소 삭제 시 $O(1)$의 시간복잡도가 소요된다(단, 삭제할 위치를 모른다면 $O(n)$의 시간복잡도가 소요된다).

LinkedList의 경우 알고리즘 문제 풀이를 할 때는 보기 힘든 유형이지만 면접에서는 중요하게 생각할 만한 자료구조이므로 개념 정도는 확실히 이해해두자. 필자도 알고리즘 문제를 800개쯤 넘게 풀면서 LinkedList 문제는 5개도 못 봤다.

ArrayList와 LinkedList를 소개했는데 둘의 개념과 차이점을 이해하고, 알고리즘 문제 해결에서는 LinkedList의 사용은 보기 힘드므로 사용을 권하지 않고 ArrayList 사용이 매우 번번하니 다양한 문제를 풀어보며 해당 언어에서는 어떤 식으로 쓰이는지 익히면 될 것이다.

그럼에도 LinkedList를 이용해 문제를 풀어보기 원하는 분들을 위해 예제 하나를 준비했다.

6-2-1 LinkedList를 이용한 예제

요세푸스 문제

https://www.acmicpc.net/problem/1158

시간 제한	메모리 제한	제출	정답	맞힌 사람	정답 비율
2초	256MB	44689	21605	15487	48.165%

문제

요세푸스 문제는 다음과 같다.

1번부터 N번까지 N명의 사람이 원을 이루면서 앉아있고, 양의 정수 K(≤N)가 주어진다. 이제 순서대로 K번째 사람을 제거한다. 한 사람이 제거되면 남은 사람들로 이루어진 원을 따라 이 과정을 계속해 나간다. 이 과정은 N명의 사람이 모두 제거될 때까지 계속된다. 원에서 사람들이 제거되는 순서를 (N, K)-요세푸스 순열이라고 한다. 예를 들어 (7, 3)-요세푸스 순열은 <3, 6, 2, 7, 5, 1, 4>이다.

N과 K가 주어지면 (N, K)-요세푸스 순열을 구하는 프로그램을 작성하시오.

입력

첫째 줄에 N과 K가 빈 칸을 사이에 두고 순서대로 주어진다. (1≤K≤N≤5,000)

출력

예제와 같이 요세푸스 순열을 출력한다.

예제 입력 1

```
7 3
```

예제 출력 1

```
<3, 6, 2, 7, 5, 1, 4>
```

시간 제한은 2초로 최대 1억 번의 연산을 할 수 있고, 〈백준〉 난이도는 실버5이다.

시간 제한	최대	난이도
2초	1억 번 연산	실버5

문제설명

1부터 n까지의 사람이 원을 이루어 앉아 있다. 양의 정수 k가 주어질 때, 순서대로 k번째 사람을 제거한다. n명의 사람이 모두 제거될 때까지 계속 반복해서 제거되는 사람의 번호를 출력하는 것이다.

예제 입력 1을 보면 $n=7$, $k=3$이다.

1부터 7의 사람이 원을 이루어 앉아 있다.

    n번째 사람   1 2 3 4 5 6 7

    사람 번호   1 2 3 4 5 6 7

1) 맨 처음 $k=3$번째 사람을 지워라. 3

    n번째 사람   1 2 3 4 5 6 7

    사람 번호   1 2   4 5 6 7

2) 현재 위치로부터 3번 오른쪽 사람을 지워라. 6

    n번째 사람   1 2 3 4 5 6 7

    사람 번호   1 2   4 5   7

3) 현재 위치로부터 3번 오른쪽 사람을 지워라. 2

    n번째 사람   1 2 3 4 5 6 7

    사람 번호   1   4 5   7

4) 현재 위치로부터 3번 오른쪽 사람을 지워라. 7

    n번째 사람   1 2 3 4 5 6 7

    사람 번호   1   4 5

5) 현재 위치로부터 3번 오른쪽 사람을 지워라. 5

    n번째 사람   1 2 3 4 5 6 7

    사람 번호   1   4

6) 현재 위치로부터 3번 오른쪽 사람을 지워라. 1

   n번째 사람　　1 2 3 4 5 6 7

   사람 번호　　　　　4

7) 현재 위치로부터 3번 오른쪽 사람을 지워라. 4

   n번째 사람　　1 2 3 4 5 6 7

   사람 번호

결국 3, 6, 2, 7, 5, 1, 4의 순서대로 사람을 지우게 된다.

이것을 구현하기 위해 조심해야 할 것이 있다.

ArrayList 혹은 LinkedList는 데이터를 지우면 인덱스의 위치가 재정렬된다.

예를 들어 1)에서 3을 지우면

　　n번째 사람　　　1 2 3 4 5 6

　　인덱스　　　　　　0 1 2 3 4 5

　　사람 번호　　　　　1 2 4 5 6 7

배열에서는 위와 같은 형식을 띠기 때문이다.

컴퓨터 표현식으로 로직을 설명하면 이렇다.

1. idx=k-1(컴퓨터에서 인덱스는 0부터 시작하기에) 2~4를 반복한다.
2. idx를 남아있는 사람 수 n의 나머지 값으로 설정한다(배열의 크기가 1 줄었으므로).
3. idx번째 사람을 지운다.
4. idx에 k-1을 더해준다(k가 아닌 k-1을 지우는 이유는 사람을 지웠으므로 뒤에 사람이 앞으로 당겨오기 때문이다. 따라서 오른쪽으로 이동 횟수는 3번이 아닌 2번이다).

LinkedList를 이용하여 풀어보겠다.

파이썬에는 LinkedList 라이브러리가 없으므로 아래는 코드처럼 직접 만들어서 사용해야 한다. 물론 LinkedList를 알고리즘 문제에 쓰는 경우는 거의 없고 삼성 S/W 역량 테스트 B형이 아닌 이상 직접 자료구조를 구현해야 하는 일은 없으니 걱정하지는 말자.

해답코드

```python
class Node:
    def __init__(self, data):
        self.data = data
        self.next = None

class LinkedList:
    def __init__(self, value):
        self.head = Node(value)

    def insert(self, value):
        cur = self.head
        while cur.next is not None:
            cur = cur.next
        cur.next = Node(value)

    def get_node(self, index):
        node = self.head
        count = 0
        while count < index:
            count += 1
            node = node.next

        return node

    def delete_Node(self, index):
        if index == 0:
            del_node = self.head.data
            self.head = self.head.next
            return del_node
        node = self.get_node(index - 1)
        del_node = node.next.data
        node.next = node.next.next
        return del_node
```

자세한 코드 해석 대신 기능별 코드 해석을 하겠다.

- 코드라인 1~4: LinkedList에서 사용할 노드를 정의한다.
- 코드라인 6~8: LinkedList의 처음 부분을 정의한다.
- 코드라인 10~14: LinkedList의 데이터를 삽입한다.
- 코드라인 16~23: LinkedList의 해당 index값을 가져온다.
- 코드라인 25~33: LinkedList의 해당 index값을 삭제한다.

이렇게 LinkedList 자료구조를 만들고 로직 풀이를 코드로 구현하면 된다.

해답코드(계속)

```
35  N, K = map(int, input().split())
36  Link = LinkedList(1)
37  for i in range(2, N + 1):
38      Link.insert(i)
39  answer = []
40  idx = K - 1
41  while Link.head is not None:
42      idx %= N
43      answer.append(Link.delete_Node(idx))
44      idx += (K - 1)
45      N -= 1
46  print('<', end='')
47  for i in range(len(answer) - 1):
48      print(answer[i], end=', ')
49  print(answer[len(answer) - 1], end='')
50  print('>')
```

- 코드라인 35: n과 k를 입력받는다.
- 코드라인 36: LinkedList 자료구조에 첫 값을 1로 넣어준다.
- 코드라인 37~38: 그 뒤 2~n까지 수들을 n에 넣어준다.
- 코드라인 39: 정답을 기록하기 위한 answer 변수를 생성한다.
- 코드라인 40: idx=k-1(초기 위치를 k-1)로 설정한다.

코드라인 41: LinkedList가 비어있지 않다면 무한 반복한다.

코드라인 42: idx%=N(남아있는 사람의 수로 나눈 나머지 값)으로 설정한다.

코드라인 43: answer에 LinkedList의 idx번째 노드를 값을 넣고 LinkedList의 idx번째 노드를 삭제한다.

코드라인 44: idx+=(k-1)로 설정한다(오른쪽으로 3번 이동).

코드라인 45: 남아있는 사람의 수-=1이다.

코드라인 46~50: 문제에 맞게 출력한다.

LinkedList 경우에는 깊게 설명하지 않았다. 이는 정말로 알고리즘 문제 풀이에서는 큰 도움이 되지 못하기 때문이다.

보통의
취준생을 위한
코딩 테스트
with 파이썬

코딩 테스트 출제 빈도

코드포스 출제 빈도

제7장

스택

독자 (게임 중) 경험치 스택 빨리 쌓아!! 아 죽었더니 경험치가 사라졌어….

저자 어이쿠, 스택의 상단영역이 사라졌네…. 흔히 스택을 쌓는다는 표현을 들어본 적 있나요? 스택은 '쌓다'라는 의미인데 스택 자료구조는 이러한 방식의 데이터 저장방법을 말해요. 이 장에서는 쌓는 위치인 상단을 중요시하는 스택을 알아봐요.

7-1 스택

스택Stack 자료구조는 입력으로 들어온 순서대로 데이터를 스택의 가장 밑 부분인 하단에 차곡차곡 쌓는다. 데이터를 출력할 때는 맨 마지막으로 입력된 스택의 상단 부분의 데이터를 출력한다. 즉 나중에 입력된 데이터가 가장 먼저 출력되는 구조이다.

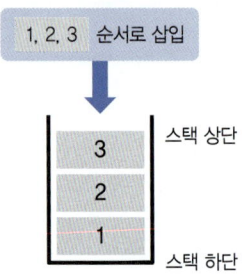

[그림 7-1] 스택 자료구조의 데이터 삽입 모습

1, 2, 3 순서대로 스택에 삽입할 시 1 위에 2, 2 위에 3이 올려져 있다.

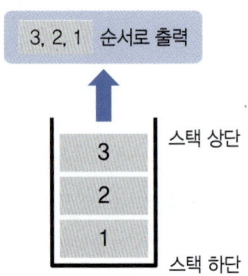

[그림 7-2] 스택 자료구조의 데이터 출력 모습

출력할 때는, 맨 마지막에 입력되었던 3이 먼저 출력되고, 그 후 2, 1 순서대로 출력된다.

스택은 실생활에서 어떤 식으로 사용될까?

[그림 7-3] 접시를 쌓고 위에서부터 꺼내 쓰는 것과 같은 스택 자료구조

스택은 방금 닦은 접시를 항상 접시 더미 맨 위에 올려놓게 되고, 접시가 필요할 때마다 맨 위에 있는 접시를 꺼내게 되는 상황과 같을 때 쓰일 수 있다. 방금 닦은 접시를 접시 더미 맨 위에 올리는 것은 스택의 삽입과 같으며 필요할 때마다 맨 위에 있는 접시를 꺼내게 되는 상황은 스택의 출력과 같다. 한 번의 입력 시 $O(1)$의 시간이 걸리며 한 번의 출력 시 $O(1)$의 시간이 걸리므로 n개의 데이터를 스택에 넣으면 $O(n)$, n개의 데이터를 스택에서 빼내면 $O(n)$이 걸리는 시간복잡도가 있다.

스택이라는 자료구조를 이용한 문제는 '카카오 코딩 테스트 신입 공개 채용'에서도 나온 적이 있으며, 〈코드포스〉 대회에서도 종종 사용되며, 면접에서도 자주 등장하여 당연히 알고 있어야 하는 자료구조라고 생각한다.

코딩 테스트나 알고리즘 대회에서는 n개의 데이터가 주어질 때 t초 안에 문제를 해결해야 하는 상황이 주어지는데, 만약 t=1, n=100,000이라면 n개의 데이터를 이용하여 이것저것 해볼 수 있는 최대 시간복잡도는 $O(n*\log^n)$이다($O(n^2)$은 100,000,000,000으로 연산 시 최소 1,000초, $O(n*\log^n)$은 500,000으로 연산 시 최소 0.005초가 걸린다).

여러 문제를 풀며 느끼지만 알고리즘 문제가 어려운 이유 중 하나는 $O(n^2)$의 시간복잡도를 사용하면 쉽게 풀 수 있는 문제를 주어진 연산 시간 안에 해결하기 위해 $O(n)$ 혹은 $O(n*\log^n)$의 시간복잡도로 풀어야 하는 상황에 놓이기 때문이다.

이럴 때 고려할 수 있는 방법은 $O(n)$과 $O(n*\log^n)$의 시간복잡도 자료구조 알고리즘을 떠올리는 것이다. 스택 자료구조는 데이터의 입력과 출력이 $O(1)$이다. n개의 데이터를 입력받고 출력받을 때 시간복잡도는 $O(n)$으로 n값이 클 때 사용할 수 있는 방법 중 하나가 된다.

7-2 스택의 잘못된 사용 예와 잘 사용된 예

하지만 $O(n)$의 시간복잡도로 문제를 풀기 위해 무작정 바로 스택을 사용한다는 것은 잘못된 접근이다. 스택의 개념을 확실히 이해해서 어떨 때 스택을 쓰는지 알고, 요구하는 문제가 스택을 사용하여 풀 수 있다는 확신이 들 때 스택을 사용해야 한다.

한 예로 여러분은 회사의 회계팀으로서, 부서별로 회식 장부를 관리하는 프로그램을 만들었다고 해보자.

A 부서가 200,000원어치의 회식을 하여 스택에 정보를 추가한다.

스택 상태

A 부서: 200,000
...
총비용 = 200,000

B 부서가 900,000원어치의 회식을 하여 스택에 정보를 추가한다.

스택 상태

B 부서: 900,000
A 부서: 200,000
...
총비용 = 1,100,000

이때, 최근 부서(B 부서)가 600,000원을 900,000원으로 잘못 말했다고 한다. 그렇다면 스택의 가장 위의 정보를 변경하면 된다.

스택 상태

B 부서: 600,000
A 부서: 200,000
...
총비용 = 800,000

스택은 입력값이 스택의 최상단값과 연관 관계가 있을 때 주로 쓰인다. 방금 예에서는 입력 부서가 스택의 최상단 부서였으므로 스택을 사용하여 해결할 수 있었지만, 최근 부서(B 부서)가 아닌 A 부서가 값을 잘못 말했다면 스택의 최상단값뿐만 아니라 스택 내부를 전부 확인해야 하므로 스택의 사용 의미를 잃어버린다. 즉 이러한 회계 장부 프로그램을 스택으로 구현한 것은 잘못된 선택이 되는 것이다.

이제 잘 사용된 스택의 예를 보자.

1. 컴퓨터가 프로그래밍 코드를 해석하는 방법

프로그래밍 코드를 컴퓨터가 실행하는 방법은 위에서부터 아래로 한 줄씩 해석하며 실행한다. 이때 함수의 호출 부분이 있다면 스택 영역에 함수를 쌓아둔 후 스택 영역의 최상단 함수를 따라 코드를 실행한 후 완료 시 최상단 함수를 지운다. 코드를 보며 이해해보자.

```
1   def first():
2       print(1)
3       second()
4       print(-1)
5
6   def second():
7       print(2)
8       third()
9       print(-2)
10
11  def third():
12      print(3)
13
14  print('start')
15  first()
16  print('end')
```

위 코드를 컴퓨터가 실행하기 위해서

코드라인 1~4는 first라는 이름의 함수를 만들어둔 것으로 해석하고
코드라인 6~9는 second라는 이름의 함수를 만들어둔 것으로 해석하고
코드라인 11~12는 third라는 이름의 함수를 만들어둔 것으로 해석한다.

그 후에,

코드라인 14의 print('start')를 통해 'start'가 출력되고
코드라인 15의 first 함수를 호출했으므로 스택 영역에는 first 함수를 추가한 후 코드라인 1~4를 실행한다.

스택 영역 상태

first 함수

현재 출력 결과

start

코드라인 2를 통해 '1'이 출력된다.
코드라인 3에서 second 함수를 호출했으므로 스택 영역에는 second 함수를 추가한 후 코드라인 4가 아닌 코드라인 6~9로 이동한다.

스택 영역 상태

second 함수
first 함수

현재 출력 결과

start
1

코드라인 7을 통해 '2'가 출력된다.
코드라인 8에서 third 함수를 호출했으므로 스택 영역에는 third 함수를 추가한 후 코드라인 9가 아닌 코드라인 11~12로 이동한다.

스택 영역 상태

| third 함수 |
| second 함수 |
| first 함수 |

현재 출력 결과

start
1
2

코드라인 12를 통해 '3'을 출력한 후 third 함수가 종료되었으므로 스택 영역 최상단 함수를 지운다.

스택 영역 상태

| second 함수 |
| first 함수 |

현재 출력 결과

start
1
2
3

그 다음 이동할 코드라인은 9로,

코드라인 8에서 third 함수를 실행한 후부터 시작한다.
코드라인 9를 통해 '-2'를 출력한 후 second 함수가 종료되었으므로 스택 영역 최상단 함수를 지운다.

스택 영역 상태

first 함수

현재 출력 결과

start
1
2
3
-2

그 다음 이동할 코드라인은 4로,

코드라인 3에서 second 함수를 실행한 후부터 시작한다.
코드라인 4를 통해 '-1'을 출력한 후 first 함수가 종료되었으므로 스택 영역 최상단 함수를 지운다.

스택 영역 상태

비어 있음

현재 출력 결과

start
1
2
3
-2
-1

마지막으로 코드라인 15에서 함수 호출이 끝났다.

코드라인 16의 print('end')을 통해 end를 출력한다.

스택 영역 상태

비어 있음

현재 출력 결과

```
start
1
2
3
-2
-1
end
```

기본적으로 컴퓨터가 코드를 해석할 때 사용하는 방법으로 이를 위해 스택 자료구조를 사용한다. 이는 스택 최상단의 함수를 현재 작업 상태로 두며 코드를 읽어가며 실행한 후 함수가 끝나면 스택 최상단을 지운다는 점에서 매우 잘 사용된 자료구조라고 볼 수 있다.

개인적으로 느낀 스택 자료구조는 데이터들의 입력이 들어올 때 스택 최상단과의 조화가 이루어지며, 빠른 시간복잡도 $O(n)$으로 작업을 진행하기 위해 쓰는 자료구조라고 생각한다.

7-3 스택을 포함한 다양한 자료구조의 올바른 사용

스택은 자료구조이므로 스택 자체는 코드로 구현되어 있다.

파이썬으로 스택을 구현한 코드

```
1   class Node:
2       def __init__(self, data):
3           self.data = data
4           self.next = None
5
6   class Stack:
7       def __init__(self):
8           self.head = None
9       def is_empty(self):
10          if not self.head:
11              return True
12
```

```
13              return False
14
15      def push(self, data):
16              add_node = Node(data)
17
18              add_node.next = self.head
19   self.head = add_node
20
21      def pop(self):
22              if self.is_empty():
23                  return None
24
25              ret_data = self.head.data
26
27              self.head = self.head.next
28
29              return ret_data
30
31      def peek(self):
32              if self.is_empty():
33                  return None
34
35   return self.head.data
```

하지만 이를 구현하는 것은 어렵고, 프로그램 문제를 풀기 위해 스택을 쓸 때마다 스택 자체를 구현하는 것도 매우 비효율적이므로 실제 문제를 풀 때는 각 프로그램 언어에 내장되어있는 스택을 사용하면 쉽게 사용할 수 있다(다른 자료구조도 마찬가지로 각 프로그램 언어에 내장되어 있는 자료구조가 있다면 사용하면 된다).

각 언어의 특성이 다른 부분이 있으므로 스택을 사용하는 방법이 다를 수 있는데 (자료형을 쓰거나 안 쓰거나 하는 부분) 이 책에서 문제 풀이를 진행할 때는 언어의 기초적인 문법은 알고 있다고 가정하며 설명하겠다.

파이썬의 경우 ArrayList에서 사용했던 리스트를 통해 스택을 사용할 수 있다.

arr=[]

크게 스택을 통해 사용하는 기능은 5가지이다.

1. push: 데이터를 스택에 추가한다(스택의 하단부터 상단으로 차곡차곡 쌓는다).
2. pop: 스택의 최상단 데이터를 삭제한다.
3. top: 스택의 최상단 데이터가 무엇인지 확인한다.
4. size: 스택에 데이터가 몇 개 들어있는지 확인한다.
5. empty: 스택이 비어 있는지 확인한다(데이터가 없는지 확인).

7-4 스택을 사용하는 예제 1

스택

https://www.acmicpc.net/problem/10828

시간 제한	메모리 제한	제출	정답	맞힌 사람	정답 비율
0.5초(추가 시간 없음)	256MB	106934	40622	29320	38.518%

문제

정수를 저장하는 스택을 구현한 다음, 입력으로 주어지는 명령을 처리하는 프로그램을 작성하시오.

명령은 총 다섯 가지이다.

- push X: 정수 X를 스택에 넣는 연산이다.
- pop: 스택에서 가장 위에 있는 정수를 빼고, 그 수를 출력한다. 만약 스택에 들어있는 정수가 없는 경우에는 -1을 출력한다.
- size: 스택에 들어있는 정수의 개수를 출력한다.
- empty: 스택이 비어있으면 1, 아니면 0을 출력한다.
- top: 스택의 가장 위에 있는 정수를 출력한다. 만약 스택에 들어있는 정수가 없는 경우에는 -1을 출력한다.

입력

첫째 줄에 주어지는 명령의 수 N(1≤N≤10,000)이 주어진다. 둘째 줄부터 N개의 줄에는 명령이 하나씩 주어진다. 주어지는 정수는 1보다 크거나 같고, 100,000보다 작거나 같다. 문제에 나와있지 않은 명령이 주어지는 경우는 없다.

출력

출력해야 하는 명령이 주어질 때마다, 한 줄에 하나씩 출력한다.

예제 입력 1

```
14
push 1
push 2
top
size
empty
pop
pop
pop
size
empty
pop
push 3
empty
top
```

예제 출력 1

```
2
2
0
2
1
-1
0
1
-1
0
3
```

예제 입력 2

```
7
pop
top
push 123
top
pop
top
pop
```

예제 출력 2

```
-1
-1
123
123
-1
-1
```

시간 제한은 0.5초로 최대 0.5억 번의 연산을 사용할 수 있고, 〈백준〉 난이도 실버4에 해당한다.

시간 제한	최대	난이도
0.5초	0.5억 번 연산	실버4

문제설명

한 줄씩 명령어가 주어지는데 해당 명령어에 해당하는 기능을 그대로 구현하면 된다.

해답코드

```
1   import sys
2   n = int(sys.stdin.readline())
3
4   stack=[]
5   for i in range(n):
6       command = sys.stdin.readline().split()
7
8       if command[0]=='push':
9           stack.append(command[1])
10      elif command[0]=='pop':
11          if len(stack)==0:
12              print(-1)
13          else:
14              print(stack.pop())
15      elif command[0] == 'size':
16          print(len(stack))
17      elif command[0] == 'empty':
18          if len(stack)==0:
19              print(1)
20          else:
21              print(0)
22      elif command[0] == 'top':
23          if len(stack)==0:
24              print(-1)
25          else:
26              print(stack[-1])
```

코드라인 4: stack을 사용하기 위한 변수를 생성한다(파이썬에서 스택은 리스트 [ ]를 이용하여 사용할 수 있다).

코드라인 6: 해당 명령어를 한 줄씩 입력받는다.

코드라인 8~9: 명령어가 push라면 스택에 숫자를 넣는다(append( ) 함수를 사용한다).

코드라인 10: 명령어가 pop이라면

    코드라인 11~12: 스택의 크기가 0이라면 -1을 출력한다.

    코드라인 13~14: 스택의 크기가 0이 아니라면 스택의 최상단을 출력 한 후 삭제한다.

코드라인 15~16: 명령어가 size라면 스택의 크기를 출력한다.

코드라인 17: 명령어가 empty라면

    코드라인 18~19: 스택의 크기가 0이라면 1을 출력한다.

    코드라인 20~21: 스택의 크기가 0이 아니라면 0을 출력한다.

코드라인 22: 명령어가 top이라면

    코드라인 23~24: 스택의 크기가 0이라면 -1을 출력한다.

    코드라인 25~26: 스택의 크기가 0이 아니라면 스택의 최상단을 출력한다.

스택 사용에 있어서 주의할 점은 코드라인 11~12, 코드라인 23~24처럼 스택의 크기가 0일 때 pop 기능, top 기능을 사용하면 잘못된 배열 인덱스에 접근하여 오류가 날 수 있으므로 스택의 최상단이 비어있는지 확인하고 써주어야 한다는 점이다.

7-5 스택을 사용하는 예제 2

쇠막대기

https://www.acmicpc.net/problem/10799

시간 제한	메모리 제한	제출	정답	맞힌 사람	정답 비율
1초	256MB	25785	16019	11661	62.402%

문제

여러 개의 쇠막대기를 레이저로 절단하려고 한다. 효율적인 작업을 위해서 쇠막대기를 아래에서 위로 겹쳐 놓고, 레이저를 위에서 수직으로 발사하여 쇠막대기들을 자른다. 쇠막대기와 레이저의 배치는 다음 조건을 만족한다.

- 쇠막대기는 자신보다 긴 쇠막대기 위에만 놓일 수 있다. – 쇠막대기를 다른 쇠막대기 위에 놓는 경우 완전히 포함되도록 놓되, 끝점은 겹치지 않도록 놓는다.
- 각 쇠막대기를 자르는 레이저는 적어도 하나 존재한다.
- 레이저는 어떤 쇠막대기의 양 끝점과도 겹치지 않는다.

아래 그림은 위 조건을 만족하는 예를 보여준다. 수평으로 그려진 굵은 실선은 쇠막대기이고, 점은 레이저의 위치, 수직으로 그려진 점선 화살표는 레이저의 발사 방향이다.

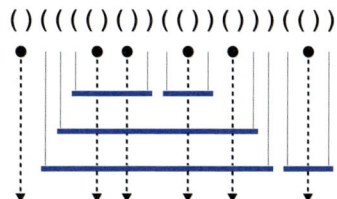

이러한 레이저와 쇠막대기의 배치는 다음과 같이 괄호를 이용하여 왼쪽부터 순서대로 표현할 수 있다.

1. 레이저는 여는 괄호와 닫는 괄호의 인접한 쌍 '( )'으로 표현된다. 또한, 모든 '( )'는 반드시 레이저를 표현한다.
2. 쇠막대기의 왼쪽 끝은 여는 괄호 '(', 오른쪽 끝은 닫힌 괄호 ')'로 표현된다.

위 예의 괄호 표현은 그림 위에 주어져 있다.

쇠막대기는 레이저에 의해 몇 개의 조각으로 잘려지는데, 위 예에서 가장 위에 있는 두 개의 쇠막대기는 각각 3개와 2개의 조각으로 잘려지고, 이와 같은 방식으로 주어진 쇠막대기들은 총 17개의 조각으로 잘려진다.

쇠막대기와 레이저의 배치를 나타내는 괄호 표현이 주어졌을 때, 잘려진 쇠막대기 조각의 총 개수를 구하는 프로그램을 작성하시오.

입력

한 줄에 쇠막대기와 레이저의 배치를 나타내는 괄호 표현이 공백없이 주어진다. 괄호 문자의 개수는 최대 100,000이다.

출력

잘려진 조각의 총 개수를 나타내는 정수를 한 줄에 출력한다.

예제 입력 1

()(((()())(())()))(())

예제 출력 1

17

예제 입력 2	예제 출력 2
((((()(()(()))(()(())(()(())	24

시간 제한은 1초로 최대 1억 번의 연산을 할 수 있고, 〈백준〉 난이도는 실버3이다.

시간 제한	최대	난이도
1초	1억 번 연산	실버3

문제설명

쇠막대기의 상태가 문자열 '(,)'을 통해서 주어진다.

1. 레이저는 여는 괄호와 닫는 괄호의 인접한 쌍 '( )'으로 표현된다. 또한, 모든 '( )'는 반드시 레이저를 표현한다.
2. 쇠막대기의 왼쪽 끝은 여는 괄호 '('로, 오른쪽 끝은 닫힌 괄호 ')'로 표현된다.

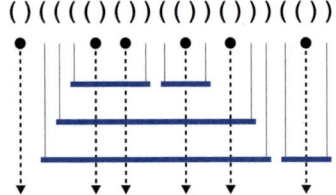

레이저가 쇠막대기를 자를 때 만들어지는 총 쇠막대기의 개수를 구하면 되는 문제이다.

이 문제를 처음 접했을 때의 기억으로는 '이 문제가 스택인지를 모르면 정말 어려웠겠다!'는 것이다. 대개 이런 구현이 필요한 문제들은 문제에서 요구하는 점을 그대로 구현하면 해결되지만, 이를 위해 어떻게 구현할지가 초보자들에겐 어렵다.

문제를 좀 더 자세히 분석해보면,

붙어있는 괄호 '()': 레이저를 발사하여 현재 위치에서 쇠막대기를 자른다.
붙어있지 않는 괄호 '(': 쇠막대기가 새로 생성되는 위치이다.
붙어있지 않는 괄호 ')': 쇠막대기가 종료되는 위치이다.

(((()()))))를 예시로 본다면

'(((' 쇠막대기가 3개 생성된 후

'()' 레이저를 발사하면 쇠막대기의 총 개수는 3이 추가되고,

'()' 레이저를 발사하면 쇠막대기의 총 개수는 3이 추가되고,

')' 쇠막대기가 종료될 때 총 개수는 1이 추가된다.

')' 쇠막대기가 종료될 때 총 개수는 1이 추가된다.

')' 쇠막대기가 종료될 때 총 개수는 1이 추가된다.

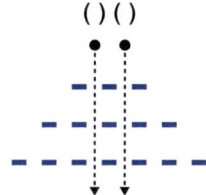

규칙을 찾았다.

1. '('를 만날 때마다 스택에 '('를 추가한다(쇠막대기의 개수를 추가하기 위해).
2. 스택의 최상단이 '('이고, ')'를 만난다면 스택의 크기만큼 총 개수에 추가한다(레이저를 발사하면 현재 쇠막대기의 개수만큼 총 개수가 증가하기 때문이다).
3. ')'를 만난다면 총 개수에 1을 추가한다(쇠막대기가 종료되면 총 개수는 1이 증가하기 때문이다).

이 문제를 보고 어떻게 스택이라는 것을 떠올렸을까? 내가 자료구조를 제대로 이해하지 않고 이 문제를 풀었을 때에는 스택을 생각조차 못했다. 하지만 자료구조를 조금 더 이해하고 풀었을 때는

1. 레이저를 발사하면 현재 어딘가에 쌓인 쇠막대기만큼 총 개수가 증가하고
2. 어딘가에 쌓는 시점은 '('를 만났을 때이며
3. 어딘가에 쌓은 것을 없애는 시점은 ')'를 만났을 때라는 것이다.

위의 2, 3을 해결하기 위해서는 어딘가의 최상단만을 필요로 한다는 것을 알았고 결국 스택을 이용한다는 것을 깨달았다.

해답코드

```
1   galho = input()
2   stack = []
3   answer = 0
4   for i in range(len(galho)):
5       if galho[i] == '(':
6           stack.append(galho[i])
7       else:
8           if galho[i-1] == '(':
9               stack.pop()
10              answer += len(stack)
11          else:
12              stack.pop()
13              answer += 1
14  print(answer)
```

코드라인 5~6: '('를 만날 때마다 스택에 '('를 추가한다.
코드라인 8~10: 스택의 최상단이 '('이고, ')'를 만난다면 스택의 크기만큼 총 개수에 추가한다.
코드라인 11~13: ')'를 만난다면 총 개수에 1을 추가한다.

7-6 스택을 사용하는 예제 3

크게 만들기

https://www.acmicpc.net/problem/2812

시간 제한	메모리 제한	제출	정답	맞힌 사람	정답 비율
1초	128MB	12570	2659	1969	22.986%

문제

N자리 숫자가 주어졌을 때, 여기서 숫자 K개를 지워서 얻을 수 있는 가장 큰 수를 구하는 프로그램을 작성하시오.

입력

첫째 줄에 N과 K가 주어진다. (1≤K<N≤500,000)
둘째 줄에 N자리 숫자가 주어진다. 이 수는 0으로 시작하지 않는다.

출력

입력으로 주어진 숫자에서 K개를 지웠을 때 얻을 수 있는 가장 큰 수를 출력한다.

예제 입력 1

```
4 2
1924
```

예제 출력 1

```
94
```

예제 입력 2

```
7 3
1231234
```

예제 출력 3

```
3234
```

예제 입력 3

```
10 4
4177252841
```

예제 출력 3

```
775841
```

시간 제한은 1초로 최대 1억 번의 연산을 할 수 있고, 〈백준〉 난이도는 골드5이다.

시간 제한	최대	난이도
1초	1억 번 연산	골드5

5장의 ArrayList에서 시간복잡도로 인해 실패했던 문제이다. 이번에는 문제를 어떻게 접근해야 하는지 사고화를 통해 제대로 풀어보자.

먼저 k개를 지웠을 때 언제 수가 가장 커질까?

무슨 숫자를 지우든 결국에 숫자 k개를 지우는 것은 똑같으므로 맨 앞의 수가 가장 클수록 정답인 가장 큰 수를 얻을 수 있게 된다.

이를 위해 현재 인덱스 위치값보다 현재 인덱스-1 위치값이 작고 지울 수 있는 횟수 k가 남아있다면 현재 인덱스-1 위치값을 지워주면 된다.

5장의 ArrayList에서 풀었을 때 문제를 틀린 이유는 number[i] > number[i-1]처럼 현재 인덱스값보다 현재 인덱스-1값이 작다면 del number[i-1]을 통해 현재 인덱스-1 위치값을 지웠는데 이때 시간복잡도가 $O(n)$이기 때문이었다.

이를 해결하기 위해 어떻게 해야 할까?

조금 머리를 써서 시간복잡도를 줄이기 위해 새로운 변수 answer를 만들고 배열을 순회할 때마다 answer에 그 값을 추가하자. 그리고 answer의 마지막 값보다 현재 순회 중인 배열의 index값 num이 크다면 answer의 마지막 값을 지워보자. 현재 위치보다 왼쪽에 있는 수가 작다면 왼쪽의 수를 지우는 것과 같다.

1) 위의 설명을 코드화해보자(이 코드는 아래의 코드와 동일한 역할을 한다).

```
1  for num in number:
2      if answer[-1] <num:
3          del answer[-1]
```

2) 5장의 ArrayList를 이용한 로직 코드화는 다음과 같다.

```
1  for i in range(0, len(number)):
2      if number[i]>number[i-1]:
3          del number[i-1]
```

하지만 둘의 시간복잡도는 다르다. 1)의 코드는 스택 자료구조의 특성을 이용했으므로 데이터를 삭제하는 데 시간복잡도는 $O(1)$이다. 2)의 코드는 ArrayList의 중간값 데이터 삭제이므로 시간복잡도는 $O(n)$이다.

이를 통해 시간복잡도를 줄이는 것에 성공했다. 최종 정답을 코드화해보자.

해답코드

```
1   n, k=map(int, input().split())
2   number=list(input())
3
4   answer=[]
5   cnt=k
6   for num in number:
7     while answer and cnt>0 and answer[-1] <num:
8       del answer[-1]
9       cnt-=1
10    answer.append(num)
11
12  print(''.join(answer[:n-k]))
```

코드라인 1~2: n, k 그리고 n개의 수를 입력받는다.

코드라인 4: 스택으로 이용할 answer 변수를 생성한다.

코드라인 6: for문을 통해 number 배열을 순회한다.

코드라인 7~8: answer 스택이 비어있지 않고 지울 수 있는 횟수 k가 남아있고, answer의 마지막 값이 num보다 작다면 answer의 마지막 값을 지운다.

코드라인 10: 그 후 현재 순회 중인 값 num을 answer에 추가한다.

코드라인 12: 정답을 출력한다.

이 문제는 탐욕법 알고리즘적인 생각이 필요하므로 꽤 어려운 문제였고 정답률 역시 낮다.

사고화하는 과정은 아래와 같다.

1. 수를 어떻게 지워야 가장 크게 만들 수 있을까? → 맨 왼쪽에 가장 큰 수가 와야 한다.
2. 수를 지우는 데 가능한 시간복잡도는 무엇일까? → 스택을 사용한다.

스택을 공부해봤는데 개인적으로 스택은 이 문제에 스택이 필요하다는 것을 깨닫기까지가 힘들고 그 후에는 구현 역량에 달려있다고 생각한다. 이를 위해 다양한 문제를 통해 어떤 경우에 스택을 접목시킬 수 있는지 생각을 많이 해보자. 그러려면 역시 스택의 개념을 잘 알고 있어야 한다.

보통의
취준생을 위한
코딩 테스트
with 파이썬

코딩 테스트 출제 빈도

코드포스 출제 빈도

제8장

큐

독자 알고리즘 문제들을 출력해서 손 코딩으로 풀어봐야지~ 어? 이건 내가 출력한적 없는 출력물인데 왜 알고리즘 문제보다 먼저 출력되는 거지?

저자 프린터는 큐 알고리즘에 의해 먼저 삽입된 데이터가 가장 먼저 출력돼요. 다른 누군가가 여러분보다 빨리 출력을 했나 보네요.

8-1 큐

큐Queue는 스택과 다르게 먼저 입력된 데이터가 먼저 출력되는 구조이다.

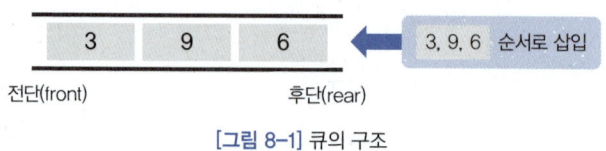

[그림 8-1] 큐의 구조

큐의 데이터 저장 방식은 데이터를 입력할 때 후단을 통해 전단으로 들어간다. 이후 출력할 때 전단에 있는 데이터를 먼저 출력하게 된다.

3을 입력하고, 9를 입력하고, 출력을 1회 실시하는 모습을 보자.

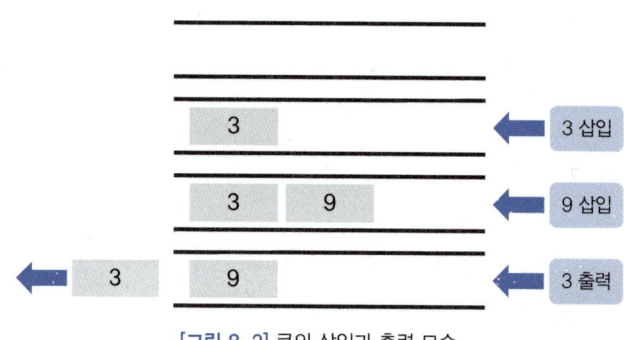

[그림 8-2] 큐의 삽입과 출력 모습

먼저 삽입된 3이 처음 들어왔고, 그 후 삽입된 9는 3 뒤에 있다. 이때 출력을 1회하면 처음 삽입된 3이 가장 먼저 출력된다. 큐는 생각보다 일상생활에서도 많이 쓰이고 있다.

[그림 8-3] 일상생활에서의 큐

위 그림처럼 식당에서 줄을 서서, 먼저 온 순서대로 입장하는 것은 큐 알고리즘과 같다. 맛집으로 소문난 식당에는 음식을 먹기 위해 줄을 서야 한다. 이때 먼저 온 순서대로 입장할 수 있게 된다. 줄을 맨 처음 선 사람이 출력의 1순위가 되며 이는 큐의 삽입과 같다. 음식점에 자리가 나서 줄을 대기하던 사람이 입장하는 것은 큐의 출력과 같다. 큐에서 삽입은 $O(1)$의 시간이 걸리고 삭제도 $O(1)$의 시간이 걸린다. 따라서 n개의 데이터 삽입 시 $O(n)$의 시간복잡도가 되며, n개의 데이터 삭제 시 $O(n)$의 시간복잡도가 된다.

스택과 마찬가지로 큐도 데이터 n개의 입력과 출력에 $O(n)$의 시간복잡도를 가지므로 n값이 클 때 사용하기 좋은 자료구조이다. 큐는 후에 배울 BFS(너비우선 탐색) 알고리즘에 꼭 필요한 자료구조로 카카오, 삼성, 네이버 등의 코딩 테스트에서 BFS 알고리즘은 사용 빈도가 매우 높다. 따라서 큐는 꼭 이해해야 하는 자료구조이다.

대개 큐 자료구조를 단독으로 사용하는 문제는 난이도가 쉬운 편이다. 스택과 큐의 차이를 이해하여 혼동하지 않는다면 큰 문제가 없는 자료구조라고 생각한다. 큐를 사용하는 가장 큰 이유는 큐나 배열 모두 데이터를 맨 뒤에 삽입하는 것은 $O(1)$이지만, 큐의 맨 앞(전단)의 값을 지우는 것의 시간복잡도가 $O(1)$인 반면에 배열에서 맨 앞의 값을 지우는 것은 시간복잡도가 O(배열의 크기)이기 때문이다[1].

---

[1] 배열에서 맨 앞의 값을 지우는 시간복잡도가 O(배열의 크기)인 이유는 ArrayList 부분에서 설명했다.

만약 큐 대신 배열을 사용하여 n개의 데이터를 앞에서부터 하나씩 전부 삭제한다면 소요되는 시간복잡도는 $O(n^2)$이지만, 큐는 $O(n)$의 시간복잡도가 소요된다. 즉 이렇게 높은 효율성의 시간복잡도를 필요로 하며, 맨 앞의 값을 지우거나 확인하는 것이 빈번하며, 입력 데이터를 맨 뒤에 삽입하는 경우 큐를 사용한다.

큐 자료구조는 입력 데이터를 가장 먼저 출력하기 위해 만든 자료구조로써, 컴퓨터 속에서는 프린터, 선착순 프로그램 등이 있다.

프린터 프로그램은 여러 파일의 출력이 요구될 때, 출력이 들어온 순서가 빠른 것부터 인쇄되는데, 이는 먼저 들어온 입력이 먼저 출력되는 큐의 자료구조를 이용한 것이다(배열을 사용하여 프린터 프로그램을 만들었다면 프린터 속도는 큐 방식에 비해 제곱 배 더 느려진다).

공연 티켓, 온라인 한정수량 구매는 선착순으로 몇 명까지 구매에 성공할 수 있는데, 이 또한 먼저 들어온 순서대로 구매에 성공할 수 있는 큐 자료구조를 통해 구현할 수 있다.

큐를 통해 사용하는 기능은 크게 6가지이다.

1. push: 데이터를 큐에 추가한다(큐의 전단부터 후단으로 차곡차곡 쌓는다).
2. pop: 큐의 가장 앞(전단) 데이터를 삭제한다.
3. size: 큐에 데이터가 몇 개 들어있는지 확인한다.
4. empty: 큐가 비어 있는지 확인한다(데이터가 없는지 확인한다).
5. front: 큐의 가장 앞(전단) 데이터가 무엇인지 확인한다.
6. back: 큐의 가장 뒤(후단) 데이터가 무엇인지 확인한다.

8-2 큐를 사용하는 예제 1

큐 2

https://www.acmicpc.net/problem/18258

시간 제한	메모리 제한	제출	정답	맞힌 사람	정답 비율
1초 (하단 참고)	512MB	23809	7189	5762	31.111%

문제

정수를 저장하는 큐를 구현한 다음, 입력으로 주어지는 명령을 처리하는 프로그램을 작성하시오.

명령은 총 여섯 가지이다.

- push X: 정수 X를 큐에 넣는 연산이다.
- pop: 큐에서 가장 앞에 있는 정수를 빼고, 그 수를 출력한다. 만약 큐에 들어있는 정수가 없는 경우에는 −1을 출력한다.
- size: 큐에 들어있는 정수의 개수를 출력한다.
- empty: 큐가 비어 있으면 1, 아니면 0을 출력한다.
- front: 큐의 가장 앞에 있는 정수를 출력한다. 만약 큐에 들어있는 정수가 없는 경우에는 −1을 출력한다.
- back: 큐의 가장 뒤에 있는 정수를 출력한다. 만약 큐에 들어있는 정수가 없는 경우에는 −1을 출력한다.

입력

첫째 줄에 주어지는 명령의 수 $N(1 \leq N \leq 2,000,000)$이 주어진다. 둘째 줄부터 N개의 줄에는 명령이 하나씩 주어진다. 주어지는 정수는 1보다 크거나 같고, 100,000보다 작거나 같다. 문제에 나와있지 않은 명령이 주어지는 경우는 없다.

출력

출력해야 하는 명령이 주어질 때마다, 한 줄에 하나씩 출력한다.

예제 입력 1

```
15
push 1
push 2
front
back
size
empty
pop
pop
pop
size
empty
pop
push 3
empty
front
```

예제 출력 1

```
1
2
2
0
1
2
-1
0
1
-1
0
3
```

시간 제한은 1초로 최대 1억 번의 연산을 할 수 있고, 〈백준〉 난이도는 실버4이다.

시간 제한	최대	난이도
1초	1억 번 연산	실버4

이 예제를 코드로 만들어 코드부터 살펴보자.

해답코드

```
1  import sys
2  from collections import deque
3  n = int(sys.stdin.readline())
4  queue = deque([])
5
6  for i in range(n):
7      command = sys.stdin.readline().split()
8      if command[0] == 'push':
```

```
9              queue.append(command[1])
10        elif command[0] == 'pop':
11            if not queue:
12                print(-1)
13            else:
14                print(queue.popleft())
15        elif command[0] == 'size':
16            print(len(queue))
17        elif command[0] == 'empty':
18            if not queue:
19                print(1)
20            else:
21                print(0)
22        elif command[0] == 'front':
23            if not queue:
24                print(-1)
25            else:
26                print(queue[0])
27        elif command[0] == 'back':
28            if not queue:
29                print(-1)
30            else:
31                print(queue[-1])
```

코드라인 2, 4: 파이썬에서 큐를 사용하기 위해서 deque라는 라이브러리를 이용한다.

코드라인 7: 명령어를 한 줄씩 입력받은 후

코드라인 8~9: 명령어가 push라면 큐에 숫자를 넣는다(append() 함수를 이용한다).

코드라인 10: 명령어가 pop일 경우

    코드라인 11~12: 큐의 크기가 0이라면 -1을 출력한다.

    코드라인 13~14: 큐의 크기가 0이 아니라면 큐의 전단을 출력하고 삭제한다(popleft() 함수를 이용한다).

코드라인 15~16: 명령어가 size라면 큐의 크기를 출력한다.

코드라인 17: 명령어가 empty일 경우

    코드라인 18~19: 큐의 크기가 0이라면 1을 출력한다.

    코드라인 20~21: 큐의 크기가 0이 아니라면 0을 출력한다.

코드라인 22: 명령어가 front일 경우
　　코드라인 23~24: 큐의 크기가 0이라면 -1을 출력한다.
　　코드라인 25~26: 큐의 크기가 0이 아니라면 큐의 전단을 출력한다.
코드라인 27: 명령어가 front일 경우
　　코드라인 28~29: 큐의 크기가 0이라면 -1을 출력한다.
　　코드라인 30~31: 큐의 크기가 0이 아니라면 큐의 후단을 출력한다.

스택과 마찬가지로 큐의 사용에 있어서 주의할 점은 코드라인 11~12, 코드라인 23~24, 코드라인 28~29와 같이 큐가 비어 있을 때 pop, front, back의 기능을 사용할 경우이다. 이경우 잘못된 배열 인덱스에 접근할 수 있기 때문에 큐가 비어 있는지 확인하는 작업을 필요로 한다는 점이다.

큐의 사용법은 이 문제를 통해서 익혔을 것이라고 생각한다.

스택과 다르게 큐는 먼저 삽입된 데이터가 가장 먼저 출력된다. 그럼 '배열로도 할 수 있는데 왜 큐를 써야하는 거지?'라고 생각할 수 있는데 배열을 이용하여 큐의 기능을 구현한다면 먼저 삽입된 데이터가 삭제될 때마다 $O($데이터의 크기$)$가 소요되기 때문이다.

예를 들어, 1 2 3 4 5 순서대로 배열 A의 입력으로 들어오면 배열 A는 아래와 같다.

A[0]=1, A[1]=2, A[2]=3, A[3]=4, A[4]=5

여기서 가장 먼저 삽입된 A[0]=1을 지우면, 배열 A는 아래와 같다(이 부분이 이해되지 않는다면 ArrayList를 다시 복습하자).

A[0]=2, A[1]=3, A[2]=4, A[3]=5

즉, 데이터를 삭제할 때 시간복잡도는 $O($데이터의 크기$)$가 되지만, 큐를 이용하면 $O(1)$의 시간복잡도로 해결할 수 있다는 장점 때문에 큐를 사용한다.

앞으로 여러분은 주어진 배열의 첫 부분이나 중간 부분 혹은 끝 부분 등의 다양한 위치에 데이터들을 삭제하거나 추가해야 하는 상황이 주어질 것이다. 이때, 데이터들의 첫 부분만 지워야 할 경우 효율적인 연산횟수를 내기 위해 큐는 정말 좋은 무기가 되어 줄 것이다.

8-3 큐를 사용하는 예제 2

카드 2

https://www.acmicpc.net/problem/2164

시간 제한	메모리 제한	제출	정답	맞힌 사람	정답 비율
2초 (추가 시간 없음)	128MB	27022	14282	12009	54.418%

문제

N장의 카드가 있다. 각각의 카드는 차례로 1부터 N까지의 번호가 붙어 있으며, 1번 카드가 제일 위에, N번 카드가 제일 아래인 상태로 순서대로 카드가 놓여 있다.

이제 다음과 같은 동작을 카드가 한 장 남을 때까지 반복하게 된다. 우선, 제일 위에 있는 카드를 바닥에 버린다. 그 다음, 제일 위에 있는 카드를 제일 아래에 있는 카드 밑으로 옮긴다.

예를 들어 $N=4$인 경우를 생각해 보자. 카드는 제일 위에서부터 1234의 순서로 놓여있다. 1을 버리면 234가 남는다. 여기서 2를 제일 아래로 옮기면 342가 된다. 3을 버리면 42가 되고, 4를 밑으로 옮기면 24가 된다. 마지막으로 2를 버리고 나면, 남는 카드는 4가 된다.

N이 주어졌을 때, 제일 마지막에 남게 되는 카드를 구하는 프로그램을 작성하시오.

입력

첫째 줄에 정수 $N(1 \leq N \leq 500{,}000)$이 주어진다.

출력

첫째 줄에 남게 되는 카드의 번호를 출력한다.

예제 입력 1	예제 출력 1
6	4

시간 제한은 2초로 최대 2억 번의 연산을 할 수 있고, 〈백준〉 난이도는 실버4이다.

시간 제한	최대	난이도
2초	2억 번 연산	실버4

문제설명

1~n의 번호가 붙은 n장의 카드가 낮은 번호일수록 위에, 높은 번호일수록 아래인 상태로 있다. 이 상태에서,

1. 제일 위에 있는 카드를 바닥에 버린다.
2. 제일 위에 있는 카드를 제일 아래에 있는 카드 밑으로 옮긴다.

1~2의 과정을 순서대로 반복하여 카드가 한 장 남으면 그 숫자를 출력하면 되는 문제이다.

전형적인 큐의 기능을 이용하는 문제이다.

1번의 제일 위에 있는 카드를 바닥에 버리는 것은 큐의 전단을 삭제하는 것과 같으며, 2번의 제일 위에 있는 카드를 제일 아래에 있는 카드로 옮기기 위해서 큐의 전단을 큐의 후단으로 입력해주면 된다.

해답코드_1

```
1   import sys
2   from collections import deque
3   
4   N = int(sys.stdin.readline())
5   
6   queue = deque()
7   for i in range(N):
8     queue.append(i + 1)
9   
10  while len(queue) > 1:
11    queue.popleft()
12    queue.append(queue.popleft())
13  
14  print(queue.pop())
```

코드라인 7: 큐의 후단에 1부터 n의 숫자를 삽입한다.
코드라인 10~13: 큐의 크기가 1보다 클 때, 큐의 전단을 삭제, 큐의 전단을 후단에 삽입을 반복한다.
코드라인 14: 큐에 남은 숫자를 출력한다.

이 문제는 큐를 사용해야 한다는 것을 알면 정말 쉬운 문제이다. 알고리즘 문제 풀이에 있어 큐를 단독으로 사용하는 문제는 대개 난이도가 쉽다. 그러므로 여기서 실용적으로 많이 쓰이는 디큐deque를 추가로 소개하겠다. 디큐는 스택과 큐의 기능을 합친 것이다.

1 2 3 4 5와 같이 데이터 5개가 있을 때,

1) 디큐의 전단의 1을 삭제하는 데 시간복잡도는 $O(1)$이다. → 2 3 4 5
2) 디큐의 후단의 5를 삭제하는 데 시간복잡도는 $O(1)$이다. → 1 2 3 4
3) 디큐의 전단에 0을 삽입하는 데 시간복잡도는 $O(1)$이다. → 0 1 2 3 4 5
4) 디큐의 후단에 0을 삽입하는 데 시간복잡도는 $O(1)$이다. → 1 2 3 4 5 0

디큐에는 위의 4가지 기능이 있으며, 알고리즘 문제를 풀 때 실용적으로 쓰이는 자료구조이다. 파이썬 같은 경우 큐를 사용하기 위해 deque 라이브러리를 이용하는데 C++, 자바도 deque 라이브러리가 구비되어 있다.

방금 푼 카드 2 문제의 코드를 조금 수정해보자.

해답코드_2

```python
import sys
from collections import deque

N = int(sys.stdin.readline())

queue = deque()
for i in range(N):
    queue.append(N-i)

while len(queue) > 1:
    queue.pop()
    queue.appendleft(queue.pop())

print(queue.popleft())
```

코드라인 8, 11, 12, 14가 조금 바뀌었다. 우선 코드라인 8을 통해 카드가 높을수록 위에, 낮을수록 아래에 배치했다.

예를 들어 $n=5$라면

5 ← 맨 위(전단)
4
3
2
1 ← 맨 아래(후단)의 상태이다.

코드라인 11에서 원래라면 1이 맨 위에 있어 전단을 삭제해야 했지만 우리는 순서를 바꿨으므로 후단에 있는 1을 삭제한다. 이때 queue.popleft()를 사용하고 시간복잡도는 $O(1)$이다.

마찬가지로 코드라인 12도 후단에 있는 값을 전단에 추가했다. 이때 전단에 데이터를 넣기 위해 queue.appendleft(i + 1)을 이용했다.

- queue.popleft() → 디큐의 전단을 삭제한다.
- queue.pop() → 디큐의 후단을 삭제한다.
- queue.append(데이터) → 디큐에 후단에 데이터를 삽입한다.
- queue.appendleft(데이터) → 디큐에 전단에 데이터를 삽입한다.

4가지 기능 모두 시간복잡도는 $O(1)$이다.

큐, 스택 모두 중요한 자료구조이고 많이 쓰이지만 알고리즘 문제 풀이에 있어서는 디큐(큐와 스택의 장점을 합친 자료구조) 자료구조가 현실적으로 효율성이 높은 자료구조였다. 당연하게도 데이터의 상단 혹은 후단만 삭제하거나 추가할 수 있는 자료구조보다는 상단과 후단을 모두 삭제할 수 있고, 추가할 수 있는 자료구조가 더 다양한 로직을 만들 수 있기 때문이다. 디큐 자료구조 또한 기억해두고 필요하다면 쓸 수 있도록 기억해두자.

8-4 큐를 사용하는 예제 3[2]

뱀

https://www.acmicpc.net/problem/3190

시간 제한	메모리 제한	제출	정답	맞힌 사람	정답 비율
1초	128MB	35990	14189	9385	37.588%

문제

'Dummy'라는 도스게임이 있다. 이 게임에는 뱀이 나와서 기어다니는데, 사과를 먹으면 뱀 길이가 늘어난다. 뱀이 이리저리 기어다니다가 벽 또는 자기 자신의 몸과 부딪히면 게임이 끝난다.

게임은 N×N 정사각 보드 위에서 진행되고, 몇몇 칸에는 사과가 놓여져 있다. 보드의 상하좌우 끝에 벽이 있다. 게임이 시작할 때 뱀은 맨위 맨좌측에 위치하고 뱀의 길이는 1이다. 뱀은 처음에 오른쪽을 향한다.

뱀은 매 초마다 이동을 하는 데 다음과 같은 규칙을 따른다.

- 먼저 뱀은 몸길이를 늘려 머리를 다음 칸에 위치시킨다.
- 만약 이동한 칸에 사과가 있다면, 그 칸에 있던 사과가 없어지고 꼬리는 움직이지 않는다.
- 만약 이동한 칸에 사과가 없다면, 몸길이를 줄여서 꼬리가 위치한 칸을 비워준다. 즉, 몸길이는 변하지 않는다.

사과의 위치와 뱀의 이동경로가 주어질 때 이 게임이 몇 초에 끝나는지 계산하라.

입력

첫째 줄에 보드의 크기 N이 주어진다.(2≤N≤100) 다음 줄에 사과의 개수 K가 주어진다.(0≤K≤100)

다음 K개의 줄에는 사과의 위치가 주어지는데, 첫 번째 정수는 행, 두 번째 정수는 열 위치를 의미한다. 사과의 위치는 모두 다르며, 맨 위 맨 좌측(1행 1열)에는 사과가 없다.

다음 줄에는 뱀의 방향 변환 횟수 L이 주어진다.(1≤L≤100)

다음 L개의 줄에는 뱀의 방향 변환 정보가 주어지는데, 정수 X와 문자 C로 이루어져 있으며, 게임 시작 시간으로부터 X초가 끝난 뒤에 왼쪽(C가 'L') 또는 오른쪽(C가 'D')으로 90도 방향을 회전시킨다는 뜻이다. X는 10,000 이하의 양의 정수이며, 방향 전환 정보는 X가 증가하는 순으로 주어진다.

출력

첫째 줄에 게임이 몇 초에 끝나는지 출력한다.

---

2 삼성 S/W 역량 테스트 기출 문제

예제 입력 1

```
6
3
3 4
2 5
5 3
3
3 D
15 L
17 D
```

예제 출력 1

```
9
```

예제 입력 2

```
10
4
1 2
1 3
1 4
1 5
4
8 D
10 D
11 D
13 L
```

예제 출력 2

```
21
```

예제 입력 3

```
10
5
1 5
1 3
1 2
1 6
1 7
4
8 D
10 D
11 D
13 L
```

예제 출력 3

```
13
```

시간 제한은 1초로 최대 1억 번의 연산을 할 수 있고, 〈백준〉 난이도는 골드5이다.

시간 제한	최대	난이도
1초	1억 번 연산	골드5

문제설명

[그림 8-4]처럼 어렸을 적 해본 스네이크 게임 알고리즘을 구현해야 하는 것으로, 뱀이 이동하는 규칙은 아래와 같다.

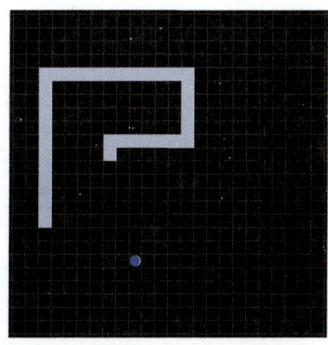

[그림 8-4] 스네이크 게임

1. 뱀은 처음에 맨 위, 맨 좌측에 위치하고 길이는 1이다. 뱀의 처음 이동방향은 오른쪽이다.
2. 먼저 뱀은 몸길이를 늘려 머리를 다음 칸에 위치시킨다.
3. 만약 이동한 칸에 사과가 있다면, 그 칸에 있던 사과가 없어지고 꼬리는 움직이지 않는다.
4. 만약 이동한 칸에 사과가 없다면, 몸길이를 줄여서 꼬리가 위치한 칸을 비워준다. 즉, 몸길이는 변하지 않는다.

뱀이 이리저리 기어다니다가 벽 또는 자기 자신의 몸과 부딪히면 게임이 끝난다.

n과 k가 주어지고, 보드의 크기는 $n*n$이며, k개 줄에 사과의 위치가 주어진다.

그후 l이 주어지며, l개 줄에 게임 시작 시간 이후로 x초 뒤에 왼쪽('L') 혹은 오른쪽('D')으로 이동하라는 명령이 나온다.

제출 번호	아이디	문제	결과	메모리	시간	언어	코드 길이	제출한 시간
29594133	rnjsrnrdnjs	3190	맞았습니다!!	127684 KB	168 ms	PyPy3 / 수정	1414 B	1분 전
20449477	rnjsrnrdnjs	3190	맞았습니다!!	2024 KB	0 ms	C++14 / 수정	6949 B	11달 전
20449447	rnjsrnrdnjs	3190	틀렸습니다			C++14 / 수정	6938 B	11달 전
20449440	rnjsrnrdnjs	3190	틀렸습니다			C++14 / 수정	6938 B	11달 전
20449377	rnjsrnrdnjs	3190	틀렸습니다			C++14 / 수정	6929 B	11달 전
20449353	rnjsrnrdnjs	3190	틀렸습니다			C++14 / 수정	6931 B	11달 전
20449333	rnjsrnrdnjs	3190	틀렸습니다			C++14 / 수정	6930 B	11달 전
17142928	rnjsrnrdnjs	3190	틀렸습니다			C++14 / 수정	3629 B	1년 전
17142922	rnjsrnrdnjs	3190	출력 초과			C++14 / 수정	3736 B	1년 전
17142917	rnjsrnrdnjs	3190	출력 초과			C++14 / 수정	3846 B	1년 전
17142910	rnjsrnrdnjs	3190	출력 초과			C++14 / 수정	3959 B	1년 전
17142775	rnjsrnrdnjs	3190	틀렸습니다			C++14 / 수정	3746 B	1년 전
17142688	rnjsrnrdnjs	3190	틀렸습니다			C++14 / 수정	3747 B	1년 전
17142589	rnjsrnrdnjs	3190	틀렸습니다			C++14 / 수정	3630 B	1년 전
17142468	rnjsrnrdnjs	3190	틀렸습니다			C++14 / 수정	3665 B	1년 전

[그림 8-5] 처참하게 패배했던 나의 코드 제출 이력

삼성 S/W 역량 테스트 문제인 만큼 골드5라도 구현에 난이도가 있는 문제이다. 나는 [그림 8-5]에서 보는 것처럼 1년 전쯤에 이 문제를 엄청 틀렸다.

코드를 보며 어떻게 구현했는지 살펴보자.

해답코드

```python
from collections import deque

def direction_change(d, c):
    if c == "L":
        d = (d - 1) % 4
    else:
        d = (d + 1) % 4
    return d

N = int(input())
K = int(input())
board = [[0] * N for _ in range(N)]
for _ in range(K):
    a, b = map(int, input().split())
    board[a - 1][b - 1] = 1
L = int(input())
times = {}
for i in range(L):
    X, C = input().split()
    times[int(X)] = C

dy = [-1, 0, 1, 0]
dx = [0, 1, 0, -1]

direction = 1
time = 1
y, x = 0, 0
snake = deque([[y, x]])
board[y][x] = 2

while True:
    y, x = y + dy[direction], x + dx[direction]
    if 0 <= y < N and 0 <= x < N and board[y][x] != 2:
        if not board[y][x] == 1:
            delY, delX = snake.popleft()
```

```
36              board[delY][delX] = 0
37          board[y][x] = 2
38          snake.append([y, x])
39          if time in times.keys():
40              direction = direction_change(direction, times[time])
41          time += 1
42      else:
43          break
44
45  print(time)
```

꽤 긴 코드라 어려워 보일 수 있지만 하나씩 해석하면 이해가 될 것이다.

```
10  N = int(input())
11  K = int(input())
12  board = [[0] * N for _ in range(N)]
13  for _ in range(K):
14      a, b = map(int, input().split())
15      board[a - 1][b - 1] = 1
16  L = int(input())
17  times = {}
18  for i in range(L):
19      X, C = input().split()
20      times[int(X)] = C
```

코드라인 10~12: n과 k를 입력하고 board를 초기화해 둔 상태이다.

코드라인 13~15: 사과의 위치를 입력받고 사과가 있는 곳은 board[a-1][b-1]=1처럼 board의 값을 1로 설정해뒀다.

코드라인 16~20: L을 입력받고, 게임시작 시간 이후 방향을 바꿔야 하는 정보를 입력받는다.

```
22    dy = [-1, 0, 1, 0]
23    dx = [0, 1, 0, -1]
24
25    direction = 1
26    time = 1
27    y, x = 0, 0
28    snake = deque([[y, x]])
29    board[y][x] = 2
```

코드라인 22~23: 삼성 코딩 테스트를 준비하기 위해 많이 사용하는 방법으로 상, 하, 좌, 우를 나타내기 위한 방법이다.

- y=y+dy[0], x=x+dx[0] → y는 1 감소하고 x는 그대로이다. 위쪽으로 이동을 나타낸다.
- y=y+dy[1], x=x+dx[1] → y는 그대로이고 x는 1 증가한다. 오른쪽으로 이동을 나타낸다.
- y=y+dy[2], x=x+dx[2] → y는 1 증가하고 x는 그대로이다. 아래쪽으로 이동을 나타낸다.
- y=y+dy[3], x=x+dx[3] → y는 그대로이고 x는 1감소한다. 왼쪽으로 이동을 나타낸다.

코드라인 25: 뱀의 현재 이동 방향이다. 오른쪽을 나타내기 위한 변수를 생성한다.

코드라인 26: 게임이 진행된 시간을 저장하기 위한 변수를 생성한다.

코드라인 27: 뱀 머리의 현재 위치 저장을 위한 변수를 생성한다.

코드라인 28: 뱀의 꼬리 위치를 큐의 형식으로 저장하기 위해 큐를 사용한다. 이동한 칸에 사과가 없다면 뱀의 마지막 부분인 꼬리를 제거해 두어야 한다. 이를 위해 큐를 이용한다면 가장 먼저 삽입된 끝 부분을 지우기 쉽다는 점이 있다.

코드라인 29: 뱀이 존재하는 곳은 board값을 2로 설정해두었다.

```
3    def direction_change(d, c):
4        if c == "L":
5            d = (d - 1) % 4
6        else:
7            d = (d + 1) % 4
8        return d
```

위 함수는 뱀의 방향 전환을 위한 함수이다.

> 코드라인 4~5: 뱀의 방향을 왼쪽으로 회전한다.
> 코드라인 6~7: 뱀의 방향을 오른쪽으로 회전한다.

무슨 뜻인지 이해해보자. direction값에 따라 이동하는 방향은 아래와 같다.

> direction=0 → 위쪽
> direction=1 → 오른쪽
> direction=2 → 아래쪽
> direction=3 → 왼쪽

만약 direction이 0(위쪽)이고 뱀의 방향을 'L' 왼쪽으로 회전한다면 direction은 3(왼쪽)이 되어야 한다.

이를 위해 d가 0일 때, d=(d−1)%4=−1%4=3, 3(왼쪽) 값을 얻게 해두었다.

마찬가지로, 만약 direction이 3(왼쪽)이고 뱀의 방향을 'R', 오른쪽으로 회전한다면 direction은 0(위쪽)이 되어야 한다.

이를 위해 d가 3일 때, d=(d+1)%4=4%4=0, 0(위쪽)값을 얻게 해두었다.

```
31   while True:
32       y, x = y + dy[direction], x + dx[direction]
33       if 0 <= y < N and 0 <= x < N and board[y][x] != 2:
34           if not board[y][x] == 1:
35               delY, delX = snake.popleft()
36               board[delY][delX] = 0
37           board[y][x] = 2
38           snake.append([y, x])
39           if time in times.keys():
40               direction = direction_change(direction, times[time])
41           time += 1
42       else:
43           break
44
45   print(time)
```

자, 이제 문제를 풀기 위한 핵심 알고리즘이다.

뱀이 이동하는 규칙을 다시 상기해보면 아래와 같다.

1) 먼저 뱀은 몸길이를 늘려 머리를 다음 칸에 위치시킨다.
2) 만약 이동한 칸에 사과가 있다면, 그 칸에 있던 사과가 없어지고 꼬리는 움직이지 않는다.
3) 만약 이동한 칸에 사과가 없다면, 몸길이를 줄여서 꼬리가 위치한 칸을 비워준다. 즉, 몸길이는 변하지 않는다.
4) 뱀이 이리저리 기어 다니다가 벽 또는 자기 자신의 몸과 부딪히면 게임이 끝난다.

> 코드라인 32: 1)을 위해 머리를 다음 칸에 위치시킨다.
> 코드라인 33: 4)에 의해 벽 또는 자기 자신의 몸과 부딪히는지 확인한다.

board값이 2라면 자기 자신과 부딪히는 것이고, 범위를 초과하면 벽과 부딪히는 것이다.

벽 또는 자기 자신의 몸과 부딪히지 않는다면

> 코드라인 34~36: 3)의 이동한 칸에 사과가 없다면 꼬리가 위치한 칸을 비워주어야 한다. 이를 위해 board에 큐의 전단 위치를 0으로 바꿔준다.
> 코드라인 37~38: 머리 위치는 board값을 2로 바꾸어 뱀이 존재하는 것을 나타낸다. 그 후 머리 위치도 큐에 넣는다.
> 코드라인 39~40: 방향을 전환해야 한다면 코드라인 3~8에서 만든 함수를 통해 바꾼다.
> 코드라인 42~43: 벽 또는 자기 자신의 몸과 부딪힌다면 while문에서 벗어난다.
> 코드라인 45: 정답을 출력한다.

이 문제는 뱀의 방향 변환 횟수와 보드의 크기 N도 작아서 크게 시간복잡도를 걱정할 필요 없는 문제였다. 다만 뱀의 머리와 꼬리를 이용하여 보드에서 어떻게 구현을 할지가 관건이었으며 이를 위해 큐를 이용했다.

이 장에서는 큐를 배웠는데, 큐 자체를 이용하는 문제는 크게 어렵지 않으나 삼성 S/W 역량 테스트와 같이 구현을 어렵게 한다든지 다른 추가적인 해결 능력과 같이 문제가 출제될 수 있다. 큐는 후에 BFS(너비우선 탐색 알고리즘)를 배울 때 쓰이는 자료구조이니 꼭 이해하고 가자.

보통의
　 취준생을 위한
코딩 테스트
with 파이썬

코딩 테스트 출제 빈도

코드포스 출제 난이도

제9장

트리

독자 트리 자료구조는 데이터를 트리처럼 저장한다는 소리인가요? 그럼 나뭇가지에 열매도 맺히고 먹을 수도 있겠네요? (맛있겠다.)

독자 틀린 답은 아닌 것 같네요. 열매라는 데이터가 나뭇가지라는 선을 따라 저장되어 있고, 열매를 먹거나(데이터가 삭제되거나) 열매가 다시 자라기도 해요(데이터가 추가되거나).

9-1 트리

트리tree 자료구조는 난이도가 있는 편이라 코딩 테스트에서는 잘 출제되지 않고(2019년 카카오 코딩 테스트 1차에서 한 번 출제) 〈코드포스〉 대회에서는 주로 오렌지~레드 이상의 높은 레벨에서 출제되기 때문에 추상적인 개념을 확실히 이해하고, 필요하다면 문제까지 푸는 것을 추천하는 자료구조이다.

카카오 코딩 테스트에서는 트리의 원리를 이용하는 트리 자료구조를 이용하는 문제가 종종 출제되는데 카카오 코딩 테스트를 확실하게 통과하고 싶다면 문제 풀이까지 해봐야 할 자료구조이다. 그 외에는 트리 중에서도 이진 검색 트리, 이진트리의 추상적인 개념을 이해하고 몇몇 예제 정도만 풀어보는 것을 목표로 하면 된다. 만약, 트리가 어렵다면 가볍게 읽어보고 맨 마지막에 공부하는 것을 추천한다.

트리를 이해하기 위해 트리의 개념, 트리의 종류와 특징부터 알아보자.

트리 자료구조는 말 그대로 나무와 유사하게 계층적 구조의 자료구조이다. 나무에는 뿌리, 가지, 잎과 같이 계층이 있는데, 트리 자료구조도 트리, 뿌리, 잎 3가지의 계층이 있다.

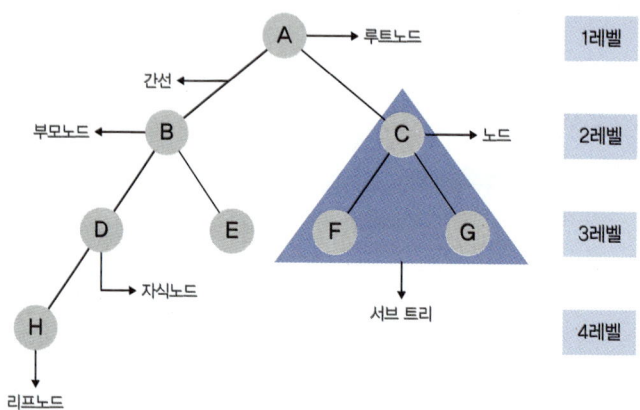

[그림 9-1] 트리 자료구조

- 뿌리는 트리에서 가장 윗부분으로 루트노드를 말한다(그림에서는 A).
- 잎은 트리를 구성하고 있는 요소인 노드를 말한다(그림에서는 A, B, C, D, E, F, G, H).

이렇게 뿌리와 잎으로 구성된 형태를 트리라고 한다.

그리고 트리의 기본 용어는 다음과 같다.

- 노드: 트리를 구성하고 있는 요소를 말하며 그림에서는 A, B, C, D, E, F, G, H를 말한다.
- 루트노드: 트리의 가장 윗부분을 말하며 그림에서는 A 노드를 말한다.
- 간선: 노드와 노드를 연결하고 있는 선을 말한다.
- 부모노드: 노드와 간선으로 연결된 윗부분 노드를 말한다.
- 자식노드: 노드와 간선으로 연결된 아랫부분 노드를 말한다.
  예 B의 자식노드는 D, E이다. D, E의 부모노드는 B이다.
- 리프노드: 자식노드가 없는 노드를 말하며 그림에서는 H, E, F, G가 있다.
- 서브 트리: 하나의 노드와 그 노드들의 자손들로 이루어진 트리이다.
- 레벨: 트리의 각 계층을 의미한다(A의 레벨이 1이고 B, C의 레벨이 2이다. 그리고 D, E, F, G의 레벨이 3, H의 레벨이 4이다).
- 높이: 트리의 높이를 말하며, 그림의 경우 높이는 4이다.

9-2 이진트리

이진트리는 각 노드가 최대 2개의 자식을 갖는 트리를 말한다.

이진트리를 사용하는 이유는 각 노드의 자식노드 수가 2개이기 때문에 트리의 특정 노드를 탐색하는 데 있어서 평균적으로 $O(\log^{노드의 개수})$가 소요되기 때문이다.

현재 노드 위치에서 이동할 수 있는 자식노드의 최대 경우의 수는 2개이므로 찾아야 할 노드의 수가 자식노드로 이동할 때마다 1/2로 줄어들 수 있다. 왼쪽 자식노드로 이동한다면 오른쪽 자식은 볼 필요가 없으므로 절반인 1/2로 줄어들고, 오른쪽 자식노드로 이동한다면 왼쪽 자식노드는 볼 필요가 없으므로 절반인 1/2로 줄어든다.

하지만 이진트리에서는 특정 노드를 탐색하는 데 꼭 $O(\log^{노드의 개수})$가 아닌 $O(노드의 개수)$가 소요될 수 있다는 문제점이 있다. 아래 그림을 보자.

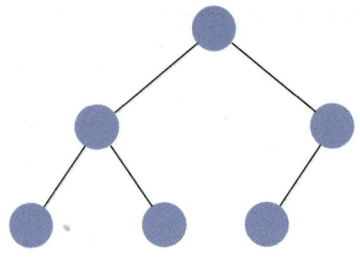

[그림 9-2] 이상적인 이진트리

위 트리는 이상적인 이진트리로 자식노드의 개수를 2개로 맞추어 왼쪽, 오른쪽 균형이 잘 맞춰져 있다. 따라서 루트노드에서부터 시작하여 특정 노드를 찾는다면 $O(\log^{노드의\ 개수})$의 시간복잡도로 찾을 수 있는 것을 보장한다.

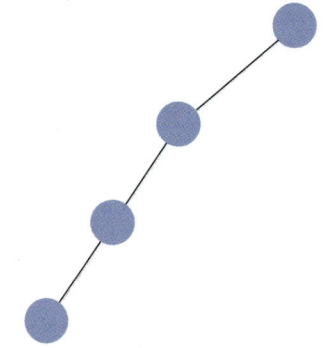

[그림 9-3] 자식노드 수가 1개인 이진트리

하지만 트리가 위의 모습과 같이 각 노드의 자식노드의 수가 1개라면 찾아야 할 노드의 수가 자식노드로 이동할 때마다 총 노드의 개수에서 −1씩 줄어들 뿐이다. 따라서 특정 노드를 찾는 데 $O(노드의\ 개수)$가 소요됨을 알 수 있다.

> **여기서 잠깐!** 트리를 쓰는 이유는 특정 원소를 찾기 위해 $O(\log^n)$의 시간복잡도를 사용하기 위해서다. 따라서 각 노드의 개수가 전부 1개라면 트리를 쓰는 이유가 사라지며 이는 배열을 사용하는 것과 똑같은 효과를 낸다.

이런 문제를 해결하기 위해 레드 블랙 트리, 완전 이진트리 등을 사용하지만 여기서는 실용적인 완전 이진트리만 소개하겠다.

9-3 완전 이진트리

완전 이진트리의 특징은 다음과 같다.

- 마지막 레벨을 제외한 나머지 레벨에서는 노드들이 자식노드를 2개씩 가진다.
- 마지막 레벨은 왼쪽부터 노드가 채워져 있어야 한다.

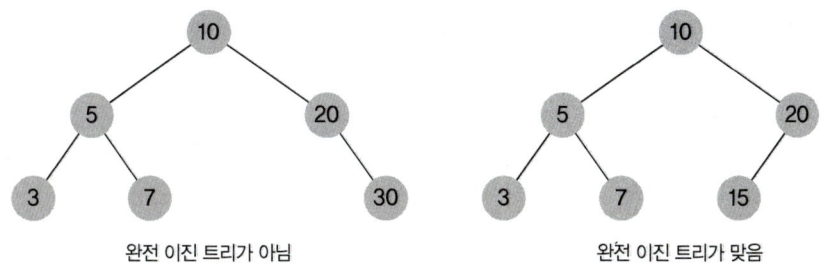

[그림 9-4] 완전 이진트리의 구분

완전 이진트리는 특정 노드의 탐색 시 $O(\log^n)$의 시간복잡도를 소요하는 특징이 있다.

이런 이진트리는 컴퓨터에서 어떻게 사용하고 있을까? *(면접에서 자주 나오는 개념이다!!)*

트리는 컴퓨터의 많은 곳에서 쓰이고 있다. 데이터베이스라는 프로그램도 Btree를 이용하며, HTML도 DomTree를 사용하는 등 정말 많은 곳에서, 많은 기능으로 쓰이고 있지만 대부분 특정 노드의 탐색 시 $O(\log^n)$의 시간복잡도로 찾기 위해 쓴다는 점이 중요하다. 이는 배열을 이용했을 때 특정 배열 원소를 찾는 데 $O(n)$의 시간복잡도보다 효율적이기 때문이다.

9-4 이진트리의 순회 및 예제

트리 순회

https://www.acmicpc.net/problem/1991

시간 제한	메모리 제한	제출	정답	맞힌 사람	정답 비율
2초	128MB	25145	15749	11984	63.887%

문제

이진트리를 입력받아 전위 순회(preorder traversal), 중위 순회(inorder traversal), 후위 순회(postorder traversal)한 결과를 출력하는 프로그램을 작성하시오.

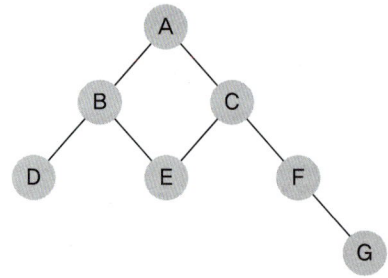

예를 들어 위와 같은 이진트리가 입력되면,

- 전위 순회한 결과: ABDCEFG // (루트) (왼쪽 자식) (오른쪽 자식)
- 중위 순회한 결과: DBAECFG // (왼쪽 자식) (루트) (오른쪽 자식)
- 후위 순회한 결과: DBEGFCA // (왼쪽 자식) (오른쪽 자식) (루트)

가 된다.

입력

첫째 줄에는 이진트리의 노드의 개수 N(1≤N≤26)이 주어진다. 둘째 줄부터 N개의 줄에 걸쳐 각 노드와 그의 왼쪽 자식노드, 오른쪽 자식노드가 주어진다. 노드의 이름은 A부터 차례대로 영문자 대문자로 매겨지며, 항상 A가 루트노드가 된다. 자식노드가 없는 경우에는 .으로 표현된다.

출력

첫째 줄에 전위 순회, 둘째 줄에 중위 순회, 셋째 줄에 후위 순회한 결과를 출력한다. 각 줄에 N개의 알파벳을 공백 없이 출력하면 된다.

예제 입력 1

```
7
A B C
B D .
C E F
E . .
F . G
D . .
G . .
```

예제 출력 1

```
ABDCEFG
DBAECFG
DBEGFCA
```

시간 제한은 2초로 최대 2억 번의 연산을 할 수 있고, 〈백준〉 난이도는 실버1이다.

시간 제한	최대	난이도
2초	2억 번 연산	실버1

문제를 해석하기 위해 전위 순회, 중위 순회, 후위 순회를 알 필요가 있다.

전위 순회(preorder traversal)

1. 노드를 방문한다.
2. 왼쪽 서브 트리를 전위 순회한다.
3. 오른쪽 서브 트리를 전위 순회한다.
   (전위 순회는 중간 → 왼쪽 → 오른쪽 순으로 탐색한다고 생각하면 외우기 쉽다.)

중위 순회(inorder traversal)

1. 왼쪽 서브 트리를 중위 순회한다.
2. 노드를 방문한다.
3. 오른쪽 서브 트리를 중위 순회한다.
   (중위 순회는 왼쪽 → 중간 → 오른쪽 순으로 탐색한다고 생각하면 외우기 쉽다.)

후위 순회(postorder traversal)

1. 왼쪽 서브 트리를 후위 순회한다.
2. 오른쪽 서브 트리를 후위 순회한다.
3. 노드를 방문한다.
   (후위 순회는 왼쪽 → 오른쪽 → 중간 순으로 탐색한다고 생각하면 외우기 쉽다.)

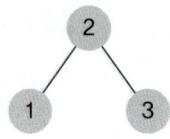

위 트리를 기준으로 보자면 다음과 같다.

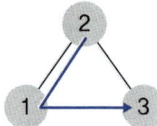

- 전위 순회: 2 → 1 → 3

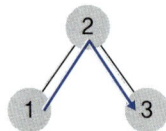

- 중위 순회: 1 → 2 → 3

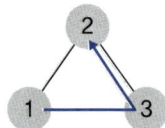

- 후위 순회: 1 → 3 → 2

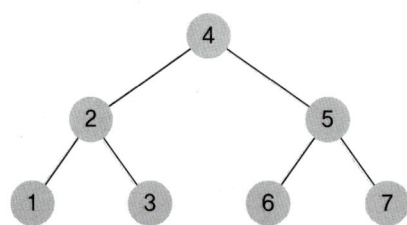

위 트리를 기준으로 보자면 다음과 같다.

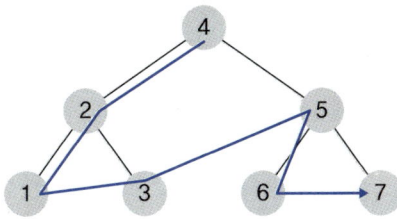

- 전위 순회: 4 → 2 → 1 → 3 → 5 → 6 → 7

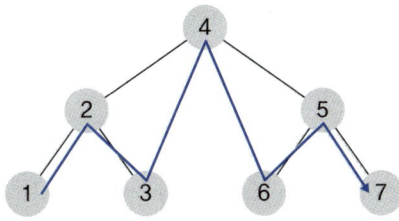

- 중위 순회: 1 → 2 → 3 → 4 → 6 → 5 → 7

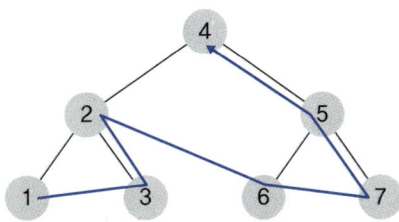

- 후위 순회: 1 → 3 → 2 → 6 → 7 → 5 → 4

이렇게 3가지의 탐색방법을 이해한다면 예제 입력의 탐색도 이해할 수 있을 것이다.

해답코드

```python
class Node:
    def __init__(node, data, left_node, right_node):
        node.data = data
        node.left_node = left_node
        node.right_node = right_node

def pre_order(node):
    print(node.data, end='')
    if node.left_node != '.':
        pre_order(tree[node.left_node])
    if node.right_node != '.':
        pre_order(tree[node.right_node])

def in_order(node):
    if node.left_node != '.':
        in_order(tree[node.left_node])
    print(node.data, end='')
    if node.right_node != '.':
        in_order(tree[node.right_node])

def post_order(node):
    if node.left_node != '.':
        post_order(tree[node.left_node])
    if node.right_node != '.':
        post_order(tree[node.right_node])
    print(node.data, end='')

n = int(input())
tree = {}

for _ in range(n):
    data, left_node, right_node = input().split(' ')
    tree[data] = Node(data, left_node, right_node)
```

```
35    pre_order(tree['A'])
36    print()
37    in_order(tree['A'])
38    print()
39    post_order(tree['A'])
```

코드라인 1~5: 트리 구조를 생성한다.

트리의 각 노드마다 노드의 데이터, 노드의 왼쪽 자식 위치, 노드의 오른쪽 자식 위치를 저장하는 노드를 생성한다.

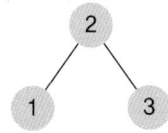

위 그림을 통해 본다면, 2의 노드는 현재 노드의 데이터 2와, 왼쪽 자식 1의 위치, 오른쪽 자식 3의 위치를 저장하고 있는 것이다.

코드라인 7~12: 전위 순회 함수를 생성한다.
코드라인 14~19: 중위 순회 함수를 생성한다.
코드라인 21~26: 후위 순회 함수를 생성한다.

트리 순회를 할 때 각 노드는 노드의 왼쪽 자식 위치, 오른쪽 자식 위치를 저장하고 있으므로 왼쪽 서브 트리로 이동할 때에는 저장해 둔 노드의 왼쪽 자식 위치로 이동하고, 오른쪽 서브 트리로 이동할 때는 저장해 둔 노드의 오른쪽 자식 위치로 이동하게 된다.

위 문제는 트리를 통해 전위 순회, 중위 순회, 후위 순회라는 탐색방법을 배운 것인데, 이러한 탐색방법으로 컴퓨터는 연산식을 해석하고 계산한다.

사람이 수식을 쓸 때 피연산자 사이에 연산자를 포함해서 계산한다.

3+1*3+4/2

이런 식으로 피연산자(숫자) 사이에 연산자(덧셈, 곱셈, 뺄셈, 나눗셈)가 있는 식을 중위표기법으로 나타낸다.

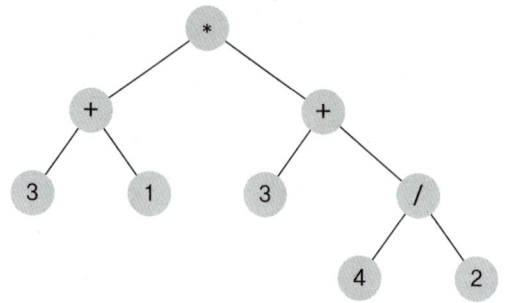

[그림 9-5] 이진트리 순회를 위한 예시 그림

사람이 계산하는 방식과 컴퓨터가 계산하는 방식은 다르다.

사람은 3+1*3+4/2를 계산하기 위해 우선순위가 높은 곱하기와 나눗셈을 처리한 후 더하기와 뺄셈을 처리하는 반면, 컴퓨터는 어떤 연산자부터 처리해야 하는지 모르므로 후위 표기법이나 전위 표기법을 사용한다.

위 트리의 후위 표기법 표현은 31+342/+*이다.

후위 표기법 계산을 위해 가장 최근의 두 수를 연산자에 해당하는 계산을 통해 답을 구한다.

처음 + 연산자를 발견했을 때 두 수 3, 1을 더한다.

4342/+*

/ 연산자를 발견했을 때 4를 2로 나눈다.

432+*

+ 연산자를 발견했을 때 두 수 3, 2를 더한다.

45*

* 연산자를 발견했을 때 두 수 4, 5를 곱한다.

20

이 방법은 연산자의 우선순위가 없으므로 실제 결괏값인 8과 다른 정답을 도출한다.

연산자 우선순위를 해결하기 위해 3+1*3+4/2를 우선순위에 맞게 괄호를 쳐준다.

3+1*3+4/2 → (3+(1*3)+(4/2))

이 괄호에서 연산자를 괄호 뒤로 빼준다.

(3(13)*(42)/)++

이렇게 되어 있는 식을 컴퓨터는 계산을 위해 가장 최근의 두 수를 연산자에 해당하는 계산을 통해 답을 구한다.

처음 * 연산자를 발견했을 때 앞의 두수 1, 3을 곱한다.

(33(42)/)++

/ 연산자를 발견했을 때 앞의 두수 4를 2로 나눈다.

(332)++

+ 연산자를 발견했을 때 앞의 두수 3, 2를 더한다.

(35)+

+ 연산자를 발견했을 때 앞의 두수 3, 5를 더한다.

8

이 문제는 특정 노드를 탐색할 때 $O(\log^n)$의 시간복잡도 이점을 위해서 쓴 것이 아닌 트리의 각 노드가 왼쪽 자식노드의 위치, 오른쪽 자식노드의 위치를 저장했다는 점에서 다양한 탐색방법이 있다는 데 의의가 있다.

이진트리는 코딩 테스트에서 위의 문제와 같은 전위 순회, 중위 순회, 후위 순회의 개념과 트리 구현이란 제목으로 한 번 출제되었다.

9-5 이진 검색 트리

이진 검색 트리란 아래 이미지와 같이 노드에 있는 값을 key라고 할 때, 다음과 같은 조건을 만족하는 트리를 의미한다(이진 검색 트리는 이진트리의 특징을 가질 뿐 서로 다른 트리이다).

- 모든 노드의 Key값은 유일하다(Key는 중복되지 않는다. 이진 검색 트리가 Key값이 유일한 것이지 다른 트리는 대개 Key값이 유일하지 않다).
- 왼쪽 서브 트리의 키들은 루트의 Key값보다 작다.
- 오른쪽 서브 트리의 키들은 루트의 Key값보다 크다.
- 노드의 자식노드는 최대 2개가 올 수 있다.
- 왼쪽과 오른쪽 서브 트리도 이진 검색 트리이다.

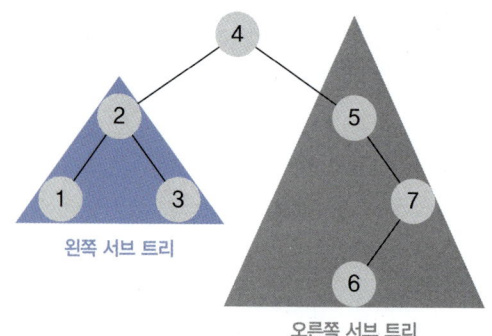

[그림 9-6] 이진 검색 트리 예시

이진 검색 트리의 특징은 원하는 값을 찾을 때 $O(\log_2^n)$의 시간복잡도로 찾을 수 있다는 점이다.

n개의 데이터로 이루어진 배열로 원하는 값을 찾기 위해서는 시간복잡도로 $O(n)$이 소요되지만, 이진 검색 트리는 원하는 값을 $O(\log^n)$으로 찾는다는 장점을 이용하기 위해 사용한다. 이때 이진 검색 트리의 Key값(노드에 저장된 값)이 중복된다면 자식노드로 이동하며 찾는 과정의 의미가 없어진다.

위 그림에서 5가 2개라면 5를 어디다 두어도 6을 찾을 때 $O(\log^n)$을 보장할 수 없다. 이러한 점에서 이진트리는 Key값이 중복되어도 되고, 이진 검색 트리는 Key값이 중복되지 않는다는 차이가 있다.

9-5-1 이진 검색 트리 예제

이진 검색 트리

https://www.acmicpc.net/problem/5639

시간 제한	메모리 제한	제출	정답	맞힌 사람	정답 비율
1초	256MB	14421	5376	3767	38.108%

문제

이진 검색 트리는 다음과 같은 세 가지 조건을 만족하는 이진 트리이다.

- 노드의 왼쪽 서브트리에 있는 모든 노드의 키는 노드의 키보다 작다.
- 노드의 오른쪽 서브트리에 있는 모든 노드의 키는 노드의 키보다 크다.
- 왼쪽, 오른쪽 서브트리도 이진 검색 트리이다.

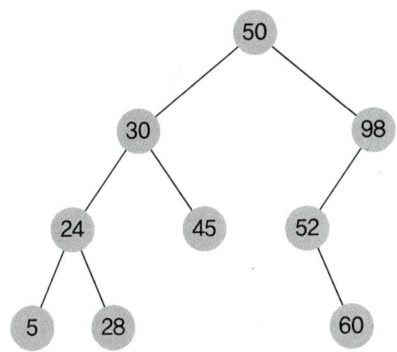

전위 순회(루트-왼쪽-오른쪽)는 루트를 방문하고, 왼쪽 서브트리, 오른쪽 서브트리를 순서대로 방문하면서 노드의 키를 출력한다. 후위 순회(왼쪽-오른쪽-루트)는 왼쪽 서브트리, 오른쪽 서브트리, 루트노드 순서대로 키를 출력한다. 예를 들어, 위의 이진 검색 트리의 전위 순회 결과는 50 30 24 5 28 45 98 52 60 이고, 후위 순회 결과는 5 28 24 45 30 60 52 98 50이다.

이진 검색 트리를 전위 순회한 결과가 주어졌을 때, 이 트리를 후위 순회한 결과를 구하는 프로그램을 작성하시오.

입력

트리를 전위 순회한 결과가 주어진다. 노드에 들어있는 키의 값은 10^6보다 작은 양의 정수이다. 모든 값은 한 줄에 하나씩 주어지며, 노드의 수는 10,000개 이하이다. 같은 키를 가지는 노드는 없다.

출력

입력으로 주어진 이진 검색 트리를 후위 순회한 결과를 한 줄에 하나씩 출력한다.

예제 입력 1

```
50
30
24
5
28
45
98
52
60
```

예제 출력 1

```
5
28
24
45
30
60
52
98
50
```

시간 제한은 1초로 최대 1억 번의 연산을 할 수 있고, 〈백준〉 난이도는 실버1이다.

시간 제한	최대	난이도
1초	1억 번 연산	실버1

문제설명

입력으로 한 줄씩 트리를 전위 순회한 결과가 주어진다. 이를 원래 트리의 후위 순회한 결과로 한 줄씩 출력하면 되는 문제이다.

전위 순회의 특징은 다음과 같다.

1. 노드를 방문한다.
2. 왼쪽 서브 트리를 전위 순회한다.
3. 오른쪽 서브 트리를 전위 순회한다.

이진 검색 트리의 전위 순회한 결과가 주어졌고, 그 트리를 후위 순회한 결과를 나타내기 위해서는 아래의 작업이 필요하다.

1. 전위 순회한 트리를 만든다.
2. 만든 트리를 후위 순회한다.

1-1) 1을 해결하기 위해서는 전위 순회의 첫 방문은 루트노드이므로 처음 입력된 노드를 루트에 넣는다.
1-2) 이후의 입력들은 왼쪽 서브 트리를 전위 순회할 것이다. 그런데 사실 어차피 입력된 수들이 이진 검색 트리이기 때문에 우리는 이러한 알고리즘을 만들 수 있다.
1-3) 현재 방문한 노드의 위치를 나타내는 current 변수를 루트노드의 위치의 값으로 설정한다.

전위 순회에 각 입력에 대하여 아래와 같이 해당 작업을 완료한다면 전위 순회한 트리가 완성된다.

    1-4)
        1-4-1) 입력 데이터가 current 위치값보다 작다면
            1-4-1-1) current의 왼쪽이 비어 있으면 입력값을 current의 왼쪽으로 넣는다.
            1-4-1-2) current의 왼쪽이 비어 있지 않다면 current의 값을 current의 왼쪽 자식노드 위치로 옮기고 1-4)로 되돌아간다.
        1-4-2) 입력 데이터가 current 위치값보다 크다면
            1-4-2-1) current의 오른쪽이 비어 있으면 입력값을 current의 오른쪽으로 넣는다.
            1-4-2-2) current의 오른쪽이 비어 있지 않다면 current값을 current의 오른쪽 자식노드 위치로 옮기고 1-4)로 되돌아간다.

이렇게 완성된 트리를 후위 순회해주어 아래 3가지 과정을 거쳐 방문한 노드를 출력해주면 된다.

1. 왼쪽 서브 트리를 후위 순회한다.
2. 오른쪽 서브 트리를 후위 순회한다.
3. 현재 노드를 출력한다.

해답코드

```
1   import sys
2   sys.setrecursionlimit(20000)
3   input = sys.stdin.readline
4   
4   class Node:
5       def __init__(self, data):
6           self.data = data
7           self.left = None
8           self.right = None
9   
10  class Tree:
11      def __init__(self):
12          self.root = None
13  
14      def add(self, data):
15          if(self.root == None):
16              self.root = Node(data)
17  
18          else:
19              current = self.root
20              while(True):
21                  if(current.data > data):
22                      if(current.left == None):
23                          current.left = Node(data)
24                          break
25                      current = current.left
26  
27                  if(current.data < data):
28                      if(current.right == None):
29                          current.right = Node(data)
30                          break
31                      current = current.right
32  
33      def postOrder(self, node=None):
34          global answer
```

```
35
36              if node == None:
37                  node = self.root
38
39              if node.left != None:
40                  self.postOrder(node.left)
41              if node.right != None:
42                  self.postOrder(node.right)
43              answer.append(node.data)
44
45
46      tree = Tree()
47      while True:
48          try:
49              tree.add(int(input()))
50          except:
51              break
52      answer = []
53      tree.postOrder()
54      print('\n'.join(map(str, answer)))
```

코드라인 4~5: 노드를 만들기 위한 클래스를 정의한다.

코드라인 14~31: 전위 순회에 각 입력에 대하여

   1-4)

      1-4-1) 입력 데이터가 current 위치값보다 작다면

         1-4-1-1) current의 왼쪽이 비어 있으면 입력값을 current의 왼쪽으로 넣는다.

         1-4-1-2) current의 왼쪽이 비어 있지 않다면 current값을 current의 왼쪽 자식 노드 위치로 옮기고 1-4)로 되돌아간다.

      1-4-2) 입력 데이터가 current 위치값보다 크다면

         1-4-2-1) current의 오른쪽이 비어 있으면 입력값을 current의 오른쪽으로 넣는다.

         1-4-2-2) current의 오른쪽이 비어 있지 않다면 current값을 current의 오른쪽 자식노드 위치로 옮기고 1-4)로 되돌아간다.

이 과정을 다음처럼 코드로 구현한다.

코드라인 33~43: 만든 트리에 대한 후위 순회 함수이다.
코드라인 46~51: 전위 순회 입력을 한 줄씩 입력받는다.
코드라인 53: 코드라인 33~43에서 만든 함수를 실행한다.
코드라인 54: 정답을 출력한다.

긴 코드이지만 코드의 기능을 묶어서 보면 단순한 코드이다.

이진 검색 트리는 컴퓨터 속에서 파일 디렉터리의 구조로 사용된다.

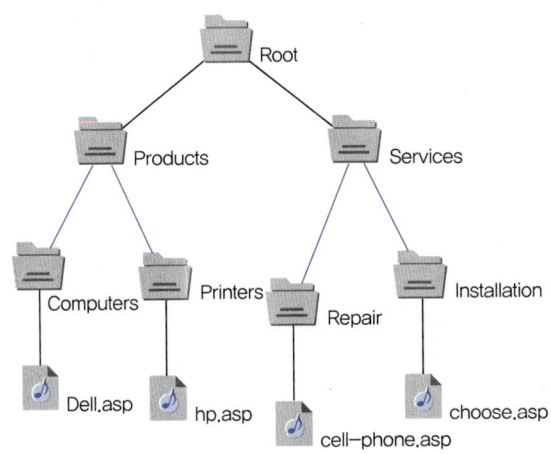

[그림 9-7] 이진 검색 트리의 예시인 파일 디렉터리

윈도우즈 운영체제를 기준으로 내 파일의 파일 디렉터리는 같은 레벨에 있는 파일의 이름을 동일하게 할 수 없다. 이는 이진 검색 트리의 $O(\log^n)$ 시간복잡도로 원하는 파일을 찾기 위한 방법이다.

번호	제목	맞은 사람	난이도
1135	뉴스 전하기	500	2.59
1165	단어퍼즐	15	3.67
1167	트리의 지름	4,464	2.86
1180	선인장의 지름	21	4.10
1240	노드사이의 거리	406	1.89
1289	트리의 가중치	515	3.15
1396	크루스칼의 공	289	3.09
1539	이진 검색 트리	103	2.60
1595	북쪽나라의 도로	59	2.85
1623	신년 파티	59	2.53
1626	두 번째로 작은 스패닝 트리	347	8.28
1646	피보나치 트리	61	2.16
1693	트리 색칠하기	616	3.56
1734	교통 체계	82	4.06
1761	정점들의 거리	1,829	2.56
1763	트리 색칠	88	3.13
1772	정원 정리	56	1.29
1805	나무수송	41	2.71
1814	지붕 색칠하기	53	3.34
1839	트리 모델 만들기	23	3.13

[그림 9-8] 트리 자료구조 문제들의 난이도

위 그림은 solved.ac를 통해 트리 자료구조 문제 목록을 나타낸 것이다.

트리 자료구조는 〈백준〉에서는 플래티넘 이상의 난이도로 어려운 문제가 주를 이루고 〈코드 포스〉 또한 오렌지~레드 이상의 높은 문제가 주를 이룬다. 트리 자료구조 자체는 $O(\log^n)$의 시간복잡도로 원하는 값을 찾거나 값을 변경하는 등에서 이점이 있다.

개념이 다른 자료구조에서 자주 쓰인다는 점에서 중요하다고 생각하며 나의 실력에 비슷한 문제 중에서는 문제를 풀 때 큰 도움은 받지 못했던 자료구조였다고 생각한다.[1]

---

1 값을 추가하거나 삭제할 때 또한 O(logn)의 시간복잡도를 소요하기 위해서는 레드 블랙 트리를 이용하는데, 이는 너무 심화된 내용의 자료구조라 생각하겠다.

보통의
취준생을 위한

코딩 테스트

with 파이썬

코딩 테스트 출제 빈도

코드포스 출제 빈도

제10장

맵

독자 우리의 주적, 시간복잡도를 상대할 수 있는 비기를 알려주세요.

저자 이번에 알려줄 비기는 맵 자료구조입니다. 이는 원하는 수를 찾을 때, $O(\log^n)$의 시간복잡도를 사용하므로 주적을 상대할 최첨단 무기라고 할 수 있습니다.

10-1 맵

맵Map은 데이터를 Key-Value(키-값)의 형식으로 저장하는 방식이다. Key는 중복을 허용하지 않지만, Value는 중복을 허용한다는 특징이 있다.

[주민번호 - 사람 이름]이라는 형태를 보자.

주민번호는 사람마다 전부 다르므로 중복되지 않는다. 그렇지만 사람 이름이 같은 사람은 여러 명일 수 있으므로 중복될 수 있다. 이처럼 중복되지 않는 Key에 중복 가능한 Value를 저장하는 방식이 맵 자료구조이다.

맵의 경우 코딩 테스트와 〈코드포스〉에서 많이 출제되며, 알고리즘 문제를 풀다 보면 심심치 않게 볼 수 있는 자료구조이다.

맵은 트리 형태를 이용하여 구현하거나 해시를 이용하여 구현할 수 있다. 트리 형태를 이용하거나 해시를 이용한다는 것은 우선순위 큐를 구현하기 위해 힙Heap을 이용하듯이 맵을 구현하기 위한 2가지 방법을 말한다. 이는 면접에서 알아두어야 할 개념이니 어떤 식으로 Key - Value 형식을 저장하는지 차이를 비교하며 읽어보기 바란다. 맵 자료구조를 이용하는 문제는 코딩 테스트와 〈코드포스〉에서 많이 출제되지만 문제 풀이에 있어 맵의 세부적인 구현 방법까지 신경 쓸 필요는 없다.

10-2 트리를 이용하여 구현하는 맵

트리를 이용한 맵은 카카오 코딩 테스트 기출 문제인 오픈채팅방을 풀 때 설명한 맵이다.

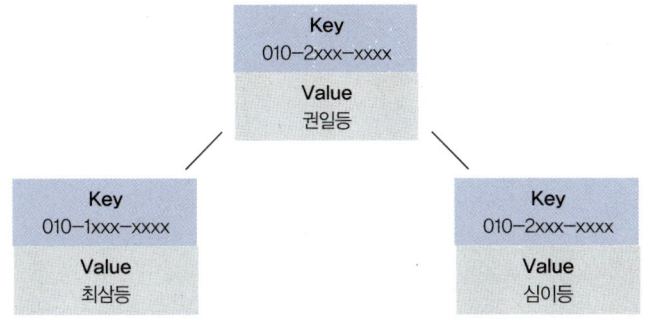

[그림 10-1] 트리 자료구조를 통해 구현된 맵

완전 이진 검색 트리의 각 노드에 Key와 Value를 저장하는 데이터를 추가한다면 맵 자료구조를 완성할 수 있다. 이때 원하는 값을 찾을 때 $O(\log_2 n)$의 시간복잡도로 찾을 수 있으며 트리에 값을 추가할 때도 $O(\log_2 n)$의 시간복잡도로 삽입할 수 있다.

완전 이진 검색 트리의 데이터 추가는 시간복잡도가 $O(\log_2 n)$이 아니다. 실제로는 레드블랙 트리를 이용하여 데이터 추가의 시간복잡도가 $O(\log_2 n)$이 되지만 여기서는 편의상 이해하기 쉽게 완전 이진 검색 트리 구조에 각 노드를 Key-Value 형태로 저장해둔 모습이라 하겠다.

10-3 해시를 이용하여 구현하는 맵

해시를 이용한 맵은 해시(다양한 길이를 가진 데이터를 고정된 길이를 가진 데이터로 변경한 값)화한 Key를 통해 Key-Value를 저장해둔 자료구조이다. 여기서 해시화를 해싱 Hashing이라 부르겠다.

해싱이란 Key값이 주어졌을 때 항상 동일한 해시값을 보장해주는 방식을 의미한다. 숫자 1, 2, 3, 4, 5가 있고 입력된 숫자를 3으로 나눈 나머지 값으로 해싱을 설정한다고 하자. 숫자 1, 2, 3, 4, 5에 대한 해시값은 다음과 같다.

[표 10-1] 숫자 1, 2, 3, 4, 5에 대한 해시값

숫자	해시값
1	1
2	2
3 →	0
4	1
5	2

숫자 1을 해싱에 입력한다면 해시값은 항상 1이 나오며,
숫자 3을 해싱에 입력한다면 해시값은 항상 0이 나오며,
숫자 4를 해싱에 입력한다면 해시값은 항상 1이 나온다.

해싱을 1,000,000,000으로 나눈 나머지로 한다면 10억 이하의 수는 모두 다른 해시값을 가질 것이다. 이렇게 중복되지 않는 해시값을 통해 Key값을 저장할 메모리 위치를 확보하며 Value값을 넣어준다.

문제는 해싱을 10억으로 나눈 나머지로 설정한다면 메모리를 매우 많이 차지할 수 있는 반면(숫자형 변수 10억 개의 메모리 크기는 대략 4GB이다), 해싱을 3으로 나눈 나머지로 설정한다면 중복되는 해시값이 발생할 수 있다.

이외의 해싱 방법으로 Key*100+1, Key/10 등 개발자가 구현하는 방식에 따라 해싱을 지정해줄 수 있지만 근본적인 Key값의 중복 문제를 해결하기 어렵거나 효율적인 메모리 사용은 어렵다.

이러한 문제점을 해결하기 위해 체이닝, 오픈 어드레싱 방법을 사용한다.

10-3-1 체이닝 방식

동일한 해시값으로 인한 해시 충돌이 발생할 경우 동일한 해시값에 해당하는 Key끼리 서로 연결해가며 저장해둔 방식이다.

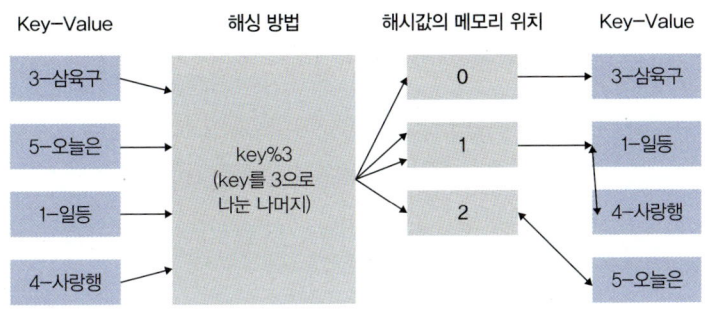

[그림 10-2] 해시를 이용한 체이닝 저장방식

해싱을 Key값 3으로 나눈 나머지로 설정했을 때

- '1-일등'은 메모리 1에, (1%3=1)
- '3-삼육구'는 메모리 0에, (3%3=0)
- '4-사랑행'은 메모리 1에, (4%3=1)
- '5-오늘은'은 메모리 2에 위치시킨다. (5%3=2)

'1-일등'과, '4-사랑행'은 해시값이 같기 때문에, LinkedList 자료구조를 이용하여 해시값의 메모리 위치에 Key-Value 데이터를 하나씩 추가해서 서로 연결해가며 저장해 둔다.

이러한 체이닝 방법은 동일한 Key값(동일한 Key값은 결국 해시값도 동일하다)을 가지는 곳에 Value를 저장하기 위해 알맞은 구조이다.

[그림 10-3] 체이닝 방식의 예시인 인스타그램 해시 태그

SNS 중 인스타그램에는 해시 태그라는 기능이 있다. 해시 태그는 '#문자'에 해당하는 Key에 게시글 Value를 저장한다. '#좋아요'와 같은 해시태그는 '좋아요'라는 Key값을 가진 저장장소에 '게시글'이라는 Value를 추가적으로 저장해 나갈 수 있다.

실제 인스타그램이 맵 자료구조를 사용했는지, 혹은 맵 자료구조 중 HashMap을 사용하여 구현했는지는 모르겠지만 해싱 방법을 이용하여 인스타그램 해시 태그를 구현할 수 있고, 그렇게 구현했을 경우, 시간복잡도는 평균적으로 Key를 해시화하는 시간복잡도 $O(1)$로 게시글을 저장한 곳으로 이동할 수 있다.

단, 해시값의 위치에 연결된 데이터가 많다면 최대 $O(n)$의 시간복잡도가 소요된다.

Key값에 Value를 추가할 때도 해시값을 이용한 메모리 장소에 삽입하면 되므로 평균적으로 $O(1)$의 시간복잡도가 소요된다. 이때도 해시값의 위치에 연결된 데이터가 많다면 최대 $O(n)$의 시간복잡도가 소요된다.

10-3-2 오픈 어드레싱 방식

해시값에 해당하는 메모리 위치에 Key-Value가 있다면 그 위치부터 탐색해가며 아무 값도 없는 위치에 Key-Value를 넣는 방식이다.

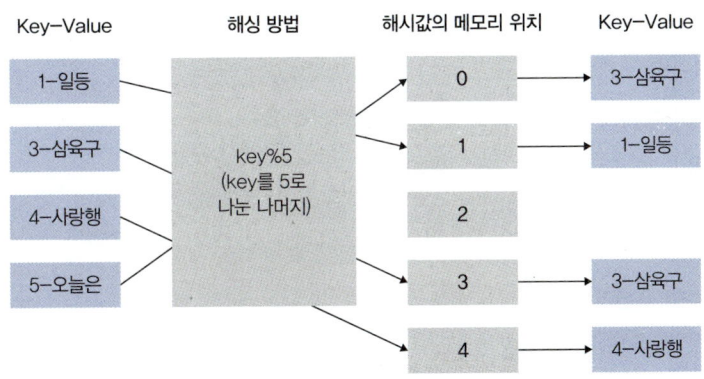

[그림 10-3] 해시를 이용한 오픈 어드레싱 저장방식 ①

Key값을 5로 나눈 나머지로 해싱을 설정했을 때

- '1-일등'은 메모리 1에, (1%5=1)
- '3-삼육구'는 메모리 3에, (3%5=3)
- '4-사랑행'은 메모리 4에, (4%5=4)
- '5-오늘은'은 메모리 0에 위치시킨다. (5%5=0)

이때 다음 그림처럼 '6-육개장'이라는 Key-Value를 추가할 때 Key의 해시값은 0이므로 메모리 0부터 탐색해가며 Key값이 들어있지 않는 2번 위치에 Key-Value를 넣어주면 된다.

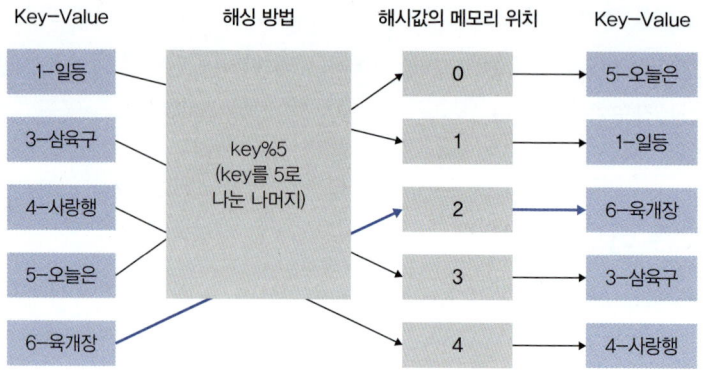

[그림 10-4] 해시를 이용한 오픈 어드레싱 저장방식 ②

오픈 어드레싱 방식은 메모리를 효율적으로 사용할 수 있지만, 단점으로는 최악의 경우 해시값의 충돌이 일어나 비어 있는 메모리 위치를 찾을 때 시간복잡도는 $O($메모리의 크기$)$가 된다. 그렇지만 평균적으로는 $O(1)$의 시간복잡도를 보장해준다.

마지막으로, 시간복잡도를 정리하면 아래와 같다.

트리를 이용하여 구현한 맵

원하는 값을 찾을 때 시간복잡도는 $O(\log_2 n)$이며, Value를 추가할 때의 시간복잡도는 $O(\log_2 n)$이다.

해시를 이용하여 구현한 맵

원하는 값을 찾을 때 평균 시간복잡도는 $O(1)$이며, Value를 추가할 때의 평균 시간복잡도는 $O(1)$이다.

아래와 같이 프로그램 언어마다 맵을 구현하는 방법은 다르므로 자신이 사용하는 언어에서 맵을 어떻게 구현했는지 구글에서 검색해서 찾아보길 바란다.

- 파이썬은 해시를 이용하여 맵을 구현한다.
- C++는 트리를 이용하여 맵을 구현한다.
- 자바는 트리, 해시 중 무엇을 이용하여 맵을 구현할지 프로그래머가 결정할 수 있다.

10-4 맵을 사용하는 예제 1

맵을 어떻게 구현했는지 배웠으니 예제를 통해 맵을 사용해보자. 파이썬에서 맵은 dictionary라는 파이썬의 내장 자료구조를 이용하면 되는데(dictionary는 해시를 이용한 맵이다), 사용법은 아래와 같다.

변수명 = {}

패션왕 신해빈

https://www.acmicpc.net/problem/9375

시간 제한	메모리 제한	제출	정답	맞힌 사람	정답 비율
1초	128MB	9747	5203	4521	54.747%

문제

해빈이는 패션에 매우 민감해서 한번 입었던 옷들의 조합을 절대 다시 입지 않는다. 예를 들어 오늘 해빈이가 안경, 코트, 상의, 신발을 입었다면, 다음날은 바지를 추가로 입거나 안경대신 렌즈를 착용하거나 해야한다. 해빈이가 가진 의상들이 주어졌을때 과연 해빈이는 알몸이 아닌 상태로 며칠동안 밖에 돌아다닐 수 있을까?

입력

첫째 줄에 테스트 케이스가 주어진다. 테스트 케이스는 최대 100이다.

- 각 테스트 케이스의 첫째 줄에는 해빈이가 가진 의상의 수 n($0 \leq n \leq 30$)이 주어진다.
- 다음 n개에는 해빈이가 가진 의상의 이름과 의상의 종류가 공백으로 구분되어 주어진다. 같은 종류의 의상은 하나만 입을 수 있다.

모든 문자열은 1이상 20이하의 알파벳 소문자로 이루어져 있으며 같은 이름을 가진 의상은 존재하지 않는다.

출력

각 테스트 케이스에 대해 해빈이가 알몸이 아닌 상태로 의상을 입을 수 있는 경우를 출력하시오.

예제 입력 1

```
2
3
hat headgear
sunglasses eyewear
turban headgear
3
mask face
sunglasses face
makeup face
```

예제 출력 1

```
5
3
```

힌트

첫 번째 테스트 케이스는 headgear에 해당하는 의상이 hat, turban이며 eyewear에 해당하는 의상이 sunglasses이므로 (hat), (turban), (sunglasses), (hat,sunglasses), (turban,sunglasses)로 총 5가지이다.

시간 제한은 1초로 최대 1억 번의 연산을 할 수 있고, 〈백준〉 난이도는 실버3이다.

시간 제한	최대	난이도
1초	1억 번 연산	실버3

문제설명

각 테스트 케이스마다, 혜빈이가 가진 의상의 수 n이 주어지며, 입력은 의상의 이름, 의상의 종류로 주어진다. 이때 같은 종류의 의상은 하나만 입을 수 있다. 이를 해결하기 위해 경우의 수와 맵을 이용해야 하는 문제이다.

3

[표 10-2] 의상의 이름과 종류

의상의 이름	의상의 종류
hat	headgear
sunglasses	eyewear
turban	headgear

예제 입력1의 테스트 케이스를 보며 설명하면, 결과적으로 정답을 내기 위해서 혜빈이는 의상의 종류는 중복이 되면 안 되게 입을 수 있는 경우의 수를 모두 구해야 한다.

혜빈이가 입을 수 있는 옷 종류의 경우는 다음과 같이 3가지가 있다.

- headgear만 입는 경우
- eyewear만 입는 경우
- headgear, eyewear를 동시에 입는 경우

headgear에서 택할 수 있는 경우는 hat, turban, 선택 안 함, 3가지가 있고, eyewear에서 택할 수 있는 경우는 sunglasses, 선택 안 함, 2가지가 있다.

headgear에서 가능한 경우 $_3C_1=3$과 eyewear에서 가능한 경우 $_2C_1=2$를 곱해준 후 옷을 전부입지 않은 상태를 빼주면 정답이 된다.

3*2-1=5

정답으로 도식화하면 아래의 식과 같다.

정답=(의상 종류 1에서 선택 가능한 수+1)*(의상 종류 2에서 선택 가능한 수+1)*...*(의상 종류 n에서 선택 가능한 수+1)-1(옷을 입지 않은 경우)

의상의 이름은 중요하지 않고 의상의 종류에 의상의 이름이 몇 개가 있는지가 중요한 문제이다. 이를 위해서 의상의 종류를 Key로 두고 해당 의상의 종류와 짝이 맞는 의상의 이름이 나올 때마다 Value값을 1씩 증가시키면 의상의 종류에는 몇 개의 의상이 이름이 있는지 알 수 있다.

해답코드

```
1    testcase=int(input())
2    
3    for i in range(testcase):
4        map = {}
5        answer=1
6        n= int(input())
```

```
7       for j in range(n):
8           a, b = input().split()
9           if not b in map:
10              map[b] = 1
11          else:
12              map[b] +=1
13      for k in map.keys():
14          answer =answer * (map[k]+1)
15   print(answer-1)
```

코드라인 4: map을 사용하기 위해 변수명={}을 사용한다.

코드라인 5: 의상의 수 n을 입력받는다.

코드라인 8: 의상의 이름, 의상의 종류를 입력받는다.

코드라인 9~10: 의상의 종류를 key로 하는 값이 map에 없다면 key에 해당하는 value를 1로 설정해준다. map[key]=1이다.

코드라인 9~10: 의상의 종류를 key로 하는 값이 map에 있다면 key값에 해당하는 value를 1 증가시켜준다 map[key]+=1이다.

코드라인 13~14: map 안에 있는 모든 key를 순회하며 정답을 출력할 변수에 key에 해당하는 (value+1) 값을 곱해준다. 이는 '의상의 종류'에서 선택 가능한 수+1이다.

코드라인 15: 옷을 전부 입지 않은 값을 포함하므로 정답에서 -1을 뺀 값을 출력해준다.

맵을 활용하는 더 어려운 문제도 있지만 코딩 테스트나 〈코드포스〉 대회와 같이 문제를 풀 때 이 정도 수준의 사용법만 알아도 충분하다. 맵 또한 맵 자료구조를 사용하는 것은 어렵지 않지만 문제를 해결함에 있어 추가적인 요소를 해결하는 것이 어렵게 출제되기 때문이다(예를 들면 카카오의 오픈채팅방 문제에서는 추가적인 문자열 파싱이 필요하다).

또한 내가 생각하기에 맵 자료구조는 어려운 수학적 사고력을 요구하는 문제가 아니면 대부분 대동소이하다고 느꼈다.

맵은 Key-Value 형식으로 데이터를 저장하고 프로그램 언어에서 어떻게 사용하는지 정도만 알아두자. 그래도 아쉽다면 수학적 사고력을 필요로 하며 맵 자료구조를 쓰는 〈코드포스〉 문제 하나를 보자. 참고로 '10-5 맵을 사용하는 예제 2'는 맵과 수학적 사고력을 이용하도록 잘 유도된 인상 깊었던 훌륭한 문제라 추가했다.

10-5 맵을 사용하는 예제 2 - 〈코드포스〉

D. Non-zero Segments

http://codeforces.com/problemset/problem/1426/D

time limit per test	memory limit per test	input	output
2 seconds	256MB	standard input	standard output

Kolya got an integer array $a_1, a_2, \cdots, a_n$. The array can contain both positive and negative integers, but Kolya doesn't like 0, so the array doesn't contain any zeros.

Kolya doesn't like that the sum of some subsegments of his array can be 0. The subsegment is some consecutive segment of elements of the array.

You have to help Kolya and change his array in such a way that it doesn't contain any subsegments with the sum 0. To reach this goal, you can insert any integers between any pair of adjacent elements of the array (integers can be really any: positive, negative, 0, any by absolute value, even such a huge that they can't be represented in most standard programming languages).

Your task is to find the minimum number of integers you have to insert into Kolya's array in such a way that the resulting array doesn't contain any subsegments with the sum 0.

Input

The first line of the input contains one integer $n(2 \leq n \leq 200000)$ - the number of elements in Kolya's array.

The second line of the input contains n integers $a_1, a_2, \cdots, a_n(-10^9 \leq a_i \leq 10^9, a_i \neq 0)$ - the description of Kolya's array.

Output

Print the minimum number of integers you have to insert into Kolya's array in such a way that the resulting array doesn't contain any subsegments with the sum 0.

input 1

```
4
1 -5 3 2
```

output 1

```
1
```

input 2

5
4 -2 3 -9 2

output 2

0

input 3

9
-1 1 -1 1 -1 1 1 -1 -1

output 3

6

input 4

8
16 -5 -11 -15 10 5 4 -4

output 4

3

Note

Consider the first example. There is only one subsegment with the sum 0. It starts in the second element and ends in the fourth element. It's enough to insert one element so the array doesn't contain any subsegments with the sum equal to zero. For example, it is possible to insert the integer 1 between second and third elements of the array.

There are no subsegments having sum 0 in the second example so you don't need to do anything.

시간 제한은 2초로 최대 2억 번의 연산을 할 수 있고, 〈코드포스〉 난이도는 *1,500(민트)이다.[1]

시간 제한	최대	난이도
2초	2억 번 연산	*1,500(민트)

---

[1] 〈백준〉 난이도로는 골드1 이상으로 추정된다.

문제설명

0을 제외한 양의 점수와 음의 정수로 구성된 배열이 있다. 이 배열의 연속 부분들의 합이 0이 되는 것을 방지하기 위해 당신은 원하는 수(0혹은 무한도 가능)를 배열 사이에 삽입할 수 있다. 배열의 연속 부분들의 합이 0이 없도록 하기 위해 수를 삽입해야 하는 최소 횟수를 구하면 된다.

input 4를 보자.

  $n=8$
  배열 a=16, -5, -11, -15, 10, 5, 4, -4

연속된 합이 0이 되는 부분을 확인해보면

  a[0]=16을 만났을 때, 누적합은 16이다.
  a[1]=-5를 만났을 때, 누적합은 11이다.
  a[2]=-11을 만났을 때, 누적합은 0이다.
  이때 -5와 -11 사이에 무한을 넣어주면 연속된 합이 0이 되지 않는다.

  a[3]=-15를 만났을 때, 누적합은 -15가 된다.
  a[4]=10을 만났을 때, 누적합은 -5가 된다.
  a[5]=5를 만났을 때, 누적합은 0이 된다.
  이때 10과 5 사이에 무한을 넣어주면 연속된 합이 0이 되지 않는다.

  a[6]=4를 만났을 때 누적합은 4가 된다.
  a[7]=-4를 만났을 때 누적합은 0이 된다.
  이때 4와 -4 사이에 무한을 넣어주면 연속된 합이 0이 되지 않는다.

총 3가지의 경우 0이 연속된 배열의 합이 0이 될 수 있다.

이때 'a[0]부터 a[6]까지도 더한 수가 0이 될 수도 있지 않은가?', '좀 더 많은 경우의 수를 확인해야 하는 것 아닌가?'라는 부분에서 의심이 든다. 그렇지만 처음 -5와 -11 사이에 무한을 넣어줬다면 -5와 -11을 범위로 표현하는 부분수열 a는 무슨 수를 써도 0이 될 수가 없다(무한이라는 값이 수 사이에 있기 때문에). 즉 누적합이 0이 된다면 이전에 연속된 합이 0이 된 부분은 배제해도 된다는 점에서 수학적 사고력이 필요하다.

이는 누적합 개념과 맵 자료구조를 사용하면 해결할 수 있다.

n의 최댓값은 200,000이다. 그리고 배열 a의 범위는 $-10^9<=a<=10^9$이다. n개의 수에 대해서 맵을 이용하므로 총 시간복잡도는 $O(n*\log^n)$이 되며 2초 안에 해결할 수 있다.

해답코드

```
1    n=int(input())
2    a=list(map(int, input().split()))
3    prefix_sum=[0]*200001
4    map={}
5    answer=0
6
7    map[0]=1
8    for i in range(n):
9        prefix_sum[i]=a[i];
10       if i!=0:
11           prefix_sum[i]+=prefix_sum[i-1]
12       if prefix_sum[i] in map :
13           answer+=1
14           map.clear()
15           map[prefix_sum[i-1]]=1
16       map[prefix_sum[i]]=1
17   print(answer)
```

코드라인 1: n을 입력받는다.

코드라인 2: 배열 a를 입력받는다.

코드라인 3: 누적 합을 이용하기 위한 배열을 생성한다.

코드라인 7~16: 자료구조 map을 사용한다.

  코드라인 7: map[0]=1로 초기화 해두었다. 이는 코드라인 12에서 수를 삽입해야 하는 연속된 배열의 합이 0일 때를 확인하기 위해서이다.

  코드라인 8: 배열을 탐색하기 위해 for문을 사용한다.

  코드라인 9~11: 누적 합 사용을 위해 누적 합=이전 합+현재 합의 방정식을 통해 구해준다.

코드라인 12~15: 누적 합에 해당하는 key값이 map에 있다면 정답의 개수를 1 증가하고, map 자료구조를 초기화해 준다. 그 후 무한을 삽입한 다음 누적 합부터 다시 수를 삽입해야 하는 연속된 배열의 합이 0일 때를 확인하기 위해 map[prefix_sum[i-1]]=1로 값을 설정해준다.

코드라인 16: 누적 합이 map 자료구조에 있음을 표시해 준다.

코드라인 17: 정답을 출력한다.

〈코드포스〉에서는 이 정도 문제가 *1,500(민트) 난이도로 출제된다. 설명이 부족한 점도 있지만 영어 해석부터, 문제를 해결하기 위한 수학적 사고력 모두 쉽지는 않음을 보여준다. 당장은 이 정도 수학적 사고력은 없어도 만들어 가면 되니 차근차근 문제해결 능력을 더 길러보자.

10-6 맵을 사용하는 예제 3 - 〈코드포스〉

다음으로는 〈코드포스〉 문제로 예제를 준비했는데 수학적 사고력에 정말 도움이 많이 될 문제일 것이다. 맵이 코딩 테스트나 〈백준〉에서는 단순히 Key-Value 형식을 저장하기 위해 많이 쓰이는데, 〈코드포스〉에서는 Key-Value에 추가로 수학적 사고력까지 요구한다는 게 다르다.

D. MEX maximizing

http://codeforces.com/problemset/problem/1294/D

time limit per test	memory limit per test	input	output
3 seconds	256MB	standard input	standard output

Recall that MEX of an array is a minimum non-negative integer that does not belong to the array. Examples:

- for the array [0, 0, 1, 0, 2] MEX equals to 3 because numbers 0, 1 and 2 are presented in the array and 3 is the minimum non-negative integer not presented in the array;
- for the array [1, 2, 3, 4] MEX equals to 0 because 0 is the minimum non-negative integer not presented in the array;
- for the array [0, 1, 4, 3] MEX equals to 2 because 2 is the minimum non-negative integer not presented in the array.

You are given an empty array $a=[]$ (in other words, a zero-length array). You are also given a positive integer x.

You are also given q queries. The j-th query consists of one integer y_j and means that you have to append one element y_j to the array. The array length increases by 1 after a query.

In one move, you can choose any index i and set $a_i := a_i + x$ or $a_i := a_i - x$ (i.e. increase or decrease any element of the array by x). The only restriction is that a_i cannot become negative. Since initially the array is empty, you can perform moves only after the first query.

You have to maximize the MEX (minimum excluded) of the array if you can perform any number of such operations (you can even perform the operation multiple times with one element).

You have to find the answer after each of q queries (i.e. the j-th answer corresponds to the array of length j).

Operations are discarded before each query. I.e. the array a after the j-th query equals to $[y_1, y_2, \cdots, y_j]$.

Input

The first line of the input contains two integers q, x ($1 \le q, x \le 4 \cdot 10^5$) – the number of queries and the value of x.

The next q lines describe queries. The j-th query consists of one integer y_j ($0 \le y_j \le 10^9$) and means that you have to append one element y_j to the array.

Output

Print the answer to the initial problem after each query – for the query j print the maximum value of MEX after first j queries. Note that queries are dependent (the array changes after each query) but operations are independent between queries.

input 1
```
7 3
0
1
2
2
0
0
10
```

output 1
```
1
2
3
3
4
4
7
```

input 2

```
4 3
1
2
1
2
```

output 2

```
0
0
0
0
```

Note

In the first example:

- After the first query, the array is $a=[0]$: you don't need to perform any operations, maximum possible MEX is 1.
- After the second query, the array is $a=[0, 1]$: you don't need to perform any operations, maximum possible MEX is 2.
- After the third query, the array is $a=[0, 1, 2]$: you don't need to perform any operations, maximum possible MEX is 3.
- After the fourth query, the array is $a=[0, 1, 2, 2]$: you don't need to perform any operations, maximum possible MEX is 3 (you can't make it greater with operations).
- After the fifth query, the array is $a=[0, 1, 2, 2, 0]$: you can perform $a[4]:=a[4]+3=3$. The array changes to be $a=[0, 1, 2, 2, 3]$. Now MEX is maximum possible and equals to 4.
- After the sixth query, the array is $a=[0, 1, 2, 2, 0, 0]$: you can perform $a[4]:=a[4]+3=0+3=3$. The array changes to be $a=[0, 1, 2, 2, 3, 0]$. Now MEX is maximum possible and equals to 4.
- After the seventh query, the array is $a=[0, 1, 2, 2, 0, 0, 10]$. You can perform the following operations:

    $a[3]:=a[3]+3=2+3=5$,
    $a[4]:=a[4]+3=0+3=3$,
    $a[5]:=a[5]+3=0+3=3$,
    $a[5]:=a[5]+3=3+3=6$,
    $a[6]:=a[6]-3=10-3=7$,
    $a[6]:=a[6]-3=7-3=4$

    The resulting array will be $a=[0, 1, 2, 5, 3, 6, 4]$. Now MEX is maximum possible and equals to 7.

시간 제한은 3초로 최대 3억 번의 연산을 할 수 있고, 〈코드포스〉 난이도는 *1,600(블루)이다.[2]

시간 제한	최대	난이도
3초	3억 번 연산	*1,600(블루)

문제설명

mex란 배열에서 배열에 없는 수 중에서 0 이상의 수 중 가장 작은 값을 말한다.

예를 들어,

배열=[0, 0, 1, 0, 2]의 mex 값은 3이다. 배열에 0, 1, 2 다음 3이 없기 때문이다.
배열=[1, 2, 3, 4]의 mex 값은 0이다. 배열에 0이 없기 때문이다.
배열=[0, 1, 4, 3]의 mex 값은 2이다. 배열에 0, 1 다음 2가 없기 때문이다.

q와 x가 입력으로 들어온다.
또한 q번 동안 y가 입력으로 들어오는데, y가 들어올 때마다, 배열 a에 y를 넣어준다.
그 후 배열 a 안에 있는 수를 $a_i = a_i + x$, $a_i = a_i - x (0 <= i < $배열의 크기$)$ 둘 중 한 가지 작업으로 여러 번 바꿔줄 수 있다(단 a_i가 0보다 작을 순 없다).
q번의 입력마다 배열 a에서 만들 수 있는 최대 mex값을 출력하는 것이다.

input 1을 보자.

q=7, x=3

1) $y_0=0$이 입력으로 들어오면 배열 a의 상태는 $a=[0]$이 된다.
   만들 수 있는 최대 mex값=1이다.

2) $y_1=1$이 입력으로 들어오면 배열 a의 상태는 $a=[0, 1]$이 된다.
   만들 수 있는 최대 mex값=2이다.

3) $y_2=2$가 입력으로 들어오면 배열 a의 상태는 $a=[0, 1, 2]$가 된다.
   만들 수 있는 최대 mex값=3이다.

4) $y_3=2$가 입력으로 들어오면 배열 a의 상태는 $a=[0, 1, 2, 2]$가 된다.
   만들 수 있는 최대 mex값=3이다.

---

2 〈백준〉 난이도로는 플래티넘4 이상으로 추정된다.

5) y_4=0이 입력으로 들어오면 배열 a의 상태는 a=[0, 1, 2, 2, 0]이 된다.
   $a[4]=a[4]+(x=3)$으로 작업을 한 번 해주어 a=[0, 1, 2, 2, 3]으로 만들자.
   만들 수 있는 최대 mex값=4이다.

6) y_5=0이 입력으로 들어오면 배열 a의 상태는 a=[0, 1, 2, 2, 2, 0]이 된다.
   $a[4]=a[4]+(x=3)$으로 작업을 한 번 해주어 a=[0, 1, 2, 2, 3, 0]으로 만들자.
   만들 수 있는 최대 mex값=4이다.

7) y_6=10이 입력으로 들어오면 배열 a의 상태는 a=[0, 1, 2, 2, 2, 0, 10]이 된다.
   $a[3]=a[3]+3=2+3=5$,
   $a[4]=a[4]+3=0+3=3$,
   $a[5]=a[5]+3=0+3=3$,
   $a[5]=a[5]+3=3+3=6$,
   $a[6]=a[6]-3=10-3=7$,
   $a[6]=a[6]-3=7-3=4$로 작업을 해주어 a=[0, 1, 2, 5, 3, 6, 4]로 만들자.
   만들 수 있는 최대 mex값=7이다.

문제가 이해됐다면 해결할 방법을 찾아보자.

q번의 입력마다 배열 a에서 만들 수 있는 최대 mex값을 만들기 위해 최대한 수를 0부터 1, 2, 3 차례대로 만들 수 있게 해야 한다. 또한 배열 a에 있는 수에 x를 더하거나 빼거나를 맘껏 쓸 수 있다. 즉 배열에 있는 수를 가장 작게 만들다가 가장 작은 값이 있다면 그다음 작은 값, 또 있다면 그다음 작은 값으로 설정해주는 게 핵심이다.

여기서 하나 알아둬야 할 것이 있는데 x를 더하거나 빼거나를 맘껏 쓸 수 있다는 것은

a_2=4, x=3일 때,

가능한 a_2의 값은 1, 4, 7, 10, …, 121, …, 300,000,001 … 무한 개가 있다는 것이다. 배열 a에 삽입해주는 수의 최댓값은 10^9로 10억이다.

a_2의 값이 300,000,001이라면 a_2를 1로 만들기 위해

a_2-=3
a_2-=3
….

.....

.....

a_2-=3의 과정을 10억 번 반복해야 한다. 이는 시간 제한 3초 안에 해결할 수 없는 연산 횟수이다.

이럴 땐 a_2의 값인 300,000,001에서 x를 빼서 만들 수 있는 가장 작은 값으로 만들기 위해 나머지 연산을 해주어 시간복잡도를 줄일 수 있다.

$a_2 = a_2 \% 3 = 300{,}000{,}001 \% 3 = 1$

이제 문제의 로직을 제대로 만들어 보자.

q번의 y가 입력으로 들어온다.

1) $y\%x$가 배열에 존재한다면 $y\%(x*2)$를 넣고, $y\%(x*2)$도 존재한다면 $y\%(x*3)$, ..., ... 이런 식으로 작은 값을 우선으로 배열 a에 넣어주자.
이러한 과정은 Key-Value 형식으로 대응되니 배열 대신 map을 써야 한다는 것을 떠올릴 수 있다.

2) q의 최댓값은 400,000이다. 매번 q의 입력마다 mex값을 찾는데 배열 a의 크기를 탐색한다. 그러면 시간복잡도는 $O(q*q)$로 시간 제한이 된다.

여기서 시간복잡도를 줄이기 위해 또 방법을 생각해볼 수 있다. 1)의 과정에서 우리는 값을 최대한 작은 것부터 삽입했다. 따라서 mex값은 이전 mex값보다 작아질 수가 없다.

q번의 입력 전에 mex를 0으로 초기화해 두고, q번의 입력마다 map에서 가장 작은 수를 찾는다면 mex를 찾는 데 총 시간복잡도는 $O(q)$로 줄게 된다.

2)의 코드 형태는 대략 아래와 같은 형태이다.

```
1    map={}
2    mex=0
3
4    for _ in range(q):
5        while mex in map:
6            mex+=1
```

이제 1)과 2)를 통해 문제를 해결할 수 있다. 코드로 어떻게 표현했는지 보자.

해답코드

```
1   import sys
2
3   q, x=map(int, sys.stdin.readline().split())
4   map={}
5   mex=0
6   for _ in range(q):
7     y=int(sys.stdin.readline())
8     if y%x in map:
9       if y%x+x*map[y%x] in map:
10        map[y%x+x*map[y%x]]+=1
11      else:
12        map[y%x+x*map[y%x]]=1
13      map[y%x]+=1
14    else:  map[y%x]=1
15
16    while mex in map:
17      mex+=1
18    print(mex)
```

코드라인 1: 파이썬의 int(input()) 경우 입력속도가 느려 시간초과가 발생했다. 입력속도가 더 빠른 int(sys.stdin.readline())을 사용하기 위해 sys를 import해 주었다.

코드라인 3: q와 x를 입력받는다.

코드라인 4: map 자료구조를 이용한다.

코드라인 5: mex를 0으로 초기화해둔다.

코드라인 6: q번의 입력을 받기 위한 for문이다.

코드라인 7: y를 입력받는다.

코드라인 8, 13: map에 y%x를 key로 하는 값이 있다면 map[y%x]+=1이다.

코드라인 14: map에 y%x를 key로 하는 값이 없다면 map[y%x]=1이다(파이썬에서 맵 자료구조는 key값이 없는데, key값에 접근하려 하면 오류를 일으킨다. 따라서 key가 없을 때는 코드라인 14처럼 key값의 value를 1로 설정해준다).

또한 key값 y%x가 map에 없다는 것은 ai=ai-x (0<=i<배열의 크기) 작업을 통해 만들 수 있는 가장 작은 값을 map에 넣어준 것이다.

key값 y%x가 map에 있다면 value를 1 증가시켜 몇 번의 작은 값까지 만들 수 있는지를 나타냈는데, 이는 코드라인 9~12에서 빠른 시간복잡도로 작업하기 위함이다.

코드라인 9~10: key값 y%x+x*map[y%x]에서 y%x는 만들 수 있는 가장 작은 값이고, x*map[y%x]는 차례차례 작은 값을 넣었을 때, 현재 만들 수 있는 작은 값 중 가장 큰 값이다.

예를 들어, x=2이고, y가 2번 입력되어 배열 a=[1, 1]이라고 해보자.
map[1]=2이 될 것이다.
y%x+x*map[y%x]=1+1*map[1]=3이 된다.
x=2이고, y가 3번 입력되어 배열 a=[1, 1, 1]이라고 해보자.
map[1]=3이 될 것이다.
y%x+x*map[y%x]=1+1*map[1]=4가 된다.
즉 key값 y%x+x*map[y%x]는 mex값을 최대로 하기 위해 ai=ai-x (0<=i<배열의 크기) 작업을 통해 현재 만들 수 있는 작은 값 중 가장 큰 값이다.
key값 y%x+x*map[y%x]가 map에 있다면 map[y%x+x*map[y%x]]+=1이다.

코드라인 11~12: key값 y%x+x*map[y%x]가 map에 없다면 map[y%x+x*map[y%x]]=1이다.
코드라인 16~17: mex를 0부터 시작해서 map에 key값 mex가 있다면 계속해서 1씩 증가시켜 준다. 이 방법을 통해 mex값을 구하는 데 총 시간복잡도가 $O(q)$가 된다.
코드라인 17: mex를 출력해준다.

〈코드포스〉 블루 난이도의 문제였는데 어려울 수 있다. 1년 전에 이 문제를 풀었을 때, 시간복잡도로 해결을 못하다 6개월 전에 다시 풀었을 때, 시간복잡도의 문제를 해결했다. 초보자라면 어렵게 느끼는 것이 당연하니 조바심을 느낄 필요가 없다. 준비가 되고, 때가 됐을 때 다시 풀면 문제의 난이도 체감이 다르게 느껴질 것이다.

우선순위 큐
코딩 테스트 출제 빈도
코드포스 출제 빈도

제11장
힙, 우선순위 큐

독자 맛집을 찾아서 왔는데 줄이 너무 많아서 50분은 기다려야 할 것 같아요. 어떡하죠?

저자 음식값을 3배로 지불하면 되지 않을까요? 미리 줄을 선 사람보다보다 우선순위가 높으면 될 것 같은데요? 능력 우선(우선순위) 자료구조인 우선순위 큐를 만나요.

11-1 힙

힙Heap 자료구조는 다른 자료구조를 구현하는 기술 중 하나로 쓰인다. 내 경험상 힙 자체를 구현해야 하는 상황은 한 번도 없었으며, 힙 자료구조는 추상적인 개념만 알아도 된다고 생각하는 자료구조이다. 그렇지만 뒤에서 배울, 문제 풀이에 자주 사용하는 우선순위 큐라는 자료구조는 힙 자료구조를 사용하여 만들기 때문에, 우선순위 큐를 이해하기 위해 힙을 먼저 알아야 한다.

힙 자료구조는 크게 2가지가 존재한다.

1. **최소 힙 자료구조**: 최댓값을 구하기 위해서 부모노드의 값을 자식노드의 값보다 항상 크게 트리를 만든다.
2. **최대 힙 자료구조**: 최솟값을 구하기 위해서 부모노드의 값을 자식노드의 값보다 항상 작게 트리를 만든다.

프로그램이 실행될 때 메모리를 할당하는 힙 영역과는 별개의 용어로 메모리를 할당하는 힙은 뒤에서 따로 설명하겠다.

11-1-1 최대 힙

최대 힙Max Heap의 특징은 다음과 같다.

- 최대 힙은 부모노드가 자식노드보다 값이 큰 완전 이진트리를 의미한다(완전 이진트리란 자식노드의 최대 개수가 2개이며 리프 노드 간의 레벨 차이가 최대 1인 트리이다).
- 부모노드의 모든 값이 자식노드보다 커야 한다.
- 최대 힙의 루트노드는 항상 최댓값을 가진다.

이러한 최대 힙은 왜 사용하는 걸까?

최대 힙의 루트노드는 항상 최댓값임을 보장한다. n개의 데이터에서 최댓값을 찾기 위해 배열을 이용한다면 모든 원소를 하나씩 확인한 후 최댓값을 찾아야 하므로 $O(n)$의 시간복잡도가 소요되지만 힙은 트리구조를 사용하여 데이터를 추가하거나 삭제할 때 $O(\log^n)$, 최댓값을 찾는 데 $O(1)$이 소요되는 매우 빠른 자료구조이다. 즉 최대 힙은 데이터의 삽입/삭제가 많을 때 최댓값을 정말 빠른 속도로 찾을 수 있는 자료구조이다.

최대 힙의 데이터 추가 모습을 보자.

처음 원소는 루트노트에 삽입한다.

그 후 노드는 완전 이진트리를 유지하는 형태로 데이터를 추가하면 된다.

3을 추가하면 다음과 같다.

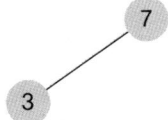

6을 추가하면 다음과 같다.

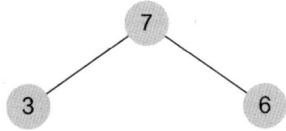

1, 2, 4까지 추가하면 다음과 같다.

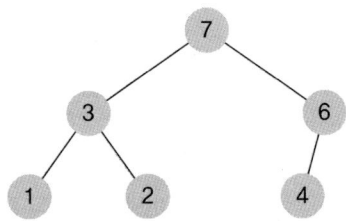

> **Q.** 위와 같은 형태도 트리 형태이다. 그런데 루트노드가 최댓값이고 그 다음 자식노드가 부모노드보다 작게 구성되어 있기 때문에 힙이라고 부르는 걸까? 그러면 트리이면서 힙이라고 봐야 할까? 그리고 힙 자료구조를 써야만 하는 상황은 어떤 상황이 있을까?
>
> **A.** 힙을 써야만 하는 상황이란 건 없다. 단지 최댓값 혹은 최솟값을 $O(1)$이라는 정말 빠른 시간에 구할 때 완벽한 자료구조이므로 사용한다. 데이터 추가 부분을 잘 읽어보면 데이터를 어떻게 추가하든, 항상 자식노드가 부모노드보다 작게 구성되어 있는데 이는 어떤 상황에서도 데이터를 추가할 때 $O(\log n)$의 시간복잡도로 데이터를 추가하기 위함이다. 힙은 트리 혹은 배열로도 구현 가능하지만 힙 자체가 실전에서 너무 비주류로 취급받는 자료구조라 그림으로 이해만 되어도 성공했다고 생각하는 자료구조이다. 알고리즘 문제를 풀면서 힙 자체만 사용하는 문제는 한 번도 보지 못했다.

삽입할 원소가 8일 때, 완전 이진트리를 유지하는 형태로 8을 삽입한다. 삽입 원소를 8로 한 이유는 일부러 부모노드보다 큰 값을 넣어 비교하기 위해서이다. 부모노드보다 작은 1, 2, 3, 4, 5는 위에서 언급한 이진 검색 트리의 규칙에 의해 넣었으므로 문제가 되지 않지만 6보다 큰 수에 한해서는 부모노드와 위치를 교체해주어야 한다.

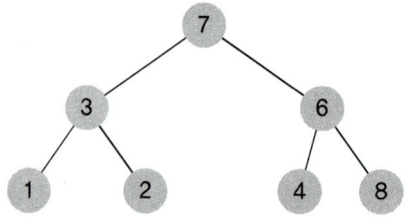

이때 삽입한 원소의 노드값보다 부모노드의 값이 크다면 모든 부모노드가 자식노드보다 값이 커야 한다는 최대 힙의 정의에 따라 부모노드와 삽입한 원소의 노드 위치를 바꾸어주어야 한다. 루트노드까지 거슬러 올라가면서 최대 힙 규칙에 맞게 구성해보자.

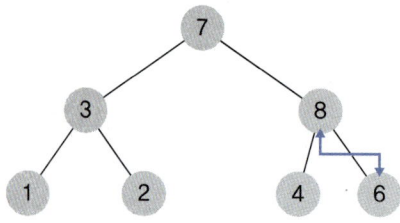

8의 부모노드 6은 8보다 작으므로 위치를 바꾼다.

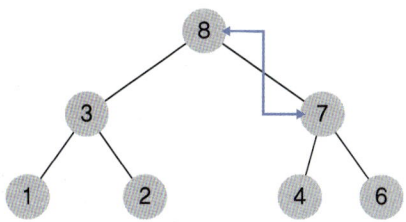

8의 부모노드 7은 8보다 작으므로 위치를 바꾼다.

결과적으로 루트노드의 값은 8로, 8이 모든 노드 중에서 가장 큰 값임을 볼 수 있다.

이것이 놀라운 이유는 데이터를 추가하고 원소의 값을 교체하는 데 소요되는 시간복잡도는 $O(\log^{노드의\ 개수})$-(위 그림에서는 $\log_2^7$의 내림수=2)인 반면에 최댓값을 $O(1)$로 찾아낼 수 있다는 점이다. 이를 통해 힙은 이러한 빠른 시간복잡도를 이용하여 우선순위 큐에 사용된다는 점을 알아두자.

이제 최대 힙의 데이터 삭제 모습을 보자.

최대 힙에서 데이터 삭제는 데이터값이 가장 큰 루트노드를 삭제함을 의미한다.

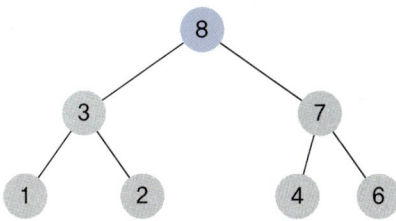

먼저 루트노드인 8을 삭제한다.

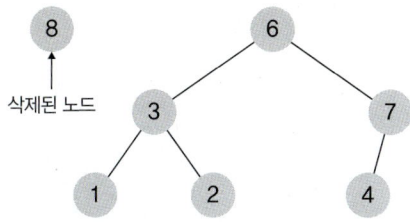

제11장 힙, 우선순위 큐   247

그 후 가장 밑에서 오른쪽에 있는 노드(가장 마지막에 삽입한 원소)를 루트노드에 위치시킨다. 위 그림에서는 8을 제거하고 가장 밑에서 오른쪽에 있는 노드 6을 루트노드에 위치시켰다. 교체된 루트노드부터 시작하여 현재 노드보다 자식노드가 크다면 가장 큰 자식노드와 위치를 바꿔가며 위치를 바꿔준다.

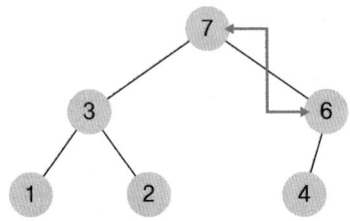

6의 자식노드 3, 7 중 7은 6보다 크기 때문에 위치를 바꿔준다.

6의 자식노드 4는 6보다 작으므로 위치를 바꿀 필요가 없다. 결과적으로 루트노드의 값은 7로, 7이 모든 노드 중에서 가장 큰 값임을 볼 수 있다.

마찬가지로 데이터를 삭제할 때에도 소요되는 시간복잡도는 $O(\log^{노드의\ 개수})$-(위 그림에서는 $\log_2^6$의 내림수=2)로 배열로 삭제할 때 $O(n)$에 비해 매우 빠른 효율성을 나타내며 삭제 시에도 루트노드는 최댓값을 가지는 특징이 있다.

힙 자료구조를 이해하기 위해서는 위의 그림을 그냥 눈으로만 보지 말고 직접 그려보며 이해하기 바란다. 직접 그려보면서 왜 힙이 최댓값을 $O(1)$에 구할 수 있고, 데이터를 추가하거나 삭제할 때 시간복잡도가 $O(\log)$인지에 대한 이유를 알 수 있기 때문이다(부모노드가 자식노드보다 작고, 완전 이진트리 형식으로 데이터를 삽입하는 구조이기 때문이다).

11-1-2 최소 힙

최소 힙Min Heap의 특징은 다음과 같다.

- 최소 힙은 부모노드의 값이 자식노드보다 작은 완전 이진트리를 의미한다.
- 부모노드의 모든 값이 자식노드보다 작아야 한다.
- 최소 힙의 루트노드는 항상 최솟값을 가진다.

최소 힙의 데이터 추가 모습을 보자. 최소 힙은 최대 힙의 반대라고 생각하면 된다. 데이터 2를 먼저 루트노드에 넣은 후 완전 이진트리에 맞게 데이터를 삽입하면 아래 그림과 같아진다.

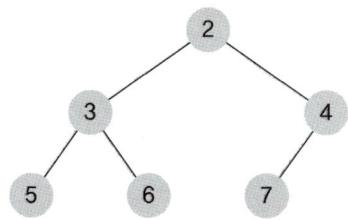

삽입할 원소가 1일 때, 완전 이진트리를 유지하는 형태로 1을 삽입한다(자식노드의 수가 최대 2개가 되며, 리프노드 간의 레벨 차이가 최대 1이 되도록 데이터를 삽입한다).

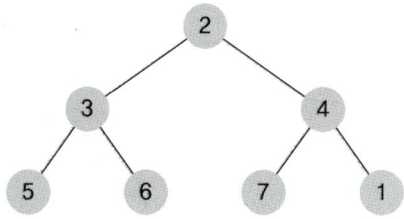

1은 부모노드인 4보다 값이 작으므로 최소 힙 규칙(모든 부모노드의 값이 자식노드보다 작아야 한다)에 따라 노드의 위치를 바꾸어 주어야 한다. 이후에는 루트노드까지 거슬러 올라가면서 최소 힙 규칙에 맞게 구성하면 된다.

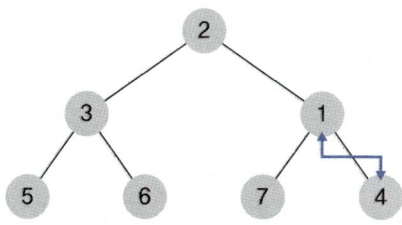

1의 부모노드 4는 1보다 크므로 위치를 바꿔준다.

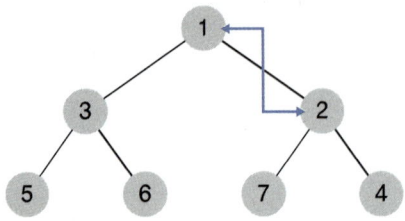

1의 부모노드 2는 1보다 크므로 위치를 바꿔 준다.

결과적으로 루트노드의 값은 1로, 1이 모든 노드 중에서 가장 작은 값임을 볼 수 있다.

이제 최소 힙의 데이터 삭제 모습을 보자.

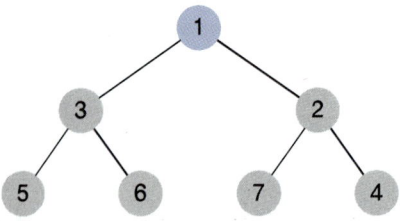

최소 힙에서 데이터 삭제는 데이터값이 가장 작은 루트노드를 삭제하는 것을 의미한다.

먼저 루트노드인 1을 삭제한다.

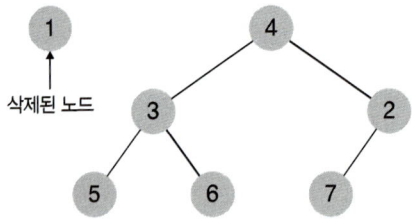

그 후 가장 밑에서 오른쪽에 있는 노드(가장 마지막에 삽입한 원소)를 루트노드에 위치시킨다.

교체된 루트노드부터 시작하여 현재 노드보다 자식노드가 작다면 가장 작은 자식노드와 위치를 바꿔가며 위치를 바꿔준다.

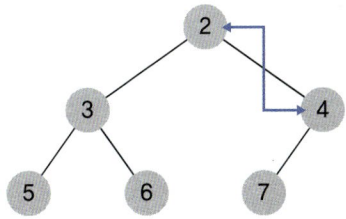

4의 자식노드 2, 3 중 3은 4보다 작기 때문에 위치를 바꿔준다.

4의 자식노드 7은 4보다 크므로 위치를 바꿀 필요가 없다. 결과적으로 루트노드의 값은 2로, 2가 모든 노드 중에서 가장 작은 값임을 볼 수 있다.

힙의 최솟값, 최댓값을 찾을 때 시간복잡도는 루트노드를 확인하면 되므로 $O(1)$이다. 데이터를 추가하거나 삭제할 때는 이진트리의 특성을 이용하여 부모노드와 자식노드를 바꾸는 과정을 $\log_2^n$번 반복한다.

노드의 자식은 최대 2개이므로 부모노드와 자식노드를 바꾸는 횟수가 1/2씩 줄어든다. 따라서 $O(\log_2^n)$의 시간복잡도가 된다.

11-2 우선순위 큐

우선순위 큐Priority Queue는 문제들을 풀 때 종종 볼 수 있는 자료구조로, 데이터의 최댓값 혹은 최솟값을 삭제하는 경우가 번번하며 삭제를 해도 최댓값 혹은 최솟값을 $O(1)$로 확인하기 위한 자료구조이다.

즉, 우선순위 큐는 힙 자료구조를 통해 구현하기 때문에 입력과 삭제에는 $O(\log^{데이터의\ 개수})$가 소요되며 이때 데이터를 추가하든 삭제하든 항상 최댓값 혹은 최솟값을 $O(1)$로 확인할 수 있다는 장점이 있다.

내가 느낀 우선순위 큐는 잊을 만하면 '아! 우선순위 큐를 써서 풀면 될 것 같은데?'라고 떠오를 정도로 가끔 나오는 자료구조로, 데이터의 입력과 삭제가 빈번히 일어날 때 배열을 쓴다면 최댓값과 최솟값 확인에 $O(n)$이 남발되는 반면, 우선순위 큐는 빠르게 확인할 수 있다는 장점 때문에 쓴다.

큐는 삽입이 된 순서대로 출력을 하는 선입선출 구조이지만 우선순위 큐는 삽입의 순서에 상관없이 우선순위가 높은 데이터가 가장 먼저 출력된다.

실생활에 비유해서 이해해보자.

[그림 11-1] 생활 속의 우선순위 큐

심하게 아픈 환자가 응급실에 들어왔다. 조금 아픈 환자들이 진료실에서 대기하고 있다면 의사는 심하게 아픈 환자 먼저 치료를 실시할 것이다. 즉, 우선순위가 높은 환자를 먼저 치료하는 것이다.

스택과 큐, 우선순위 큐의 차이점을 보자.

- 스택: 가장 최근에 입력된 데이터가 가장 먼저 출력된다.
- 큐: 가장 처음에 입력된 데이터가 가장 먼저 출력된다.
- 우선순위 큐: 입력된 순서와 상관없이 우선순위가 높은 값이 가장 먼저 출력된다.

값이 큰 수에 우선순위를 높게 매긴다면, 최대 힙을 이용하여 항상 가장 큰 수를 루트노드에 오게 한다.

값이 작은 수에 우선순위를 높게 매긴다면, 최소 힙을 이용하여 항상 가장 작은 수를 루트노드에 오게 한다.

힙 자료구조를 이용하여 우선순위 큐를 구현한다면 최댓값과 최솟값을 찾는 데 $O(1)$의 시간복잡도가 소요된다(힙 자료구조의 루트노드를 확인한다).

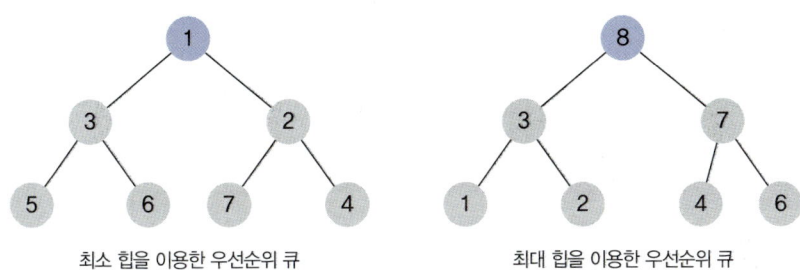

[그림 11-2] 우선순위 큐 구현을 위한 힙 사용 예시

그리고 데이터를 추가하거나 삭제할 때에는 이진트리의 특성을 이용하여 부모노드와 자식노드를 바꾸는 과정을 $\log_2^{노드의 개수}$번 반복한다. 따라서 $O(\log_2^{노드의 개수})$의 시간복잡도가 소요된다.

이러한 우선순위 큐는 컴퓨터 속에서는 운영체제에서 우선순위 스케줄링을 위해 쓰일 수 있다. 우선순위 스케줄은 말 그대로 우선순위가 높은 프로세스를 먼저 스케줄링하는 것이다. 조금 더 예를 들어, 현재 여러분의 컴퓨터에 인터넷창, 코드 편집기 등이 있고, 운영체제가 동작하기 위한 프로세스가 있을 때, 어떤 것에 CPU의 연산을 먼저 허가할지 고르는 상황이라고 해보자. 컴퓨터는 운영체제의 동작을 위한 프로세스에 가중치를 높게 주며, 따라서 운영체제 서비스를 먼저 처리한 후 인터넷창이나 코드 편집기를 처리하게 된다.

11-2-1 우선순위 큐를 사용하는 예제 1

개념을 이해했으니 코드 예제를 통해 우선순위 큐를 좀 더 이해해보자.

우선순위 큐에서 주로 사용하는 기능은 3가지다.

1. 우선순위가 가장 높은 데이터값을 확인한다.
2. 우선순위가 가장 높은 데이터값을 삭제한다(이때 2번째로 우선순위가 높은 데이터가 가장 높은 우선순위로 바뀌게 된다).
3. 우선순위 큐에 데이터를 삽입한다.

최대 힙

https://www.acmicpc.net/problem/11279

시간 제한	메모리 제한	제출	정답	맞힌 사람	정답 비율
1초(추가 시간 없음)	256MB	28727	12205	9344	44.672%

문제

널리 잘 알려진 자료구조 중 최대 힙이 있다. 최대 힙을 이용하여 다음과 같은 연산을 지원하는 프로그램을 작성하시오.

1. 배열에 자연수 x를 넣는다.
2. 배열에서 가장 큰 값을 출력하고, 그 값을 배열에서 제거한다.

프로그램은 처음에 비어있는 배열에서 시작하게 된다.

입력

첫째 줄에 연산의 개수 N($1 \leq N \leq 100{,}000$)이 주어진다. 다음 N개의 줄에는 연산에 대한 정보를 나타내는 정수 x가 주어진다. 만약 x가 자연수라면 배열에 x라는 값을 넣는(추가하는) 연산이고, x가 0이라면 배열에서 가장 큰 값을 출력하고 그 값을 배열에서 제거하는 경우이다. 입력되는 자연수는 2^{31}보다 작다.

출력

입력에서 0이 주어진 회수만큼 답을 출력한다. 만약 배열이 비어 있는 경우인데 가장 큰 값을 출력하라고 한 경우에는 0을 출력하면 된다.

예제 입력 1

```
13
0
1
2
0
0
3
2
1
0
0
0
0
0
```

예제 출력 1

```
0
2
1
3
2
1
0
0
```

시간 제한은 1초로 최대 1억 번의 연산을 할 수 있고, 〈백준〉 난이도는 실버2이다.

시간 제한	최대	난이도
1초	1억 번 연산	실버2

문제설명

n번의 입력이 들어올 때 해당 입력이 자연수라면 우선순위 큐(최대 힙 이용)에 데이터를 삽입하고, 해당 입력이 0이라면 배열에서 가장 큰 값을 출력하고 그 값을 우선순위 큐(최대 힙 이용)에서 삭제하면 되는 문제이다.

이 문제는 왜 배열을 사용하면 안 되고 우선순위 큐를 사용해야 할까?

일단 n의 최댓값이 100,000이라고 했다.

1) 50,000 동안 자연수를 입력받아 배열에 차례대로 넣고
2) 50,000 동안 0을 입력받아 배열에서 가장 큰 값을 출력한 후, 그 값을 지운다면

1)의 과정에서 50,000번의 연산이 필요하다.

제11장 힙, 우선순위 큐   **255**

2)의 과정에서 배열의 크기 50,000 중에서 최댓값을 찾고 삭제하는 데 50,000번의 연산이 필요하고 결국 그 작업을 50,000번 반복해야 하므로 대략적인 시간복잡도는 $O(n*n)$이 된다.

50,000*50,000= 2,500,000,000은 실행하는 데 25초가 걸리므로 주어진 1초 안에 해결할 수 없다.

우리는 우선순위 큐의 개념을 확실히 배웠다. 우선순위 큐는 우선순위가 가장 높은 값을 빠르게 찾고, 삭제할 수 있고, 데이터를 빠르게 추가할 수 있다고 했다.

위 문제에서 가장 높은 값을 우선순위가 높게 매겨 우선순위 큐와 함께 해결한다면

1)의 과정에서 $\log^{50000}$번의 연산이 필요하다.

2)의 과정에서 우선순위 큐의 크기 50,000 중에서 최댓값을 찾고 삭제하는 데 $\log^{50000}$의 연산이 필요하고 그것을 50,000번 반복하니 시간복잡도는 $O(n*\log^n)$이 된다.

50,000*$\log^{50000}$=대략 235,000으로, 이를 실행하는 데 0.00235초가 걸리며 주어진 1초 안에 해결할 수 있다.

해답코드

```
1   import sys
2   import heapq
3   
4   n = int(input())
5   heap = []
6   
7   for _ in range(n):
8       num = int(sys.stdin.readline())
9       if num != 0:
10          heapq.heappush(heap, (-num))
11      else:
12          try:
13              print(-1 * heapq.heappop(heap))
14          except:
15              print(0)
```

코드라인 2: 파이썬에서는 우선순위 큐 사용을 위해 heapq 라이브러리를 이용한다.

코드라인 5: heap 배열을 하나 만든다.

코드라인 8: 각각의 입력에 대하여

코드라인 9~10: 입력 데이터의 값이 자연수라면 우선순위 큐에 데이터를 추가한다. 파이썬의 경우 우선순위 큐를 이용하여 데이터를 삽입할 때 heapq.heappush(배열, 데이터값)의 형식으로 데이터를 추가한다. 위 코드에서는 num이 아닌 -num을 넣어줬는데 heapq 자체는 최소 힙을 기반으로 구현되어 있으므로 -num을 넣어줌으로써 가장 낮은 값을 힙의 루트에 위치해줬다. 이 후에 이 값을 다시 반전된 값인 -num을 통해 출력하면 된다.

코드라인 11: 입력 데이터의 값이 0이라면

    코드라인 12~13: 배열이 비어 있지 않다면 가장 큰 값을 출력하고 우선순위 큐에서 삭제한다. 우선순위 큐를 이용하여 우선순위가 가장 높은 데이터를 삭제할 때 heapq.heappop(배열)의 형식을 이용한다. 이때 출력할 때는 -1을 곱하여 출력했는데, 코드라인 9~10에서 말했듯이 최소 힙에서 최대 힙을 사용하기 위해 반전화해 둔 값을 다시 원상으로 복귀한 것이다.

    코드라인 14~15: 배열이 비어 있는 경우 0을 출력한다.

C++, 자바에서는 프로그래머에게 우선순위 큐를 쉽게 사용할 수 있는 여지를 남겨준 반면 파이썬은 최소 힙을 기반으로 우선순위 큐를 만들어둔 점이 아쉽다. 하지만 최소 힙만으로도 최소 힙, 최대 힙, 둘 다 사용할 수 있으니 걱정하지 말기를 바란다. 최솟값이 우선순위인 문제의 경우는 상관없지만 최댓값이 우선순위인 문제의 경우에는 값을 음수화해서 가장 낮은 값을 우선순위가 가장 높게 한 후 최댓값을 확인할 때 음수화한 값을 사용하면 된다.

우스갯소리로 '우선순위 큐는 있는데 우선순위 스택은 없을까?'라고 고민한다면 스택과 큐, 우선순위 큐의 개념을 다시 한 번 익히는 것을 추천한다.

스택과 큐, 우선순위 큐는 모두 목적이 다른 자료구조이다.

스택은 가장 늦게 입력된 데이터가 가장 먼저 출력되지만 우선순위 큐는 데이터가 늦게 들어오든 빨리 들어오든 상관하지 않고 우선순위의 기준이 가장 높은 것을 가장 먼저 출력하는 자료구조이다.

초보 코더들이 문제를 풀 때 어떤 자료구조를 사용해야 할지 생각을 못하는 가장 큰 이유는 각 자료구조 혹은 알고리즘의 제대로 된 개념을 자신만의 방식으로 이해하지 못했기 때문이라고 생각한다. 최소 스패닝 트리 알고리즘을 공부할 때 개념을 제대로 이해하지 않은 채 예제를 푼 후 가볍게 넘긴 적이 있는데 개념을 나만의 것으로 머릿속에 두지 않으니 이후에 비슷한 문제가 최소 스패닝 트리를 이용한다는 것을 생각하지 못했고 결국 남는 게 없다는 것을 깨달았던 적이 있다.

당부하는 말은 어떤 문제일 때 우선순위 큐, 큐 혹은 스택 중 무엇을 떠올려야 할지에 대한 고민은 자료구조나 알고리즘의 개념이 명쾌하게 머릿속에서 그려질 때 해결된다. 이를 위해 그림을 그려가며 개념을 이해하고, 코드로 어떻게 사용되는지 파악한 후 많은 문제를 접해보길 바란다.

11-2-2 우선순위 큐를 사용하는 예제 2

본격적으로 사고력을 요구하는 문제를 풀어보자.

카드 정렬하기

https://www.acmicpc.net/problem/1715

시간 제한	메모리 제한	제출	정답	맞힌 사람	정답 비율
2초	128MB	14870	5151	4120	35.631%

문제

정렬된 두 묶음의 숫자 카드가 있다고 하자. 각 묶음의 카드의 수를 A, B라 하면 보통 두 묶음을 합쳐서 하나로 만드는 데에는 A+B번의 비교를 해야 한다. 이를테면, 20장의 숫자 카드 묶음과 30장의 숫자 카드 묶음을 합치려면 50번의 비교가 필요하다.

매우 많은 숫자 카드 묶음이 책상 위에 놓여 있다. 이들을 두 묶음씩 골라 서로 합쳐나간다면, 고르는 순서에 따라서 비교 횟수가 매우 달라진다. 예를 들어 10장, 20장, 40장의 묶음이 있다면 10장과 20장을 합친 뒤, 합친 30장 묶음과 40장을 합친다면 (10+20)+(30+40)=100번의 비교가 필요하다. 그러나 10장과 40장을 합친 뒤, 합친 50장 묶음과 20장을 합친다면 (10+40)+(50+20)=120번의 비교가 필요하므로 덜 효율적인 방법이다.

N개의 숫자 카드 묶음의 각각의 크기가 주어질 때, 최소한 몇 번의 비교가 필요한지를 구하는 프로그램을 작성하시오.

입력

첫째 줄에 N이 주어진다. (1≤N≤100,000)이어서 N개의 줄에 걸쳐 숫자 카드 묶음의 각각의 크기가 주어진다. 숫자 카드 묶음의 크기는 1,000보다 작거나 같은 양의 정수이다.

출력

첫째 줄에 최소 비교 횟수를 출력한다.

예제 입력 1

```
3
10
20
40
```

예제 출력 1

```
100
```

시간 제한은 2초로 최대 2억 번의 연산을 할 수 있고, 〈백준〉 난이도는 골드4이다.

시간 제한	최대	난이도
2초	2억 번 연산	골드4

문제설명

n개의 정수가 입력으로 들어오며, 두 정수 A, B를 합치는데 $A+B$의 비교가 필요하다. n개의 정수를 합쳐 1개로 만드는 데 필요한 최소 비교횟수를 구하는 문제이다.

예제의 $n=3$이고 정수가 10, 20, 40일 때

1) 10과 40을 합치고

    10+40=50

    합친 값과 20을 합친다면

    50+20=70

    총 120번의 비교를 하게 된다.

2) 10과 20을 합치고

    10+20=30

    합친 값과 40을 합친다면

    30+40=70

    총 100번의 비교를 하게 된다.

왜 다른 비교횟수가 나오는 것일까?

정수를 합치는 과정에서 이전에 합한 값이 다시 사용되는 것을 볼 수 있다.

1)의 경우 10, 40을 처음에 이용하고, 2)의 경우 10, 20을 처음에 이용했다. 이전에 합한 값이 다시 합치는 데 사용되기 때문에 합치는 순서를 정할 때는 가장 작은 값부터 합쳐야 하는 것을 알 수 있다.

문제에서 n의 최대 범위는 100,000이다.

그리고 100,000개의 원소를 정렬한다(정렬은 뒤에서 배우겠지만 n개의 수를 오름차순 혹은 내림차순으로 정렬하며 이때 시간복잡도는 $O(\log^n)$이다).

예를 들면 데이터를 오름차순으로 정렬하면

50 10 20 30 40 80 데이터는 10 20 30 40 50 80이 된다.

이때 문제를 해결하기 위해 작은 수부터 더한다면 처음에 10, 20을 선택하고, 그 다음 30을 선택하고, 40을 선택하고, ... 이렇게 하면 언뜻 해결할 수 있을 것 같지만 생각을 잘해야 한다.

만약, 데이터가 20, 30, 40, 45이라고 해보자.

1) 방금과 같이 정렬을 해서 푼다면
   20과 30을 합치고 (50번의 비교)
   50과 40을 합치고 (90번의 비교)
   90과 45를 합친다. (135번의 비교)
   총 275번의 비교가 필요하다.

2) 하지만 최소 비교 방법으로 보면
   20과 30을 비교하고 (50번의 비교)
   40과 45를 비교하고 (85번의 비교)
   50과 85를 비교하고 (135번의 비교)
   총 270번의 비교가 필요하다.

단순히 오름차순으로 정렬하여 작은 수부터 큰 수를 순서대로 합치는 것은 최적의 정답이 되지 않는다.

이를 위해 우리는 우선순위 큐를 떠올려야 한다. 최적의 정답이 되기 위해서는 합친 수까지 포함하여 가장 작은 두 수를 더해가는 방식을 사용해야 한다.

위의 20, 30, 40, 45 같은 경우, 처음에 20, 30을 합친 50을 데이터 안에 추가시키고 50, 40, 45 이들이 다시 정렬된 상태가 되어야 한다.

   40 45 50

우선순위 큐의 특징인 최솟값과 최댓값을 찾는 데 $O(1)$의 시간복잡도가 소요되고 데이터의 추가/삭제에는 $O(\log^{\text{데이터의 크기}})$가 소요되는데, 이를 이용하면 최솟값 2개를 찾고 합친 값을 우선순위 큐에 넣고 다시 최솟값 2개를 찾아도 시간복잡도는 문제가 되지 않는다.

해답코드

```
1   import heapq
2   N = int(input())
3
4   card = list(int(input()) for _ in range(N))
5   heapq.heapify(card)
6   answer=0
7
8   while len(card) != 1:
9       first = heapq.heappop(card)
10      second = heapq.heappop(card)
11      sum = first + second
12      answer += sum
13      heapq.heappush(card, sum)
14
15  print(answer)
```

코드라인 1: 우선순위 큐 사용을 위해 heapq 모듈을 import하여 이용한다.

코드라인 2~4: n개의 카드를 입력받는다.

코드라인 5: n개의 카드를 힙으로 변환한다.

코드라인 8: 조심해야 할 부분으로 카드의 개수가 1이 아닐 때까지 반복문을 돌린다(n이 1이라면 answer=0이 된다).

코드라인 9~10: 우선순위 큐에서 가장 작은 값 2개를 꺼낸다.
코드라인 11~12: 합친 값을 정답 answer에 더해준다.
코드라인 13: 합친 값을 우선순위 큐에 다시 넣어준다.
코드라인 15: 정답을 출력한다.

우선순위 큐 또한 문제 풀이에 있어 시간복잡도를 줄이기 위해 사용하거나, 다양한 구현을 해결해 줄 수 있으므로 익혀두길 권하는 자료구조이다.

코딩 테스트 출제 빈도

코드포스 출제 빈도

제12장
탐욕법

독자 코딩 테스트에서는 쉬운 문제에서 어려운 문제 순으로 해결하는 것이 제한시간 내에 더 많은 문제를 해결할 수 있는 것 같아요.

저자 탐욕법 알고리즘을 사용하셨네요. 알게 모르게 탐욕법은 일상생활에서도 많이 쓰이고 있지요.

12-1 탐욕법

탐욕법greedy 알고리즘은 코딩 테스트에서는 출제된 경우가 적었고, 주로 〈코드포스〉 대회에서 많이 출제되는데, 내 생각으로는 탐욕법적인 문제 풀이 발상은 코딩 테스트나 〈코드포스〉에서 출제 빈도가 높다고 생각한다. 즉 문제의 타이틀이 탐욕법 알고리즘이 아니더라도 탐욕법스러운 발상으로 문제를 푸는 경우가 많았다는 의미이다.

탐욕법은 어렵다고 하는 사람이 많은데 내가 가장 좋아하는 알고리즘이다. 뭔가 말로 설명하긴 어렵지만 '이 문제는 이 풀이로 찍어보면 되지 않을까?' 하는 식으로 해결한 적이 많다. 보통 문제의 해결 방안을 증명하고 로직을 짜는 반면, 내 경우에는 탐욕법스럽게 로직을 먼저 짜고 그 방안이 증명된 적이 많았다.

탐욕법이란 문제를 해결할 때, 매 순간 눈앞에 보이는 최선의 선택지를 고르는 방법이다. 예를 보면 이해하기 쉬울 것이다.

여러분 앞에 지금 1,370원이 있다고 하자.

10원짜리 동전, 50원짜리 동전, 500원짜리 동전을 이용하되, 가장 적은 수의 동전을 이용하여 1,370원을 만드는 방법은 무엇일까? 단, 동전 개수는 무한 개라고 가정한다.

탐욕법을 이용하여 문제를 풀어본다면,

1,370원이 있을 때 500원, 100원, 10원 중에 500원을 사용한다면 동전을 가장 적게 사용할 수 있다.

1370-500*2=370

돈 370원이 있을 때 100원, 10원 중에 100원을 사용한다면 동전을 가장 적게 사용할 수 있다.

370-100*3=70

돈 70원이 있을 때 10원을 사용한다면 동전을 가장 적게 사용할 수 있다.

70-10*7=0

그러므로 정답은 12개이다.

문제를 해결하기 위해 매순간마다 동전을 가장 적게 사용하기 위해 돈의 액수가 큰 동전부터 택하여 골랐는데, 이와 같은 해결 방법을 탐욕법이라고 한다. 그렇지만 탐욕법을 이용하여 정확한 해를 구해낼 수 있는 문제는 한정적이다.

실생활에서의 예를 하나 더 보자.

만약, 여러분에게는 100억 원이라는 돈이 있는데 "20년 동안 사용하여 남은 돈을 가장 크게 만들어 보라"와 같은 상황이 온다고 해보자. 돈을 가장 많이 남기기 위하여 잠은 노숙을 하고, 밥은 마트 시식 코너에서 때우고, 물은 건물 정수기에서 먹으며 돈을 아낀다고 해보자. 20년 동안 이런 식으로 최적의 방법으로 돈을 아낀다면, 건강상의 문제로 몸이 악화되어, 병원비가 더 나올 수도 있을 것이다.

즉, 탐욕법을 사용하여 매순간마다 최적의 선택을 한다면 미래 또한 최적의 선택이 될지 알 수 없다는 것이다.

1,370원이 있을 때 480원짜리 동전, 340원짜리 동전, 10원짜리 동전을 이용하여 가장 적은 수의 동전을 이용하여 1,370원을 만드는 방법은 무엇일까? 동전의 개수는 480원짜리 4개, 340원짜리 5개, 10원짜리 50개다.

탐욕법을 이용하여 문제를 풀어본다면 동전의 값이 큰 것부터 사용한다.

480원을 이용하여 동전의 개수를 줄인다.

1370-480*2=410

그 후 다음으로 큰 340원을 이용하여 동전의 개수를 줄인다.

410-340*1= 70

그 후 마지막 10원을 이용하여 동전의 개수를 줄인다.

70-10*7=0

그래서 사용한 동전의 개수는 10개이다.

그러나 480원 동전을 사용하지 않고, 340원의 동전을 사용한다면

1370-340*4=10

그 후 10원 동전을 이용하면

10-10*1=0

사용한 동전의 개수는 5개가 된다.

이처럼 탐욕법은 현재 최선의 선택이 미래 또한 최선의 선택일지는 알 수 없다는 한계가 있으므로 항상 최적의 답이 될 순 없다. 그럼에도 탐욕법의 장점은 정답의 근사치를 구할 수 있다는 데 있다. 탐욕법으로 구한 답이 최적의 답은 아닐지라도, 정답에 가까운 답을 구할 수 있는 방법이기 때문이다.[1]

그러므로 실생활에서 예로 들었던 20년 동안 사용하여 남은 돈을 가장 크게 만들기 위해, 하루에 3만 원씩 쓰기, 하루에 5만 원씩 쓰기 등의 적절한 타협선을 둔다면 정답의 근사치에 가까운 답을 얻을 수 있다.

---

[1] 첫 번째 예와 두 번째 예 모두, 작은 동전부터 선택하는 것이 안 되는 이유는 첫 번째 예제는 큰 단위의 동전이 작은 단위 동전의 배수이기 때문이다.

탐욕법 알고리즘은 뭔가 딱 공식처럼 정해진 알고리즘이라기보다 매순간 최적의 답을 위해서 어느 정도 타협이 필요한 알고리즘이다. 그리고 타협선을 어디다 두는지는 프로그래머가 결정해야 할 몫이다. 그러므로 이 알고리즘은 "무조건 무엇을 해라"라고 말할 순 없지만 내가 생각했을 때, 최솟값과 최댓값을 구하는 데 자주 쓰이며, 앞에서 설명한 우선순위 큐와는 다르게 우선순위가 높은 데이터를 통한 문제 풀이가 아닌 그때그때 상황에 맞는 데이터를 통해 작업할 때 자주 쓰였다.

12-2 탐욕법을 이용한 예제 1

잃어버린 괄호

https://www.acmicpc.net/problem/1541

시간 제한	메모리 제한	제출	정답	맞힌 사람	정답 비율
2초	128MB	29521	13912	11247	47.181%

문제

세준이는 양수와 +, −, 그리고 괄호를 가지고 식을 만들었다. 그리고 나서 세준이는 괄호를 모두 지웠다.

그리고 나서 세준이는 괄호를 적절히 쳐서 이 식의 값을 최소로 만들려고 한다.

괄호를 적절히 쳐서 이 식의 값을 최소로 만드는 프로그램을 작성하시오.

입력

첫째 줄에 식이 주어진다. 식은 '0'~'9', '+', 그리고 '−'만으로 이루어져 있고, 가장 처음과 마지막 문자는 숫자이다. 그리고 연속해서 두 개 이상의 연산자가 나타나지 않고, 5자리보다 많이 연속되는 숫자는 없다. 수는 0으로 시작할 수 있다. 입력으로 주어지는 식의 길이는 50보다 작거나 같다.

출력

첫째 줄에 정답을 출력한다.

예제 입력 1

```
55-50+40
```

예제 출력 1

```
-35
```

예제 입력 2	예제 출력 2
10+20+30+40	100

예제 입력 3	예제 출력 3
00009-00009	0

시간 제한은 2초로 최대 2억 번의 연산을 사용할 수 있고, 〈백준〉 난이도는 실버2이다.

시간 제한	최대	난이도
2초	2억 번 연산	실버2

문제설명

식이 주어졌을 때 괄호를 적절히 쳐서 나올 수 있는 결괏값의 최솟값을 찾아야 하는 문제이다. 이 문제에서는 괄호를 언제 추가해야 하는지가 관건이다.

이러한 수학적 사고력을 요구한다 싶은 문제를 볼 때, 나만의 방법이긴 하지만 아래와 같은 고려사항을 항상 먼저 확인한다.

1) 완전 탐색을 했을 때 시간초과가 나지 않는지 시간복잡도를 계산한다.
2) 문제 규칙을 찾는다.
3) 탐욕법을 생각한다.

1)의 완전 탐색을 이용하면 어렵게 생각할 필요 없이 모든 경우를 탐색해주면 된다. 하지만 이 문제의 경우 괄호를 쳐주어야 하는 상황이 32개만 넘어도 시간복잡도는 $O(2^n)$으로 20초 이상의 시간이 걸린다(괄호를 쳐주거나 안 쳐주거나 둘 중 택하므로 $O(2^n)$이다).

2)의 문제 규칙을 찾아보자.

55-50+40의 경우
55-(50+40) = -35로 최솟값이 된다.

10+55-50+40의 경우
10+55-(50+40) = -25로 최솟값이 된다.

10+55-50+40-10의 경우

10+55-(50+40)-10 = -35로 최솟값이 된다.

10+55-50+40-10+5의 경우

10+55-(50+40)-(10+5) = -30으로 최솟값이 된다.

10+55-50+40-10+5+5의 경우

10+55-(50+40)-(10+5+5) = -25로 최솟값이 된다.

문제의 테스트 케이스를 만들어보며 어떤 상황에서 최소한의 값이 나오는지 확인해보면, 규칙을 찾을 수 있다.

규칙은 이렇다.

1) 첫 숫자부터 마이너스(-)가 나오기 이전까지의 수는 전부 더해주면 된다.
2) 그 뒤에 마이너스(-)가 나온 이후의 숫자는 괄호를 치면 전부 뺄 수 있으므로 전부 빼주면 된다.

> "문제의 규칙을 찾아보니 현재에서 최선을 선택하기 위해서는 처음 마이너스(-)가 나오기 전의 수들은 모두 더해주고 그 후부터 모든 수는 빼주면 되겠네?"

이는 앞서 설명한 탐욕법을 이용하여 풀어주는 방식이다.

문제의 규칙을 찾은 후 보통 방정식을 짜서 풀 수 있거나, 탐욕법을 사용하여 해결할 수 있는 경우가 많다.

해답코드

```
1   equtation =input().split('-')
2   answer=0
3
4   for i in equtation[0].split('+'):
5       answer+=int(i)
6
7   for i in equtation[1:]:
8       for j in i.split('+'):
```

```
9       answer-=int(j)
10
11   print(answer)
```

코드라인 1~5: 마이너스(-)가 나오기 이전의 수는 answer에 모든 수를 더한다.
코드라인 7~9: 마이너스(-)가 나온 이후의 수는 answer에 모든 수를 뺀다.
코드라인 11: 정답인 answer를 출력한다.

12-3 탐욕법을 이용한 예제 2

회의실 배정

https://www.acmicpc.net/problem/1931

시간 제한	메모리 제한	제출	정답	맞힌 사람	정답 비율
2초	128MB	84006	24916	17948	28.822%

문제

한 개의 회의실이 있는데 이를 사용하고자 하는 N개의 회의에 대하여 회의실 사용표를 만들려고 한다. 각 회의 I에 대해 시작시간과 끝나는 시간이 주어져 있고, 각 회의가 겹치지 않게 하면서 회의실을 사용할 수 있는 회의의 최대 개수를 찾아보자. 단, 회의는 한번 시작하면 중간에 중단될 수 없으며 한 회의가 끝나는 것과 동시에 다음 회의가 시작될 수 있다. 회의의 시작시간과 끝나는 시간이 같을 수도 있다. 이 경우에는 시작하자마자 끝나는 것으로 생각하면 된다.

입력

첫째 줄에 회의의 수 N(1≤N≤100,000)이 주어진다. 둘째 줄부터 N+1줄까지 각 회의의 정보가 주어지는데 이것은 공백을 사이에 두고 회의의 시작시간과 끝나는 시간이 주어진다. 시작시간과 끝나는 시간은 $2^{31}-1$보다 작거나 같은 자연수 또는 0이다.

출력

첫째 줄에 최대 사용할 수 있는 회의의 최대 개수를 출력한다.

예제 입력 1

```
11
1 4
3 5
0 6
5 7
3 8
5 9
6 10
8 11
8 12
2 13
12 14
```

예제 출력 1

```
4
```

시간 제한은 2초로 최대 2억 번의 연산을 할 수 있고, 〈백준〉 난이도는 실버2이다.

시간 제한	최대	난이도
2초	2억 번 연산	실버2

탐욕법의 대표적인 예제라서 인터넷에 검색하면 무수히 많은 해설이 있을 수 있다. 그럼에도 이 문제는 내가 처음으로 탐욕법을 깨우친 문제라서 소개한다. 이 문제를 풀기 위해 앉아서 1시간 동안 고민해도 도저히 해답 로직을 떠올리지 못했는데 2시간이 되어서야 해답 로직을 떠올렸던 문제로 인상 깊은 문제였다.

문제설명

이 문제는 한 개의 회의실이 있고 이를 이용하고자 하는 n개의 회의가 있다. 각 회의에 대한 시작 시간과 끝나는 시간이 주어질 때 각 회의가 겹치지 않게 회의실을 사용할 수 있는 최대 회의 수를 구하면 되는 것이다.

난감하다. 어떻게 접근할 수 있을까?

바로 머릿속에 떠오르는 방법은 다음과 같다.

1. (회의가 끝나는 시간 - 회의가 시작되는 시간)이 작은 것부터 고른다.
2. 회의가 시작되는 시간이 작은 값부터 고른다.
3. 회의가 끝나는 시간이 작은 값부터 고른다.

전부 무언가 부족하다. 이 문제를 풀기에 있어 뭔가 수학적 직감이 필요했는데, 당연하게도 회의 수가 최대가 되려면 많은 수의 회의가 이루어질 수 있게 회의를 골라야 한다.

이를 위해서 시간축 x가 아래처럼 지나간다면

회의가 끝나는 시간   4 5 6 7 8 9 10 **11** 12 13 **14**
회의가 시작되는 시간 **1** 3 0 **5** 3 5 6 **8** 8 2 **12**

1. 회의가 끝나는 시간이 빠를수록 더 많은 회의를 고를 수 있다.
2. 끝난 시간 이후부터 가장 빨리 시작되는 회의를 골라야 한다.

이 2가지를 파악하는 것이 문제의 핵심인데 이를 구현하기 위해서는 끝나는 시간이 작을수록 앞으로 오게 정렬하되, 끝나는 시간이 같다면 시작 시간이 작은 회의를 앞으로 오게 정렬해야 한다.

앞으로 알고리즘 문제를 푸는 데 있어서 매우 많이 사용되는 정렬 방법을 하나 배워보자. 리스트의 정렬 기준을 프로그래머에게 할당하는 방법으로 아래와 같은 기법이 있다.

변수명.sort(key=lambda x: (x[1], x[0]))

위 코드는 x[1](회의가 끝나는 시간)의 작은 값이 앞에 오게 오름차순으로 정렬하되, 회의가 끝나는 시간이 같다면 x[0](회의가 시작되는 시간)의 작은 값이 앞에 오게 오름차순으로 정렬한다.[2]

---

2 각 언어마다 리스트의 정렬 기준을 프로그래머에게 할당하는 기법들이 있다. 이것은 꼭 알아두자. 정렬과 관련된 부분은 뒷 장에서 더 자세하게 설명하겠다.

다시 정리하면 최대 회의 수를 구하기 위해 회의가 끝나는 시간이 짧은 것을 택한다. 끝나는 시간부터 매 순간마다 회의가 시작되는 시간이 빠른 것을 다시 고르며 이를 반복한다. 정말 탐욕법스러운 문제이다. 뭔가 더 증명이 되지 않아 찝찝할 수 있지만 가능한 시간에서 가장 빨리 끝나는 회의를 선택하는 게 그보다 늦게 끝나는 회의를 선택하는 것보다는 항상 선택 가능한 회의 수가 크거나 같으므로 증명이 가능하다.

해답코드

```
1   N = int(input())
2   meet = []
3
4   for i in range(N):
5       A, B = map(int, input().split())
6       meet.append([A, B])
7
8   meet.sort(key=lambda x: (x[1], x[0]))
9
10  answer = 0
11  endTime = 0


12  for i in range(len(room)):
13      if endTime <= meet[i][0]:
14          endTime = meet[i][1]
15          answer += 1
16
17  print(answer)
```

코드라인 1~6: n과 회의실 상태를 입력받는다.

코드라인 8: 회의가 끝나는 시간이 빠른 순으로, 끝나는 시간이 같다면 회의 시작 시간이 빠른 순으로 리스트를 정렬한다.

코드라인 10, 11: 정답과 끝나는 시간을 저장하기 위한 변수를 생성한다.

코드라인 13~15: 회의가 끝난 시간보다 시작 시간이 크다면 answer+=1, 회의가 끝난 시간을 시작 시간에 해당하는 회의가 끝난 시간 값으로 바꾸어준다.

코드라인 17: 정답을 출력한다.

12-4 탐욕법을 이용한 예제 3

앞으로 설명할 탐욕법 예제 3, 4, 5는 골드와 플래티넘 난이도라 초보자들은 조금 어렵다고 느낄 수 있지만, 어차피 코드의 정답 로직을 본 순간 실버든, 골드든, 플래티넘이든 모두 같은 정답을 알게 된 쉬운 문제가 된다[3].

특히 탐욕법 같은 경우에는 프로그램 구현 능력이 되고, 문제에 대한 다양하고 뛰어난 접근 시선만 갖춘다면 실버든, 플래티넘이든, 다이아든 풀 수 있는 알고리즘이다(그렇다 하더라도 탐욕법 플래티넘, 다이아 난이도가 쉽다는 것은 아니다).

예제 3부터는 겁먹지 말고 어떻게 최적의 답을 도출할 수 있는지 생각하며 가볍게 읽어보자.

소트

https://www.acmicpc.net/problem/1083

시간 제한	메모리 제한	제출	정답	맞힌 사람	정답 비율
2초	128MB	2264	532	407	30.059%

문제

크기가 N인 배열 A가 있다. 배열에 있는 모든 수는 서로 다르다. 이 배열을 소트할 때, 연속된 두 개의 원소만 교환할 수 있다. 그리고, 교환은 많아봐야 S번 할 수 있다. 이때, 소트한 결과가 사전순으로 가장 뒷서는 것을 출력한다.

입력

첫째 줄에 N이 주어진다. N은 50보다 작거나 같은 자연수이다. 둘째 줄에는 각 원소가 차례대로 주어진다. 이 값은 1000000보다 작거나 같은 자연수이다. 마지막 줄에는 S가 주어진다. S는 1000000보다 작거나 같은 음이 아닌 정수이다.

출력

첫째 줄에 문제의 정답을 출력한다.

---

[3] 그래서 정답을 보는 것은 구현에 필요한 기초, 그리고 라이브러리 혹은 알고리즘 타이틀을 몰라서가 아니라면 도움이 안 된다고 생각한다

예제 입력 1	예제 출력 1
7 10 20 30 40 50 60 70 1	20 10 30 40 50 60 70

예제 입력 2	예제 출력 2
5 3 5 1 2 4 2	5 3 2 1 4

예제 입력 3	예제 출력 3
10 19 20 17 18 15 16 13 14 11 12 5	20 19 18 17 16 15 14 13 12 11

시간 제한은 2초로 최대 2억 번의 연산을 할 수 있고, 〈백준〉 난이도는 골드3이다.

시간 제한	최대	난이도
2초	2억 번 연산	골드3

문제설명

n개의 크기를 가진 배열 a가 주어지며, 이 배열은 연속된 2개의 원소만 교환할 수 있다(a[i]와 a[i+1] 혹은 a[i-1]와 a[i]). 최대 s번 교환하여 만들 수 있는 배열 중에서 사전 순으로 가장 뒷서는 것을 출력해야 하는 문제이다.

여기서 "사전 순으로 가장 뒷서는 것을 출력하라"는 것은 배열의 왼쪽이 큰 수일수록 사전 순으로 뒷서게 된다는 의미이다. 처음 이 문제를 풀었을 때 단순히 arr[i]보다 arr[i+1]이 더 크다면 바꾸는 것으로 했다가 틀렸다.

정답을 찾아가보자.

$n=5$이고 배열 arr= 3 5 1 2 4이라면 s의 값에 따라 정답은 아래와 같다.

s	arr
1	5 3 1 2 4
2	5 3 2 1 4
3	5 3 4 1 2
4	5 4 3 1 2
5	5 4 3 2 1

s가 1일 때 3과 5의 위치를 바꿨다.
s가 2일 때 3과 5의 위치를 바꾸고 → 5 3 1 2 4
        1과 2의 위치를 바꿨다. → 5 3 2 1 4
s가 3일 때 3과 5의 위치를 바꾸고 → 5 3 1 2 4
        4와 2의 위치를 바꾸고 → 5 3 1 4 2
        1과 4의 위치를 바꿨다. → 5 3 4 1 2

문제에서 연속된 수만 교체 할 수 있다고 했는데, 이는 결국 인덱스 차이가 남은 s 이하라면 신경쓰지 않아도 되는 것을 알 수 있다.

즉 s가 3일 때 3과 5의 위치를 바꾸고 → 5 3 1 2 4, s=2
        1과 4의 위치를 바꿨다. → 5 3 4 1 2, s=0

사전 순으로 뒤에 서기 위해서는 왼쪽에서 오른쪽으로 갈수록 수가 작아져야 한다. 그러므로 왼쪽에서 오른쪽으로 순회한 인덱스를 기준으로 오른쪽에 있는 수 중 남은 s번을 교체해서 가져올 수 있는 최댓값을 매순간 바꿔주는 것이 정답이다.

```
for i in range(N):
    idx=i
    for j in range(N-1, i, -1):
      if arr[idx]<arr[j] and j-i<=s:
        idx=j
```

이 코드는 idx 변수에 i의 기준으로 오른쪽에 있는 수 중 s번의 교환(j-i<=s)으로 바꿀 수 있는 최댓값의 위치를 찾는다. 즉 이제 해답 로직은 찾았고, 그것을 구현하면 아래와 같은 코드가 된다. 참고로 n의 값은 50으로 n^2을 10,000번 반복해도 시간 초과가 나지 않는다.

50^2*10,000=25,000,000

결국 핵심은 왼쪽에 있는 수일수록 값을 크게 만드는 것이다.

해답코드

```
1   N = int(input())
2   arr = [int(i) for i in input().split()]
3
4   s=int(input())
5   while True:
6     tof=False
7     for i in range(N):
8       idx=i
9       cmp=0
10      for j in range(N-1, i, -1):
11        if arr[idx]<arr[j] and j-i<=s:
12          idx=j
13          tof=True
14          cmp=j-i
15      if idx!=i:
16        tmp=arr[idx]
17        del arr[idx]
18        arr.insert(i, tmp)
19        s-=cmp;
20        break
21    if tof==False:
22      break
23
24  print(*arr)
```

코드라인 5: 반복문을 계속 돌린다(맨 왼쪽에 있는 수를 매순간 순간 크게 만들기 위해).

코드라인 6: 종료 지점을 나타내기 위한 변수를 생성한다.

코드라인 7~14: 위에서 설명했듯이 idx 변수에 i의 위치를 기준으로 오른쪽에 있는 수 중 남은 s번 교체해서 바꿀 수 있는 최댓값의 위치를 저장한다.

idx 변수가 i와 다르다면 바꿀 수를 찾은 것이고 tof=True로 해두어 이후에 while문을 종료되게 하지 않는다. cmp 변수는 교체 횟수를 임시로 저장하기 위한 변수이다.

코드라인 15~20: 배열의 idx 위치값과 i 위치값을 바꿔준다. 그 후 s는 cmp값만큼 빼준다. 그리고 for문을 탈출한다(for문을 탈출하는 이유는 수를 바꿔준 뒤 다시 왼쪽부터 수를 순회하기 위해서이다. 이는 매순간 맨 왼쪽부터 큰 수가 오게 하기 위해서이다).

코드라인 21~22: tof=False이라면 바꿀 수를 찾지 못한 것이므로 while문을 탈출한다.

코드라인 24: 정답을 출력한다.

12-5 탐욕법을 이용한 예제 4

소트

https://www.acmicpc.net/problem/1071

시간 제한	메모리 제한	제출	정답	맞힌 사람	정답 비율
2초	128MB	1695	392	308	29.758%

문제

N개의 정수가 주어지면, 이것을 연속된 두 수가 연속된 값이 아니게 정렬($A[i]+1 \neq A[i+1]$)하는 프로그램을 작성하시오. 가능한 것이 여러 가지라면 사전순으로 가장 앞서는 것을 출력한다.

입력

첫째 줄에 N이 주어진다. N은 50보다 작거나 같은 자연수이다. 둘째 줄에는 N개의 수가 주어진다. N개의 수는 1,000보다 작거나 같은 자연수 또는 0이다.

출력

첫째 줄에 문제의 정답을 출력한다.

예제 입력 1
```
3
1 2 3
```

예제 출력 1
```
1 3 2
```

예제 입력 2
```
9
1 1 1 2 2 2 2 2
```

예제 출력 2
```
2 2 2 2 2 1 1 1 1
```

예제 입력 3
```
2
1 2
```

예제 출력 3
```
2 1
```

예제 입력 4
```
6
1 2 3 4 5 6
```

예제 출력 4
```
1 3 2 4 6 5
```

예제 입력 5
```
6
1 1 2 2 3 3
```

예제 출력 5
```
1 1 3 3 2 2
```

시간 제한은 2초로 최대 2억 번의 연산을 할 수 있고, 〈백준〉 난이도는 플래티넘5이다.

시간 제한	최대	난이도
2초	2억 번 연산	플래티넘5

문제설명

n개의 정수가 주어질 때, 두 수가 연속된 값이 아니게 정렬($a[i]+1$!=$a[i+1]$)하는 프로그램을 만들어야 하는 것이다. 이때 가능한 것이 여러 개라면 사전 순으로 가장 앞서는 것을 출력해야 한다.

이 문제의 경우 나는 다양한 조건에 의해 문제의 정답을 도출했었다.

우선 사전 순으로 가장 앞선다는 것은 배열의 왼쪽일수록 수가 작아야 한다(오름차순). 문제는 $a[i]$+1의 값은 $a[i+1]$과 다르게 배열을 재정렬하는 것인데, 다양한 테스트 케이스를 만들어 문제의 조건부터 찾아야 한다.

1)
   1-1)
   n=5이고 1 1 2 2 4라면
   a[0]+2 이상의 값이 배열 안에 존재하기 때문에 1을 전부 출력할 수 있다.
   그 후 4를 출력하고, 2를 전부 출력해주면 된다.

   1-2)
   n=4이고 1 1 2 2라면
   1을 먼저 출력할 수 있는 방법이 없다.
   따라서 2를 먼저 출력하고 또 2를 출력하고, 1을 출력할 수 있다.

2)
   n=6이고 1 1 1 1 3 3이라면
   a[0]=1의 +1 값인 2가 없으므로 1을 전부 출력할 수 있다.
   그 후 3 또한 모두 출력해주면 된다.

규칙을 찾았다.

사전 순으로 가장 앞선 것을 출력하기 위해 우선 배열이 오름차순으로 정렬되어야 한다.

$a[i]$ 값에 대하여 ($0<=i<$배열의 크기)

1) a[i]+1의 값이 배열 안에 존재할 때
    1-1) a[i]+2 이상의 값 k가 배열 안에 존재한다면 배열 안에 있는 a[i] 값을 전부 출력하고, k를 출력한다.
    1-2) a[i]+2의 값이 배열 안에 존재하지 않는다면 배열 안에 있는 a[i]+1의 값을 한번 출력한다.
2) a[i]+1의 값이 배열 안에 존재하지 않는다면 배열 안에 있는 a[i] 값을 전부 출력할 수 있다.

이 문제는 특정한 조건에 따라 최적의 답을 찾을 수 있으므로 탐욕법으로 분류된다. 이것을 코드로 구현하기 위해서 계수정렬을 이용했다. 계수정렬 또한 '18장. 정렬'에서 다시 설명한다.

계수정렬에 대해 간단히 알아보자.

배열 arr 1 2 3 4 5 5 7 7 7이 있다면 배열값이 몇 개 있는지 나타내기 위해 다른 배열의 값을 다른 배열 csort의 인덱스 값에 계수를 증가시켜 준다.

csort[arr[i]]+=1

위의 배열을 계수정렬하면 다음처럼 된다.

			csort 값						
인덱스	0	1	2	3	4	5	6	7	8
	0	1	1	1	1	2	0	3	0

이렇게 해두면 a[i]+1 a[i]+2의 값들이 존재하는지 안 하는지를 파악하기 쉬우므로 문제의 구현이 좀 더 용이해졌다(단, 이 문제에서는 정수의 범위가 1000 이하라서 계수정렬이 가능하지만 정수의 범위가 100,000,000과 같이 큰 수라면 메모리 초과가 날 수 있으므로 조심해야 한다).

해답코드

```
1    N = int(input())
2    csort = [0 for i in range(1002)]
3    nums = [int(x) for x in input().split()]
4    for i in range(N):
5      csort[nums[i]]+=1
6
7    answer=''
8    while True:
9      tof=False
10     for i in range(1001):
11       if csort[i]:
12         tof=True
```

```
13        if csort[i+1]:
14          k=-1
15          for j in range(i+2, 1001):
16            if(csort[j]):
17              k=j
18              break
19          if k != -1:
20            while csort[i]:
21              answer+=str(i)+' '
22              csort[i]-=1
23            answer+=str(k)+' '
24            csort[k]-=1
25            break
26          else:
27            answer+=str(i+1)+' '
28            csort[i+1]-=1
29            break
30        else:
31          while(csort[i]):
32            answer+=str(i)+' '
33            csort[i]-=1
34          break
35    if tof==False:
36      break
37
38  print(answer)
```

코드라인 1~5: n개의 정수를 변수 csort에 계수정렬해 준다.
코드라인 8: 종료 시점까지 while문을 계속 돌린다.
코드라인 10: 0~1000까지 for문을 탐색한다.
코드라인 11: 해당 계수 i에 해당하는 cosrt[i]가 존재할 때
    코드라인 13: 계수 i+1에 해당하는 cosrt[i+1]이 존재한다면
    코드라인 14~18: 계수 i+2 이상의 k값이 csort[k]에 존재하는지 확인하고
        코드라인 19: csort[k]가 존재한다면
        코드라인 20~25: csort[i]값을 전부 출력하고, csort[k]를 한번 출력한다.

코드라인 26: csort[k]가 존재하지 않는다면
코드라인 27~29: csort[i+1]의 값을 한번 출력한다.
코드라인 30: 계수 i+1에 해당하는 cosrt[i+1]이 존재하지 않는다면
코드라인 31~34: csort[i]를 전부 출력한다.
코드라인 35: tof값이 False라면(더 이상 배열에 수가 남아 있지 않다면) while문을 종료한다.
코드라인 38: 정답을 출력한다.

12-6 탐욕법을 이용한 예제 5

대결

https://www.acmicpc.net/problem/1489

시간 제한	메모리 제한	제출	정답	맞힌 사람	정답 비율
2초	128MB	267	85	77	42.308%

문제

팀 A와 B가 대결을 하려고 한다. 각 팀에 속한 사람은 다른 팀에 속한 사람과 대결을 해야 한다. 두 팀에 속한 각 사람은 대결을 한 번씩 해야 한다. 대결의 승자는 2점을 획득하고, 무승부인 경우에는 1점을 획득한다.

팀 A에 속한 사람의 능력치는 $A_1, A_2, ..., A_N$이고, 팀 B에 속한 사람의 능력치는 $B_1, B_2, ..., B_N$이다. 대결은 능력치가 높은 사람이 이기며, 능력치가 같은 경우 비긴다.

두 팀의 능력치가 주어졌을 때, 팀 A가 얻을 수 있는 점수의 최댓값을 구해보자.

입력

첫째 줄에 팀에 속한 사람의 수 N이 주어진다. 둘째 줄에는 $A_1, A_2, ..., A_N$이 주어지고, 셋째 줄에는 $B_1, B_2, ..., B_N$이 주어진다.

출력

첫째 줄에 팀 A가 얻을 수 있는 점수의 최댓값을 출력한다.

제한

$1 \leq N \leq 50$
$1 \leq A_i, B_i \leq 1,000$

예제 입력 1

```
2
5 8
7 3
```

예제 출력 1

```
4
```

예제 입력 2

```
2
7 3
5 8
```

예제 출력 2

```
2
```

예제 입력 3

```
3
10 5 1
10 5 1
```

예제 출력 3

```
4
```

예제 입력 4

```
4
1 10 7 4
15 3 8 7
```

예제 출력 4

```
5
```

시간 제한은 2초로 최대 2억 번의 연산이 가능하고, 〈백준〉 난이도는 플래티넘5이다.

시간 제한	최대	난이도
2초	2억 번 연산	플래티넘5

문제설명

팀 A와 B가 있을 때, 각 팀에는 N명의 사람이 있으며 각각 한 번의 대결을 다른 팀과 한다. 이때 대결의 승자는 2점을 획득하고, 무승부인 경우 1점을 획득한다. 팀 A가 얻을 수 있는 최대 점수를 구하는 것이다.

문제를 해결함에 있어 기본적으로 A가 최대 점수를 얻기 위해서는 B팀과의 대결에서 최대한 많은 승리를 해야 한다. 그러기 위해서 생각할 수 있는 방법으로는

"A팀에서 가장 낮은 값 k보다 작은 수 중에서 가장 큰 값을 B팀에서 찾아야 한다."

문제의 핵심은 위의 한 줄이다.

그렇게 A가 최적의 방법으로 많은 승리를 얻은 후 무승부가 가능한 경우를 구해주면 된다.

예제 입력 4를 조금 수정해서 아래와 같은 A, B팀이 있을 때,

| A | 1 | 10 | 7 | 4 |
| B | 15 | 3 | 8 | 7 |

일단 낮은 값 비교를 보기 좋게하기 위해 오름차순으로 정렬하자.

| A | 1 | 4 | 7 | 10 |
| B | 3 | 7 | 8 | 15 |

A[0]=1의 값으로는 이길 수 없는 B팀이 없다.
A[1]=4로는 B팀의 B[0]=3을 이길 수 있다. 점수+=2

자, 여기서 분기점이 2개가 있다.

1) A[3]=10으로 B팀의 B[1]=7을 이긴다면 점수+=2
2) A[2]=7로 B팀의 B[1]=7과 무승부를 한다면 점수+=1
   A[3]=10으로 B팀의 B[2]=8을 이긴다면 점수 +=1

두 분기점의 차이는 A팀이 최대로 많이 승리하기 위해서는 A팀의 작은 값을 우선으로 B팀에서 이길 수 있는 값을 찾아야 한다.

또 하나 주의할 점이 있다.

| A | 3 | 4 | 5 | 6 |
| B | 1 | 2 | 5 | 7 |

위와 같은 경우가 있을 때,

A[0]=3의 값으로 B[0]=1을 이기고, 점수 +=2
A[1]=4의 값으로 B[1]=2를 이기고, 점수 +=2
A[2]=5의 값으로 B[2]=5가 무승부이면, 점수 +=1, 총 점수는 5점이다.

A[0]=3의 값으로 B[1]=2를 이기고, 점수 +=2
A[1]=4의 값으로 B[0]=1을 이기고, 점수 +=2
A[3]=6의 값으로 B[2]=5를 이기면, 점수 +=2, 총 점수는 6점이 된다.

즉 무승부보다 승리하는 것을 우선순위로 두어야 하고, 그러기 위해서는 $A[i]$의 값보다 작은 수 k가 B에서 존재한다면 존재하는 값 중 최댓값을 이겨야 나중에 최적의 승리가 가능해진다.

위에서 $A[0]=3$으로 이길 수 있는 수는 $B[0]=1$, $B[1]=2$가 있지만 3보다 작은 수 중에서 최댓값 2를 먼저 택했다.

이것을 코드로 구현하면 아래와 같다.

해답코드

```
1    N = int(input())
2    csortA = [0 for i in range(1002)]
3    csortB = [0 for i in range(1002)]
4
5    teamA = [int(x) for x in input().split()]
6    for i in range(N):
7      csortA[teamA[i]]+=1
8    teamB = [int(x) for x in input().split()]
9    for i in range(N):
10     csortB[teamB[i]]+=1
11
12
13   answer=0
14
15   for i in range(1, 1001):
```

```
16    while csortA[i]:
17      tof=False
18      for j in range(i-1, 0, -1):
19        if csortB[j]:
20          tof=True
21          answer+=2
22          csortA[i]-=1
23          csortB[j]-=1
24          break
25      if tof==False:
26        break
27
28  for i in range(1, 1001):
29    while csortA[i] and csortB[i]:
30      answer+=1
31      csortA[i]-=1
32      csortB[i]-=1
33
34  print(answer)
```

코드라인 1~10: 탐욕법을 이용한 예제 4와 같이 계수정렬을 사용했다.

코드라인 15: 1~1000까지의 범위를 순회하며, 계수 i에 해당하는 csortA[i]가 (A팀) 존재한다면

코드라인 18~24: i보다 작은 값 k가 B팀에 존재한다면 그중 최댓값과 대결한다.

코드라인 28~32: 무승부가 가능한 경우를 구해준다.

코드라인 34: 정답을 출력한다.

코딩 테스트나 〈코드포스〉 대회에서는 탐욕법과 같은 창의적이고 다양한 문제 접근 방법을 필요로 한다. 이는 이론적으로 탐욕법을 아는 것뿐만 아니라 다양한 문제를 통해 문제 접근의 창의성을 높이는 것이 중요하다는 뜻이기도 하다.

보통의
　　취준생을 위한

코딩 테스트

with 파이썬

재귀	분할정복
코딩 테스트 출제 빈도 ■■■□□	코딩 테스트 출제 빈도 ■■■□□
코드포스 출제 빈도 ■■■□□	코드포스 출제 빈도 ■■■□□

제13장
재귀와 분할정복

독자

```
def myTears(r):
    myTears(r)
ㄴr는 가끔 눈물을 흘린ㄷr....
```

저자 위의 코드대로라면 평생 눈물을 흘리지 않는다는 뜻인가요?... 이 장을 읽으며 눈물을 흘리지 못하는 이유를 찾아보세요.

이 장에서는 재귀와 분할정복 알고리즘을 소개한다. 2가지 모두 재귀함수를 이용한다는 특징이 있다. 재귀함수는 자신을 정의할 때 자기 자신을 재참조하는 방법을 말하며, 분할정복은 문제를 나눌 수 없을 때까지 나누어 각각을 풀면서 다시 합병하여 문제의 답을 얻는 알고리즘으로 상위의 해답을 구하기 위해 하위의 해답을 구하는 방식이며 이를 위해 재귀함수가 쓰인다.

[그림 13-1] 재귀와 분할정복

재귀함수의 경우 이후에 배울 DFS(깊이 우선 탐색), 백트래킹 알고리즘과 다양한 구현에 있어서 꼭 필요한 개념이므로 확실하게 공부할 것을 권한다. 특히 초보자의 경우에는 재귀함수를 직관적으로 이해하기 매우 어려울 것이라고 생각한다. 그러므로 그림을 그려가며 코드의 흐름을 이해하는 것을 적극 추천한다.

분할정복은 패러다임을 짜는 데 있어 난이도가 어렵고, 코딩 테스트와 〈코드포스〉에서는 주로 출제되지 않지만 간단한 예제 정도는 풀어보는 것을 추천한다. 코드 구현 능력에 많은 도움이 되기 때문이다.

13-1 재귀

삼성 S/W 역량 테스트 기출문제를 풀 때 설명한 재귀함수를 말한다. 재귀함수란 함수 내에서 자기 자신 함수를 다시 호출하는 함수를 의미한다. 재귀함수를 설명하기 위한 예가 기억날 것이다.

재귀함수가 궁금한 컴퓨터공학과 학생이 유명한 교수님을 찾아가 물었다.

"재귀함수가 뭔가요?"
"잘 들어보게. 옛날 산꼭대기에 현자가 있었어. 질문엔 모두 지혜롭게 대답해 주었지. 그런데 어느 날, 그 현자에게 한 선비가 찾아와서 물었어."
"재귀함수가 뭔가요?"
"잘 들어보게. 옛날 산꼭대기에..."

재귀함수의 핵심은 종료시점을 정해주어야 한다는 것이다. 함수 내에서 자기 자신을 호출하고, 호출한 함수에서 또 자기 자신을 호출하는 과정을 반복할 때 종료시점이 없다면 컴퓨터는 무한 번의 연산을 실행할 것이다.

재귀함수로 구현할 수 있는 모든 것은 반복문(for문, while문)으로 구현할 수 있다. 그럼에도 재귀함수를 쓰는 경우는 코드를 좀 더 가독성 있고, 짧게 쓸 수 있는 경우가 많기 때문이다. for문으로 구현하면 코드가 매우 길어지는 것을 재귀함수로 구현하면 짧게 구현할 수 있는 상황이 많다.

13-1-1 재귀를 이용한 예제 1

팩토리얼

https://www.acmicpc.net/problem/10872

시간 제한	메모리 제한	제출	정답	맞힌 사람	정답 비율
1초	256MB	74621	36273	30563	49.160%

문제

0보다 크거나 같은 정수 N이 주어진다. 이때, N!을 출력하는 프로그램을 작성하시오.

입력

첫째 줄에 정수 N(0≤N≤12)가 주어진다.

출력

첫째 줄에 N!을 출력한다.

예제 입력 1
10

예제 출력 1
3628800

예제 입력 2
0

예제 출력 2
1

시간 제한은 1초로 최대 1억 번의 연산을 할 수 있고, 〈백준〉 난이도는 브론즈3이다.

시간 제한	최대	난이도
1초	1억 번 연산	브론즈3

문제설명

고등학교 수학시간에 배운 N!을 구하는 것이다.

N! = N*(N-1)*(N-2)*...*2*1

5 factorial = 5! = 5*4*3*2*1을 구하기 위해서 재귀함수를 이용할 수 있다.

팩토리얼을 구하기 위한 함수 순서는 다음과 같다.

1) n의 값을 팩토리얼 함수의 입력으로 받는다.
2) n의 값이 1이라면 1을 함수의 반환값으로 반환하고, 프로그램을 종료한다.
3) n-1의 값을 팩토리얼 함수에 전달하여 1)을 호출한다.
4) 2)에서 얻은 결괏값과 n을 곱한 값을 함수의 반환값으로 반환한다.

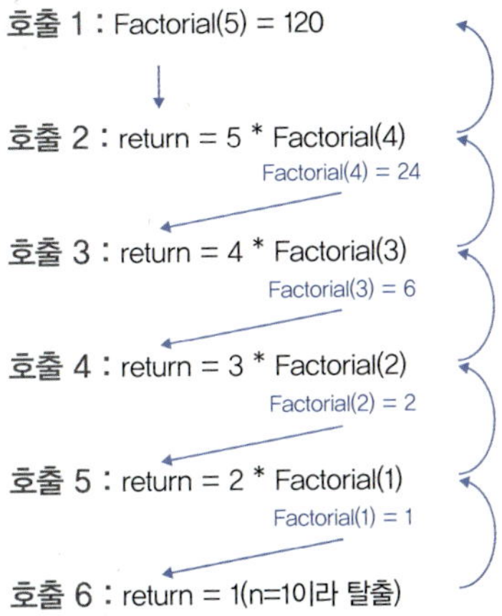

```
호출 1 : Factorial(5) = 120
           ↓
호출 2 : return = 5 * Factorial(4)
                   Factorial(4) = 24
호출 3 : return = 4 * Factorial(3)
                   Factorial(3) = 6
호출 4 : return = 3 * Factorial(2)
                   Factorial(2) = 2
호출 5 : return = 2 * Factorial(1)
                   Factorial(1) = 1
호출 6 : return = 1(n=1이라 탈출)
```

[그림 13-2] 팩토리얼을 구하기 위한 순서도

방금 말한 순서도는 위 그림과 같이 진행된다.

순서 2)와 같이 n이 1이라면 더 이상 자기 자신을 호출하지 않고 프로그램을 종료하는 시점을 적어준 것이 포인트이다.

해답코드(재귀함수 사용)

```
1    def factorial(n):
2        if(n>1): return n * factorial(n-1)
3        else:
4            return 1
5    N=int(input())
6    print(factorial(N))
```

이 코드는 위 그림대로 실행된다.

초보자들이 재귀함수를 많이 어려워한다. 재귀함수를 쉽게 이해하려면 재귀함수는 무조건 코드의 흐름을 그림으로 그려가며 이해해야 한다. 위 코드는 코드라인 1~4에서 factorial 함수를 정의했고, 코드라인 6에서 factorial(5) 함수를 실행한다.

factorial(5)는 코드라인 2에 의해 5는 1보다 크기 때문에 5 * factorial(4)가 실행되고,
factorial(4)는 코드라인 2에 의해 5는 1보다 크기 때문에 4 * factorial(3)이 실행되고,
factorial(3)은 코드라인 2에 의해 5는 1보다 크기 때문에 3 * factorial(2)가 실행되고,
factorial(2)는 코드라인 2에 의해 5는 1보다 크기 때문에 2 * factorial(1)이 실행되고,
factorial(1)은 코드라인 1에 의해 1 값을 반환한다.

다시 거꾸로 올라가 보자.

factorial(1)은 1을 반환했으므로
factorial(2)는 2 * factorial(1)은 2가 되고
factorial(3)은 3 * factorial(2)는 6이 되고
factorial(4)는 4 * factorial(3)은 24가 되고
factorial(5)는 5 * factorial(4)는 120이 된다.

주목할 점은 factorial(1)을 구한 값을 통해 factorial(2)를 구할 수 있고, 마찬가지로 factorial(2)를 구한 값으로 factorial(3)을 구할 수 있게 된다는 점이다. 하위의 문제가 상위의 문제 해결에 연관이 되는 경우가 재귀함수에서 주로 쓰인다.

물론 재귀함수를 쓰지 않고 반복문을 사용한다면 이를 더 간단하게 구현할 수 있다.

해답코드(반복문 사용)

```
1   result = 1
2
3   for num in range(1, 6, 1):
4       result *= num
5
6   print(result)
```

그렇다면 언제 재귀함수를 써야 하는 것일까? 정답은 없다. 재귀함수와 반복문은 둘 다 반복되는 일을 해결할 수 있으므로 편한 것을 쓰면 된다. 하지만 코드구현의 난이도가 높은 문제에서는 반복문보다 재귀함수가 월등히 편할 때가 많다. 예를 들면 DFS(깊이 우선탐색), 백트래킹 알고리즘을 사용할 때 재귀함수가 아닌 반복문을 쓴다면 난이도는 지옥이라고 할 수 있다.

13-1-2 재귀를 이용한 예제 2

하노이 탑 이동 순서

https://www.acmicpc.net/problem/11729

시간 제한	메모리 제한	제출	정답	맞힌 사람	정답 비율
1초	256MB	38090	18592	14409	48.599%

문제

세 개의 장대가 있고 첫 번째 장대에는 반경이 서로 다른 n개의 원판이 쌓여 있다. 각 원판은 반경이 큰 순서대로 쌓여있다. 이제 수도승들이 다음 규칙에 따라 첫 번째 장대에서 세 번째 장대로 옮기려 한다.

1. 한 번에 한 개의 원판만을 다른 탑으로 옮길 수 있다.
2. 쌓아 놓은 원판은 항상 위의 것이 아래의 것보다 작아야 한다.

이 작업을 수행하는 데 필요한 이동 순서를 출력하는 프로그램을 작성하라. 단, 이동 횟수는 최소가 되어야 한다.

아래 그림은 원판이 5개인 경우의 예시이다.

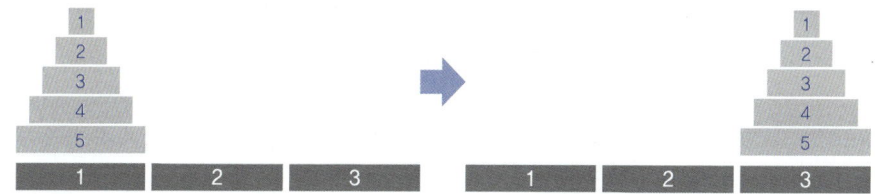

입력

첫째 줄에 첫 번째 장대에 쌓인 원판의 개수 N(1≤N≤20)이 주어진다.

출력

첫째 줄에 옮긴 횟수 K를 출력한다.

두 번째 줄부터 수행 과정을 출력한다. 두 번째 줄부터 K개의 줄에 걸쳐 두 정수 A B를 빈칸을 사이에 두고 출력하는데, 이는 A번째 탑의 가장 위에 있는 원판을 B번째 탑의 가장 위로 옮긴다는 뜻이다.

예제 입력 1

```
3
```

예제 출력 1

```
7
1 3
1 2
3 2
1 3
2 1
2 3
1 3
```

시간 제한은 1초로 최대 1억 번의 연산을 할 수 있고, ⟨백준⟩ 난이도는 실버2이다.

시간 제한	최대	난이도
1초	1억 번 연산	실버2

어렸을 때 갖고 논 장난감 중에 '하노이 탑'이라는 장난감을 아는 사람이 있을 것이다.

[그림 13-3] 하노이 탑 장난감

이 문제는 앞으로 자주 쓰일 재귀를 이해하는 데 정말 좋은 예제이지만 내가 처음 이 문제를 접했을 때를 기억해보면 머리로는 이해되지만 컴퓨터적 사고력으로는 자세히 이해되지 않았던 문제였다. 이 문제는 인터넷을 뒤져보면 매우 많은 해설이 있을텐데 중요한 건 문제의 로직보다는 재귀함수를 사용하여 어떻게 구현했으며 코드가 어떻게 동작하는지에 초점을 두어야 한다.

문제설명

3개의 장대가 있고, 첫 번째 장대에는 서로 다른 n개의 원판이 쌓여있다.

1. 한 번에 한 개의 원판만을 다른 탑으로 옮길 수 있다.
2. 쌓아 놓은 원판은 항상 위의 것이 아래의 것보다 작아야 한다.

2가지 규칙을 지키며 첫 번째 장대에서 세 번째 장대로 원판을 전부 옮기면 되는 문제이다. 이때 원판이 이동하는 장대를 출력하자.

재귀함수를 이해하기 위한 예제이니 문제의 로직을 먼저 보자.

예제 1

2개의 원판을 첫 번째 장대에서 세 번째 장대로 옮기기 위해서

1) 원판 1은 첫 번째 장판에서 두 번째 장판으로 이동한다.

2) 원판 2는 첫 번째 장판에서 세 번째 장판으로 이동한다.

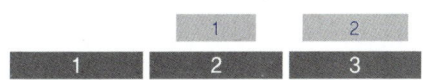

3) 원판 1은 두 번째 장판에서 세 번째 장판으로 이동한다.

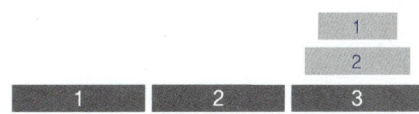

예제 2

3개의 원판을 첫 번째 장대에서 세 번째 장대로 옮기기 위해서

1)

2)
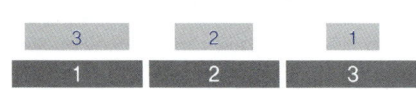

3)
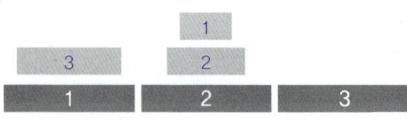

4)
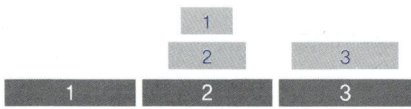

5)
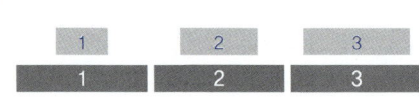

6)

7)

첫 번째 예제와 두 번째 예제에는 공통점이 있다.

원판을 옮기기 위해서

1) 가장 큰 원판 n은 맨 밑에 있어야 하므로 원판 n-1개를 첫 번째 장대에서 두 번째 장대로 옮긴다.

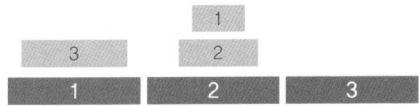

2) 원판 n을 첫 번째 장대에서 세 번째 장대로 옮긴다.

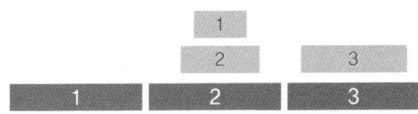

3) 원판 n-1개를 두 번째 장대에서 세 번째 장대로 옮긴다.

이 3가지 규칙을 통해 원판을 옮기는 것은 재귀적 알고리즘을 이용한다면 쉽게 구현할 수 있다.

해답코드

```
1   def hanoi(num, start, to, end):
2       if num == 1:
3           print(start, end)
4       else:
5           hanoi(num-1, start, end, to)
6           print(start, end)
7           hanoi(num-1, to, start, end)
8
9   num = int(input())
10  print(2**num - 1)
11  hanoi(num, 1, 2, 3)
```

코드라인 1: 재귀함수로 현재 이동시킬 원판 num과 원판의 장대의 시작 위치=start, 중간 위치=to, 마지막 위치=end를 함수의 인자로 받는다.

코드라인 2~3: 원판 num이 1이라면 start에서 end로 이동을 출력해준다.
　　　　　　(원판 n을 마지막 장대로 이동. 두 번째 예제 7) 부분)

코드라인 4: 원판 num이 1이 아니라면

　　코드라인 5: n-1개의 원판을 start에서 end를 거쳐 to의 장대로 이동시킨다.
　　　　　　　(두 번째 예제 3) 부분)

　　코드라인 6: 원판 num을 start에서 end로 이동을 출력해준다.
　　　　　　　(두 번째 예제 4) 부분)

　　코드라인 7: n-1개의 원판을 to부터 시작해서 start를 거쳐 end로 이동시킨다.
　　　　　　　(두 번째 예제 5)~6) 부분)

코드라인 10: 원판을 옮겨야 하는 총 횟수는 2^n-1이 된다.
　　　　　(재귀함수가 2^n으로 자신을 호출하며, num==1일 때는 한번 호출됐으므로 -1을 해주면 2^n-1이 된다.)

코드라인 11: 하노이 재귀함수의 실행값을 출력한다.

처음으로 제대로 된 재귀함수 문제를 접했는데, 이해가 어려울 것이다. 코드의 흐름을 따라 하나하나 그림을 그려 예제 2와 같은 그림을 만들어 다시 확인해 보자. 당장 어려운 것은 당연한 것이다.

13-1-3 재귀를 이용한 예제 3[1]

파이프 옮기기 1

https://www.acmicpc.net/problem/17070

시간 제한	메모리 제한	제출	정답	맞힌 사람	정답 비율
1초(추가 시간 없음)	512MB	14563	6974	4665	47.895%

문제

유현이가 새 집으로 이사했다. 새 집의 크기는 N×N의 격자판으로 나타낼 수 있고, 1×1크기의 정사각형 칸으로 나누어져 있다. 각각의 칸은 (r, c)로 나타낼 수 있다. 여기서 r은 행의 번호, c는 열의 번호이고, 행과 열의 번호는 1부터 시작한다. 각각의 칸은 빈칸이거나 벽이다.

오늘은 집 수리를 위해서 파이프 하나를 옮기려고 한다. 파이프는 아래와 같은 형태이고, 2개의 연속된 칸을 차지하는 크기이다.

파이프는 회전시킬 수 있으며, 아래와 같이 3가지 방향이 가능하다.

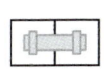 

파이프는 매우 무겁기 때문에, 유현이는 파이프를 밀어서 이동시키려고 한다. 벽에는 새로운 벽지를 발랐기 때문에, 파이프가 벽을 긁으면 안 된다. 즉, 파이프는 항상 빈칸만 차지해야 한다.

파이프를 밀 수 있는 방향은 총 3가지가 있으며, →, ↘, ↓ 방향이다. 파이프는 밀면서 회전시킬 수 있다. 회전은 45도만 회전시킬 수 있으며, 미는 방향은 오른쪽, 아래, 또는 오른쪽 아래 대각선 방향이어야 한다.

파이프가 가로로 놓여진 경우에 가능한 이동 방법은 총 2가지, 세로로 놓여진 경우에는 2가지, 대각선 방향으로 놓여진 경우에는 3가지가 있다.

아래 그림은 파이프가 놓여진 방향에 따라서 이동할 수 있는 방법을 모두 나타낸 것이고, 꼭 빈칸이어야 하는 곳은 색으로 표시되어져 있다.

---

1 삼성 A형 기출 문제

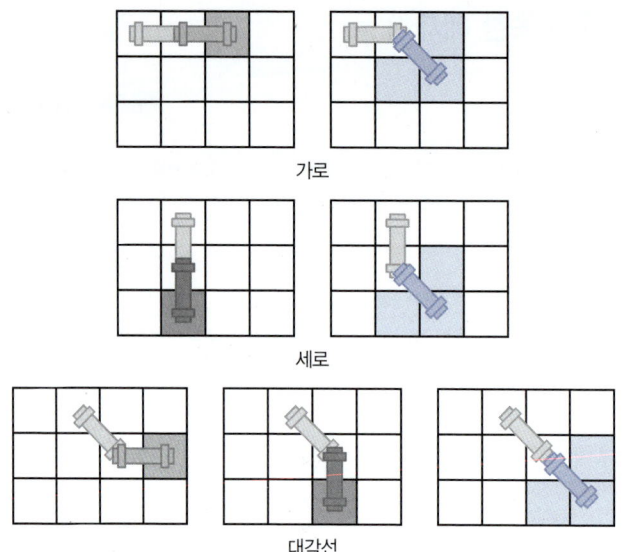

가로

세로

대각선

가장 처음에 파이프는 (1, 1)와 (1, 2)를 차지하고 있고, 방향은 가로이다. 파이프의 한쪽 끝을 (N, N)로 이동시키는 방법의 개수를 구해보자.

입력

첫째 줄에 집의 크기 N(3≤N≤16)이 주어진다. 둘째 줄부터 N개의 줄에는 집의 상태가 주어진다. 빈칸은 0, 벽은 1로 주어진다. (1, 1)과 (1, 2)는 항상 빈칸이다.

출력

첫째 줄에 파이프의 한쪽 끝을 (N, N)으로 이동시키는 방법의 수를 출력한다. 이동시킬 수 없는 경우에는 0을 출력한다. 방법의 수는 항상 1,000,000보다 작거나 같다.

예제 입력 1

```
3
0 0 0
0 0 0
0 0 0
```

예제 출력 1

```
1
```

예제 입력 2
```
4
0 0 0 0
0 0 0 0
0 0 0 0
0 0 0 0
```

예제 출력 2
```
3
```

예제 입력 3
```
5
0 0 1 0 0
0 0 0 0 0
0 0 0 0 0
0 0 0 0 0
0 0 0 0 0
```

예제 출력 3
```
0
```

예제 입력 4
```
6
0 0 0 0 0 0
0 1 0 0 0 0
0 0 0 0 0 0
0 0 0 0 0 0
0 0 0 0 0 0
0 0 0 0 0 0
```

예제 출력 4
```
13
```

시간 제한은 1초로 최대 1억 번의 연산을 할 수 있고, 〈백준〉 난이도는 골드5이다.

시간 제한	최대	난이도
1초	1억 번 연산	골드5

문제설명

가로와 세로의 길이가 n이고 0과 1로 이루어진 집의 상태가 입력으로 주어진다.
집의 상태가 0이면 파이프를 둘 수 있고, 1이면 파이프를 둘 수 없다.

파이프는 아래와 같이 집의 칸 2개를 사용하여 둘 수 있고,

3가지 방향이 가능하다.
이때 파이프는

1) 2)

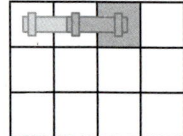 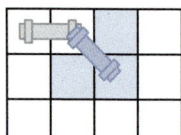

3) 4)

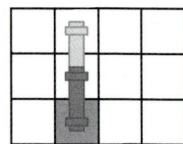 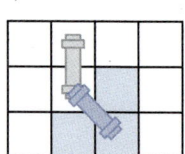

5) 6) 7)

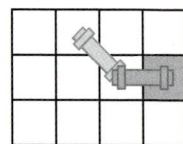  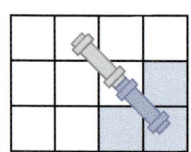

7가지의 이동 방법이 있다.
(1, 1) (1, 2) 위치에 있는 파이프의 한 쪽 끝을 (n, n) 좌표로 이동시키는 방법의 개수를 구하는 문제이다.

정말 말 그대로 문제를 구현시키면 되는 쉬운 문제이다.

우선 파이프의 모형은 3가지가 가능하다.

1) 파이프가 가로 형태라면 0으로,
2) 파이프가 세로 형태라면 1로,
3) 파이프가 대각선 형태라면 2로 설정해보자.

가로 형태에서 이동 가능한 방법은

1) 가로에서 가로 0 → 0
2) 가로에서 대각선 0 → 2

세로 형태에서 이동 가능한 방법은

3) 세로에서 세로 1 → 1
4) 세로에서 대각선 1 → 2

대각선 형태에서 이동 가능한 방법은

5) 대각선에서 가로 2 → 0
6) 대각선에서 세로 2 → 1
7) 대각선에서 대각선 2 → 2

7가지가 있고, 이 7가지를 재귀함수를 통해 모든 경우의 수를 전부 구해주면 된다.

바로 코드를 통해 확인해보자. 긴 코드이지만 의미를 파악하면 정말 간단한 코드이다.

해답코드

```
1   def recursive(y, x, shape):
2       global ans
3       if y>n or x>n:
4           return
5       if y==n and x==n:
6           ans+=1
7       if home[y][x+1]==0 and (shape==0 or shape==2):
```

```
8              recursive(y, x+1, 0)
9          if home[y+1][x]==0 and (shape==1 or shape==2):
10             recursive(y+1, x, 1)
11         if home[y+1][x]==0 and home[y][x+1]==0 and home[y+1][x+1]==0:
12             recursive(y+1, x+1, 2)
13
14  n = int(input())
15  home=[[0 for col in range(18)] for row in range(18)]
16  for i in range(1, n+1):
17      row=list(map(int, input().split()));
18      for j in range(1, n+1):
19          home[i][j]=row[j-1]
20
21  ans = 0
22  recursive(1, 2, 0)
23  print(ans)
```

크게 3가지의 의미로 나눌 수 있다.

1. 코드라인 1~12: 문제를 해결하기 위한 재귀함수이다.
2. 코드라인 14~19: n과 집의 상태를 입력받는다. 위 코드의 경우 인덱스를 좀 더 직관적으로 관리하기 위해 배열의 인덱스를 0이 아닌 1부터 시작하게 해두었다(파이프의 위치 (1, 1)(1, 2)를 좀 더 직관적으로 이용할 수 있다).
3. 코드라인 21~23: 재귀함수를 실행하고 정답을 출력한다.

코드라인 1~12를 자세히 살펴보자.

코드라인 1: 파이프의 한쪽 끝 위치(y, x)와 현재 파이프의 모양(가로, 세로 혹은 대각선)의 정보를 담고 있는 shape 변수를 함수의 인자로 받는다.
코드라인 2: 문제의 정답을 저장하기 위한 변수 ans이다.
코드라인 3~4: 파이프의 위치(y, x)가 n보다 크다면 집의 범위를 넘었으므로 반환한다.
코드라인 5~6: 파이프의 위치(y, x)가 (n, n)이라면 ans+=1로 정답을 1 증가시킨다.
코드라인 7~8: 파이프의 위치(y, x+1)이 (오른쪽) 1이 아니고 (1은 파이프를 둘 수 없는 위치) 현재 모양이 가로 혹은 대각선이라면 재귀함수(y, x+1, 가로)를 실행한다.

코드라인 9~10: 파이프의 위치(y+1, x)가(아래쪽) 1이 아니고 현재 모양이 세로 혹은 대각선이라면 재귀함수(y+1, x, 세로)를 실행한다.

코드라인 11~12: 파이프의 위치(y+1, x)가(아래쪽) 1이 아니고 파이프의 위치(y, x+1)가(오른쪽) 1이 아니고 파이프의 위치(y+1, x+1)이(대각선-오른쪽아래) 1이 아니면 재귀함수(y+1, x+1, 대각선)를 실행한다.

하지만 이 코드는 파이썬을 기준으로 시간 초과가 난다(파이썬을 컴파일하는 pypy3를 사용했음에도 시간 초과가 발생했다).

제출 번호	아이디	문제	결과	메모리	시간	언어	코드 길이	제출한 시간
29664205	rnjsrnrdnjs	17070	시간 초과			PyPy3 / 수정	772 B	2분 전
29664076	rnjsrnrdnjs	17070	시간 초과			PyPy3 / 수정	585 B	7분 전
29664064	rnjsrnrdnjs	17070	런타임 에러 (IndexError)			PyPy3 / 수정	585 B	7분 전
20453494	rnjsrnrdnjs	17070	맞았습니다!!	1984 KB	72 ms	C++14 / 수정	6312 B	11달 전

[그림 13-5] 시간 초과 발생

나는 시간복잡도까지 계산했을 때 당연히 문제없다고 생각하고 제출했지만 시간 초과가 나서 살짝 당혹스러웠다. C++를 기준으로 같은 로직 코드를 제출했을 때는 0.07초의 실행시간이 소요되지만 파이썬을 기준으로는 1초 이상의 시간이 소요되었다. 파이썬을 이용했을 때 다른 코드들도 재귀함수만으로는 시간 초과가 나는지 인터넷을 뒤져 확인했더니 시간 초과가 난다고 한다.

이를 해결하려면 이후에 배울 동적 프로그래밍 알고리즘을 추가로 사용해야 하지만 이 문제는 재귀를 이해하는 것을 목표로 하므로 재귀를 통해 문제를 구현하는 것을 익힐 수 있다면 충분하다고 본다.

> 여기서 잠깐!
> 위 문제는 파이썬 언어에 추가 시간을 부여하지 않았다. 파이썬 같은 경우 타 언어에 비해 실행시간이 느리므로 코딩 테스트 같은 경우 추가 시간을 부여하는 경우가 많은데 이와 관련해서는 다시 한번 언급하겠다.

제13장 재귀와 분할정복

13-2 분할정복

분할정복은 주어진 문제를 작은 사례로 나누고(Divide) 각각의 작은 문제들을 해결하여 정복(Conquer)해 나가는 방법이다.

분할정복은 주로 재귀함수로 많이 구현된다. 분할정복 문제를 풀면서 느낀 건데 어중간한 난이도의 문제와 어려운 문제의 난이도 차이가 극심하다는 것이다. 어중간한 난이도의 문제 정도는 삼성 코딩 테스트에서 나올 법하지만 정말 어려운 분할정복은 코딩 테스트 합격을 위한 문제 풀이로는 웬만해서 보기 힘들 것이다.

그러므로 이 장에서는 어려운 분할정복을 제외하고 설명한다.

보통 분할정복은 3가지 단계를 거친다.

- 분할 단계: 해결하고자 하는 문제를 작은 크기의 동일한 문제들로 분할(divide)한다.
- 정복 단계: 각각의 작은 문제를 동일한 방법으로 재귀적(recursive)으로 해결한다.
- 합병 단계: 작은 문제의 해를 합하여(merge) 원래 문제에 대한 해를 구한다.

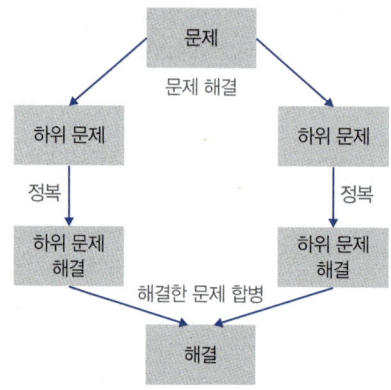

[그림 13-6] 분할정복의 3가지 단계

분할정복은 프로그래머가 어떻게 코드를 구현하느냐에 따라 시간복잡도가 달라지지만 잘 만든 분할정복 패러다임은 효율적인 시간복잡도를 만들 수 있다. 즉 분할정복은 '분할-정복-해결'이라는 큰 원칙을 제시하는 것일 뿐이다. 설계는 개발자의 몫이며 이를 위해 재귀함수를 사용한다.

초보 개발자라면 쉬운 난이도의 분할정복도 어렵게 느낄 수 있는데, 분할정복의 대표적인 예시 문제 정도만 풀어도 감을 잡을 수 있다고 생각한다.

잘 만들어진 분할정복 패러다임은 재귀함수에 비해 빠른 시간 안에 문제를 해결할 수 있다. 예를 들어, 2^8의 거듭제곱을 구한다고 해보자.

1) 재귀함수를 사용한다면
    2*
     2*
      2*
       2*
        2*
         2*
          2*
           2 8번의 재귀함수를 호출한다. 시간복잡도 $O(n)$

2) 분할정복을 사용한다면
    $2^8=2^4*2^4$ (밑에서 구한 24를 한 번 더 곱해주면 2^8을 구할 수 있다.)
     $2^4=2^2*2^2$ (밑에서 구한 22를 한 번 더 곱해주면 2^4를 구할 수 있다.)
      $2^2=2^1*2^1$

   이처럼 구할 경우 $2^n=2^{n/2}*2^{n/2}$로 분할해가며 구하면 3번의 재귀함수를 호출한다. 시간복잡도는 $O(\log_2 n)$이다.

이 예는 코딩 테스트에서는 잘 나오지 않는 유형이지만 이후에 배울 조합론이라는 개념과 함께 한국올림피아드, 〈코드포스〉에서 출제되기 좋은 문제이다. 만약 21,000,000,000을 구해야 하는 상황에서 재귀함수를 사용한다면 10억 번 이상의 연산이 필요하지만 분할정복을 이용한다면 대략 10번의 연산이면 가능하다.

언제 재귀함수를 쓰고 언제 분할정복을 써야 하는지 모를 때에 생각할 수 있는 팁은 시간복잡도를 계산해봤을 때 재귀함수가 가능하다면 재귀함수를 쓰고, 그렇지 않고 문제를 효율적으로(시간복잡도가 덜 소요되도록) 분할하는 과정을 통해 나온 해들을 통해 결과를 낼 수 있다면 분할정복을 사용하면 된다.

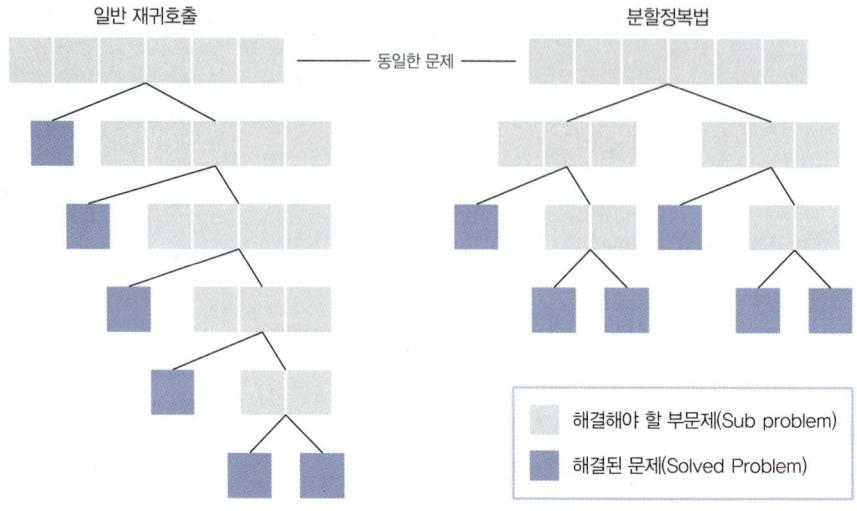

[그림 13-7] 재귀함수와 분할정복의 해답을 구하는 방법 차이

13-2-1 분할정복을 이용한 예제 1

색종이 만들기

https://www.acmicpc.net/problem/2630

시간 제한	메모리 제한	제출	정답	맞힌 사람	정답 비율
1초	128MB	12809	8623	7170	70.626%

문제

아래 〈그림 1〉과 같이 여러개의 정사각형칸들로 이루어진 정사각형 모양의 종이가 주어져 있고, 각 정사각형들은 하얀색으로 칠해져 있거나 파란색으로 칠해져 있다. 주어진 종이를 일정한 규칙에 따라 잘라서 다양한 크기를 가진 정사각형 모양의 하얀색 또는 파란색 색종이를 만들려고 한다.

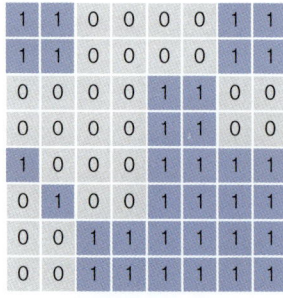

〈그림 1〉 8×8 종이

전체 종이의 크기가 N×N(N=2^k, k는 1 이상 7 이하의 자연수)이라면 종이를 자르는 규칙은 다음과 같다.

전체 종이가 모두 같은 색으로 칠해져 있지 않으면 가로와 세로로 중간 부분을 잘라서 〈그림 2〉의 I, II, III, IV와 같이 똑같은 크기의 네 개의 N/2×N/2색종이로 나눈다. 나누어진 종이 I, II, III, IV 각각에 대해서도 앞에서와 마찬가지로 모두 같은 색으로 칠해져 있지 않으면 같은 방법으로 똑같은 크기의 네 개의 색종이로 나눈다. 이와 같은 과정을 잘라진 종이가 모두 하얀색 또는 모두 파란색으로 칠해져 있거나, 하나의 정사각형 칸이 되어 더 이상 자를 수 없을 때까지 반복한다.

위와 같은 규칙에 따라 잘랐을 때 〈그림 3〉은 〈그림 1〉의 종이를 처음 나눈 후의 상태를, 〈그림 4〉는 두 번째 나눈 후의 상태를, 〈그림 5〉는 최종적으로 만들어진 다양한 크기의 9장의 하얀색 색종이와 7장의 파란색 색종이를 보여주고 있다.

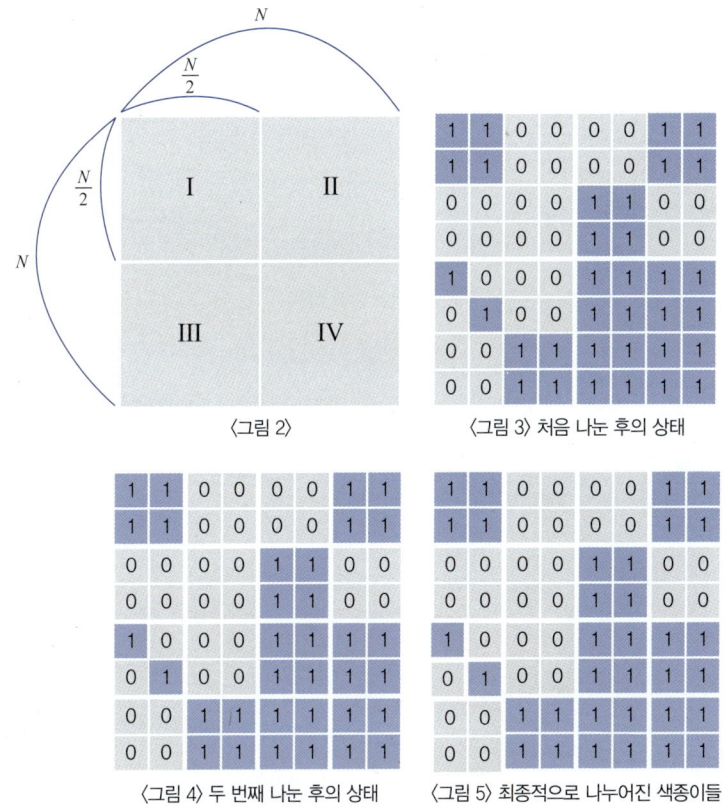

〈그림 2〉   〈그림 3〉 처음 나눈 후의 상태

〈그림 4〉 두 번째 나눈 후의 상태   〈그림 5〉 최종적으로 나누어진 색종이들

입력으로 주어진 종이의 한 변의 길이 N과 각 정사각형칸의 색(하얀색 또는 파란색)이 주어질 때 잘라진 하얀색 색종이와 파란색 색종이의 개수를 구하는 프로그램을 작성하시오.

입력

첫째 줄에는 전체 종이의 한 변의 길이 N이 주어져 있다. N은 2, 4, 8, 16, 32, 64, 128 중 하나이다. 색종이의 각 가로줄의 정사각형칸들의 색이 윗줄부터 차례로 둘째 줄부터 마지막 줄까지 주어진다. 하얀색으로 칠해진 칸은 0, 파란색으로 칠해진 칸은 1로 주어지며, 각 숫자 사이에는 빈칸이 하나씩 있다.

출력

첫째 줄에는 잘라진 하얀색 색종이의 개수를 출력하고, 둘째 줄에는 파란색 색종이의 개수를 출력한다.

예제 입력 1

```
8
1 1 0 0 0 0 1 1
1 1 0 0 0 0 1 1
0 0 0 0 1 1 0 0
0 0 0 0 1 1 0 0
1 0 0 0 1 1 1 1
0 1 0 0 1 1 1 1
0 0 1 1 1 1 1 1
0 0 1 1 1 1 1 1
```

예제 출력 1

```
9
7
```

시간 제한은 1초로 최대 1억 번의 연산을 할 수 있고, 〈백준〉 난이도는 실버3이다.

시간 제한	최대	난이도
1초	1억 번 연산	실버3

문제가 길지만 차근차근 이해해보자.

문제설명

문제의 〈그림 1〉과 같이 1 또는 0으로 이루어진 정사각형이 주어진다. 1은 파란색 종이를 나타내고, 0은 하얀색 종이를 나타낸다.

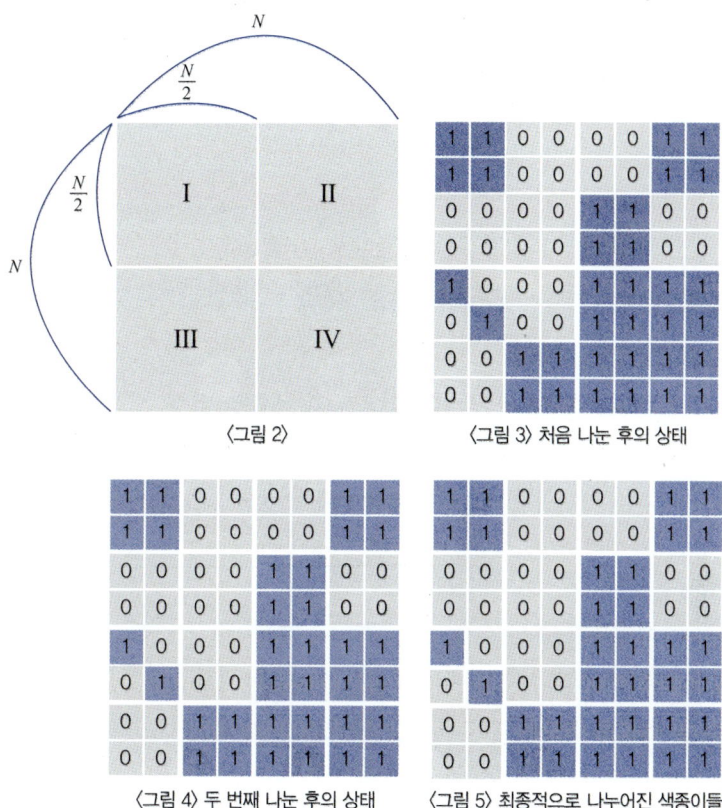

〈그림 2〉

〈그림 3〉 처음 나눈 후의 상태

〈그림 4〉 두 번째 나눈 후의 상태

〈그림 5〉 최종적으로 나누어진 색종이들

종이의 길이가 n이고 각 종이의 좌표를

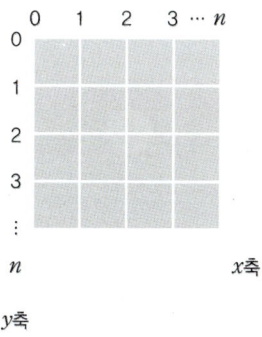

(x, y)로 표시한다면

처음으로는

(0~n, 0~n) 구역이 모두 같은 색(모두 하얀색 또는 모두 파란색)인지 확인하여 모두 같은 색이라면 해당 색깔의 종이 수를 1 더하고 프로그램을 종료한다.

모두 같은 색이 아니라면

(0~n/2, 0~n/2)
(n/2~n, 0~n/2)
(0~n/2, n/2~n)
(n/2~n, n/2~n)

4구역으로 나눈 후 각 구역마다 모두 같은 색(모두 하얀색 또는 모두 파란색)이라면 그 색깔의 종이 수를 1 더하고, 같은 색이 아니라면 해당 구역을 다시 한 번

(0~n/2, 0~n/2)
(n/2~n, 0~n/2)
(0~n/2, n/2~n)
(n/2~n, n/2~n)

4구역으로 나눈다.

이런 식으로 계속 반복하여 총 하얀색 종이의 개수와 총 파란색 종이의 개수를 출력하면 되는 문제이다.

이 예제는 정말 분할정복의 정석적인 예제라고 할 수 있다.

분할 단계

하얀색과 파란색 종이의 수를 구하기 위해

(0~n/2, 0~n/2)
(n/2~n, 0~n/2)
(0~n/2, n/2~n)
(n/2~n, n/2~n)

구역을 4구역으로 나누어 준다.

정복 단계

해당 구역의 종이가 모두 같은 색이면 합병 단계로 넘어가고,
해당 구역의 종이가 모두 같은 색이 아니라면 다시 분할 단계로 넘어간다.

합병

해당 색깔의 종이의 수를 1씩 더해준다.

재귀함수를 이제 막 공부한 초보 개발자들은 '이걸 도대체 어떻게 코드로 구현해?'라는 생각을 할 것이다. 이처럼 재귀함수는 초보자들의 입장에서는 구현이 어렵다는 소리를 많이 듣는다. 이럴 때는 당황하지 말고 우선 문제를 해결하기 위한 로직을 만들어둔다. 그 다음 그 로직을 코드로 그대로 옮기기 위해 어떤 방식을 사용해야 할지를 생각한다.

분할 단계를 구하기 위해서 4구역으로 나누어준다고 했는데 이를 위해 재귀함수를 쓴다. 반복문으로 이것을 구현하려면 (0~n, 0~n) 구역이 같은 색이 아니게 된다. 그럼 다시 한번 반복문으로,

(0~n/2, 0~n/2)
(n/2~n, 0~n/2)
(0~n/2, n/2~n)
(n/2~n, n/2~n)

구역을 확인하고, 또 확인하고, 또또 확인하고, ... 코드 길이가 장난 아니게 길어질 것이다.

하지만 잘 보면 규칙이 보인다. 결국 4구역으로 나누는 걸 계속 반복하니까 반복된 기능을 재사용할 수 있다는 점에 유리한 함수를 통해 4구역으로 만들어주는데 이때 해당 구역이 모두 같은 색이 아니라면 해당 구역을(자기 자신을) 또 4구역으로 나누어야 하는 것을 알게 된다.

그럼 이제 자기 자신 구역을 4구역으로 나눈다는 점에서 재귀함수를 떠올려야 한다.

해답코드

```python
import sys
n=int(sys.stdin.readline())

colorPaper=[list(map(int, sys.stdin.readline().split())) for _ in range(n)]

white=0
blue=0

def divideAndConquer(x, y, n):
    global blue, white
    sameColor=colorPaper[x][y]
    for i in range(x, x+n):
        for j in range(y, y+n):
            if sameColor!=colorPaper[i][j]:
                divideAndConquer(x, y, n//2)
                divideAndConquer(x, y+n//2, n//2)
                divideAndConquer(x+n//2, y, n//2)
                divideAndConquer(x+n//2, y+n//2, n//2)
                return


    if sameColor==0:
        white+=1
        return
    else:
        blue+=1
        return

divideAndConquer(0, 0, n)
print(white)
print(blue)
```

코드라인 4: 0과 1로 이루어진 종이의 상태를 입력받는다.
코드라인 9~27: 분할정복을 위한 함수를 생성한다.
  코드라인 9: 함수의 입력으로는 현재 좌표 x, y와 해당구역의 크기 n을 받는다.
  코드라인 10: 파란색 종이와 하얀색 종이의 수를 저장하기 위한 변수를 생성한다.
  코드라인 11: 해당 구역이 모두 같은 색인지 확인하기 위한 기준 변수를 생성한다.
  코드라인 14: 코드라인 11에서 생성한 기준색과 다른 색이 있다면
  코드라인 15: (x, y, n//2) → (x~x+n/2, y~y+n/2) 구역을 분할정복한다.
  코드라인 16: (x, y+n//2, n//2) → (x~x+n/2, y+n/2~y+n) 구역을 분할정복한다.
  코드라인 17: (x+n//2, y, n//2) → (x+n/2~x+n, y~y+n/2) 구역을 분할정복한다.
  코드라인 18: (x+n//2, y+n//2, n//2) → (x+n/2~x+n, y+n/2~y+n) 구역을 분할정복한다.
  코드라인 19: 함수를 종료한다.
코드라인 19에서 종료가 되지 않았다면 해당 구역은 모두 같은 색인데
  코드라인 22~24: 색이 흰색이라면 하얀색 종이 수를 1 증가시킨다.
  코드라인 25~27: 색이 파란색이라면 파란색 종이 수를 1 증가시킨다.
  코드라인 29: 분할정복 함수를 실행한다.
  코드라인 30: 하얀색 종이 수를 출력한다.
  코드라인 31: 파란색 종이 수를 출력한다.

분할정복이 컴퓨터에서 쓰이는 예로는 영상압축이 있다. 분할을 할 때마다 ()를 씌우고 분할이 되지 않는다면 해당 영역의 수를 () 안에 넣는다고 해보자. 예를 들어 위 문제에서 〈그림 5〉는 ((1000)(0101)((1001)001)1)처럼 압축될 수 있다.

분할정복은 이 정도의 문제 유형만 알면 충분하다고 본다.

보통의
 취준생을 위한
코딩 테스트
with 파이썬

완전 탐색	백트래킹
코딩 테스트 출제 빈도	코딩 테스트 출제 빈도
▨▨▨▨☐	▨▨▨☐☐
코드포스 출제 빈도	코드포스 출제 빈도
▨▨▨☐☐	▨▨☐☐☐

제14장
완전 탐색

저자 핵심은 2가지에요.
 1. 모든 경우의 수를 탐색하기 위해 어떤 방법을 택할지
 2. 택한 방법은 컴퓨터의 연산을 몇 번 하여 연산 시간이 몇 초가 걸리는지

독자 이 녀석은 삼성 코딩 테스트와 싸울 비장의 무기가 되겠네요.

14-1 완전 탐색

완전 탐색Brute Force 알고리즘은 삼성에서 좋아하는 알고리즘으로 삼성 S/W 역량 테스트 문제 중에서 대다수가 완전 탐색을 이용하여 해결하는 문제로 구성되어 있다.

완전 탐색은 말 그대로 모든 경우의 수를 전부 탐색해본다는 뜻이다. 이러한 완전 탐색은 BFS, DFS, 재귀함수, 백트래킹 등을 이용하여 구현할 수 있는데 핵심은 다음의 2가지이다.

1. 어떻게 해야 모든 경우의 수를 전부 탐색할 수 있을까?
2. 어떻게 탐색해야 컴퓨터의 연산을 조금 덜 사용할 수 있을까?

그리고 다음의 2가지를 중요하게 생각하면 된다.

1. 모든 경우의 수를 탐색하기 위해 어떤 방법을 택할지
2. 택한 방법은 컴퓨터의 연산을 몇 번하여 몇 초의 연산 시간이 걸리는지

완전 탐색을 위해서는 보통 1차적으로 for나 while 같은 반복문을 떠올린다. 필요하다면 2차로 재귀함수, 혹은 뒤에서 배울 BFS(너비 우선 탐색), DFS(깊이 우선 탐색), 백트래킹 등의 알고리즘을 사용하는 것이 좋다. 코딩 테스트에서는 주로 BFS, DFS, 백트래킹 혹은 단순 for문을 이용한 순수 완전 탐색 내에서 문제가 출제되는데, 문제를 많이 풀다 보면 BFS, DFS, 백트래킹은 문제를 보자마자 '아! 이 문제는 이 알고리즘을 써야겠구나!'라는 생각이 떠오르지만 의외로 순수 완전 탐색이 생각을 더 요구하는 경우가 많았다. 이와 같은 순수 완전 탐색 예제를 한번 알아보자.

14-2 순수 완전 탐색

완전 탐색 알고리즘이란 '무식하게 푼다(Brute-Force)'란 뜻으로 컴퓨터의 빠른 연산 속도를 이용하여 가능한 경우의 수를 모두 만들어 보는 알고리즘이다.

- 장점: 모든 경우의 수를 전부 찾으므로 정답을 구하기 쉽다.
- 단점: 모든 경우의 수가 많을 경우 연산 횟수가 비약적으로 증가하기 쉽다.

완전 탐색의 사용 예는 다음의 미로찾기이다.

[그림 14-1] 미로찾기

미로찾기에서 시작 지점으로부터 끝 지점에 가기 위해 갈 수 있는 모든 경우의 수를 찾아본다.

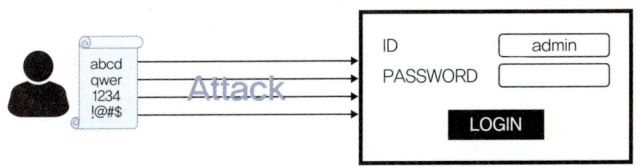

[그림 14-2] 비밀번호 탈취

해킹 기법 중 하나로 비밀번호를 탈취하기 위해 비밀번호의 모든 경우의 수를 전부 대입해 가며 비밀번호를 찾는 방법도 있다.

14-2-1 순수 완전 탐색을 이용한 예제 1

영화감독 숌

https://www.acmicpc.net/problem/1436

시간 제한	메모리 제한	제출	정답	맞힌 사람	정답 비율
2초	128MB	44702	19627	15994	44.180%

문제

666은 종말을 나타내는 숫자라고 한다. 따라서, 많은 블록버스터 영화에서는 666이 들어간 제목을 많이 사용한다. 영화감독 숌은 세상의 종말이라는 시리즈 영화의 감독이다. 조지 루카스는 스타워즈를 만들 때, 스타워즈 1, 스타워즈 2, 스타워즈 3, 스타워즈 4, 스타워즈 5, 스타워즈 6과 같이 이름을 지었고, 피터 잭슨은 반지의 제왕을 만들 때, 반지의 제왕 1, 반지의 제왕 2, 반지의 제왕 3과 같이 영화 제목을 지었다.

하지만 숌은 자신이 조지 루카스와 피터 잭슨을 뛰어넘는다는 것을 보여주기 위해서 영화 제목을 좀 다르게 만들기로 했다.

종말의 숫자란 어떤 수에 6이 적어도 3개 이상 연속으로 들어가는 수를 말한다. 제일 작은 종말의 숫자는 666이고, 그 다음으로 큰 수는 1666, 2666, 3666, ...과 같다.

따라서, 숌은 첫 번째 영화의 제목은 세상의 종말 666, 두 번째 영화의 제목은 세상의 종말 1666 이렇게 이름을 지을 것이다. 일반화해서 생각하면, N번째 영화의 제목은 세상의 종말 (N번째로 작은 종말의 숫자)와 같다.

숌이 만든 N번째 영화의 제목에 들어간 숫자를 출력하는 프로그램을 작성하시오. 숌은 이 시리즈를 항상 차례대로 만들고, 다른 영화는 만들지 않는다.

입력

첫째 줄에 숫자 N이 주어진다. N은 10,000보다 작거나 같은 자연수이다.

출력

첫째 줄에 N번째 영화의 제목에 들어간 수를 출력한다.

예제 입력 1
```
2
```

예제 출력 1
```
1666
```

예제 입력 2
```
3
```

예제 출력 2
```
2666
```

예제 입력 3	예제 출력 3
6	5666

예제 입력 4	예제 출력 4
187	66666

예제 입력 5	예제 출력 5
500	166699

시간 제한은 2초로 최대 2억 번의 연산을 할 수 있고, 〈백준〉 난이도는 실버5이다.

시간 제한	최대	난이도
2초	2억 번 연산	실버5

문제설명

종말의 숫자란 6이 적어도 3개 이상 연속으로 들어가는 수이다. 영화의 제목에 6이 연속으로 3번 들어간 제목을 차례대로 봤을 때 N번째 제목에 들어간 수를 찾는 문제이다.

이 문제는 즉,

[표 14-1] N번째 제목에 들어간 수

n	제목에 들어간 수	n	제목에 들어간 수	n	제목에 들어간 수
1	666	9	6662	17	7666
2	1666	10	6663	18	8666
3	2666	11	6664	19	9666
4	3666	12	6665	20	11666
5	4666	13	6666	21	12666
6	5666	14	6667	...	...
7	6660	15	6668		
8	6661	16	6669		

제목에 들어간 수는 n이 16이라면 6669, n이 17이라면 7666이다. 그럼 n이 9000이라면 제목에 들어간 수는 무엇일까? 이를 하나씩 찾으려면 매우 많은 시간이 필요할 것이다.

수가 늘어나는 규칙이 무엇인지를 알아보기 위해 수학적인 접근으로 풀면 되지 않을까? 이러한 수학적인 규칙을 찾아서 문제를 풀 수도 있지만 생각을 잠시 멈추고 n의 최댓값을 보자.

n의 최댓값은 10,000이다.

1부터 시작하여 수를 전부 탐색해보며 그 수가 6을 3번 연속으로 포함하고 있다면 찾은 개수를 1씩 늘려가며 n번째 찾은 수를 찾았을 때 정답을 출력하면 된다. 실제 n이 10,000일 때 10,000번째 제목에 6이 연속 3번 들어간 수는 2666799이다.

1~2666799까지 탐색과 2666799에 6이 3번 연속으로 포함하는지 확인하기 위한 숫자열의 길이(최대 7)를 곱한다 해도 2666799*7=18,667,593번의 연산 안으로 문제를 해결할 수 있다. 대략 0.18초면 프로그램을 실행할 수 있다.

이 문제를 처음 접했을 때, 나는 n이 1 증가할 때마다 제목에 들어간 수 맨 앞자리에 1을 추가하거나, 증가하거나 등의 이것저것 많은 생각이 오히려 문제를 푸는 데 방해가 되었고 1시간 동안 해답 로직을 구하기 못했다. 그러다가 문제를 풀 때 n의 값이 작다면 완전 탐색을 사용해볼 수 있지 않을까 하는 습관이 이때 생기게 되었다.

해답코드(파이썬 3)

```
1    n = int(input())
2    title = 666
3    find_cnt=0
4    while(True):
5        if "666" in str(title) :
6            find_cnt+=1
7            if find_cnt == n : print(title) ; break
8        title+=1
```

이런 식으로 모든 경우의 수를 탐색하는 알고리즘을 완전 탐색 알고리즘이라고 한다.

코드라인 1~3: n을 입력받고,
모든 경우를 탐색하기 위한 title 변숫값을 666으로 설정한다.
찾은 개수를 표현하기 위한 find_cnt값을 0으로 설정한다.
코드라인 5~6: title에 666이 포함되어 있다면 find_cnt를 1 증가한다.
코드라인 7: 찾은 개수 find_cnt 값이 n과 같다면 제목에 포함된 수 title을 출력한 후 종료한다.
코드라인 8: 모든 경우를 탐색하기 위한 title값을 1 증가한 후 코드라인 5로 이동한다.

이 문제를 보고 완전 탐색 알고리즘을 생각하기까지 모든 수를 하나씩 전부 찾기에는 힘들다고 생각했고 다음과 같은 사고를 거쳤다.

"컴퓨터의 빠른 연산을 이용하여 찾으면 쉽지 않을까?"
"아, 그러면 모든 경우를 하나하나 찾아보며 수에 666이 들어갈 때마다
찾은 개수를 늘리자!"

이 예제를 풀며 "그럼 순수 완전 탐색은 그냥 for나 while 같은 반복문이나 재귀를 통해 그냥 모든 경우의 수만 해결하면 되는 간단한 알고리즘이네?"라고 생각할 수 있다.

그러나 코딩 테스트에서는 단순히 모든 경우의 수를 해결하며 추가로 복잡한 구현의 난이도가 포함된 문제로 출제되지만, 〈코드포스〉에서는 모든 경우의 수를 해결하기 위해 문제의 조건을 깊게 생각하여 시간복잡도를 줄이는 완전 탐색으로 자주 출제된다.

예를 들면 1<=n<=100,000이고, n의 크기를 가진 집합 A가 (1<= A_i <=100,000, 1<=i<=n) 입력으로 들어온다고 해보자.

이때 집합 A를 1000으로 나눈 나머지의 값 중에서 2개를 택했을 때, 합이 500인 수는 몇 개인지를 찾자.

간단하게 완전 탐색을 하기 위해 집합 A의 원소들을 1000으로 나눈 나머지로 설정하고(시간복잡도 $O(n)$), 반복문을 2개 돌려서 집합 A에서 2개를 택하여 합이 500인 수가 몇 개 있는지 찾자(시간복잡도 $O(n^2)$).

하지만 이 방식은 n의 값이 100,000이므로 시간 초과가 난다.

문제의 조건을 좀 더 깊게 생각해야 한다. 어차피 집합 A를 1000으로 나누면 집합 A에서 가장 큰 수는 999가 된다.

A를 1000으로 나눈 값을 배열
[A%1000]+=1

위와 같이 새로운 배열에 담고, 그 배열을 반복문 2개를 돌려서 합이 500인 수가 몇 개 있는지 찾으면 필요한 시간복잡도는 $O(1000*1000)$이 된다.

이러한 사고력을 요구하는 문제는 카카오 코딩 테스트에서 많은 도움이 될 것이다.

14-2-2 순수 완전 탐색을 이용한 예제 2

체스판 다시 칠하기

https://www.acmicpc.net/problem/1018

시간 제한	메모리 제한	제출	정답	맞힌 사람	정답 비율
2초	128MB	42910	19606	15940	46.203%

문제

지민이는 자신의 저택에서 MN개의 단위 정사각형으로 나누어져 있는 M×N 크기의 보드를 찾았다. 어떤 정사각형은 검은색으로 칠해져 있고, 나머지는 흰색으로 칠해져 있다. 지민이는 이 보드를 잘라서 8×8 크기의 체스판으로 만들려고 한다.

체스판은 검은색과 흰색이 번갈아서 칠해져 있어야 한다. 구체적으로, 각 칸이 검은색과 흰색 중 하나로 색칠되어 있고, 변을 공유하는 두 개의 사각형은 다른 색으로 칠해져 있어야 한다. 따라서 이 정의를 따르면 체스판을 색칠하는 경우는 두 가지뿐이다. 하나는 맨 왼쪽 위 칸이 흰색인 경우, 하나는 검은색인 경우이다.

보드가 체스판처럼 칠해져 있다는 보장이 없어서, 지민이는 8×8 크기의 체스판으로 잘라낸 후에 몇 개의 정사각형을 다시 칠해야겠다고 생각했다. 당연히 8×8 크기는 아무데서나 골라도 된다. 지민이가 다시 칠해야 하는 정사각형의 최소 개수를 구하는 프로그램을 작성하시오.

입력

첫째 줄에 N과 M이 주어진다. N과 M은 8보다 크거나 같고, 50보다 작거나 같은 자연수이다. 둘째 줄부터 N개의 줄에는 보드의 각 행의 상태가 주어진다. B는 검은색이며, W는 흰색이다.

출력

첫째 줄에 지민이가 다시 칠해야 하는 정사각형 개수의 최솟값을 출력한다.

예제 입력 1

```
8 8
WBWBWBWB
BWBWBWBW
WBWBWBWB
BWBBBWBW
WBWBWBWB
BWBWBWBW
WBWBWBWB
BWBWBWBW
```

예제 출력 1

```
1
```

예제 입력 2

```
10 13
BBBBBBBBWBWBW
BBBBBBBBWBWBB
BBBBBBBBWBWBW
BBBBBBBBWBWBB
BBBBBBBBWBWBW
BBBBBBBBWBWBB
BBBBBBBBWBWBW
BBBBBBBBWBWBB
WWWWWWWWBWB
WWWWWWWWBWB
```

예제 출력 2

```
12
```

예제 입력 3

```
8 8
BWBWBWBW
WBWBWBWB
BWBWBWBW
WBWBWBWB
BWBWBWBW
WBWBWBWB
BWBWBWBW
WBWBWBWB
```

예제 출력 3

```
0
```

예제 입력 4

```
9 23
BBBBBBBBBBBBBBBBBBBBBBB
BBBBBBBBBBBBBBBBBBBBBBB
BBBBBBBBBBBBBBBBBBBBBBB
BBBBBBBBBBBBBBBBBBBBBBB
BBBBBBBBBBBBBBBBBBBBBBB
BBBBBBBBBBBBBBBBBBBBBBB
BBBBBBBBBBBBBBBBBBBBBBB
BBBBBBBBBBBBBBBBBBBBBBB
BBBBBBBBBBBBBBBBBBBBBBW
```

예제 출력 4

```
31
```

예제 입력 5

```
10 10
BBBBBBBBBB
BBWBWBWBWB
BWBWBWBWBB
BBWBWBWBWB
BWBWBWBWBB
BBWBWBWBWB
BWBWBWBWBB
BBWBWBWBWB
BWBWBWBWBB
BBBBBBBBBB
```

예제 출력 5

```
0
```

예제 입력 6

```
8 8
WBWBWBWB
BWBWBWBW
WBWBWBWB
BWBBBWBW
WBWBWBWB
BWBWBWBW
WBWBWWWB
BWBWBWBW
```

예제 출력 6

```
2
```

예제 입력 7

```
11 12
BWWBWWBWWBWW
BWWBWBBWWBWW
WBWWBWBBWWBW
BWWBWBBWWBWW
WBWWBWBBWWBW
BWWBWBBWWBWW
WBWWBWBBWWBW
BWWBWBWWBWW
WBWWBWBBWWBW
BWWBWBBWWBWW
WBWWBWBBWWBW
```

예제 출력 7

```
15
```

시간 제한은 2초로 최대 2억 번의 연산을 할 수 있고, 〈백준〉 난이도는 실버5이다.

시간 제한	최대	난이도
2초	2억 번 연산	실버5

문제설명

세로(n)*가로(m)의 크기를 가진 체스판이 입력으로 주어질 때, 체스판의 일부 8*8 크기를 잘라서 2가지 규칙 중 하나를 택해 색을 글자를 바꿔야 한다.

1) W부터 시작해서 WBWB...의 순서로 N*M의 체스판을 전부 칠하기

```
WBWBWBWB
BWBWBWBW
WBWBWBWB
BWBWBWBW
WBWBWBWB
BWBWBWBW
WBWBWBWB
BWBWBWBW
```

2) B부터 시작해서 BWBW...의 순서로 N*M의 체스판을 전부 칠하기

```
BWBWBWBW
WBWBWBWB
BWBWBWBW
WBWBWBWB
BWBWBWBW
WBWBWBWB
BWBWBWBW
WBWBWBWB
```

입력으로 주어진 체스판의 일부를 8*8 크기로 자른 후 위의 2가지 규칙 중 하나로 칠할 때 바꿔야 하는 최소 글자 수를 출력하면 된다.

이 문제는 나에게 완전 탐색에 눈을 뜨게 해준 문제로 기억이 생생하다. 처음에는 어떻게 풀어야 할지 막막해서 1시간 정도 풀다 포기했었다. 그때는 시간복잡도라는 개념도 신경 쓰지 않고 문제를 풀 때라서 어떻게든 정답 출력에 맞게 구현이라도 해보자는 생각으로 풀었지만 이 문제를 완전 탐색 알고리즘을 모른 채 구현하기란 정말 어렵다.

이 문제에서 n과 m의 최댓값은 50으로 매우 작은 수이다.

그렇다 해도, 어떻게 해야 할까?

내 기억으로 이 문제를 처음 접했을 때, '체스판에서 BWBW... 혹은 WBWB...가 가장 많아보이는 곳 하나를 찾아서 8*8 크기로 자르면 되지 않을까?'라는 생각을 했지만 우리는 컴퓨터적 사고답게 문제의 정확한 답을 출력할 수 있어야 한다.

쉽게 생각하자. 모든 경우를 전부 탐색해주는 것이다.

모든 경우를 전부 탐색해주기 위해서 예제 입력 2를 보면 다음과 같다.

n=10, m=13

```
BBBBBBBBWBWBW
BBBBBBBBWBWBWB
BBBBBBBBWBWBW
BBBBBBBBWBWBWB
BBBBBBBBWBWBW
BBBBBBBBWBWBWB
BBBBBBBBWBWBW
BBBBBBBBWBWBWB
WWWWWWWWWBWBW
WWWWWWWWWBWBWB
```

제14장 완전 탐색

그러므로 그냥 무식하게 체스판을 8*8 크기로 자를 수 있는 모든 범위를 탐색해주면 된다.

```
BBBBBBBBWBWBW     BBBBBBBBWBWBW     BBBBBBBBWBWBW     BBBBBBBBWBWBW
BBBBBBBBWBWBW     BBBBBBBBWBWBW     BBBBBBBBWBWBW     BBBBBBBBWBWBW
BBBBBBBBWBWBW     BBBBBBBBWBWBW     BBBBBBBBWBWBW     BBBBBBBBWBWBW
BBBBBBBBWBWBB     BBBBBBBBWBWBB     BBBBBBBBWBWBB     BBBBBBBBWBWBB
BBBBBBBBWBWBW     BBBBBBBBWBWBW     BBBBBBBBWBWBW     BBBBBBBBWBWBW
BBBBBBBBWBWBB     BBBBBBBBWBWBB     BBBBBBBBWBWBB     BBBBBBBBWBWBB
BBBBBBBBWBWBW     BBBBBBBBWBWBW     BBBBBBBBWBWBW     BBBBBBBBWBWBW
BBBBBBBBWBWBB     BBBBBBBBWBWBB     BBBBBBBBWBWBB     BBBBBBBBWBWBB
WWWWWWWWWBWB     WWWWWWWWWBWB     WWWWWWWWWBWB     WWWWWWWWWBWB
WWWWWWWWWBWB     WWWWWWWWWBWB     WWWWWWWWWBWB     WWWWWWWWWBWB

BBBBBBBBWBWBW     BBBBBBBBWBWBW     BBBBBBBBWBWBW
BBBBBBBBWBWBW     BBBBBBBBWBWBW     BBBBBBBBWBWBW
BBBBBBBBWBWBW     BBBBBBBBWBWBW     BBBBBBBBWBWBW
BBBBBBBBWBWBB     BBBBBBBBWBWBB     BBBBBBBBWBWBB
BBBBBBBBWBWBW     BBBBBBBBWBWBW     BBBBBBBBWBWBW
BBBBBBBBWBWBB     BBBBBBBBWBWBB     BBBBBBBBWBWBB
BBBBBBBBWBWBW     BBBBBBBBWBWBW     BBBBBBBBWBWBW
BBBBBBBBWBWBB     BBBBBBBBWBWBB     BBBBBBBBWBWBB
WWWWWWWWWBWB     WWWWWWWWWBWB     WWWWWWWWWBWB
WWWWWWWWWBWB     WWWWWWWWWBWB     WWWWWWWWWBWB

BBBBBBBBWBWBW     BBBBBBBBWBWBW
BBBBBBBBWBWBW     BBBBBBBBWBWBW
BBBBBBBBWBWBW     BBBBBBBBWBWBW
BBBBBBBBWBWBB     BBBBBBBBWBWBB
BBBBBBBBWBWBW     BBBBBBBBWBWBW
BBBBBBBBWBWBB     BBBBBBBBWBWBB
BBBBBBBBWBWBW     BBBBBBBBWBWBW
BBBBBBBBWBWBB     BBBBBBBBWBWBB
WWWWWWWWWBWB     WWWWWWWWWBWB
WWWWWWWWWBWB     WWWWWWWWWBWB
```

간단한 생각이지만 완전 탐색 알고리즘이라는 것을 모르던 때 이 방식을 생각해낸 순간부터 코드를 보는 내 눈이 한 단계 높아진 것 같다.

이렇게 모든 구역을 자르는 것을 떠올린 순간 이 문제는 사실상 해결했다고 볼 수 있다. 잘라낸 모든 경우의 8*8 크기 보드와 체스판을 칠할 수 있는 2가지 경우와 비교하며 8*8 각각의 보드마다 바꿔줘야 하는 글자 수 중 최솟값을 구하면 정답이 된다.

1)
WBWBWBWB
BWBWBWBW
WBWBWBWB
BWBWBWBW
WBWBWBWB
BWBWBWBW
WBWBWBWB
BWBWBWBW

2)
BWBWBWBW
WBWBWBWB
BWBWBWBW
WBWBWBWB
BWBWBWBW
WBWBWBWB
BWBWBWBW
WBWBWBWB

해답코드

```
1   n, m = map(int, input().split())
2   board = []
3   answer = []
4
5   for _ in range(n):
6       board.append(input())
7
8   for col in range(n - 7):
9       for row in range(m - 7):
10          countW = 0
11          countB = 0
12          for i in range(col, col + 8):
13              for j in range(row, row + 8):
14                  if (i + j)%2 == 0:
15                      if board[i][j] != 'W': countW += 1
16                      if board[i][j] != 'B': countB += 1
17                  else :
18                      if board[i][j] != 'B': countW += 1
19                      if board[i][j] != 'W': countB += 1
20          answer.append(countW)
21          answer.append(countB)
22
23  print(min(answer))
```

코드라인 1~6: N과 체스판의 상태를 입력받는다.

코드라인 8: 세로 줄을 순회하기 위한 for문이다.

코드라인 9: 가로줄을 순회하기 위한 for문이다. 코드라인 8과 9에서 for문의 범위는 0~n-7, 0~m-7로 해두었다. 이는 코드라인 12~13에서 8*8 범위의 체스판을 탐색할 때 배열의 인덱스 범위를 넘어서지 않기 위함이다.

코드라인 10~11: W부터 시작해서 다른 글자 수를 저장하기 위한 countW 변수, B부터 시작해서 다른 글자 수를 저장하기 위한 countB 변수를 생성한다.

코드라인 12~13: (col, row) 좌표부터 (col+7, row+7)의 좌표까지 8*8 크기로 자른 체스판을 탐색한다.

코드라인 14~16: (i+j)/2의 나머지가 0이라면 해당 보드칸의 글자가, W와 다르다면 countW+=1 이, B와 다르다면 countB+=1이다.

코드라인 17~19: (i+j)/2의 나머지가 0이 아니라면 해당 보드칸의 글자가, B와 다르다면 countW+=1이, W와 다르다면 countB+=1이다. 이는 결국 WBWBWB...와 BWBWBW...를 비교하기 위한 방법이다.

코드라인 20~21: 그렇게 바꿔주어야 할 countW, countB 값을 answer 변수 안에 넣는다.

코드라인 23: answer 배열 안에 있는 최솟값을 출력한다(파이썬의 min() 함수를 이용했다).

14-2-3 순수 완전 탐색을 이용한 예제 3[1]

테트로미노

https://www.acmicpc.net/problem/14500

시간 제한	메모리 제한	제출	정답	맞힌 사람	정답 비율
2초	512MB	42226	15655	10102	34.916%

문제

폴리오미노란 크기가 1×1인 정사각형을 여러 개 이어서 붙인 도형이며, 다음과 같은 조건을 만족해야 한다.

- 정사각형은 서로 겹치면 안 된다.
- 도형은 모두 연결되어 있어야 한다.
- 정사각형의 변끼리 연결되어 있어야 한다. 즉, 꼭짓점과 꼭짓점만 맞닿아 있으면 안 된다.

---

1 삼성 S/W 역량 테스트 기출 문제

정사각형 4개를 이어 붙인 폴리오미노는 테트로미노라고 하며, 다음과 같은 5가지가 있다.

아름이는 크기가 N×M인 종이 위에 테트로미노 하나를 놓으려고 한다. 종이는 1×1 크기의 칸으로 나누어져 있으며, 각각의 칸에는 정수가 하나 쓰여 있다.

테트로미노 하나를 적절히 놓아서 테트로미노가 놓인 칸에 쓰여 있는 수들의 합을 최대로 하는 프로그램을 작성하시오.

테트로미노는 반드시 한 정사각형이 정확히 하나의 칸을 포함하도록 놓아야 하며, 회전이나 대칭을 시켜도 된다.

입력

첫째 줄에 종이의 세로 크기 N과 가로 크기 M이 주어진다. (4≤N, M≤500)

둘째 줄부터 N개의 줄에 종이에 쓰여 있는 수가 주어진다. i번째 줄의 j번째 수는 위에서부터 i번째 칸, 왼쪽에서부터 j번째 칸에 쓰여 있는 수이다. 입력으로 주어지는 수는 1,000을 넘지 않는 자연수이다.

출력

첫째 줄에 테트로미노가 놓인 칸에 쓰인 수들의 합의 최댓값을 출력한다.

예제 입력 1	예제 출력 1
5 5 1 2 3 4 5 5 4 3 2 1 2 3 4 5 6 6 5 4 3 2 1 2 1 2 1	19

예제 입력 2

```
4 5
1 2 3 4 5
1 2 3 4 5
1 2 3 4 5
1 2 3 4 5
```

예제 출력 2

```
20
```

예제 입력 3

```
4 10
1 2 1 2 1 2 1 2 1 2
2 1 2 1 2 1 2 1 2 1
1 2 1 2 1 2 1 2 1 2
2 1 2 1 2 1 2 1 2 1
```

예제 출력 3

```
7
```

시간 제한은 2초로 최대 2억 번의 연산을 할 수 있고, 〈백준〉 난이도는 골드5이다.

시간 제한	최대	난이도
2초	2억 번 연산	골드5

문제설명

세로의 크기 n, 가로의 크기 m이 주어지며, n*m 크기의 종이가 입력으로 주어진다. 각 종이에는 1~1000이 적혀 있다.

이때 5개의 도형을 이용하여 (회전 혹은 좌우대칭을 해도 된다) 종이 위에 하나씩 두어 해당 종이칸의 수를 더한 값 중 최댓값을 찾으면 된다(이때, 도형이 종이의 범위를 벗어나면 안 된다).

이 문제는 백트래킹 알고리즘, DFS 등 다양한 해답 방법이 존재하지만 여기서는 순수 완전 탐색에 초점을 두어 풀이를 해보겠다.

이 문제를 보면 체스판 다시 칠하기 문제가 떠오르지 않는가?

쉽게 생각하면 위의 5가지 도형을 회전 혹은 대칭해서 얻을 수 있는 모든 도형을 종이 위에 둘 수 있는 모든 곳에 두고 얻을 수 있는 값 중 최댓값을 구하면 된다. 굉장히 직관적인 문제이지만 구현에 있어서 조금 난이도가 있을 것 같다.

우선 처음에 위의 5가지 도형을 이용해서 얻을 수 있는 도형의 모양은 무엇일까?

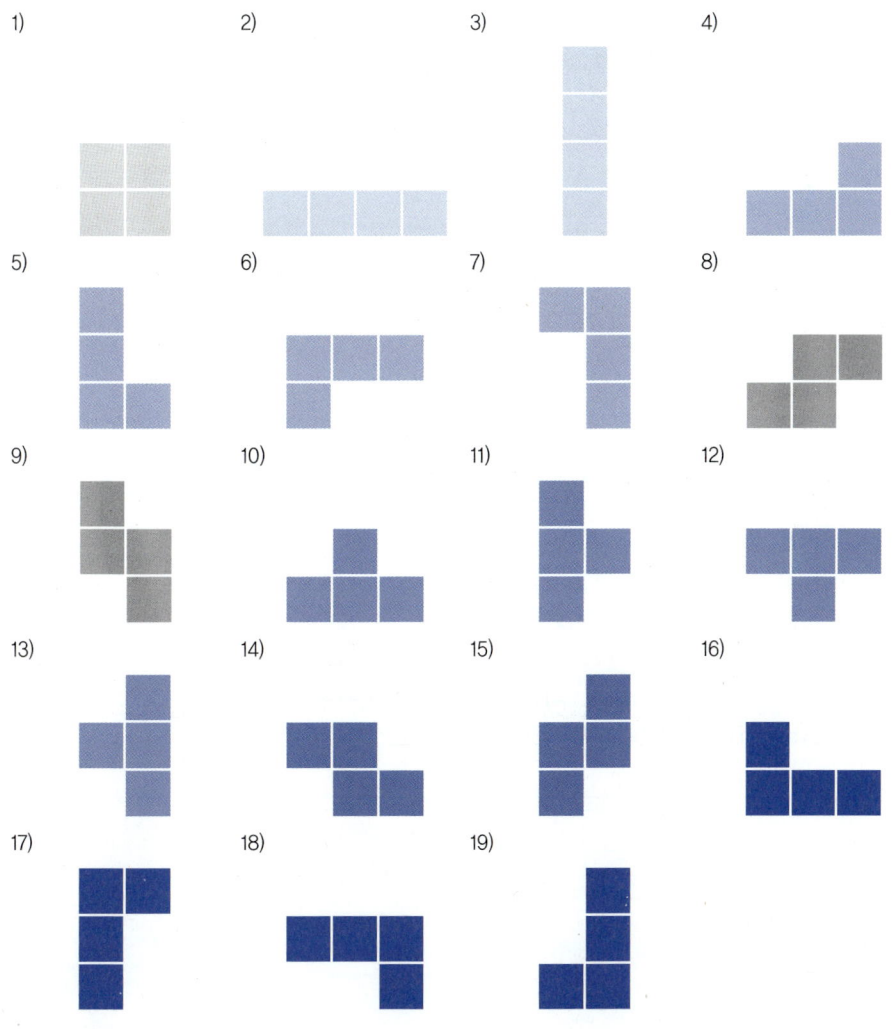

제14장 완전 탐색 **337**

이처럼 총 19가지가 존재한다(14)~19)까지의 도형은 회전 혹은 좌우대칭을 통해 얻을 수 있다).

이 19가지의 도형을 코드 좌표에 나타내면 아래와 같이 나타낼 수 있다. 또한 3차원 배열을 통해 나타낼 수 있으며, 다음처럼 접근할 수 있다.

figure[19개의 도형인덱스][4개의 정사각형 위치][0이라면 y좌표, 1이라면 x좌표]

해답코드(일부)

```
4   figure = [
5       [[0, 0], [0, 1], [1, 0], [1, 1]],     ->1)
6       [[0, 0], [0, 1], [0, 2], [0, 3]],     ->2)
7       [[0, 0], [1, 0], [2, 0], [3, 0]],     ->3)
8       [[0, 0], [0, 1], [0, 2], [-1, 2]],    ->4)
9       [[0, 0], [1, 0], [2, 0], [2, 1]],     ->5)
10      [[0, 0], [1, 0], [0, 1], [0, 2]],     ->6)
11      [[0, 0], [0, 1], [1, 1], [2, 1]],     ->7)
12      [[0, 0], [0, 1], [-1, 1], [-1, 2]],   ->8)
13      [[0, 0], [1, 0], [1, 1], [2, 1]],     ->9)
14      [[0, 0], [0, 1], [0, 2], [-1, 1]],    ->10)
15      [[0, 0], [1, 0], [2, 0], [1, 1]],     ->11)
16      [[0, 0], [0, 1], [0, 2], [1, 1]],     ->12)
17      [[0, 0], [0, 1], [-1, 1], [1, 1]],    ->13)
18      [[0, 0], [0, 1], [1, 1], [1, 2]],     ->14)
19      [[0, 0], [1, 0], [1, -1], [2, -1]],   ->15)
20      [[0, 0], [1, 0], [1, 1], [1, 2]],     ->16)
21      [[0, 0], [0, 1], [1, 0], [2, 0]],     ->17)
22      [[0, 0], [0, 1], [0, 2], [1, 2]],     ->18)
23      [[0, 0], [1, 0], [2, 0], [2, -1]]     ->19)
24  ]
```

예를 들어 8)의 도형에 접근하고 싶다면,

8)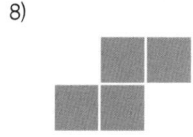

(y=figure[0][[0][0], x=figure[0][0][1]]
(y=figure[0][[1][0], x=figure[0][1][1]]
(y=figure[0][[2][0], x=figure[0][2][1]]
(y=figure[0][[3][0], x=figure[0][3][1]]

4개의 좌표를 통해서 가능하다.

체스판 다시 칠하기처럼 구해둔 도형의 좌표를 종이에 모두 놓아두면 이 문제는 끝난다. 아마 도형을 구현하기 위해 3차원 배열을 쓴 것이 좀 보기드문 발상이라 당황스러웠을 수 있을 것이라고 생각한다.

해답코드

```
1   n, m = map(int, input().split())
2   paper = [[0 for col in range(511)] for row in range(511)]
3   answer =0
4   figure = [
5       [[0, 0], [0, 1], [1, 0], [1, 1]],     ->1)
6       [[0, 0], [0, 1], [0, 2], [0, 3]],     ->2)
7       [[0, 0], [1, 0], [2, 0], [3, 0]],     ->3)
8       [[0, 0], [0, 1], [0, 2], [-1, 2]],    ->4)
9       [[0, 0], [1, 0], [2, 0], [2, 1]],     ->5)
10      [[0, 0], [1, 0], [0, 1], [0, 2]],     ->6)
11      [[0, 0], [0, 1], [1, 1], [2, 1]],     ->7)
12      [[0, 0], [0, 1], [-1, 1], [-1, 2]],   ->8)
13      [[0, 0], [1, 0], [1, 1], [2, 1]],     ->9)
14      [[0, 0], [0, 1], [0, 2], [-1, 1]],    ->10)
```

```
15      [[0, 0], [1, 0], [2, 0], [1, 1]],    ->11)
16      [[0, 0], [0, 1], [0, 2], [1, 1]],    ->12)
17      [[0, 0], [0, 1], [-1, 1], [1, 1]],   ->13)
18      [[0, 0], [0, 1], [1, 1], [1, 2]],    ->14)
19      [[0, 0], [1, 0], [1, -1], [2, -1]],  ->15)
20      [[0, 0], [1, 0], [1, 1], [1, 2]],    ->16)
21      [[0, 0], [0, 1], [1, 0], [2, 0]],    ->17)
22      [[0, 0], [0, 1], [0, 2], [1, 2]],    ->18)
23      [[0, 0], [1, 0], [2, 0], [2, -1]]    ->19)
24   ]
25
26   for i in range(1, n+1):
27      row=list(map(int, input().split()));
28      for j in range(1, m+1):
29         paper[i][j]=row[j-1]
30
31   for i in range(1, 501):
32      for j in range(1, 501):
33         for k in range(0, 19):
34            sum=0
35            for l in range(0, 4):
36               y=i+figure[k][l][0]
37               x=j+figure[k][l][1]
38               if paper[y][x]==0:
39                  sum=0
40                  break
41               sum+=paper[y][x]
42            answer=max(answer, sum)
43
44   print(answer)
```

코드라인 1~3: n, m을 입력받고 종이의 크기를 511*511로 초기화해 두었다(n, m의 최댓값 500을 조금 넘는 값으로 미리 크기를 선언해 두었다). 그리고 정답을 저장하기 위한 변수 answer를 생성한다.

코드라인 4~24: 위에서 설명한 도형 19개의 좌표를 3차원 배열에 담아둔 상태이다.

코드라인 26~29: 종이의 상태를 직관적으로 이해하기 쉽게 y=1~n, x=1~m 좌표로 담아두었다(인덱스를 0이 아닌 1부터 담아두었다).

코드라인 31~32: 가로의 최대 크기만큼 for문을 탐색한다.

코드라인 33~34: 세로의 최대 크기만큼 for문을 탐색하고, 중간값을 저장하기 위한 sum 변수 생성한다.

코드라인 35: 도형의 개수인 19만큼 for문을 탐색한다.

코드라인 36~37: 정사각형의 위치 4만큼 for문을 탐색한다.

코드라인 38~40: 얻은 (y, x) 좌표를 통해 만약 paper[y][x]가 0이라면 종이의 범위를 벗어나므로 중간 값을 0으로 한 채 코드라인 35의 for문을 종료한다. paper 변수는 전부 0으로 초기화해두었다. (1~n, 1~m)의 좌표는 자연수로 0보다 크므로 0은 종이의 범위를 벗어난다.

코드라인 41: 종이의 범위를 벗어나지 않는다면 정사각형의 위치에 있는 종이값을 sum에 더해준다.

코드라인 42: answer값에 중간 값들과 비교하여 최댓값을 저장한다.

코드라인 44: 정답인 answer를 출력한다.

문제의 시간복잡도는 어떻게 될까? 코드라인 31~42에서 for문이 꽤 여러 개 중첩되어 있다. 하나씩 계산해보면 다음처럼 실행하는 데 0.19초가 소요된다.

500(가로크기)*500(세로크기)*19(도형의 개수)*4(정사각형의 위치)=19,000,000

n의 값이 5000만 됐어도 이 방법은 사용하지 못 했겠지만 위 문제의 경우 요구하는 2초 안에 프로그램이 실행될 수 있다.

이렇게 순수 완전 탐색을 공부해봤다. 이 장에서 배우는 순수 완전 탐색은 코딩 테스트뿐만 아니라 〈코드포스〉에서도 매우 자주 쓰이는 알고리즘이다. 단순히 모든 경우를 탐색해야 하는 알고리즘이지만, 구현에 따라서 혹은 조건에 따라서 난이도가 매우 높아질 수 있는 알고리즘으로 어떻게 시간초과가 안 나게 문제를 해결할 수 있을 지와 그것을 구현하는 것이 관건이다.

14-3 백트래킹

완전 탐색 알고리즘의 일부인 백트래킹Back Tracking 알고리즘이란 현재 상태에서 가능한 모든 후보군을 따라 들어가며 탐색하는 알고리즘이다. 완전 탐색과 같이 모든 경우의 수를 두어 보지만 배제를 통한 연산횟수를 줄인다는 차이점이 있다.

인공지능 프로그램인 알파고를 예로 들면, 바둑을 두며 방금 자신이 두었던 수가 안 좋은 수라고 판단한다면 그 뒤의 경우를 배제하고 다른 경우를 탐색한다.

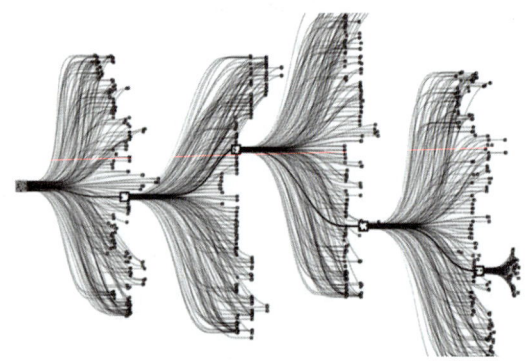

[그림 14-3] 백트래킹 알고리즘

더 이해하기 쉽도록 오목과 비교해서 보자. 오목은 같은 색의 돌 5개가 연속으로 붙어있으면 이기는 게임이다. 검정돌이 상대방이 둔 수이고, 흰돌이 내가 둔 수이다.

1)

	1	2	3	4	5	6	7
A							
B							
C			●	●			
D			○	●	○		
E			●	○	○		
F		●					
G							

현재 상대방은 F2, E3, D4 3수가 연결되어 있으므로 나는 G1, C5 중 한 수를 두어야 한다.

2)

	1	2	3	4	5	6	7
A							
B							
C			●	●			
D			○	●	○		
E			●	○	○		
F		●					
G	○						

G1에 수를 두었다.

3)

	1	2	3	4	5	6	7
A							
B							
C			●	●	●		
D			○	●	○		
E			●	○	○		
F		●					
G	○						

상대방이 C5에 수를 둔다면 그 뒤에 어떤 수를 두어도 게임을 이길 수 없다.

4)

	1	2	3	4	5	6	7
A							
B							
C			●	●	○		
D			○	●	○		
E			●	○	○		
F		●					
G							

따라서 C5 수를 두고 오목을 이어 나간다.

2)의 경우 어떤 수를 두어도 게임에서 이길 수 없으므로 더 이상 수를 두지 않고 배제한 후 4)의 방법으로 넘어간다. 위의 설명한 방식과 같이 모든 경우의 수를 두어 보지만 배제를 통한 연산 횟수를 줄이는 알고리즘을 백트래킹이라고 한다.

백트래킹 알고리즘을 어떻게 사용하는지 예제를 통해 확인해보자. 백트래킹의 가장 기초적인 두 예제를 보면 쉽게 이해할 수 있을 것이다.

14-3-1 백트래킹을 이용한 예제 1

N과 M (3)

https://www.acmicpc.net/problem/15651

시간 제한	메모리 제한	제출	정답	맞힌 사람	정답 비율
1초	512MB	24269	15969	12234	66.162%

문제

자연수 N과 M이 주어졌을 때, 아래 조건을 만족하는 길이가 M인 수열을 모두 구하는 프로그램을 작성하시오.

- 1부터 N까지 자연수 중에서 M개를 고른 수열
- 같은 수를 여러 번 골라도 된다.

입력

첫째 줄에 자연수 N과 M이 주어진다. ($1 \leq M \leq N \leq 7$)

출력

한 줄에 하나씩 문제의 조건을 만족하는 수열을 출력한다. 중복되는 수열을 여러 번 출력하면 안되며, 각 수열은 공백으로 구분해서 출력해야 한다. 수열은 사전 순으로 증가하는 순서로 출력해야 한다.

예제 입력 1

```
3 1
```

예제 출력 1

```
1
2
3
```

예제 입력 2

```
4 2
```

예제 출력 2

```
1 1
1 2
1 3
1 4
2 1
2 2
2 3
2 4
3 1
3 2
3 3
3 4
4 1
4 2
4 3
4 4
```

예제 입력 3

```
3 3
```

예제 출력 3

```
1 1 1
1 1 2
1 1 3
1 2 1
1 2 2
1 2 3
1 3 1
1 3 2
1 3 3
2 1 1
2 1 2
2 1 3
2 2 1
2 2 2
2 2 3
2 3 1
2 3 2
2 3 3
3 1 1
3 1 2
3 1 3
3 2 1
3 2 2
3 2 3
3 3 1
3 3 2
3 3 3
```

시간 제한은 1초로 최대 1억 번의 연산을 할 수 있고, 〈백준〉 난이도는 실버3이다.

시간 제한	최대	난이도
1초	1억 번 연산	실버3

문제설명

n개의 숫자 중에서 m개를 택하여 만들 수 있는 모든 수열 중에서 중복된 수열 없이 오름차순으로 출력하면 되는 문제이다. 단 같은 숫자를 여러 번 사용할 수 있다.

문제를 풀기 위한 사고를 정리해보자.

1) 만들 수 있는 모든 수열을 구해야 하므로 완전 탐색을 사용해야 한다는 생각을 할 수 있다.
2) 수열의 길이가 m이고 각 수열들이 중복되지 않게 오름차순으로 출력해야 한다.

2)를 위해서 어떻게 해야 할까? 앞에서 재귀함수를 말했을 때 재귀함수는 반복문(for문, while문)으로 만들 수 있다고 했다.

```
for i1 in range(0, n):
    for i2 in range(0, n):
        for i3 in range(0, n):
            for i4 in range(0, n):
                ......
```

이 문제를 반복문으로 해결하기 위해서는 위와 같이 for문을 m번 반복하여 모든 경우의 수를 출력하면 해결할 수 있다.

하지만 m의 범위는 1<=m<=7로 각각의 m에 대해서 반복문의 개수가 달라지므로 해답코드는 정말 무시무시하게 길어질 것이다. 이를 가독성 좋고 짧은 코드로 구현하기 위해 재귀함수를 사용해야 하며 재귀함수를 통해 모든 경우의 수를 확인하는 백트래킹 알고리즘을 이용하여 해결해야 한다는 것을 생각할 수 있다.

해답코드를 보고 이해해보자.

해답코드

```
1    n, m = map(int, input().split())
2    answer = []
3
4    def backTraking(depth):
5        if depth == m:
```

```
6               print(' '.join(map(str, answer)))
7               return
8           for i in range(1, n+1):
9               answer.append(i)
10              backTraking(depth+1)
11              answer.pop()
12
13      backTraking(0)
```

코드라인 1: n, m을 입력받는다.

코드라인 4~11: 백트래킹 알고리즘을 위한 재귀함수이다.

코드라인 4: 현재 깊이 depth를 함수의 인자로 받는다(현재 깊이 depth는 현재 수열의 길이를 나타낸다. 수열의 길이가 m이라면 출력하기 위한 변수이다).

코드라인 5~7: 현재 깊이 depth가 수열의 길이 m일 때, 현재 수열을 출력한다.

코드라인 8: 1부터 n까지의 수를 이용하기 위한 반복문이다.

코드라인 9: 현재 수열의 끝에 수를 추가한다.

코드라인 10: 수열에 수를 추가한 채로 현재 깊이 depth를 1 증가시켜 백트래킹 함수를 실행한다.

코드라인 11: 수열에 끝에 있는 수를 삭제한다.

코드라인 13: 백트래킹 알고리즘의 현재 깊이 depth를 0으로 하여 실행한다.

자, 그럼 이 코드는 어떤 식으로 실행될까?

n이 2이고 m이 2라면,

코드라인 13에 의해 백트래킹 알고리즘이 실행되고 현재 깊이는 0이 된다.
코드라인 9에 의해 현재 수열은 1이 된다. 그 후
코드라인 10에 의해 백트래킹 알고리즘이 실행되고 현재 깊이는 1이 된다.
코드라인 9에 의해 현재 수열은 1, 1이 된다. 그 후
코드라인 10에 의해 백트래킹 알고리즘이 실행되고 현재 깊이는 2가 된다.
코드라인 5~6에 의해 수열 1, 1이 출력되고 함수가 종료된다.
코드라인 11에 의해 현재 수열은 1이 된다.

코드라인 9에 의해 현재 수열은 1, 2가 된다. 그 후

코드라인 10에 의해 백트래킹 알고리즘이 실행되고 현재 깊이는 2가 된다.

코드라인 5~6에 의해 수열 1, 2가 출력되고 함수가 종료된다.

코드라인 11에 의해 현재수열은 1이 된다.

코드라인 11에 의해 현재 수열은 아무것도 없게 된다.

코드라인 9에 의해 현재 수열은 2가 된다. 그 후

코드라인 10에 의해 백트래킹 알고리즘이 실행되고 현재 깊이는 1이 된다.

코드라인 9에 의해 현재수열은 2, 1이 된다. 그 후

코드라인 10에 의해 백트래킹 알고리즘이 실행되고 현재 깊이는 2가 된다.

코드라인 5~6에 의해 수열 2, 1이 출력되고 함수가 종료된다.

코드라인 11에 의해 현재 수열은 2가 된다.

코드라인 9에 의해 현재 수열은 2, 2가 된다. 그 후

코드라인 10에 의해 백트래킹 알고리즘이 실행되고 현재 깊이는 2가 된다.

코드라인 5~6에 의해 수열 2, 2가 출력되고 함수가 종료된다.

코드라인 11에 의해 현재 수열은 2가 된다.

코드라인 11에 의해 현재 수열은 아무것도 없게 된다.

결과적으로 다음처럼 출력되며 문제가 요구하는 모든 조건을 만족시킬 수 있다.

1 1
1 2
2 1
2 2

위 문제의 시간복잡도는 길이가 m인 수열의 각 자리마다 1~n까지의 수가 들어올 수 있으므로 시간복잡도는 $O(n^m)$이 된다. 백트래킹 알고리즘은 오목을 통해 설명했듯이 배제를 잘해야 하는 조건문을 잘 두는 것이 포인트인데, 이 문제 같은 경우 특별한 배제 경우가 없어 쉬운 문제였다.

자 이번엔 비슷한 문제를 하나 더 보자.

14-3-2 백트래킹을 이용한 예제 2

N과 M (1)

https://www.acmicpc.net/problem/15649

시간 제한	메모리 제한	제출	정답	맞힌 사람	정답 비율
1초	512MB	37924	23070	15489	60.308%

문제

자연수 N과 M이 주어졌을 때, 아래 조건을 만족하는 길이가 M인 수열을 모두 구하는 프로그램을 작성하시오. (1부터 N까지 자연수 중에서 중복 없이 M개를 고른 수열)

입력

첫째 줄에 자연수 N과 M이 주어진다. ($1 \leq M \leq N \leq 8$)

출력

한 줄에 하나씩 문제의 조건을 만족하는 수열을 출력한다. 중복되는 수열을 여러 번 출력하면 안되며, 각 수열은 공백으로 구분해서 출력해야 한다. 수열은 사전 순으로 증가하는 순서로 출력해야 한다.

예제 입력 1

```
3 1
```

예제 출력 1

```
1
2
3
```

예제 입력 2

```
4 2
```

예제 출력 2

```
1 2
1 3
1 4
2 1
2 3
2 4
3 1
3 2
3 4
4 1
4 2
4 3
```

예제 입력 3

4 4

예제 출력 3

1 2 3 4
1 2 4 3
1 3 2 4
1 3 4 2
1 4 2 3
1 4 3 2
2 1 3 4
2 1 4 3
2 3 1 4
2 3 4 1
2 4 1 3
2 4 3 1
3 1 2 4
3 1 4 2
3 2 1 4
3 2 4 1
3 4 1 2
3 4 2 1
4 1 2 3
4 1 3 2
4 2 1 3
4 2 3 1
4 3 1 2
4 3 2 1

시간 제한은 1초로 최대 1억 번의 연산을 할 수 있고, 〈백준〉 난이도는 실버3이다.

시간 제한	최대	난이도
1초	1억 번 연산	실버3

문제설명

n개의 숫자 중에서 m개를 택하여 만들 수 있는 모든 수열 중에서 중복된 수열 없이 오름차순으로 출력하면 되는 문제이다. 단 같은 숫자를 여러 번 사용할 수 없다.

앞선 문제와는 다르게 이번에는 같은 숫자를 여러 번 사용할 수 없고 한 번만 사용할 수 있는 문제이다. 문제를 해결하기 위한 핵심 포인트는 같은 숫자를 여러 번 사용할 수 없도록 배제시켜주어야 하고 이를 위한 조건문을 추가하는 것이다.

해답코드

```
1    n, m = map(int, input().split())
2    answer = []
3
4    def backTraking(depth):
5        if depth == m:
6            print(' '.join(map(str, answer)))
7            return
8        for i in range(1, n+1):
9            if i in answer:
10               continue
11
12           answer.append(i)
13           backTraking(depth+1)
14           answer.pop()
15
16   backTraking(0)
```

앞서 코드와 달라진 부분은

코드라인 9~10으로 현재 수열에서 다음에 추가하고자 하는 i값이 수열 안에 있다면 해당 부분을 지나가고 다음 i값으로 넘어가 준다.

어떤 식으로 실행되는지 보자.

n이 2이고 m이 2라면,

코드라인 16에 의해 백트래킹 알고리즘이 실행되고 현재 깊이는 0이 된다.
코드라인 12에 의해 현재 수열은 1이 된다. 그 후
코드라인 13에 의해 백트래킹 알고리즘이 실행되고 현재 깊이는 1이 된다.
코드라인 9에 의해 현재 수열에 1이란 값이 있음으로 해당 구역을 지나간다.

코드라인 12에 의해 현재 수열은 1, 2가 된다. 그 후

코드라인 13에 의해 백트래킹 알고리즘이 실행되고 현재 깊이는 2가 된다.

코드라인 5~6에 의해 수열 1, 2 출력되고 함수가 종료된다.

코드라인 11에 의해 현재 수열은 1이 된다.

코드라인 14에 의해 현재 수열은 아무 것도 없게 된다.

코드라인 12에 의해 현재 수열은 2가 된다. 그 후

코드라인 13에 의해 백트래킹 알고리즘이 실행되고 현재 깊이는 1이 된다.

코드라인 12에 의해 현재 수열은 2, 1이 된다. 그 후

코드라인 13에 의해 백트래킹 알고리즘이 실행되고 현재 깊이는 2이 된다.

코드라인 5~6에의해 수열 2, 1이 출력되고 함수가 종료된다.

코드라인 11에 의해 현재 수열은 2가 된다.

코드라인 9에 의해 현재 수열에 2란 값이 있음으로 해당 구역을 지나간다.

코드라인 14에 의해 현재 수열은 아무것도 없게 된다.

결과적으로 아래와 같이 출력되며 문제가 요구하는 모든 조건을 만족시킬 수 있다.

```
1 2
2 1
```

위 문제는 백트래킹 알고리즘 사용에 있어 가장 기본이 되는 구조라고 보면 되겠다. 삼성 코딩 테스트에서는 백트래킹 알고리즘 또한 자주 출제되며, 위와 같은 기본 틀을 기본으로 다양한 상황의 배제를 위한 조건문을 추가하면 해결할 수 있다.

위 문제에서 시간복잡도는 수열의 길이 m의 각 자리마다 n, $n-1$, $n-2$, ..., 2, 1개가 올 수 있음으로 $O(n!)$이 된다. 여기서 소소한 팁은 다음을 아는 것이다.

```
10!=3,628,800
11!=39,916,800
12!=479,001,600
```

보통 문제가 요구하는 연산횟수가 1~2초라면 백트래킹 알고리즘으로 사용할 수 있는 최대 n값은 11이다(12!은 4억 이상의 연산 횟수를 필요로 하므로 안 된다).

그러므로 n의 값이 10~11 안팎이며, 완전 탐색과 배제가 필요할 경우에 백트래킹 알고리즘을 사용하여 해결해 줄 수 있다.

14-3-3 백트래킹을 이용한 예제 3[2]

연산자 끼워넣기

https://www.acmicpc.net/problem/14888

시간 제한	메모리 제한	제출	정답	맞힌 사람	정답 비율
2초	512MB	44054	23187	14533	49.310%

문제

N개의 수로 이루어진 수열 $A_1, A_2, ..., A_N$이 주어진다. 또, 수와 수 사이에 끼워 넣을 수 있는 N−1개의 연산자가 주어진다. 연산자는 덧셈(+), 뺄셈(−), 곱셈(×), 나눗셈(÷)으로만 이루어져 있다.

우리는 수와 수 사이에 연산자를 하나씩 넣어서, 수식을 하나 만들 수 있다. 이때, 주어진 수의 순서를 바꾸면 안 된다.

예를 들어, 6개의 수로 이루어진 수열이 1, 2, 3, 4, 5, 6이고, 주어진 연산자가 덧셈(+) 2개, 뺄셈(−) 1개, 곱셈(×) 1개, 나눗셈(÷) 1개인 경우에는 총 60가지의 식을 만들 수 있다. 예를 들어, 아래와 같은 식을 만들 수 있다.

- 1+2+3−4×5÷6
- 1÷2+3+4−5×6
- 1+2÷3×4−5+6
- 1÷2×3−4+5+6

식의 계산은 연산자 우선 순위를 무시하고 앞에서부터 진행해야 한다. 또, 나눗셈은 정수 나눗셈으로 몫만 취한다. 음수를 양수로 나눌 때는 C++14의 기준을 따른다. 즉, 양수로 바꾼 뒤 몫을 취하고, 그 몫을 음수로 바꾼 것과 같다. 이에 따라서, 위의 식 4개의 결과를 계산해보면 아래와 같다.

- 1+2+3−4×5÷6 = 1
- 1÷2+3+4−5×6 = 12
- 1+2÷3×4−5+6 = 5
- 1÷2×3−4+5+6 = 7

N개의 수와 N−1개의 연산자가 주어졌을 때, 만들 수 있는 식의 결과가 최대인 것과 최소인 것을 구하는 프로그램을 작성하시오.

---

[2] 삼성 S/W 역량 테스트 기출 문제

입력

첫째 줄에 수의 개수 N(2≤N≤11)가 주어진다. 둘째 줄에는 A_1, A_2, ..., A_N이 주어진다. ($1 \leq A_i \leq 100$) 셋째 줄에는 합이 N-1인 4개의 정수가 주어지는데, 차례대로 덧셈(+)의 개수, 뺄셈(-)의 개수, 곱셈(×)의 개수, 나눗셈(÷)의 개수이다.

출력

첫째 줄에 만들 수 있는 식의 결과의 최댓값을, 둘째 줄에는 최솟값을 출력한다. 연산자를 어떻게 끼워넣어도 항상 -10억보다 크거나 같고, 10억보다 작거나 같은 결과가 나오는 입력만 주어진다. 또한, 앞에서부터 계산했을 때, 중간에 계산되는 식의 결과도 항상 -10억보다 크거나 같고, 10억보다 작거나 같다.

예제 입력 1
```
2
5 6
0 0 1 0
```

예제 출력 1
```
30
30
```

예제 입력 2
```
3
3 4 5
1 0 1 0
```

예제 출력 2
```
35
17
```

예제 입력 3
```
6
1 2 3 4 5 6
2 1 1 1
```

예제 출력 3
```
54
-24
```

시간 제한은 1초로 최대 1억 번의 연산을 할 수 있고, 〈백준〉 난이도는 실버1이다.

시간 제한	최대	난이도
1초	1억 번 연산	실버1

문제설명

n개의 수들이 주어지고, $(n-1)$개의 연산자가 주어진다. 수와 수 사이에 연산자를 하나씩 넣어 수식을 만들어 보자. 예를 들어 수열이 1, 2, 3, 4, 5, 6이고, 주어진 연산자가 덧셈(+) 2개, 뺄셈(−) 1개, 곱셈(×) 1개, 나눗셈(÷) 1개인 경우

1+2+3−4×5÷6

1÷2+3+4−5×6

1+2÷3×4−5+6

1÷2×3−4+5+6

……

총 60개의 식을 만들 수 있다. 단, 이때 연산자 우선순위는 무시하고 앞에서부터 진행한다.

1+2+3−4×5÷6 = 1

1÷2+3+4−5×6 = 12

1+2÷3×4−5+6 = 5

1÷2×3−4+5+6 = 7

n개의 수와 $n-1$개의 연산자가 주어질 때, 만들 수 있는 수식의 결과가 최대인 것과 최소인 것을 출력하면 된다.

솔직히 이제는 N의 최대범위가 11이고, 삼성 문제이기 때문에 바로 백트래킹 알고리즘부터 생각하지만 이 문제를 통해 백트래킹 알고리즘을 생각해야 하는 이유는 우선 문제가 모든 경우의 수식을 전부 찾아보라고 했으므로, 완전 탐색 알고리즘을 떠올려야 한다.

이 문제같은 경우, 문제에서 모든 경우를 찾으라고 했으므로 완전 탐색 알고리즘을 떠올리기 쉽지만, 다른 문제의 경우 n의 최댓값이 작거나, 조건에 따라 선택할지 선택하지 않을지를 필요로 한다면 백트래킹 알고리즘을 떠올릴 수 있다.

처음 백트래킹 알고리즘을 소개했을 때, 조건에 따라 연산횟수를 줄일 수 있다는 특징이 있다고 했다.

문제에서는 $n-1$개의 연산자가 주어진다. 그리고 이 연산자를 어디에 배치하느냐에 따라 수식의 결과가 달라진다.

1) 모든 경우의 수식을 찾는다. → 완전 탐색
2) 모든 경우의 연산자를 택하기 위해 연산자를 선택하거나 선택하지 않는다. → 백트래킹

이 정도로 생각해볼 수 있을 것 같다.

수와 수 사이에 올 수 있는 최대 연산자의 개수는 4개이다(덧셈, 뺄셈, 곱셈, 나눗셈). 이 중에 연산자를 하나 선택하고 나머지는 선택하지 않는다. 수의 길이는 최대 11이므로 시간복잡도를 계산해보면 백트래킹 알고리즘을 통해 수와 수 사이마다 최대 4개의 함수(덧셈, 뺄셈, 곱셈, 나눗셈 중 1개를 선택한 경우)를 호출할 수 있으므로 $O(4^n)$이 되며 이는 $4^{11}=4,194,304$으로 2초 안에 연산이 가능하다.

해답코드

```
1   def back_Traking(index, sum):
2       global minAns
3       global maxAns
4       if index==N-1:
5           if minAns > sum:minAns = sum
6           if maxAns < sum:maxAns = sum
7           return
8
9       for i in range(4):
10          temp = sum
11          if operator[i]==0:continue
12          if i==0:sum+=numArr[index+1]
13          elif i==1:sum-=numArr[index+1]
14          elif i==2:sum*=numArr[index+1]
15          else:
16              if sum<0:sum = abs(sum)//numArr[index+1]*-1
17              else:sum //=numArr[index+1]
18
19          operator[i] -= 1
20          back_Traking(index+1, sum)
21          operator[i] += 1
22          sum = temp
23
```

```
24    N = int(input())
25    numArr = list(map(int, input().split()))
26    operator = list(map(int, input().split()))
27    minAns = float('Inf')
28    maxAns = float('-Inf')
29
30    back_Traking(0, numArr[0])
31    print(maxAns)
32    print(minAns)
```

코드라인 24: n을 입력받는다.

코드라인 25: 수를 입력받는다.

코드라인 26: 연산자를 입력받는다.

코드라인 27: 최솟값 정답을 저장하기 위한 변수 minAns를 -무한으로 설정해둔다.

코드라인 28: 최댓값 정답을 저장하기 위한 변수 maxAns를 무한으로 설정해둔다.

코드라인 30: 백트래킹 알고리즘 실행 함수의 인자로 (인덱스, 수의 첫값 numArr[0])을 넘겨줬다.

코드라인 31~32: 정답인 maxAns, minAns를 출력한다.

코드라인 1: 백트래킹 함수의 인자로 (인덱스, 지금까지 더한 값)을 받는다.

코드라인 2~3: 최솟값, 최댓값을 저장하기 위한 변수를 전역변수로 생성한다.

코드라인 4~7: 백트래킹 함수의 핵심이다.

우선 지금까지 더한값 sum을 통해 최솟값, 최댓값을 갱신해주며 인덱스가 n-1이라면 수의 마지막 인덱스에 접근했다는 것이고, 함수를 종료해야 한다. 함수를 종료하지 않는다면 잘못된 메모리에 접근하며 오류를 일으킨다.

코드라인 9: 덧셈, 뺄셈, 곱셈, 나눗셈 4가지 경우를 탐색하기 위한 for문이다.

코드라인 10: 임시적으로 sum값을 저장하기 위한 temp 변수를 초기화한다.

코드라인 11: operator[i]==0이라면 해당 연산자는 더 이상 남아있지 않으므로 continue해 준다.

코드라인 12: 연산자가 덧셈(+)이라면 sum에 수의 다음 인덱스 값을 더해 준다. sum+=numArr[index+1]

코드라인 13: 연산자가 뺄셈(-)이라면 sum에 수의 다음 인덱스 값을 빼준다.
sum-=numArr[index+1]

코드라인 14: 연산자가 곱셈(*)이라면 sum에 수의 다음 인덱스 값을 곱해준다.
sum*=numArr[index+1]

코드라인 15~17: 연산자가 나눗셈(/)이라면 sum에 수의 다음 인덱스 값을 나누면 될 것 같지만 문제에서는 C++를 기준으로 음수 나눗셈을 진행하라고 했다.
파이썬에서는 음수 나눗셈의 경우 조금 다르게 동작하므로 절댓값과 양숫값을 나눈 후 그 값에 *-1을 곱했다.

백트래킹의 핵심 코드는 다음과 같다.

코드라인 19: 해당 연산자는 사용했으므로, operator[i] 값을 1 빼준다. 이후에 코드라인 11에서 operator[i]값이 0이라면 연산자를 모두 사용했다는 뜻이다.

코드라인 20: 연산자를 1개 사용한 채로 back_Tracking(index+1, sum)을 실행한다. 이는 현재의 다음 인덱스와 지금까지 더한 sum을 넘겨준다.

코드라인 21: operator[i]값을 1 증가시킨다. 코드라인 19~20에서 실행한 백트래킹과는 다르게 연산자를 다시 선택하지 않은 상태로 만들기 위함이다. 그리고 코드라인 9의 for문의 다음 i값에서 선택할지 안할지를 다시 고르게 할 수 있다.

코드라인 22: sum값을 다시 원래 sum값 temp로 바꿔준다. 이는 for문의 다음 i에도 sum값을 함수의 인자로 받은 값으로 다시 쓰기 위해서이다.

전형적인 백트래킹 알고리즘 문제이므로 이 정도 틀은 외워두는 게 좋다. 아니 외우는 게 아니라 백트래킹 알고리즘의 동작 원리를 이해하면 굳이 외우지 않아도 머리가 코드를 치게 된다.

코딩 테스트에서는 이러한 유형의 틀이 자주 나온다. 대신이 문제보다는 까다로운 조건이 추가되어 구현이 어려워지는 경향으로 많이 나온다. 또한 다양한 배제를 조건문을 통해 잘 걸러내어 최대한 시간 제한까지 문제없이 풀 수 있도록 요구하는 문제도 자주 나온다.

보통의
취준생을 위한
코딩 테스트
with 파이썬

BFS	DFS
코딩 테스트 출제 빈도	코딩 테스트 출제 빈도
코드포스 출제 빈도	코드포스 출제 빈도

제15장
그래프

독자 이 장에서 배울 BFS, DFS 알고리즘도 코딩 테스트와 싸울 무기인가요?

저자 맞아요. 앞서 카카오 코딩 테스트를 설명할 때 이런 말을 했어요.
"BFS에 대해 알고 있고, 이를 응용해(단순 암기가 아니라) 코드를 작성할 수 있는지 파악해야 한다."
이 장에서는 기본을 통한 응용이 가장 중요해요.

15-1 그래프 이론

그래프 이론은 현실 세계에서 나타내는 2D, 3D의 모형을 나타낼 수 있고, 모형 간의 관계를 나타낼 수 있다.

그래프는 정점과 간선으로 이루어진 자료구조의 일종이다. 정점은 위치라는 개념이다. 간선은 위치 간의 관계 즉, 정점을 연결한 선이다.

이 장에서는 코딩 테스트에서 주로 출제되는 BFS(너비 우선 탐색), DFS(깊이 우선 탐색) 알고리즘을 위한 최소한의 그래프 개념을 알아야 한다고 생각하기에 간단하게 그래프의 종류를 알아보겠다.

1. 무방향 그래프

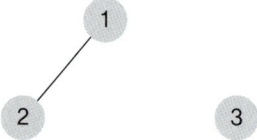

1) 1번과 2번은 서로 연결되어 있다.
2) 1번에서 2번으로 이동할 수 있고, 2번에서 1번으로 이동할 수 있다.
3) 1번과 3번은 연결되어 있지 않다.
4) 1번에서 3번으로 이동할 수 없고, 3번에서 1번으로 이동할 수 없다.

2. 방향 그래프

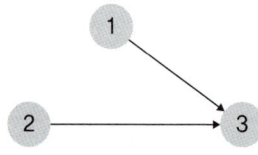

1) 1번은 3번을 가리키고 있고, 2번도 3번을 가리키고 있다.
2) 1번에서 3번으로 갈 수 있지만, 3번에서 1번으로 갈 수 없다.
3) 2번에서 3번으로 갈 수 있지만, 3번에서 2번으로 갈 수 없다.

이해하기 쉽게 실생활에서의 사례를 보자. SNS인 페이스북에서 A가 B에게 친구 신청을 하고 B가 친구 신청을 받으면 서로 친구 관계가 되므로, 이는 무방향 그래프이다.

트위터에서 A가 B를 팔로우한다면 A는 B의 팔로워가 되지만, B는 A의 팔로워가 되지 않는다. 이는 방향 그래프이다.

자료구조를 처음 배우는 코더들이 트리와 그래프의 그림을 보면 둘의 차이점이 궁금할 수 있을 것 같다고 생각한다.

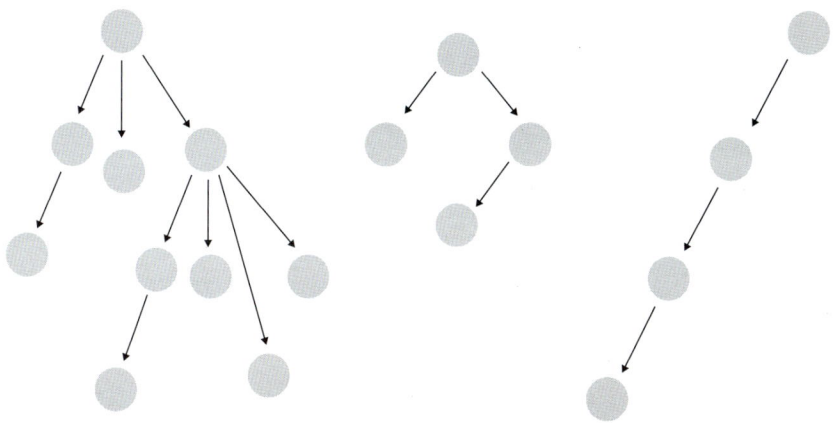

[그림 15-1] 여러 트리 모형

위 그림은 여러 가지 트리를 나타낸 것이다.

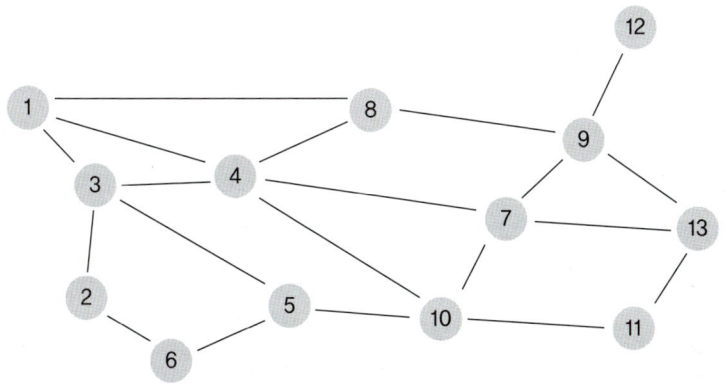

[그림 15-2] 여러 그래프 모형

위 그림은 여러 가지 그래프 모형을 나타낸 것이다.

그래프는 각각의 정점이 여러 개의 정점과 간선을 맺을 수 있지만, 트리는 각 노드가 하나의 부모노드를 갖는다는 차이점이 있다. 그리고 트리에 비해 그래프는 정점들과의 이동이 더 쉽다는 점을 알 수 있다.

즉, 트리는 그래프의 일종이라고 볼 수 있다.

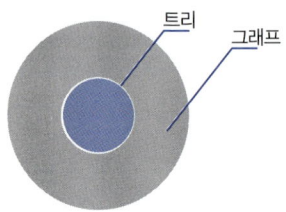

[그림 15-3] 그래프의 일종인 트리

코딩 테스트를 위해서 BFS(너비 우선 탐색), DFS(깊이 우선 탐색) 알고리즘을 많이 사용한다고 했는데, 우리는 앞으로 각각의 문제에 맞는 그래프 모형을 만들어가며 문제를 해결할 것이다.

여기서 "어떤 문제에서 트리를 이용하고, 어떤 문제에서 그래프를 이용할까?"라는 의문이 생긴다.

이건 모든 알고리즘 문제를 풀 때 해당하는 사항이다. 시간복잡도, 메모리 크기가 요구하는 문제의 조건에 부합할 때, 어떤 자료구조나 알고리즘을 사용해서 풀 수 있다면 무엇을 이용하여 풀어도 문제가 되지 않는다.

〈백준〉 문제들을 풀 때 고수들도 한 문제를 며칠씩 생각하며 푸는 문제가 있는데 어떤 문제에서는 어떤 걸 이용하라는 방법이 수많은 문제에서 모두 일맥상통하게 떠오른다는 건 말이 안 된다. 적어도 자신의 머릿속에 그려져 있는 자료구조, 알고리즘을 해당 문제에 적용해서 풀 수 있는지 생각해보고, 문제마다 어떤 식으로 해결해야 할지 문제 해결 능력을 길러야 한다.

가능한 선에서 나는 10가지 알고리즘 중 하나를 택하는 사고 과정까지 최대한 도와주기 위해 이 책을 통해 알고리즘의 기본이 되는 10가지 알고리즘을 소개하는 것이다.

15-2 BFS

BFS(너비 우선 탐색, Breadth First Search)란 현재 정점에 연결된 가까운 점부터 탐색하는 방법이다.

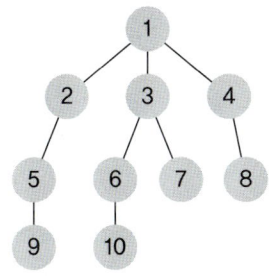

1, 2, 3, 4, 5, 6, 7, 8, 9, 10 순서대로 탐색을 실시한다.

1) 1과 2, 3, 4의 거리를 1이라고 해보자.
2) 1과 5, 6, 7, 8의 거리를 2라고 해보자.
3) 1과 9, 10의 거리를 3이라고 해보자.

즉, 현재 정점에 연결된 가까운 점부터 탐색하는 방법이라는 것을 알 수 있다.

BFS는 앞에서 말한 자료구조 중 큐를 이용하여 구현할 수 있다. 1부터 시작해서 탐색을 실시해가는 방법을 보자. 이때 한번 방문한 정점은 다시 택하지 않는다(그래프의 모형은 주로 배열을 통해 만들고, BFS 알고리즘을 실행하기 위해 큐 자료구조를 사용한다).

> **여기서 잠깐!**
>
> 배열 등으로 그래프를 추상적으로 만들어 두고, 그래프의 사용은 큐나 우선순위 큐, 재귀함수 등을 이용해서 탐색한다.
>
> BFS는 주로 배열을 이용하여 그래프를 구현하고 큐를 이용하여 탐색한다. 반면 DFS는 주로 배열을 이용하여 그래프를 구현하고 재귀함수를 이용하여 탐색한다. 그래프만의 저장 방식이 있다기보다 추상적인 그래프 모형을 프로그래머의 재량(?)에 따라 이용한다고 보면 된다. 그래프 모형을 탐색하기 위해 BFS는 큐를, DFS는 재귀함수를 이용한다는 것을 기억해두면 될 것이다.

1) 1을 큐에 넣는다.

   큐의 상태

   전단 ① 1 후단

2) 1에서 연결된 가장 가까운 점 2, 3, 4를 큐에 넣는다.
   1을 큐에서 삭제한다.

   큐의 상태

   전단 ② 2 ③ 3 ④ 4 후단

3) 큐의 전단인 2와 연결된 가장 가까운 점 5를 큐에 넣는다.
   2를 큐에서 삭제한다.

   큐의 상태

   전단 ③ 3 ④ 4 ⑤ 5 후단

4) 큐의 전단인 3과 연결된 가장 가까운 점 6, 7을 큐에 넣는다.
   3을 큐에서 삭제한다.

   큐의 상태

   전단 ④ 4 ⑤ 5 ⑥ 6 ⑦ 7 후단

5) 큐의 전단인 4와 연결된 가장 가까운 점 8을 큐에 넣는다.
   4를 큐에서 삭제한다.

   큐의 상태

   전단 ⑤ 5 ⑥ 6 ⑦ 7 ⑧ 8 후단

6) 큐의 전단인 5와 연결된 가장 가까운 점 9를 큐에 넣는다.
   5를 큐에서 삭제한다.

   큐의 상태

   전단 6 7 8 9 후단

7) 큐의 전단인 6과 연결된 가장 가까운 점 10을 큐에 넣는다.
   6를 큐에서 삭제한다.

   큐의 상태

   전단 7 8 9 10 후단

8) 큐의 전단인 7과 연결된 가장 가까운 점이 없다.
   7을 큐에서 삭제한다.

   큐의 상태

   전단 8 9 10 후단

9) 큐의 전단인 8과 연결된 가장 가까운 점이 없다.
   8을 큐에서 삭제한다.

   큐의 상태

   전단 9 10 후단

10) 큐의 전단인 9과 연결된 가장 가까운 점이 없다.
    9를 큐에서 삭제한다.

    큐의 상태

    전단 10 후단

11) 큐의 전단인 10과 연결된 가장 가까운 점이 없다.
    10을 큐에서 삭제한다.

큐의 상태

전단   후단

결국 큐는 비어 있게 되고, 1, 2, 3, 4, 5, 6, 7, 8, 9, 10을 1에서 연결된 가까운 점부터 탐색한 모습을 볼 수 있다. 참고로 탐색의 목적은 최단 거리를 찾기 위함이다. 1에서 이동할 수 있는 2~10까지의 최단 거리를 전부 구해줄 수 있다.

이때 정점 1에 거리를 0이라 부여하고 현재 정점에서 연결된 다른 정점으로 이동 시에 이동한 정점과의 거리를 현재 정점거리 +1이라 한다면 (이동한 정점의 거리=현재 정점의 거리 +1)

정점 2, 3, 4는 거리가 1이 되고,

   정점 1의 거리+1=1

정점 5, 6, 7, 8의 거리는 2가 되고,

   정점 5의 거리=정점 2의 거리+1=2,
   정점 6의 거리=정점 3의 거리+1=2,
   정점 7의 거리=정점 3의 거리+1=2,
   정점 8의 거리=정점 4의 거리+1=2

정점의 9, 10의 거리는 3이 된다.

   정점 9의 거리=정점 5의 거리+1=3,
   정점 10의 거리=정점 6의 거리+1=3

이때 시간복잡도는 어떻게 될까?

BFS 알고리즘은 한 정점에서 연결된 모든 정점을 탐색한다. 그러므로 $O($이동 가능한 정점의 개수$)$의 시간복잡도가 소요된다.

BFS를 통한 완전 탐색을 이용하는 문제는 삼성 S/W 역량 테스트에서 자주 출제된다. 문제를 보면서 코딩 테스트에서는 어떤 식으로 출제되는지 보자.

15-2-1 BFS를 사용하는 예제 1

미로 탐색

https://www.acmicpc.net/problem/2178

시간 제한	메모리 제한	제출	정답	맞힌 사람	정답 비율
1초	192MB	103461	42186	26924	39.357%

문제

N×M크기의 배열로 표현되는 미로가 있다.

1	0	1	1	1	1
1	0	1	0	1	0
1	0	1	0	1	1
1	1	1	0	1	1

미로에서 1은 이동할 수 있는 칸을 나타내고, 0은 이동할 수 없는 칸을 나타낸다. 이러한 미로가 주어졌을 때, (1, 1)에서 출발하여 (N, M)의 위치로 이동할 때 지나야 하는 최소의 칸 수를 구하는 프로그램을 작성하시오. 한 칸에서 다른 칸으로 이동할 때, 서로 인접한 칸으로만 이동할 수 있다.

위의 예에서는 15칸을 지나야 (N, M)의 위치로 이동할 수 있다. 칸을 셀 때에는 시작 위치와 도착 위치도 포함한다.

입력

첫째 줄에 두 정수 N, M(2≤N, M≤100)이 주어진다. 다음 N개의 줄에는 M개의 정수로 미로가 주어진다. 각각의 수들은 붙어서 입력으로 주어진다.

출력

첫째 줄에 지나야 하는 최소의 칸 수를 출력한다. 항상 도착위치로 이동할 수 있는 경우만 입력으로 주어진다.

예제 입력 1

```
4 6
101111
101010
101011
111011
```

예제 출력 1

```
15
```

예제 입력 2

```
4 6
110110
110110
111111
111101
```

예제 출력 2

```
9
```

예제 입력 3

```
2 25
1011101110111011101110111
1110111011101110111011101
```

예제 출력 3

```
38
```

예제 입력 4

```
7 7
1011111
1110001
1000001
1000001
1000001
1000001
1111111
```

예제 출력 4

```
13
```

시간 제한은 1초로 최대 1억 번의 연산이 가능하며, 〈백준〉 난이도는 실버1이다.

시간 제한	최대	난이도
1초	1억 번 연산	실버1

문제설명

BFS, DFS 알고리즘을 사용하는 전형적인 문제이다. 맨 왼쪽 위의 칸 $(1, 1)$에서부터 맨 오른쪽 밑의 칸 (n, m)으로 가기 위해 필요한 칸의 최솟값을 구하는 문제이다.

BFS 알고리즘이 무엇인지 다시 한 번 상기해보자. BFS 알고리즘은 현재 정점에서 갈 수 있는 가장 가까운 곳을 탐색해나가는 알고리즘이다.

위의 예제 입력 1을 보자

```
    1 2 3 4 5 6

1   1 0 1 1 1 1
2   1 0 1 0 1 0
3   1 0 1 0 1 1
4   1 1 1 0 1 1   → (n, m)
```

$(1, 1)$에서 (n, m)으로 이동하기 위해 가장 적은 수의 칸을 이용해보자.

1)

```
        1 2 3 4 5 6

    1   1 0 1 1 1 1
    2   1 0 1 0 1 0
    3   1 0 1 0 1 1
    4   1 1 1 0 1 1   → (n, m)
```

2)

```
        1 2 3 4 5 6

    1   1 0 1 1 1 1
    2   1 0 1 0 1 0
    3   1 0 1 0 1 1
    4   1 1 1 0 1 1   → (n, m)
```

총 2가지의 방법으로 15칸을 방문해야 (1, 1)에서 (n, m)으로 이동할 수 있다.

현재 정점 (1, 1)에서 가장 가까운 곳을 탐색해나가며 (n, m)=(4, 6)에 도착해보자. 그리고 이때 가까운 곳으로 이동할 때마다 [이동할 칸=현재 칸+1]로 설정해보자.

1)

	1	2	3	4	5	6
1	1	0	9	10	11	1
2	2	0	8	0	1	0
3	3	0	7	0	1	1
4	4	5	6	0	1	2 → (n, m)

(1, 5) 좌표까지 이동한 상태

2)

	1	2	3	4	5	6
1	1	0	9	10	11	1
2	2	0	8	0	12	0
3	3	0	7	0	13	1
4	4	5	6	0	1	1 → (n, m)

(3, 5) 좌표까지 이동한 상태

3)

	1	2	3	4	5	6
1	1	0	9	10	11	12
2	2	0	8	0	12	0
3	3	0	7	0	13	14
4	4	5	6	0	14	1 → (n, m)

(3, 6) 좌표, (3, 7) 좌표까지 이동한 상태

4)

	1	2	3	4	5	6
1	1	0	9	10	11	12
2	2	0	8	0	12	0
3	3	0	7	0	13	14
4	4	5	6	0	14	15 → (n, m)

(n, m) 좌표까지 이동한 상태

BFS 알고리즘의 특징인 현재 정점에서 가까운 곳으로 탐색해 나갈 때, 모두 같은 이동 거리이기 때문에, 3)과 4)의 경우 $(3, 5)$, $(3, 6)$, $(4, 6)$을 통해 $(4, 6)$에 도착하나 $(3, 5)$, $(4, 5)$, $(4, 6)$을 통해 $(4, 6)$에 도착하거나 결과는 같음을 알 수 있다.

코드를 통해 BFS 구현을 확인해보자.

해답코드

```
1   from collections import deque
2   
3   N, M = map(int, input().split())
4   maze = [list(map(int, input())) for _ in range(N)]
5   d=[(-1, 0), (1, 0), (0, -1), (0, 1)]
6   q = deque()
7   q.append((0, 0))
8   def bfs():
9       while q:
10          x, y = q.popleft()
11          for k in range(len(d)):
12              dx = x + d[k][0]
13              dy = y + d[k][1]
14              if 0 <= dx < N and 0 <= dy <M :
15                  if maze[dx][dy] == 1:
16                      maze[dx][dy] = maze[x][y] + 1
17                      q.append((dx, dy))
18
```

```
19    maze[0][0]=1
20    bfs()
21    print(maze[N-1][M-1])
```

BFS는 큐를 사용하여 구현할 수 있다.

 코드라인 6: 큐를 생성한다.

 코드라인 8~17: BFS 구현 부분이다.

 코드라인 9: 큐가 비어 있지 않다면 코드라인 10~17을 반복한다.

 코드라인 10: 큐에서 가장 먼저 삽입된 x, y 위치를 꺼낸다.

 코드라인 11~13: x, y에서 상하좌우((x+1, y), (x-1, y), (x, y+1), (x, y-1))로 이동한 위치 dx, dy를 구한다.

 코드라인 14~15: 이동 가능한 위치 dx, dy가 미로 범위 안이고 아직 방문하지 않은 칸(미로의 값이 1)이라면

 코드라인 16: 현재 정점 x, y에서 가장 가까운 dx, dy의 위치값을 [현재 정점+1]로 바꿔준다.

 코드라인 17: 큐에 dx, dy를 넣는다.

실제로 그림으로 그려가며 풀어본다면,

	1	2	3	4	5	6
1	1	0	9	10	11	12
2	2	0	8	0	12	0
3	3	0	7	0	13	14
4	4	5	6	0	14	15	→ (n, m)

각 칸으로의 이동은 칸에 적혀있는 숫자만큼의 칸이 필요함을 알 수 있다.

실제로 위 문제의 그래프 모형은

```
1     9  10 11 12
2     8     12
3     7     13 14
4 5 6       14 15
```

와 같으며, 1에서 15순으로 탐색을 실시한다.

BFS 알고리즘은 그래프의 정점들을 한 번씩만 거치며 이동하는 특징이 있으며 주로 어느 한 정점에서 다른 정점까지 이동하는 데 걸리는 최단 소요를 파악하기 위해 주로 사용된다. 실생활에서 사용할 수 있는 예로는 최단거리 구하기가 있다.

[그림 15-4] BFS 알고리즘을 활용한 내비게이션(http://map.kakao.com)

내비게이션에서 사용하는 최단거리는 다익스트라 알고리즘을 이용하여 구하지만, BFS 알고리즘을 통해 현재 정점에서 연결된 가까운 점들로 이동할 때마다 거리를 추가해가며 최단거리를 구할 수 있다.

15-2-2 BFS를 사용하는 예제 2[1]

벽 부수고 이동하기

https://www.acmicpc.net/problem/2206

시간 제한	메모리 제한	제출	정답	맞힌 사람	정답 비율
2초	192MB	60033	14944	9196	22.744%

---

[1] 15-2-2, 15-2-3에서 나오는 예제들은 삼성 코딩 테스트에서 주로 볼 수 있는 문제들로 난이도가 쉽지 않을 것이다. 하지만 이 문제들은 BFS를 어떻게 응용하는지 배울 수 있는 훌륭한 문제이다. 시간 제한과 BFS 응용을 어떻게 극복했는지 주의해서 보자.

문제

N×M의 행렬로 표현되는 맵이 있다. 맵에서 0은 이동할 수 있는 곳을 나타내고, 1은 이동할 수 없는 벽이 있는 곳을 나타낸다. 당신은 (1, 1)에서 (N, M)의 위치까지 이동하려 하는데, 이때 최단경로로 이동하려 한다. 최단경로는 맵에서 가장 적은 개수의 칸을 지나는 경로를 말하는데, 이때 시작하는 칸과 끝나는 칸도 포함해서 센다.

만약에 이동하는 도중에 한 개의 벽을 부수고 이동하는 것이 좀 더 경로가 짧아진다면, 벽을 한 개까지 부수고 이동하여도 된다.

한 칸에서 이동할 수 있는 칸은 상하좌우로 인접한 칸이다.

맵이 주어졌을 때, 최단 경로를 구해 내는 프로그램을 작성하시오.

입력

첫째 줄에 N(1≤N≤1,000), M(1≤M≤1,000)이 주어진다. 다음 N개의 줄에 M개의 숫자로 맵이 주어진다. (1, 1)과 (N, M)은 항상 0이라고 가정하자.

출력

첫째 줄에 최단 거리를 출력한다. 불가능할 때는 -1을 출력한다.

예제 입력 1

```
6 4
0100
1110
1000
0000
0111
0000
```

예제 출력 1

```
15
```

예제 입력 2

```
4 4
0111
1111
1111
1110
```

예제 출력 2

```
-1
```

시간 제한은 2초로 최대 2억 번의 연산을 할 수 있고, 〈백준〉 난이도는 골드4이다.

시간 제한	최대	난이도
2초	2억 번 연산	골드4

문제설명

세로 n, 가로 m이 입력으로 주어지며, $n*m$의 맵이 입력으로 주어진다. 이때 맵의 해당 위치가 0이라면 이동할 수 있는 칸, 1이라면 이동 할 수 없는 칸이다. (1, 1) 위치에서 (n, m) 위치까지 이동할 때 벽을 최대 1개를 부술 수 있다(최대 1개의 1을 0으로 바꿀 수 있다). 이때 움직이는 최단거리를 구하는 것이다. 불가능하다면 −1을 출력하면 된다.

'15-2-1 BFS를 사용하는 예제 1'처럼 한 정점에서 다른 정점으로 이동하는 최단거리를 구하는 문제로 BFS 알고리즘을 써야 한다는 것을 떠올릴 수 있다. 문제는 이동할 때 최대 1개의 1을 0으로 바꿀 수 있다는 점이다.

$n=6$, $m=4$이고 맵이 아래와 같다면

```
0100
1110
1000
0000
0111
0000
```

(1, 1)에서 (n, m)으로 이동할 수 없다((1, 2), (2, 1), (2, 2)가 1이기 때문에).

그러므로 (1, 2)를 0으로 바꿔주고 이동해야 15번이라는 최단 경로를 만들 수 있다.

0000		1	2	3	4
1110		x	x	x	5
1000		x	8	7	6
0000	→	10	9	8	7
0111		11	x	x	x
0000		12	13	14	15

(x는 이동할 수 없는 칸, 각 숫자는 이동하는 데 걸리는 횟수)

이 예제를 통해서 1을 0으로 바꾸는 위치를 어디에 두느냐에 따라서 최단거리가 달라질 수도 있겠다는 것을 유추할 수 있고, 실제로도 그렇다.

어디의 1을 0으로 바꿔야 할까?

간단하게 생각해보면 완전 탐색을 통해 모든 경우를 탐색해보는 것이다. 그러기 위해 시간복잡도를 계산해보자.

n, m의 최댓값은 1,000이므로 (1, 1)부터 (n, m)까지 BFS 알고리즘을 한 번 적용하는 데는 최대 $O(n*m)$의 시간복잡도가 소요된다(최대 모든 정점을 탐색할 수 있으므로).

완전 탐색을 위해 최대 1개의 1을 0으로 바꿀 수 있는 곳은 $n*m$이다.

바꿀 수 있는 위치마다 BFS 알고리즘을 통해 탐색을 한다면 결국 시간복잡도는 $O(n^2*m^2)$이 되며 $1,000^2*1,000^2=1,000,000,000,000,000$으로 시간초과가 난다. 시간을 줄일 수 있는 방법을 찾아야 한다.

BFS에서 방문한 위치를 재방문하지 않기 위하여 visit라는 2차원 배열을 만들고 0으로 초기화한 뒤, 해당 위치(x, y)를 방문했다면 visit[y][x]=1을 표시해두어 다음에 재방문할 때 visit[y][x]가 1이라면 큐에 해당 정점을 안 넣는 방법을 통해 중복된 위치를 탐색하지 않는다.

```
if visit[x][y]==0:
    queue.push([x, y])
elif visit[x][y]==1:
    continue;
```

좀 더 생각해보자. 어떤 칸에 도달했을 때, 벽을 이미 한번 부쉈다면(1을 0으로) 더 이상 벽을 부술 수 없는 상태만 남는다. 벽을 부수지 않았고 해당 칸이 1이라면 벽을 부수거나 벽을 부수지 않거나 2가지의 상태가 남는다. 이것을 통해 visit[x][y][벽을 부수었거나, 부수지 않았거나]로 해당 칸을 재방문하지 않는다면 시간복잡도를 대폭 줄일 수 있지 않을까?

   visit[x][y][0]=0 벽을 부수지 않은 상태, 해당 위치를 방문하지 않은 상태
   visit[x][y][0]=1 벽을 부수지 않은 상태, 해당 위치를 방문한 상태
   visit[x][y][1]=0 벽을 부순 상태, 해당 위치를 방문하지 않은 상태
   visit[x][y][1]=1 벽을 부순 상태, 해당 위치를 방문한 상태

또한 최단거리를 저장하기 위해 visit[x][y][?]에는 [이동할 칸=이동하기 전에 필요한 이동거리+1] 방식으로 이동 거리를 저장할 것이다.

visit[dx][dy][?] = visit[x][y][?]+1
(dx, dy) → 이동할 칸, (x, y) 이동하기 전의 현재 위치

어려운 발상이다. 이 발상을 떠오르기란 쉽지 않다. 사실 이 문제를 처음 접했을 때, 도저히 시간복잡도를 줄이지 못해서 문제의 정답을 봤던 기억이 있다.

위의 발상을 적용한다면 $n*m$을 BFS 알고리즘으로 탐색하는 경우는 벽을 부수었거나, 부수지 않았거나 2가지로 총 시간복잡도는 $O(n*m*2)$=1,000*1,000*2=2,000,000이 된다. 문제를 해결할 시간복잡도를 만족시켰다. 코드를 보자.

해답코드

```
1   from collections import deque
2
3   dx= [0, -1, 0, 1]
4   dy =[-1, 0, 1, 0]
5
6   def bfs():
7       visit = [[[0]*2 for _ in range(M)] for _ in range(N)]
8       visit[0][0][0] = 1
9       while q:
10          x, y, wall = q.popleft()
11          if x==(N-1) and y==(M-1): return visit[x][y][wall]
12          for i in range(4):
13              if 0 <= x+dx[i] < N and 0 <= y+dy[i] < M and visit[x+dx[i]]
                [y+dy[i]][wall] == 0:
14                  if Map[x+dx[i]][y+dy[i]]=='0':
15                      visit[x+dx[i]][y+dy[i]][wall] = visit[x][y][wall] + 1
16                      q.append([x+dx[i], y+dy[i], wall])
17                  if wall == 0 and Map[x+dx[i]][y+dy[i]] == '1':
18                      visit[x+dx[i]][y+dy[i]][1] = visit[x][y][0] + 1
19                      q.append([x+dx[i], y+dy[i], 1])
20
```

```
21        return -1
22
23   N, M = map(int, input().split())
24   Map = [list(input()) for _ in range(N)]
25   q = deque()
26   q.append([0, 0, 0])
27   print(bfs())
```

코드라인 3~4: 상하좌우로 이동하기 위한 배열을 이용한다.

코드라인 23~24: n, m 그리고 n*m 크기의 맵을 입력받는다.

코드라인 25: 큐 자료구조를 사용한다.

코드라인 26: 큐에 (0, 0) 위치와 벽을 부수지 않은 상태인 0을 넣어 준다.

코드라인 27: 코드라인 6의 bfs 함수를 실행한다.

코드라인 6: bfs 함수를 정의한다.

코드라인 7: 해당 지점을 방문했는지, 벽을 부수었는지 부수지 않았는지 저장하기 위한 3차원 배열 visit를 생성한다.

코드라인 8: 처음 (0, 0) 위치에 벽을 부수지 않은 상태를 방문했으므로 1로 값을 변경한다 (visit[0][0][0]=1).

코드라인 9: 큐에 데이터가 남아있다면 무한 반복한다.

코드리인 10: 큐의 전단 (x, y)와 벽의 상태를 획득한다.

코드라인 11: (x, y)가 (n-1, m-1)(목표지점)에 도달했다면 visit[x][y][wall]을 통해 최단거리가 몇인지 확인한다.

코드라인 12: 상하좌우 이동을 위한 for문을 사용한다.

코드라인 13: 이동할 칸(x+dx[i], y+dy[i])가 n*m 범위 안이며, 다음에 이동할 칸을 방문하지 않았다면 (visit[x+dx[i]][y+dy[i]][wall]이 0이라면)

    코드라인 14~16: 이동할 칸의 맵이 0이라면(Map[x+dx[i]][y+dy[i]]가 0)

        벽을 부술 수 있는 위치가 아니므로

        다음 칸 이동거리, 벽을 부수지 않음=

        현재 칸 이동거리+1, 벽을 부수지 않음로 설정하고

        (visit[x+dx[i]][y+dy[i]][wall] = visit[x][y][wall] + 1)

        큐에 다음 이동 칸과 현재 벽의 상태를 넣어준다.

        (q.append([x+dx[i], y+dy[i], wall]))

코드라인 17~19: 이동할 칸의 맵이 1이고 벽을 부술 수 있는 상태라면
(wall == 0 and Map[x+dx[i]][y+dy[i]] == '1')
(벽을 더 이상 부술 수 없고 맵이 1이라면 애초에 이동을 할 수 없다.)
다음 이동 칸, 벽을 부숨=
현재 칸 이동거리+1, 벽을 부수지 않음으로 설정하고
(visit[x+dx[i]][y+dy[i]][1] = visit[x][y][0] + 1)
큐에 다음 이동 칸과, 벽을 부순 상태를 넣어준다.)
(q.append([x+dx[i], y+dy[i], 1]))

코드라인 21: 이동할 수 없는 경우에는 -1을 값으로 반환해준다.

문제가 많이 어려웠을 수 있는데, BFS를 이렇게 응용할 수도 있다는 생각이 들 것이다. 코딩 테스트에서는 이런 식으로 창의성을 담보하고 알고리즘의 응용까지 해결할 수 있는 문제들이 요구된다. 삼성 코딩 테스트 경우, 문제 유형이 크게 잡혀있다는 느낌이 있지만 카카오 코딩 테스트 같은 경우, 풀어보지 못한 유형의 응용까지 요구되니 정답을 보지 않고 스스로의 힘으로 응용해보길 권한다.

15-2-3 BFS를 사용하는 예제 3[2]

연구소

https://www.acmicpc.net/problem/14502

시간 제한	메모리 제한	제출	정답	맞힌 사람	정답 비율
2초	512MB	43981	25415	13753	54.994%

문제

인체에 치명적인 바이러스를 연구하던 연구소에서 바이러스가 유출되었다. 다행히 바이러스는 아직 퍼지지 않았고, 바이러스의 확산을 막기 위해서 연구소에 벽을 세우려고 한다.

연구소는 크기가 N×M인 직사각형으로 나타낼 수 있으며, 직사각형은 1×1 크기의 정사각형으로 나누어져 있다. 연구소는 빈칸, 벽으로 이루어져 있으며, 벽은 칸 하나를 가득 차지한다.

일부 칸은 바이러스가 존재하며, 이 바이러스는 상하좌우로 인접한 빈칸으로 모두 퍼져나갈 수 있다. 새로 세울 수 있는 벽의 개수는 3개이며, 꼭 3개를 세워야 한다.

---

[2] 삼성 S/W 역량 테스트 기출문제

예를 들어, 아래와 같이 연구소가 생긴 경우를 살펴보자.

```
2 0 0 0 1 1 0
0 0 1 0 1 2 0
0 1 1 0 1 0 0
0 1 0 0 0 0 0
0 0 0 0 0 1 1
0 1 0 0 0 0 0
0 1 0 0 0 0 0
```

이때, 0은 빈칸, 1은 벽, 2는 바이러스가 있는 곳이다. 아무런 벽을 세우지 않는다면, 바이러스는 모든 빈칸으로 퍼져 나갈 수 있다.

2행 1열, 1행 2열, 4행 6열에 벽을 세운다면 지도의 모양은 아래와 같아지게 된다.

```
2 1 0 0 1 1 0
1 0 1 0 1 2 0
0 1 1 0 1 0 0
0 1 0 0 0 1 0
0 0 0 0 0 1 1
0 1 0 0 0 0 0
0 1 0 0 0 0 0
```

바이러스가 퍼진 뒤의 모습은 아래와 같아진다.

```
2 1 0 0 1 1 2
1 0 1 0 1 2 2
0 1 1 0 1 2 2
0 1 0 0 0 1 2
0 0 0 0 0 1 1
0 1 0 0 0 0 0
0 1 0 0 0 0 0
```

벽을 3개 세운 뒤, 바이러스가 퍼질 수 없는 곳을 안전 영역이라고 한다. 위의 지도에서 안전 영역의 크기는 27이다.

연구소의 지도가 주어졌을 때 얻을 수 있는 안전 영역 크기의 최댓값을 구하는 프로그램을 작성하시오.

입력

첫째 줄에 지도의 세로 크기 N과 가로 크기 M이 주어진다. (3≤N, M≤8)

둘째 줄부터 N개의 줄에 지도의 모양이 주어진다. 0은 빈칸, 1은 벽, 2는 바이러스가 있는 위치이다. 2의 개수는 2보다 크거나 같고, 10보다 작거나 같은 자연수이다.

빈칸의 개수는 3개 이상이다.

출력

첫째 줄에 얻을 수 있는 안전 영역의 최대 크기를 출력한다.

예제 입력 1

```
7 7
2 0 0 0 1 1 0
0 0 1 0 1 2 0
0 1 1 0 1 0 0
0 1 0 0 0 0 0
0 0 0 0 0 1 1
0 1 0 0 0 0 0
0 1 0 0 0 0 0
```

예제 출력 1

```
27
```

예제 입력 2

```
4 6
0 0 0 0 0 0
1 0 0 0 0 2
1 1 1 0 0 2
0 0 0 0 0 2
```

예제 출력 2

```
9
```

예제 입력 3

```
8 8
2 0 0 0 0 0 0 2
2 0 0 0 0 0 0 2
2 0 0 0 0 0 0 2
2 0 0 0 0 0 0 2
2 0 0 0 0 0 0 2
0 0 0 0 0 0 0 0
0 0 0 0 0 0 0 0
0 0 0 0 0 0 0 0
```

예제 출력 3

```
3
```

시간 제한은 2초로 최대 2억 번의 연산이 가능하고, 〈백준〉 난이도는 골드5이다.

시간 제한	최대	난이도
2초	2억 번 연산	골드5

문제설명

세로 n, 가로 m과 n*m 크기의 연구소 상태가 입력으로 주어진다. 연구소는 빈칸=0, 벽=1, 바이러스=2로 구성되어 있다. 바이러스는 상하좌우로 인접한 빈칸에 모두 퍼져나갈 수 있다. 3개의 벽을 설치해서 바이러스가 퍼지지 않는 영역의 크기를 구하는 것이다.

예제를 통해 더 자세히 이해해보자.

$n=7$, $m=7$이고 연구소의 상태가 아래와 같다면

```
2 0 0 0 1 1 0
0 0 1 0 1 2 0
0 1 1 0 1 0 0
0 1 0 0 0 0 0
0 0 0 0 0 1 1
0 1 0 0 0 0 0
0 1 0 0 0 0 0
```

바이러스=2에 의해 이 연구소는 언젠가 전부 바이러스에 감염되고 안전구역(0)은 없게 된다.

```
2 2 2 2 1 1 2
2 2 1 2 1 2 2
2 1 1 2 1 2 2
2 1 2 2 2 2 2
2 2 2 2 2 1 1
2 1 2 2 2 2 2
2 1 2 2 2 2 2
```

그러므로 적절히 벽을 세워(0을 1로 바꿈) 아래와 같이 둔다면(벽은 꼭 3개를 두어야 한다.)

```
2 1 0 0 1 1 0
1 0 1 0 1 2 0
0 1 1 0 1 0 0
0 1 0 0 0 1 0
0 0 0 0 0 1 1
0 1 0 0 0 0 0
0 1 0 0 0 0 0
```

바이러스가 퍼진 뒤 모습은 아래와 같게 되며 안전구역(0의 개수)은 27이 된다.

```
2 1 0 0 1 1 2
1 0 1 0 1 2 2
0 1 1 0 1 2 2
0 1 0 0 0 1 2
0 0 0 0 0 1 1
0 1 0 0 0 0 0
0 1 0 0 0 0 0
```

지금까지 잘 따라 왔다면 어떻게 해결할지 알고리즘이 떠올라야 한다.

문제를 해결하기 위해 필요한 것은 2가지다.

> 1) 빈칸에 3개의 벽을 두어야 한다.
> 2) 바이러스를 상하좌우로 전파한다. 그 후 남은 0의 개수를 센다.

1)을 해결하기 위해서는 연구소가 빈칸인 모든 곳 중에서 3개를 택해 벽을 세워야 하는데 이는 완전 탐색을 생각해볼 수 있다(시간복잡도는 잠시 뒤에 생각하기로 하고).

이를 완전 탐색 해주기 위해 빈칸 중에서 3개를 골라야 하는데 골랐던 빈칸은 배제한다는 점에서 백트래킹 알고리즘을 떠올릴 수 있다.

2)를 해결하기 위해서 바이러스의 현 위치 정점으로부터 다른 위치 정점까지 이동을 해주기 위해 BFS 알고리즘을 통해 바이러스를 전파해줄 수 있다.

시간복잡도를 계산해보자.

모든 빈칸 중에서 3개의 빈칸을 선택하는 데 필요한 횟수는 $n*m$ 중에서 하나를 택하고, $(n*m-1)$ 중에서 하나를 택하고, $(n*m-2)$ 중에서 하나를 택해야 한다. 64*63*62이다.

바이러스의 개수는 최대 10이다. 사실 바이러스가 몇 개든 최대 $n*m$ 크기의 칸을 탐색할 수 있으므로 BFS 알고리즘을 사용하는 데 시간복잡도는 $O(n*m)=8*8=64$가 된다.

즉 총 연산횟수는 약 64*63*62*64=15,998,976으로 문제에서 요구한 1초 내에 해결할 수 있다. 코드로 구현해보자.[3]

해답코드

```
1    from collections import deque
2
3    visit=[[0 for col in range(10)] for row in range(10)]
4    visit2=[[0 for col in range(10)] for row in range(10)]
5    dx=[0, 0, 1, -1]
6    dy=[1, -1, 0, 0]
7
8    def bfs():
```

---

3 이 코드의 경우 pypy로 제출해야 시간초과가 나지 않는다.

```
9        global answer
10
11       for x in range(n):
12         for y in range(m):
13           visit[x][y]=lab[x][y]
14           if(lab[x][y]==2):
15             queue.append([x, y])
16
17       while(queue):
18         x, y=queue.popleft()
19         visit[x][y]=1
20         for i in range(4):
21           if 0<= x+dx[i]<n and 0<=y+dy[i]<m and lab[x+dx[i]][y+dy[i]]==0
                and visit[x+dx[i]][y+dy[i]]==0:
22             queue.append([x+dx[i], y+dy[i]])
23             visit[x+dx[i]][y+dy[i]]=1
24
25       cnt=0
26       for x in range(n):
27         for y in range(m):
28           if lab[x][y]==0 and visit[x][y]==0:
29             cnt+=1
30       answer=max(answer, cnt)
31
32     def back_Traking(select):
33
34       if select == 3:
35         bfs()
36         return
37       for x in range(n):
38         for y in range(m):
39           if not lab[x][y] and not visit2[x][y]:
40             visit2[x][y]=1
41             lab[x][y] = 1
42             back_Traking(select + 1)
43             lab[x][y] = 0
```

```
44            visit2[x][y]=0
45
46   queue=deque()
47   answer = 0
48   n, m = map(int, input().split())
49   lab = [list(map(int, input().split())) for _ in range(n)]
50   back_Traking(0)
51   print(answer)
```

코드가 실행되는 순서위주로 설명하겠다.

코드라인 3: 이후에 BFS 알고리즘에서 바이러스의 이동 칸을 표시하기 위한 배열 visit이다.
코드라인 4: 이후에 백트래킹 알고리즘에서 선택한 빈칸을 표시하기 위한 배열 visit2이다.
코드라인 5~6: 상하좌우로 이동하기 위한 배열을 생성한다.

코드라인 46: 큐 자료구조를 사용한다.
코드라인 47: 최댓값 정답 저장용 변수를 0으로 초기화한다.
코드라인 48~49: n, m 그리고 연구소의 상태를 입력받는다.
코드라인 50: 코드라인 32의 백트래킹 함수 실행 인자로 빈칸을 선택한 횟수 0을 넘겨준다.

코드라인 32: 함수의 인자로 빈칸을 선택한 횟수를 받는다.
코드라인 34~36: 빈칸을 3개 선택했다면 코드라인 8의 bfs 함수를 실행한 후 return한다.
코드라인 37~38: 연구소의 크기 n*m을 탐색한다.
코드라인 39: 연구소가 빈칸이고 not lab[x][y], 해당 칸을 선택하지 않았다면 not visit2[x][y]이다.
코드라인 40~44: 백트래킹으로 1개를 선택하기 전에 visit2[x][y]=1을 선택해, 해당 (x, y) 칸은 선택했음을 표시하고, 빈칸을 벽으로 만든다(lab[x][y]=1). 그 후 백트래킹 함수에 선택횟수+1 인자를 주어 실행한다. 백트래킹 함수가 끝난 뒤 선택한 빈칸을 해제하고 visit2[x][y]=0, 벽을 다시 빈칸으로 만든다(lab[x][y] = 0).

코드라인 8: bfs 함수를 정의한다.
코드라인 10~12: 연구소의 크기 n*m를 탐색한다.
코드라인 13: visit 배열에 이동할 수 있는 칸과 없는 칸을 구분한다(visit[x][y]=lab[x][y]).
코드라인 14: 해당 칸이 바이러스라면 (if(lab[x][y]==2)) 큐에 바이러스 위치를 넣는다.
코드라인 17: 큐가 비어있기 전까지 무한반복한다.
코드라인 18: 큐의 전단 위치를 꺼낸다.

코드라인 19: 바이러스들의 위치 (x, y)를 방문했다면 1로 설정해두어 다음에 이동할 수 없게 해둔다. visit[x][y]=1이다.

코드라인 20: 상하좌우 이동을 위한 for문이다.

코드라인 21: 이동할 칸(x+dx[i], y+dy[i])가 n*m 범위 안이고, 연구실이 빈칸이고 방문하지 않은 칸이라면,

코드라인 22~23: 큐에 이동할 칸의 위치를 넣어주고, 이동할 칸은 방문했음을 표시한다.

코드라인 25: 백트래킹에 의해 실행된 각각의 bfs마다 안전구역을 저장하기 위한 cnt 변수를 생성한다.

코드라인: 26~27: n*m 크기의 범위를 탐색한다.

코드라인 28~29: 연구실이 빈칸이고 벽이 없다면 cnt 값을 1 증가시킨다.

코드라인 30: answer 값에 안전구역의 최댓값을 저장한다(answer=max(answer, cnt)).

코드리인 51: 정답 answer를 출력한다.

이 정도 BFS 응용문제까지 풀어봤다면 코딩 테스트에 필요한 BFS 기초는 전부 숙달했다고 생각한다. 예제들은 코딩 테스트에서도 어려운 편이 아니므로 난이도가 좀 더 높은 문제를 풀어보며 스스로 응용하는 법을 많이 익히길 권한다.

15-3 DFS

DFS(깊이 우선 탐색, Depth First Search)란 현재 정점에서 갈 수 있는 점들까지 들어가면서 탐색하는 방법이다.

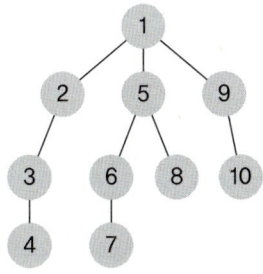

1, 2, 3, 4, 5, 6, 7, 8, 9, 10 순서대로 탐색을 실시한다.

BFS에서 봤던 그림과 형태는 같지만 탐색하는 순서가 다르다.

> **여기서 잠깐!**
> - BFS는 주로 배열을 이용하여 그래프를 만들고 큐를 이용하여 정점과 연결된 가장 가까운 정점들을 순서대로 탐색한다.
> - DFS는 주로 배열을 이용하여 그래프를 만들고 각 정점에 연결된 정점들을 재귀함수를 이용하여 탐색한다.

배열을 이용하여 그래프를 만들었을 때, 똑같은 그래프라도 BFS, DFS에 따라 탐색하는 순서가 다르다.

1과 연결된 2, 5, 9의 3가지 중 어느 것을 먼저 가도 상관없다.

   1 →

      2를 먼저 간다면 2와 연결된 모든 경우를 탐색해본다.

      2 → 3 → 4 →

      2를 통해 확인할 수 있는 모든 탐색을 해본다면

      5를 통해 5와 연결된 모든 경우를 탐색해본다.

      5 →

         5과 연결된 6, 8의 2가지 중 어느 것을 먼저 가도 상관없다.

         6을 먼저 간다면 6과 연결된 모든 경우를 탐색해본다.

         6 → 7 →

         6를 통해 확인할 수 있는 모든 탐색을 해본다면

         8을 통해 8과 연결된 모든 경우를 탐색해본다.

         8 →

      9를 통해 9와 연결된 모든 경우를 탐색해 본다.

      9 → 10

이때 DFS의 시간복잡도는 어떻게 될까? DFS도 BFS와 마찬가지로 한 정점에서 연결된 모든 정점으로 이동한다.

그러므로 $O(이동가능한\ 정점의\ 개수)$의 시간복잡도가 소요된다.

DFS의 경우 재귀함수를 통하여 실행할 수 있으며 백트래킹 알고리즘을 사용하기 위해 많이 사용한다.

DFS를 통한 완전 탐색을 이용해주는 문제는 삼성 S/W 역량 테스트에서 자주 출제된다.

15-3-1 DFS를 사용하는 예제 1

부분수열의 합

https://www.acmicpc.net/problem/1182

시간 제한	메모리 제한	제출	정답	맞힌 사람	정답 비율
2초	256MB	42063	19400	12345	44.230%

문제

N개의 정수로 이루어진 수열이 있을 때, 크기가 양수인 부분수열 중에서 그 수열의 원소를 다 더한 값이 S가 되는 경우의 수를 구하는 프로그램을 작성하시오.

입력

첫째 줄에 정수의 개수를 나타내는 N과 정수 S가 주어진다. (1≤N≤20, |S|≤1,000,000) 둘째 줄에 N개의 정수가 빈 칸을 사이에 두고 주어진다. 주어지는 정수의 절댓값은 100,000을 넘지 않는다.

출력

첫째 줄에 합이 S가 되는 부분수열의 개수를 출력한다.

예제 입력 1

```
5 0
-7 -3 -2 5 8
```

예제 출력 1

```
1
```

시간 제한은 2초로 최대 2억 번의 연산이 가능하며, 〈백준〉 난이도는 실버2이다.

시간 제한	최대	난이도
2초	2억 번 연산	실버2

문제설명

n개의 수열이 주어질 때, 수열의 부분수열 중에서 그 수열의 원소를 다 더한 값이 s가 되는 경우의 수를 찾는 문제이다.

부분수열이란 수열의 크기가 n이라면 수열에서 1~n개의 원소를 골랐을 때 만들 수 있는 수열이다.

> **예**
>
> 수열의 크기 1
> 수열 2
> 만들 수 있는 부분수열
> 2
> 총 1가지가 나온다.

> **예**
>
> 수열의 크기 2
> 수열 2 5
> 만들 수 있는 부분수열
> 2
> 5
> 2 5
> 총 3가지가 나온다.

> **예**
>
> 수열의 크기 3
> 수열 2 5 7
> 만들 수 있는 부분수열
> 2
> 5
> 7
> 2 5
> 2 7
> 5 7
> 2 5 7
> 총 7가지가 나온다.

모든 부분수열 중에서 그 수열을 모두 더한 값이 s가 나오는 경우를 모두 찾은 값이 정답이 된다.

완전 탐색에 대한 이해를 했다면 이제는 어떻게 풀어야 할지 고민했을 때 모든 경우와 관련된 문제는 완전 탐색을 이용해주면 쉽게 풀 수 있다는 것을 알 수 있다.

하지만 완전 탐색의 단점인 연산횟수가 많다는 점을 고려해 완전 탐색을 사용할 수 있는 시간복잡도인지 미리 파악하는 게 중요하다.

 수열의 크기 1 → 경우의 수 1
 수열의 크기 2 → 경우의 수 3
 수열의 크기 3 → 경우의 수 7
 수열의 크기 4 → 경우의 수 15
 ....
 수열의 크기 n → 경우의 수 2^{n-1}

시간복잡도는 $O(2^n)$이 된다.

문제에서 n의 최댓값은 20이므로 2^{20}=1,048,576번의 연산을 사용하며 대략 0.01초면 해결할 수 있다는 것을 증명했다.

자, 그러면 어떻게 완전 탐색을 해야 할까?

이 문제를 완전 탐색하기 위해 DFS를 사용하겠다.

DFS 알고리즘은 현재 정점에서 갈 수 있는 점들까지 들어가며 탐색하는 방법이다.

예제 입력의 경우, 다음을 그래프로 생각해보자.

 n=5, s=0
 수열   −7   −3   −2   5   8

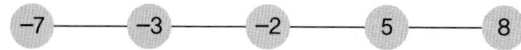

이 그래프를 첫 번째 수열인 -7부터 DFS 알고리즘을 실행한다면

1번째 수열 -7에서 2번째 수열 -3으로 이동한다.
2번째 수열 -3에서 3번째 수열 -2로 이동한다.
3번째 수열 -2에서 4번째 수열 5로 이동한다.
4번째 수열 5에서 5번째 수열 8로 이동한다.

부분수열을 구한다는 것은 결국 수열에 있는 모든 수를 부분수열에 포함하거나 포함하지 않거나 둘 중 한가지의 선택을 택하는 것이다.

DFS 알고리즘으로 정점들을 탐색해가며 정점의 수열을 포함한 부분수열과, 정점의 수열을 포함하지 않은 부분수열을 구해내면 정답을 구할 수 있다.

1번째 정점 -7 방문

　1) -7을 택한다.　　　　　　　　2) -7을 택하지 않는다.
　　부분수열 1 → -7
　　부분수열 2 →

2번째 정점 -3 방문

　1) -3을 택한다.　　　　　　　　2) -3을 택하지 않는다.
　　부분수열 1-1 → -7, -3　　　　부분수열 1-2 → -7
　　부분수열 2-1 → -3　　　　　　부분수열 2-2 →

3번째 정점 -2 방문

　1) -2를 택한다.　　　　　　　　2) -2를 택하지 않는다.
　　부분수열 1-1-1 → -7, -3, -2　부분수열 1-1-2 → -7, -3
　　부분수열 1-2-1 → -7, -2　　　부분수열 1-2-2 → -7
　　부분수열 2-1-1 → -3, -2　　　부분수열 2-1-2 → -3
　　부분수열 2-2-1 → -2　　　　　부분수열 2-2-2 →

　　...

5번째 정점 8 방문

　　...

각 모든 경우의 부분수열의 합이 s가 되는 경우를 전부 구해주면 된다.

이것을 코드로 구현하고 이해해보자.

해답코드

```
1   def dfs(idx, sum):
2       global answer
3       if(idx >= n):
4           return
5       sum+=arr[idx]
6       if(s == sum):
7           answer += 1
8       dfs(idx+1, sum-arr[idx])
9       dfs(idx+1, sum)
10
11  n, s = map(int, input().split())
12  arr = list(map(int, input().split()))
13  answer=0
14  dfs(0, 0)
15  print(answer)
```

코드라인 1: 현재 정점의 위치 idx, 부분수열의 합을 저장할 sum을 입력받는다.

코드라인 3~4: 현재 정점의 위치 idx가 n보다 크다면 종료한다.

코드라인 5: 부분수열의 합을 저장할 sum에 현재 정점 idx 위치에 해당하는 수열의 값을 더한다.

코드라인 6~7: sum이 s와 같다면 정답의 개수를 1 더해 준다.

코드라인 8: 현재 정점의 수열을 택하지 않고 현재 정점과 열결된 다음 위치의 정점 idx+1로 이동한다.

코드라인 9: 현재 정점의 수열을 택하고 현재 정점과 열결된 다음 위치의 정점 idx+1로 이동한다.

BFS의 경우 -7 정점에서 -3 정점으로 이동하지 않는 선택지는 없다. -3 정점으로 이동하지 않는다면 -2 정점 또한 이동할 수 없기 때문이다.

백트래킹 알고리즘은 DFS를 이용하여 구현한다고 했는데, DFS의 경우 현재 정점에서 갈 수 있는 점들까지 들어가면서 탐색하는 특징 때문에 이를 이용한다.

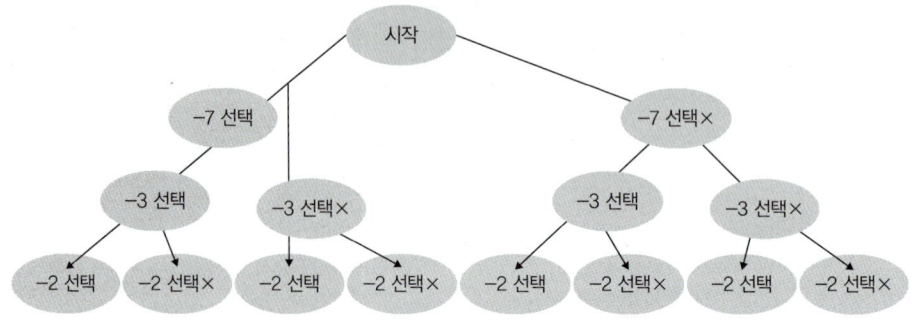

[그림 15-7] 원소가 -7, -3, -2 일 때 DFS 탐색 방식

15-3-2 DFS와 BFS를 사용하는 예제 1

코딩 테스트에서 DFS를 사용하는 경우는 백트래킹을 이용하기 위해 많이 쓰인다. 우리는 이미 '14장. 완전 탐색'에서 백트래킹을 통해 삼성 코딩 테스트 예제를 보았고, 방금 DFS를 사용하는 예제 1을 통해서도 백트래킹의 예제를 보았다. 그러므로 이번에는 DFS의 대표적인 유형 하나를 소개하겠다. 그래프를 만들고 BFS와 DFS의 탐색 방법을 다시 한 번 비교해보자.

여기서 쓰이는 DFS 방법은 〈코드포스〉 대회에서 많이 쓰이는 기법이다. 물론 국내 코딩 테스트에서도 쓰일 수 있다.

DFS와 BFS

https://www.acmicpc.net/problem/1260

시간 제한	메모리 제한	제출	정답	맞힌 사람	정답 비율
2초	128MB	138899	49992	28779	34.115%

문제

그래프를 DFS로 탐색한 결과와 BFS로 탐색한 결과를 출력하는 프로그램을 작성하시오. 단, 방문할 수 있는 정점이 여러 개인 경우에는 정점 번호가 작은 것을 먼저 방문하고, 더 이상 방문할 수 있는 점이 없는 경우 종료한다. 정점 번호는 1번부터 N번까지이다.

입력

첫째 줄에 정점의 개수 N(1≤N≤1,000), 간선의 개수 M(1≤M≤10,000), 탐색을 시작할 정점의 번호 V가 주어진다. 다음 M개의 줄에는 간선이 연결하는 두 정점의 번호가 주어진다. 어떤 두 정점 사이에 여러 개의 간선이 있을 수 있다. 입력으로 주어지는 간선은 양방향이다.

출력

첫째 줄에 DFS를 수행한 결과를, 그 다음 줄에는 BFS를 수행한 결과를 출력한다. V부터 방문된 점을 순서대로 출력하면 된다.

예제 입력 1

```
4 5 1
1 2
1 3
1 4
2 4
3 4
```

예제 출력 1

```
1 2 4 3
1 2 3 4
```

예제 입력 2

```
5 5 3
5 4
5 2
1 2
3 4
3 1
```

예제 출력 2

```
3 1 2 5 4
3 1 4 2 5
```

예제 입력 3

```
1000 1 1000
999 1000
```

예제 출력 3

```
1000 999
1000 999
```

시간 제한은 2초로 최대 2억 번의 연산을 할 수 있고, 〈백준〉 난이도는 실버2이다.

시간 제한	최대	난이도
2초	2억 번 연산	실버2

문제설명

첫째 줄에 정점의 개수 n, 간선의 개수 m, 탐색을 시작할 정점의 번호 v가 주어진다. 이후 m개의 줄에 간선이 연결하는 두 정점의 번호가 주어진다. 첫째 줄에 DFS를 수행한 결과, 두 번째 줄에 BFS를 수행한 결과를 출력하면 된다. 단 방문할 수 있는 정점이 여러 개인 경우에는 정점 번호가 작은 것을 먼저 방문해야 한다(v부터 방문된 점을 순서대로 출력하면 된다).

이해를 돕기 위해 그래프를 만들어보자.

n=4, m=5, v=1

간선이 연결하는 두 정점의 번호는 다음과 같다.

1 2
1 3
1 4
2 4
3 4

예제 입력 1의 경우 위 번호로 그래프로 그리면 아래와 같은 그래프가 만들어진다.

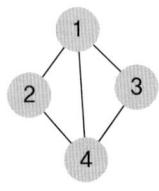

DFS와 BFS의 탐색 방법을 다시 한 번 떠올려보자.

- DFS: 현재 정점에서 갈 수 있는 점들까지 들어가면서 탐색하는 방법이다.
- BFS: 현재 정점에 연결된 가까운 점들부터 탐색하는 방법이다.

DFS를 사용하여 위의 그래프를 탐색한다면,

1) 처음에는 $V=1$ 정점부터 탐색한다. 따라서 1을 방문한다.
2) 1에서 탐색 가능한 정점은 2, 3, 4가 있다. 방문할 수 있는 정점이 여러 개인 경우에는 정점의 번호가 작은 것을 먼저 방문하라고 했으니 2를 방문한다.
3) DFS 정의에 따라 2에서 갈 수 있는 정점은 1, 4인데 1은 방문했으니 4를 방문한다.
4) 4에서 갈 수 있는 정점은 1, 3인데 1은 방문했으니 3을 방문한다.

1 → 2 → 4 → 3

BFS를 사용하여 위의 그래프를 탐색한다면,

1) 처음에는 $V=1$ 정점부터 탐색한다. 따라서 1을 방문한다.
2) 1과 연결된 정점은 2, 3, 4가 있다. 방문할 수 있는 정점이 여러 개인 경우에는 정점의 번호가 작은 것을 먼저 방문하라고 했으니 2를 방문한다.
3) 1과 연결된 정점은 2, 3, 4가 있고, 2는 방문했으니 3을 방문한다.
4) 1과 연결된 정점은 2, 3, 4가 있고, 2, 3은 방문했으니 4를 방문한다.

1 → 2 → 3 → 4

DFS와 BFS는 동일한 그래프를 탐색해도 탐색하는 순서가 다르다.

이를 코드로 어떻게 구현했는지 보자.

해답코드

```
from collections import deque

N, M, V=map(int, input().split())
vertex=[[0]*(N+1) for i in range(N+1)]
for i in range(M):
    a, b = map(int, input().split())
    vertex[a][b]=vertex[b][a]=1
visit=[0]*(N+1)

def dfs(V):
    visit[V]=1
    print(V, end=' ')
    for i in range(1, N+1):
```

```
14              if(visit[i]==0 and vertex[V][i]==1):
15                  dfs(i)
16
17  def bfs(V):
18      visit[V]=0
19      queue=deque()
20      queue.append(V)
21      while queue:
22          V=queue.popleft()
23          print(V, end=' ')
24          for i in range(1, N+1):
25              if(visit[i]==1 and vertex[V][i]==1):
26                  queue.append(i)
27                  visit[i]=0
28
29  dfs(V)
30  print()
31  bfs(V)
```

위 문제도 코드의 실행순서 흐름에 가깝도록 해석해보자.

코드라인 3: n, m, v를 입력받는다.

코드라인 4: 정점과 정점이 연결됨을 저장하기 위한 vertex 배열을 생성한다.

코드라인 5: m개의 간선을 입력받기 위한 for문을 사용한다.

코드라인 6: 연결된 정점 a, b를 입력받는다.

코드라인 7: vertext[a][b]=vertex[b][a]=1로 해두었다. 무슨 의미인지 보자.

아래와 같은 2차원 배열이 0으로 초기화되어 있고,

	1	2	3	4	5
1	0	0	0	0	0
2	0	0	0	0	0
3	0	0	0	0	0
4	0	0	0	0	0
5	0	0	0	0	0

정점 a=1, b=3이라면

```
    1  2  3  4  5
1   0  0  1  0  0
2   0  0  0  0  0
3   1  0  0  0  0
4   0  0  0  0  0
5   0  0  0  0  0
```

vertex 배열은 위의 그림과 같아진다. 모든 정점 1~5 중에서 정점 1과 연결된 정점 3 (vertex[1][3])은 값이 1이므로 정점 1과 정점 3은 연결되어 있다.

즉, 무방향 그래프로 서로 연결되어 있음을 나타내기 위함이다.

위의 방식은 〈코드포스〉에서 문제풀이를 위해 심심치 않게 볼 수 있는 방식이다.

코드라인 8: 방문한 정점은 재방문하지 않기 위해 visit 배열을 생성한다(전부 0으로 초기화해두었다).

코드라인 29: 코드라인 10에서 정의한 dfs 함수를 실행한다.

코드라인 10: dfs 함수를 정의해주었고 인자로는 탐색할 정점 v를 입력으로 받았다.

코드라인 11: 해당 정점 v는 방문했으니 visit[v]의 값을 1로 설정해주어 이후에 재방문하지 않도록 한다.

코드라인 12: 방문한 정점 v를 출력한다.

코드라인 13: 1부터 정점의 개수인 N까지 탐색하여

코드라인 14~15: 해당 정점 i를 방문하지 않았고 vertex[v][i]가 1이라면 dfs 함수에 인자를 i 정점으로 실행한다.

여기서 vertex[v][i]는 n개의 정점에서 v와 연결된 i 정점이 있는지 확인할 수 있다.

코드라인 30: 출력할 줄의 위치를 바꾸고

코드라인 31: 코드라인 17에서 정의한 bfs 함수를 실행한다.

코드라인 17: bfs 함수를 정의한 것으로 함수의 인자로 정점 v를 받는다.

코드라인 18: 코드라인 29의 dfs 함수에 의해 visit[정점]이 1이면 방문한 정점임을 나타냈고, 모든 정점은 방문된 상태이니 visit의 모든 값은 1이다. 따라서 이번엔 visit[정점]이 0이라면 방문한 정점으로 나타냈다.

코드라인 19~20: 큐 후단에 정점 v를 넣는다.

코드라인 21: 큐가 비어있지 않을 때까지 무한 반복한다.

코드라인 22: 큐의 전단 정점 번호를 얻는다.

코드라인 23: 방문한 정점을 출력해준다.

코드라인 24: 1부터 정점의 개수 n까지 탐색하여

코드라인 25~27: 해당 정점을 방문하지 않았고 (visit[i]==1), 정점 v와 i가 연결되어 있다면 (vertex[V][i]==1) 큐의 후단에 i를 넣고, 해당 정점 i는 방문한 상태로 표시한다.

이 장에서는 BFS, DFS 알고리즘이 무엇인지 배우고 코딩 테스트에서는 어떤 식으로 출제될 수 있는지 알아 보았다. 코딩 테스트에서 BFS, DFS가 나올 때 가장 어려운 난이도는 골드1 정도였다. 지금까지 본 예제들과는 다르게 좀 더 응용이 필요할 수 있을 것이다. 지금까지 본 예제들을 통해 기본을 익혔기 때문에 응용은 여러분의 몫으로 남겨둔다. 최대한 스스로의 힘으로 다양한 응용문제를 풀며 문제 해결 능력을 길러보길 바란다. 특히나 BFS, DFS 알고리즘은 코딩 테스트에서 단골로 출제되는 알고리즘이므로 반드시 정복하길 바란다.

조합론

코딩 테스트 출제 빈도
■■□□□

코드포스 출제 빈도
■■■■□

정수론

코딩 테스트 출제 빈도
■□□□□

코드포스 출제 빈도
■■■■□

제16장

수학

독자 수학은 제가 가장 약한 부분인데, 이대로 코딩 테스트 합격은 포기인가요?

저자 걱정마세요. 이 장에서 배울 조합론, 정수론은 코딩 테스트에 출제되지 않아요. 다만 수학적 사고력을 대폭 상승시켜 줄 기술이죠.

16-1 수학

이 장에서 다룰 내용은 조합론, 정수론, 소수, 최대공약수와 최대공배수 그리고 유클리드 호제법, 모듈러 연산이다. 이들은 〈코드포스〉에서는 단골 문제로 나오지만 코딩 테스트에서는 보기 힘든 문제이다.

도대체 소수(1과 자신을 약수로 갖고 있는 수) 같은 것을 구해서 어디에다 쓸지 궁금해서 구글링으로 찾아본 결과, 암호학이라는 심화된 분야에 사용되고 있다. 나와는 관계없는 분야이며 〈백준〉 골드 이하의 난이도라면 "이 문제를 위해 소수를 왜 떠올려야 할까?"가 아닌 "소수를 빠른 시간복잡도로 판별하여 그 뒤에 무언가를 해라"라는 식으로 문제가 나온다. 오히려 이런 문제들은 '오로지 소수를 빠른 시간복잡도로 판별할 수 있는지를 확인하기 위해 있는 것이 아닌가' 하는 생각도 해봤다.

그럼에도 소수 판별의 시간복잡도를 생각하며 아래 기사를 읽어보자.

> "실용성 없던 소수 연구, 암호학 만나 '몸값' 크게 올라"
> ...중략...
> 소수 등을 다루는 정수론 분야는 오랫동안 실용성과는 무관한 순수 수학의 한 분야였다. 그러나 최근 암호학 연구에 응용되면서 크게 주목받고 있다. 역사적으로 수학은 뜻하지 않은 곳에서 큰 성과를 보여 왔다. 수학을 강조하는 이유가 여기에 있다.[1]

모든 정수에서 소수는 무한하다는 것이 증명되었다. 현대 슈퍼컴퓨터의 비약적인 연산 속도의 향상으로 인해 1초에 숫자 5개씩 54일 동안 수를 써서 만드는 소수까지 구해 낸 것이 흥미롭다. 〈코드포스〉에서는 소수 판별에 쓰이는 에라토스테네스의 체(Sieve of Eratosthenes)를 떠올려야만 문제를 해결할 수 있는 문제가 종종 출제된다.

이 장에서는 〈코드포스〉 문제들을 준비했는데, 수학을 잘 못하는 나도 문제를 푸는 사고과정이 재밌었고, 시간복잡도와의 싸움이 치열했다. 그래서 개인적으로는 수학에 대해 다루는 이 장을 여러분도 꼭 읽어서 수학의 재미를 느껴봤으면 한다.

---

1 https://news.joins.com/article/22283770

16-2 조합론

조합론이란 경우의 수와 확률을 따지는 수학의 한 갈래이다. 고등학교 시간에 배운 확률과 통계에서 다루는 순열, 조합, 경우의 수, 확률 부분이 이에 속한다. 경우의 수, 확률은 일상생활에서도 많이 쓰이는 것으로, 내가 이번 게임에서 승리할 확률, 이번 게임에서 이기기 위한 선택의 수 등 조금만 생각해보면 일상생활에서도 조합론은 빠질 수가 없다.

그러나 우리가 살펴 볼 조합론 문제를 마주한다면 흥미롭기보다 어쩌면 화가 날지도 모른다. 조합론은 어렵기로 악명 난 영역이기 때문이다. 수학에 자신이 있다면 유리한 영역이지만, 수학에 자신이 없어도 대표적인 예제를 통해 어떤 식으로 문제가 나오는지 보며, 노력으로 극복할 수 있는 영역이다. 물론 이러한 조합론은 코딩 테스트에서는 심도 있게 나오지 않는다. 조합론은 수학적 사고력을 극도로 요구하는 〈코드포스〉, UCPC(전국 대학생 프로그래밍 대회), ICPC(전 세계 대학생 프로그래밍 대회) 같은 대회에서 주로 출제된다. 그러므로 조합론이 너무 어렵더라도 코딩 테스트 유형과는 멀리 떨어져 있으니 걱정하지 말자.

자, 그럼 대표적인 조합의 수를 알아보자.

집합의 크기 n에서 k개를 선택하는 방법(조합의 수)은 다음과 같이 구할 수 있다.

자연수 n 및 정수 k가 주어졌을 때, 이항 계수 $\binom{n}{k}$는 다음과 같다

$$_nC_k = \binom{n}{k} = \begin{cases} n!/(k!(n-k)!) & 0 \leq k \leq n \\ 0 & k < 0 \\ 0 & k > n \end{cases}$$

쉽게 생각하면 1부터 n을 곱한 값을 1부터 $(n-k)$까지 곱한 값과 1부터 k까지 곱한 값으로 나누어 주면 된다.

$_3C_2 = 3!/2!*(3-2)! = 3*2*1/2*1*1 = 3$

$_5C_2 = 5!/2!*(5-2)! = 5*4*3*2*1/2*1*3*2*1 = 10$

$_nC_k = n!/k!(n-k)!$

이항계수에는 신기한 특징이 있다.

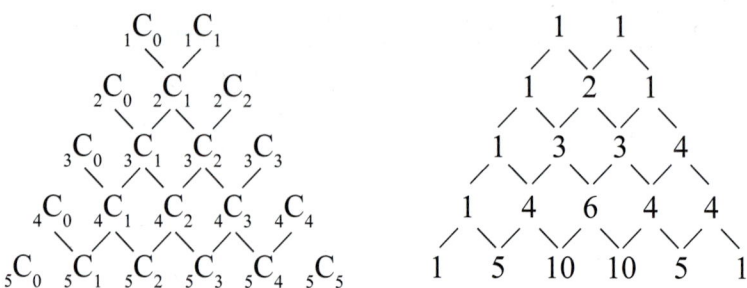

위 그림에서 $(_1C_0=1)+(_1C_1)=\,_2C_1=2$가 된다.
또한 $(_4C_1=4)+(_4C_2=6)=\,_5C_2=10$이다.

	0	1	2	3	4	5	k
1	$_1C_0=1$	$_1C_1=1$					
2	$_2C_0=1$	$_2C_1=2$	$_2C_2=1$				
3	$_3C_0=1$	$_3C_1=3$	$_3C_2=3$	$_3C_3=1$			
4	$_4C_0=1$	$_4C_1=4$	$_4C_2=6$	$_4C_3=4$	$_4C_4=1$		
5	$_5C_0=1$	$_5C_1=5$	$_5C_2=10$	$_5C_3=10$	$_5C_4=5$	$_5C_5=1$	
n							

$_nC_k+\,_nC_{k+1}=\,_{n+1}C_{k+1}$이 되는 것을 알 수 있다. 이러한 배경 지식을 갖고 문제 2개를 풀어 보자. 위의 식이 어떻게 도출됐는지는 증명하지 않겠다. 조합론에서는 다양한 점화식(수열 간의 관계)을 만들어야 하는 상황이 있는데, 그때마다 증명할 수도 있지만 나 같은 경우에는 짧은 시간 내에 해결해야 하는 대회에서 규칙을 통해 점화식을 만든다.

16-2-1 조합론 예제 1

이항 계수 1

https://www.acmicpc.net/problem/11050

시간 제한	메모리 제한	제출	정답	맞힌 사람	정답 비율
1초	256MB	22552	14525	12523	64.819%

문제

자연수 N과 정수 K가 주어졌을 때 이항 계수 $\binom{N}{K}$를 구하는 프로그램을 작성하시오.

입력

첫째 줄에 N과 K가 주어진다. ($1 \leq N \leq 10$, $0 \leq K \leq N$)

출력

$\binom{N}{K}$를 출력한다.

예제 입력 1

```
5 2
```

예제 출력 1

```
10
```

시간 제한은 1초로 최대 1억 번의 연산을 할 수 있고, 〈백준〉 난이도는 브론즈1이다.

시간 제한	최대	난이도
1초	1억 번 연산	브론즈1

$_NC_K$를 설명했던 예제 문제이다. 코드로 어떻게 구현했는지 보자.

해답코드

```
1   N, K = list(map(int, input().split()))
2
3   up = 1
4   for i in range(1, N+1):
5       up *= i
6
7   down = 1
```

```
8
9      for i in range(1, N-K+1):
10         down *= i
11
12     down2=1
13
14     for i in range(1, K+1):
15         down *= i
16
17     down*=down2
18
19     print(up // down)
```

코드라인 1: N, K를 입력받는다.

코드라인 3~5: n!을 얻기 위해 1부터 n까지 for문을 이용하여 up*=i를 통해 구했다.

코드라인 7~10: (n-k)!을 얻기 위해 1부터 n까지 for문을 이용하여 down*=i를 통해 구했다.

코드라인 12~15: k!을 얻기 위해 1부터 K까지 for문을 이용하여 down2*=i를 통해 구했다.

코드라인 17: 최종적으로 얻은 값을 통해 nCk=n!/k!*(n-k)! 중에서 k!과 (n-k)!을 곱했다.

코드라인 19: 코드라인 17에서 구한 값을 n!에 나누어 정답을 출력했다.

n과 k의 최댓값이 10이므로 시간복잡도는 $O(n)$으로 주어진 시간 안에 문제를 해결할 수 있다.

16-2-2 조합론 예제 2 - 모듈러 연산

이항 계수 2

https://www.acmicpc.net/problem/11051

시간 제한	메모리 제한	제출	정답	맞힌 사람	정답 비율
1초	256MB	30021	11359	8908	38.558%

문제

자연수 N과 정수 K가 주어졌을 때 이항 계수 $\binom{N}{K}$를 10,007로 나눈 나머지를 구하는 프로그램을 작성하시오.

입력

첫째 줄에 N과 K가 주어진다. ($1 \leq N \leq 1{,}000, 0 \leq K \leq N$)

출력

$\binom{N}{K}$를 10,007로 나눈 나머지를 출력한다.

예제 입력 1	예제 출력 1
5 2	10

시간 제한은 1초로 최대 1억 번의 연산을 할 수 있고, 〈백준〉 난이도는 실버1이다.

시간 제한	최대	난이도
1초	1억 번 연산	실버1

앞선 문제에서 n과 k의 최댓값이 1,000으로 바뀐 문제이다. 그리고 정답을 10,007로 나눈 나머지 값을 구해야 한다.

우선 이 문제를 해결하기 위해서 모듈러 연산과 동적 프로그래밍(DP)이 무엇인지 이해해야 한다.

> **여기서 잠깐!**
> 조합론에 대한 여담을 하면, 조합론은 한국 수학 올림피아드의 4대 주제 중 하나로서 국제 수학 올림피아드에도 출제된다. 대수, 기하 영역과 완전히 다른 수학적 매커니즘이 있기 때문에 올림피아드를 준비하는 꿈나무들이 가장 짜증내는 부분이기도 하다. 실제로도 국제 올림피아드 2단계에서 가장 어려운 난이도로 출제된다. 국제 수학 올림피아드는 대학 교육을 받지 않은 만 20세 미만의 학생을 대상으로 열리는 국제 과학 올림피아드의 하나이다. 대회로도 중요하지만, 전 세계의 훌륭한 인재들을 만날 수 있다. 알고리즘을 공부하며 커뮤니티를 통해 정보를 나누다 보면 어린 천재들을 많이 만날 수 있을 것이다.

이렇게 까다로운 조합론은 모듈러 연산과 DP와 함께 문제에서 자주 출제된다.

모듈러 연산이 무엇인지부터 알아보자.

% 기호는 나머지를 구할 때 쓰는 연산자이다. % 기호를 '모듈러'라고 한다.

5%3=2 → 5를 3으로 나눈 몫은 1이고 나머지는 2이다.

모듈러 연산을 할 때 적용되는 공식이 있다.

(A+B)%C=((A%C)+(B%C))%C
(A×B)%C=((A%C)×(B%C))%C

A=5, B=4, C=3일 때,

(5+4)%3=((5%3)+(4%3))%3=0
(5×4)%3=((5%3)×(4%3))%3=2

위의 예제를 해결하기 위해 모듈러 연산 공식을 왜 알아야 할까?

$_nC_k = n!/k!*(n-k)!$을 이용한다면 5000!/2500!*2500!은 컴퓨터에서 일반적인 정수 표현 범위 (2^{63-1})을 넘어가므로 사용할 수 없다. 물론 파이썬에서는 2^{63-1}을 넘어가는 수를 표현할 수 있으므로 모듈러 연산을 몰라도 해결할 수 있지만 수학적 사고력을 위해 C++를 기준으로 설명하겠다.

5000!은 정말 어마어마하게 큰 수다. 그러므로 우리는 위 문제를 해결하기 위해서 정수 표현 범위 2^{63-1} 안에서 연산을 하여 해결해야 한다.

문제가 요구하는 것은 $_nC_k=n!/k!*(n-k)!$의 값을 10,007로 나눈 나머지를 구하는 것이다. 이항계수의 특징 $_nC_k + _nC_{k+1} = _{n+1}C_{k+1}$을 설명한 것이 기억나는가? 이 공식과 모듈러 연산을 통해 정수 표현 범위 문제를 해결할 수 있다.

이럴 때 모듈러 연산 ((A+B)%C=((A%C)+(B%C))%C)를 사용하여

	0	1	2	3	k
1	1C0%10,007=1	1C1%10,007=1			
2	2C0%10,007=1	2C1%10,007=2	2C2%10,007=1		
3	3C0%10,007=1	3C1%10,007=3	3C2%10,007=3	3C3%10,007=1	
n					

3C3%10,007을 구한다고 했을 때,

2C1%10,007=((1C0%10,007)+(1C1%10,007))%10, 007부터 시작하여
2C2%10,007=((1C1%10,007)+(0%10, 007))%10,007
3C1%10,007=((2C0%10,007)+(2C1%10, 007))%10,007
3C2%10,007=((2C1%10,007)+(2C2%10, 007))%10,007
3C3%10,007=((2C2%10,007)+(0%10, 007))%10,007

$_{n+1}C_{k+1}$%m=(($_{n}C_{k}$%m)+($_{n}C_{k+1}$%m))%m

순서로 결과 값을 얻을 수 있다(m은 모듈러 값).

$_{2}C_{1}$%10,007을 $_{1}C_{0}$%10,007+$_{1}C_{1}$%10,007로부터 구하고,

구했던 $_{2}C_{1}$%10,007을 통해 $_{3}C_{1}$%10,007을 $_{2}C_{0}$%10,007+$_{2}C_{1}$%10,007을 구하고, ….

팩토리얼 공식을 사용했던 방법과 다르게 $_{n}C_{k}+_{n}C_{k+1}=_{n+1}C_{k+1}$ 공식을 통해 더할 때마다 계속 10,007의 나머지를 구해줬기 때문에 컴퓨터의 정수 표현 범위를 넘지 않는다.

(A+B)%C=((A%C)+(B%C))%C
(A×B)%C=((A%C)×(B%C))%C

결론적으로 모듈러 연산은

1) A에서 B를 더한 값을 C로 나눈 나머지를 구할 때,
A를 C로 나눈 나머지에 B를 C로 나눈 나머지를 더하고, 그 결과를 C로 나눈 나머지를 구하면 된다.

2) A에서 B를 곱한 값을 C로 나눈 나머지를 구할 때,
A를 C로 나눈 나머지에 B를 C로 나눈 나머지를 곱하고, 그 결과를 C로 나눈 나머지를 구하면 된다.

이제 문제의 걸림돌인 정수 표현 범위의 문제는 해결했다. 어떻게 구현해야 할까? DP 알고리즘은 20장에서 더 소개하겠지만 미리 간단하게 말하면 큰 문제를 해결하기 위해 작은 여러 개의 문제로 나누어 풀되, 작은 여러 개의 문제의 답은 어딘가에 적어둔다. 그 후 점점 큰 문제를 해결할 때 어딘가에 적어둔 작은 값을 사용하는 방법이다.

$_nC_k + {_n}C_{k+1} = {_{n+1}}C_{k+1}$이 점화식에서 $_{n+1}C_{k+1}$는 큰 문제이고, $_nC_k$와 $_nC_{k+1}$은 작은 문제이다. 그리고 작은 문제들의 정답을 어딘가에 기록해두고 큰 문제를 구하기 위해 작은 문제를 이용했다. 이럴 때 딱 전형적인 DP 알고리즘을 사용해야 한다(여기서 작은 문제들의 정답을 어딘가에 적어두는 것을 '메모이제이션'이라고 한다).

코드를 통해 확인해보자.

해답코드

```
1    n, k=map(int, input().split())
2    dp = [[0]*1001 for _ in range(1001)]
3    
4    for i in range(1, n+1) :
5        for j in range(0, i+1) :
6            if j==0:
7                dp[i][j]=1
8            elif j==i:
9                dp[i][j]=1
10           else:
11               dp[i][j] = ( dp[i-1][j-1] + dp[i-1][j]) %10007
12   
13   print(dp[n][k])
```

코드라인 1: n, k를 입력받는다.

코드라인 2: 메모이제이션을 위한 배열을 생성했고, 크기는 n, k의 최댓값 1000으로 해두었다.

코드라인 4~5: 1부터 n까지 탐색하고, n의 범위를 탐색하고, 1부터 i까지 k의 범위를 탐색하기 위한 for문을 사용했다.

코드라인 6~7: 밑의 그림에서 k가 0이라면 $_nC_k$의 값은 전부 1이 된다. 이를 조건문으로 표현했다.

코드라인 8~9: 밑의 그림에서 k가 n값과 같다면 $_nC_k$의 값은 전부 1이 된다. 이를 조건문으로 표현했다.

코드라인 10~11: 위의 두 조건을 전부 제외하면 $_nC_k$는 $_nC_k = {_{n-1}}C_{k-1} + {_{n-1}}C_k$를 통해서 구할 수 있다. 또한 그 값을 모듈러 연산을 위해 10,007로 나머지 연산했다.

	0	1	2	3	k
1	1C0%10,007=1	1C1%10,007=1			
2	2C0%10,007=1	2C1%10,007=2	2C2%10,007=1		
3	3C0%10,007=1	3C1%10,007=3	3C2%10,007=3	3C3%10,007=1	
n					

코드라인 13: 정답 $_nC_k$를 10,007로 나눈 나머지 값을 출력한다(dp[n][k]).

동적 프로그래밍과 모듈러 연산을 제대로 이해했을 때 비로소 조합론을 풀 준비가 되었다고 본다. 지금 당장은 어렵거나 이해가 되지 않을 수도 있지만, 위 같은 문제들은 수학적 사고력을 극도로 필요하므로 하나하나 로직을 깊게 고민하는 재미가 있다. 물론 대회가 아닌 코딩 테스트에서는 출제된 적이 없는 유형이므로 너무 걱정은 하지 말자.

〈코드포스〉 대회에서 조합론이 어떻게 쓰이는지 보자. 이 장에서 배우는 〈코드포스〉 문제들은 난이도가 높은 편이라 읽다가 포기할지도 모른다. 읽다가 포기할 것 같다면 과감히 포기하라.

16-2-3 조합론 예제 3 - 〈코드포스〉

C. Kuroni and Impossible Calculation

http://codeforces.com/problemset/problem/1305/C

time limit per test	memory limit per test	input	output
1 seconds	256MB	standard input	standard output

To become the king of Codeforces, Kuroni has to solve the following problem.

He is given n numbers $a_1, a_2, \cdots, a_n$. Help Kuroni to calculate $\prod_{1 \le i < j \le n} |a_i - a_j|$. As result can be very big, output it modulo m.

If you are not familiar with short notation, $\prod_{1 \le i < j \le n} |a_i - a_j|$ is equal to $|a_1 - a_2| \cdot |a_1 - a_3| \cdot \cdots \cdot |a_1 - a_n| \cdot |a_2 - a_3| \cdot |a_2 - a_4| \cdot \cdots \cdot |a_2 - a_n| \cdot \cdots \cdot |a_{n-1} - a_n|$. In other words, this is the product of $|a_i - a_j|$ for all $1 \le i < j \le n$.

Input

The first line contains two integers n, $m(2 \leq n \leq 2 \cdot 10^5, 1 \leq m \leq 1000)$ – number of numbers and modulo.

The second line contains n integers $a_1, a_2, \cdots, a_n (0 \leq ai \leq 10^9)$.

Output

Output the single number – $\Pi_{1 \leq i < j \leq n} |a_i - a_j| \bmod m$.

input 1

```
2 10
8 5
```

output 1

```
3
```

input 2

```
3 12
1 4 5
```

output 2

```
0
```

input 3

```
3 7
1 4 9
```

output 3

```
1
```

Note

In the first sample, $|8-5|=3 \equiv 3 \bmod 10$.
In the second sample, $|1-4| \cdot |1-5| \cdot |4-5| = 3 \cdot 4 \cdot 1 = 12 \equiv 0 \bmod 12$.
In the third sample, $|1-4| \cdot |1-9| \cdot |4-9| = 3 \cdot 8 \cdot 5 = 120 \equiv 1 \bmod 7$.

시간 제한은 1초로 최대 1억 번의 연산을 할 수 있고, 〈코드포스〉 난이도는 *1,600(블루)이다.[2]

시간 제한	최대	난이도
1초	1억 번 연산	*1,600(블루)

---

2 〈백준〉 난이도로는 플래티넘4 이상으로 추정할 수 있다.

문제설명

n의 크기를 가진 배열 a가 입력으로 들어올 때, $\Pi_{1 \le i < j \le n} |a_i - a_j|$의 연산을 한 값을 m으로 나눈 값을 구해주면 된다.

여기서 $\Pi_{1 \le i < j \le n} |a_i - a_j|$은 $|a_1-a_2| \cdot |a_1-a_3| \cdot \cdots \cdot |a_1-a_n| \cdot |a_2-a_3| \cdot |a_2-a_4| \cdot \cdots \cdot |a_2-a_n| \cdot \cdots \cdot |a_{n-1}-a_n|$를 의미한다.

내 경우 이러한 문제들을 봤을 때 어마어마할 것 같은 수학식 때문에 겁을 먹고 시작했는데, 전혀 겁먹을 필요가 없다.

input 3을 보면 다음과 같다.

   n=3, m=7
   a[0]=1, a[1]=4, a[2]=9

이를 위에서 설명한 방법대로 연산해주면

   (|a[0]-a[1]|=3)*(|a[0]-a[2]|=8)*(|a[1]-a[2]|=5)=120

120을 $m=7$로 나눈 값 1이 정답이 된다.

'14장. 완전 탐색'에서 배운 방법을 사용하면 그대로 구할 수 있는 문제이다. 하지만 문제는 2가지다.

1) n의 최댓값은 200,000이므로 완전 탐색을 위해 $O(n^2)$을 사용한다면 시간 초과가 난다.
2) 배열 a의 원소들의 최댓값은 100,000,000이다. $\Pi_{1 \le i < j \le n} |a_i - a_j|$ 연산을 할 경우 정수 표현 범위의 최댓값 2^{63-1}의 범위를 넘어선다(정수 표현 범위는 C++를 기준으로 설명했다. 파이썬이라면 신경 쓰지 않아도 되는 부분이다. 하지만 기본적으로 이러한 지식은 가지고 있어야 한다).

1)을 해결할 방법을 찾아야 한다. 이 문제의 어마어마할 것 같은 수학식 때문에 겁먹은 나머지 문제의 로직을 찾는 데 30분이 넘게 걸린 걸로 기억한다. 겁먹지 말고 문제의 조건을 정확하게 분석해야 한다. m의 최댓값은 1,000이다. 또한 $|a_i-a_j|$의 값이 0이라면 정답은 결국 0이 된다.

이 2가지 조건을 고려할 때, 배열 a_i의 값 중 겹치는 값이 있다면 무조건 정답은 0이 되게 된다. 근데 이때 $a[i]$의 최댓값 100,000,000까지 비교할 필요 없이 m의 최댓값 1,000까지만 고려해도 된다. 모듈러 연산의 특징인 (A×B)%C=((A%C)×(B%C))%C에 의해 배열 a의 원소를 모두 $\Pi_{1 \leq i < j \leq n} |a_i - a_j|$한 결괏값은 결국 m의 나머지 값을 곱한 $\Pi_{1 \leq i < j \leq n} (|a_i - a_j|\%m)$이 되기 때문이다.

즉, 배열 a의 모든 값을 1,000의 나머지 값으로 설정한 뒤, 겹치는 값이 있다면 0, 겹치는 값이 없다면 $O(m^2)$의 완전 탐색으로 문제를 해결할 수 있다.

테스트 케이스와 코너 케이스를 만들어 이해해보자.

테스트 케이스

$n=3, m=7$

$a[0]=1, a[1]=4, a[2]=9$

$(((|a[0]-a[1]|)\%m=3)*((|a[0]-a[2]|)\%m=1)*((|a[1]-a[2]|\%m)=5)=15$

15의 값을 다시 $m=7$ 나눈 나머지를 구하면 1이 된다.

코너 케이스

$n=2, m=6$

$a[0]=8, a[1]=14,$

$a[0]\%m=2, a[1]\%m=2$

$(|a[0]-a[1]|=6)=6$, 6을 $m=6$으로 나눈 나머지 값은 0이다.

$(|a[0]-a[1]|\%m=0)=0$, 나머지의 값이 같다면 정답은 0이 되는 것까지도 확인했다. 코드로 어떻게 구현했는지 보자.

해답코드

```
1   moduler=[0]*1001
2
3   n, m=map(int, input().split())
4   a=list(map(int, input().split()))
5
6   for i in range(n):
7     moduler[a[i]%m]+=1
8     tof=True
9
10  for i in range(1000):
11    if moduler[i]>1 :tof=False
12
13  if tof==False: print(0)
14  else:
15    answer=1
16    for i in range(n-1):
17      for j in range(i+1, n):
18        tmp=0;
19        if a[i]<a[j]:tmp=a[j]-a[i]
20        else:tmp=a[i]-a[j]
21        answer*=tmp
22        answer%=m
23
24    print(answer%m)
```

코드라인 1: 배열 a를 m으로 나눈 나머지가 같은 값이 있는지 확인하기 위한 배열을 생성한다.
코드라인 3~4: n, m 그리고 배열 a를 입력받는다.
코드라인 6~7: a[i]를 m으로 나눈 나머지에 해당하는 계수의 출현 빈도를 1씩 증가시킨다.
코드라인 9: m으로 나눈 나머지가 같은 값이 있는지 확인하기 위한 변수 tof이다.
코드라인 10~11: m으로 나눈 나머지 값이 같은 것이 있다면 tof=False이다.
코드라인 13: tof가 False라면 m으로 나눈 나머지 값이 같은 것이 있으므로 0을 출력한다.
코드라인 14: 그 밖의 경우

코드라인 15~22: 완전 탐색을 통해 $\prod_{1 \leq i < j \leq n} |a_i - a_j|$ 연산을 시행해준다.
이때 코드라인 22처럼 모듈러 연산을 통해 정수의 표현 범위를 넘지 않게 해준다.
코드라인 24: 정답값을 출력한다.

위 문제는 완전 탐색과 정수론, 그리고 곱셈의 경우의 수를 구하는 조합론이 알고리즘 카테고리이다. 좀 더 전형적인 조합론 문제를 소개하고 싶었지만, 그 문제는 〈코드포스〉 대회 풀이 시범 부분에서 다시 소개하겠다.

16-3 정수론

정수론과 조합론은 〈코드포스〉 대회에서 주로 출제되며, 필요한 기본적인 정수론은 소수(1과 자신을 인수로 가지는 수), 최대공약수, 최소공배수 정도이다. 각각에 대하여 좀 흥미로운 이야기를 해보겠다.

소수에 관한 이야기부터 꺼내보자. 소주는 소주잔에 가득 따랐을 때 7잔이 나온다고 한다. 여기에 기막힌 수학적 사실이 들어 있다. 2명에서 소주를 똑같이 나누어 마신다면 1잔이 남게 된다. 이는 자연스럽게 소주 1병을 더 시키게 유도한다. 2명뿐만 아니라 3명, 4명, 5명일 때도 똑같은 현상을 볼 수 있다. 이는 7이라는 숫자가 소수이기 때문이다. 7의 인수인 1과 7을 제외하면 어떤 수로 나누어도 딱 떨어지지 않는다.

[그림 16-1] 소주에 담긴 수학적 사실

중학교 수학 시간에 배운 최대공약수와 최소공배수는 어디에 쓰일까?

치킨 24개와 피자 42개를 되도록 많은 학생에게 똑같이 나누어 주려고 한다. 몇 명의 학생에게 나누어 줄 수 있을까? 똑같이 나누어주기 위해 치킨 수와 피자 수를 공통으로 나눌 수 있는 수가 필요하다. 즉 공약수를 찾아야 한다. 24=2*2*2*3, 42=2*3*7, 공약수는 2, 3, 6이다.

이 중 많은 학생에게 나누어주기 위해서는 최대공약수를 택해야 함을 알 수 있다.

최소공배수는 공장 프로그래밍에서도 사용될 수 있다. 톱니바퀴가 2개가 맞물리며 돌아갈 때, 언제 두 톱니바퀴가 처음 위치와 똑같아지는지는 최소공배수를 이용해 구할 수 있다.

[그림 16-2] 최소공배수를 이용한 톱니바퀴

정말 간단하지만 알고리즘 문제를 해결할 때도, 이러한 수학적 규칙을 찾고 '이 문제가 최대공약수, 최소공배수를 필요로 하는구나!'를 생각할 수 있으면 된다.

우리는 이제부터 컴퓨터를 이용하여 소수와 최대공약수, 최소공배수를 빠르게 구하는 알고리즘을 배워볼 것이다.

16-3-1 소수

소수(Prime Number)란 1과 자기 자신 외의 약수를 가지지 않는 1보다 큰 자연수이다.

문제 풀이에 있어 소수라는 알고리즘을 떠올려야 하는 상황은 보기 힘들다. 하지만 소수를 빠르게 판별하는 알고리즘을 통해 문제의 시간복잡도를 줄여야 한다는 생각은 〈코드포스〉에서 종종 필요로 한다.

소수를 구하는 방법부터 알아보자.

  2의 약수는 1, 2
  3의 약수는 1, 3
  4의 약수는 1, 2, 4
  5의 약수는 1, 5
  6의 약수는 1, 2, 3, 6이다.

어떤 수 n이 소수인지 판별하기 위한 방법으로는 n을 2~$(n-1)$의 수로 나누어 보며 나누어 떨어지는 수가 없다면 소수이다.

  n=5
  n을 2로 나눈 나머지는 1
  n을 3으로 나눈 나머지는 2
  n을 4로 나눈 나머지는 1

5의 경우 나누어 떨어지는 수가 없으므로 소수이다.

  n=6
  n을 2로 나눈 나머지는 0
  n을 3으로 나눈 나머지는 0
  n을 4로 나눈 나머지는 2
  n을 5로 나눈 나머지는 1

6의 경우 2, 3으로 나눈다면 나누어 떨어지므로 소수가 아니다.

어떤 수 n이 소수인지 판별하기 위한 시간복잡도는 $O(n)$이다.

$O(n)$보다 더 빠르게 소수 판별을 하는 방법이 있다.

  12의 경우 약수는 1, 2, 3, 4, 6, 12이며, 12의 제곱근은 $\sqrt{12}$=3.46이다.
  25의 경우 약수는 1, 5, 25이며, 25의 제곱근은 $\sqrt{25}$=5이다.
  100의 경우 약수는 1, 2, 4, 5, 10, 20, 25, 50, 100이며, 100의 제곱근은 $\sqrt{100}$=10이다.

이들의 관계는 몫이 커지면 나누는 값이 작아지거나 나누는 값이 커지면 몫이 작아지는 반비례 관계이다.

결국 n의 제곱근인 $\sqrt{n}$만큼 탐색한 이후부터는 몫과 나누는 값이 반대로 바뀌기만 되는 상황이 되기에, n을 2~$\sqrt{n}$의 정수로 나누어 보며 나누어 떨어지는 수가 없다면 소수이다.

> n=12, 12의 제곱근은 $\sqrt{12}$=3.46
> n을 2로 나눈 나머지 0
> n을 3으로 나눈 나머지 0

12의 경우 소수가 아니다.

> n=23, 23의 제곱근은 $\sqrt{23}$=4.79583...
> n을 2로 나눈 나머지 1
> n을 3으로 나눈 나머지 2
> n을 4로 나눈 나머지 3

23의 경우 소수이다.

어떤 수 n이 소수인지 판별하기 위한 시간복잡도는 $O(\sqrt{n})$이다. 코드로 어떻게 구현했는지 보자.

16-3-2 소수를 이용한 예제 1

소수 구하기

https://www.acmicpc.net/problem/1929

시간 제한	메모리 제한	제출	정답	맞힌 사람	정답 비율
2초	256MB	110091	31170	22072	27.207%

문제

M이상 N이하의 소수를 모두 출력하는 프로그램을 작성하시오.

입력

첫째 줄에 자연수 M과 N이 빈칸을 사이에 두고 주어진다. ($1 \leq M \leq N \leq 1{,}000{,}000$) M이상 N이하의 소수가 하나 이상 있는 입력만 주어진다.

출력

한 줄에 하나씩, 증가하는 순서대로 소수를 출력한다.

예제 입력 1	예제 출력 1
3 16	3
	5
	7
	11
	13

시간 제한은 2초로 최대 2억 번의 연산을 할 수 있고, 〈백준〉 난이도는 실버2이다.

시간 제한	최대	난이도
2초	2억 번 연산	실버2

문제설명

자연수 n과 m이 주어질 때 m 이상 n 이하의 정수중 소수인 것을 출력하면 되는 문제이다.

m이 1이고, n이 1,000,000이라고 해보자.

1부터 1,000,000까지의 정수 중에서 소수를 찾기 위해 가장 먼저 떠오르는 방법은 하나하나 소수인지 확인해주는 것이다.

- 1은 소수가 아니다.
- 2가 소수인지 확인한다. 2부터 2까지 수로 나누어지는 수가 있다면 소수가 아니다.
- 3이 소수인지 확인한다. 2부터 3까지 수로 나누어지는 수가 있다면 소수가 아니다.
- ...
- 999,999가 소수인지 확인한다. 2부터 999,999까지 수로 나누어지는 수가 있다면 소수가 아니다.
- 1,000,000이 소수인지 확인한다. 2부터 1,000,000까지 수로 나누어지는 수가 있다면 소수가 아니다.

하지만 이때 수 n이 소수인지를 판별하는 데 시간복잡도가 $O(n)$이 걸린다면 총 시간복잡도는 $O(n^2)$이 되며 이는 시간 초과이다.

소수 판별을 빠르게 할 수 있는 $O(\sqrt{n})$ 알고리즘을 사용해보자.

1은 소수가 아니다.
2가 소수인지 확인한다. 2부터 $\sqrt{2}$ 까지 수로 나누어지는 수가 있다면 소수가 아니다.
3이 소수인지 확인한다. 2부터 $\sqrt{3}$ 까지 수로 나누어지는 수가 있다면 소수가 아니다.
...
999,999가 소수인지 확인한다. 2부터 $\sqrt{999999}$ 까지 수로 나누어지는 수가 있다면 소수가 아니다.
1,000,000이 소수인지 확인한다. 2부터 $\sqrt{1000000}$ 까지 수로 나누어지는 수가 있다면 소수가 아니다.

n개의 수를 $O(\sqrt{n})$의 시간복잡도로 소수를 판별하므로 총 시간복잡도는 $O(\sqrt{n}*n)$이 된다.

해답코드

```
1   def prime_check(num):
2       if num==1:return False
3       else:
4           for i in range(2, int(num**0.5)+1):
5               if num%i == 0:
6                   return False
7           return True
8
9   M, N = map(int, input().split())
10
11  for i in range(M, N+1):
12      if prime_check(i):
13          print(i)
```

코드라인 9: m과 n을 입력받는다.
코드라인 11: m부터 n까지의 수를 탐색하기 위해 for문을 사용한다.
코드라인 12~13: 해당 수가 소수인지 판별하기 위해 코드라인 1의 prime_check 함수를 실행한다. 소수라면 그 수를 출력해준다.

코드라인 1: 소수 판별을 위한 함수를 정의한다.
코드라인 2: 수가 1이라면 소수가 아니므로 False를 반환해준다.
코드라인 3: 그 밖의 경우
코드라인 4: 2부터 $\sqrt{n}$까지의 수를 탐색하기 위해 for문을 사용하여
코드라인 5~6: 해당 수가 i로 나누어 떨어진다면 소수가 아니므로 False를 반환해준다.
코드라인 7: 나누어 떨어지지 않는다면 소수이므로 True를 반환해준다.

소수 판별을 빠른 시간복잡도로 구하는 것을 알아보았는데 〈코드포스〉에서는 어떻게 출제되는지 예제를 보자.

16-3-3 소수를 이용한 예제 2 - 〈코드포스〉

A. Tile Painting

http://codeforces.com/contest/1242/problem/A

time limit per test	memory limit per test	input	output
1 seconds	256MB	standard input	standard output

Ujan has been lazy lately, but now has decided to bring his yard to good shape. First, he decided to paint the path from his house to the gate.

The path consists of n consecutive tiles, numbered from 1 to n. Ujan will paint each tile in some color. He will consider the path aesthetic if for any two different tiles with numbers i and j, such that $|j-i|$ is a divisor of n greater than 1, they have the same color. Formally, the colors of two tiles with numbers i and j should be the same if $|i-j|>1$ and $n \bmod |i-j|=0$ (where xmody is the remainder when dividing x by y).

Ujan wants to brighten up space. What is the maximum number of different colors that Ujan can use, so that the path is aesthetic?

Input

The first line of input contains a single integer $n(1 \leq n \leq 10^{12})$, the length of the path.

Output

Output a single integer, the maximum possible number of colors that the path can be painted in.

input 1	output 1
4	2

input 2	output 2
5	5

Note

In the first sample, two colors is the maximum number. Tiles 1 and 3 should have the same color since 4 mod |3−1|=0. Also, tiles 2 and 4 should have the same color since 4 mod |4−2|=0.

In the second sample, all five colors can be used.

시간 제한은 1초로 최대 1억 번의 연산을 할 수 있고, 〈코드포스〉 난이도는 *1,500(민트)이다.[3]

시간 제한	최대	난이도
1초	1억 번 연산	*1,500(민트)

문제설명

n개로 이루어진 연속된 타일이 있을 때, 1부터 n까지의 타일의 색을 색칠하려 한다. 이때, i번째와 j번째 타일을 골랐을 때 둘의 위치가 1보다 크고 ($|i-j|>1$) $n\%|i-j|$의 값이 0이라면 같은 색으로 칠한다. 최대한 많은 수로 타일을 색칠하려고 할 때 사용한 색의 개수를 출력하는 것이다.

예제를 통해 살펴보자.

첫 번째 테스트 케이스의 n은 4이다. 이때 가능한 최대 색상은 2개이다.

　　1번째와 3번째는 같은 색이어야 한다. 4%(|2−1|) =0
　　2번째와 4번째도 같은 색이 되어야 한다. 4%(|4−2|) =0

---

[3] 〈백준〉 난이도로 골드1 이상으로 추정할 수 있다.

이때 1번째와 4번째는 같은 색이 될 수 없다. 4%(|4−1|)=1, 즉 2개가 최대 색상의 수이다.

2번째 테스트 케이스의 n은 5이다.

1번째와 3번째는 같은 색이 될 수 없다. 5%(|3−1|) =3
1번째와 4번째는 같은 색이 될 수 없다. 5%(|4−1|) =2
1번째와 5번째는 같은 색이 될 수 없다. 5%(|5−1|) =1

마찬가지로 다른 타일에도 적용하면 같은 색이 될 수 없다.

어려운 문제이다. 어떤 경우에 같은 색을 칠할 수 있는지 없는지를 정확히 알아내야 문제를 해결할 수 있다.

규칙을 찾아보자.

1) 소수는 1과 자신만을 약수로 가지고 있다. $|i-j|$가 1보다 크다면 n을, 모든 $|i-j|$로 나눈 나머지 값은 0이 될 수 없다. 왜냐하면 소수는 n혹은 1로만 나누었을 때 나머지가 0이 되기 때문이다. 즉, 타일을 칠하는 데 n개의 색상이 필요하다.
2) 그럼 수가 소수가 아닐 때는 어떡해야 할까?

조금 생각을 해가며 수의 성질을 파악해보자.

n의 값을 6과 9로 규칙을 찾아보겠다.

$n=6$일 때,

1번째와 3번째 6%|1−3|=0
2번째와 4번째 6%|2−4|=0
5번째와 6번째 6%|3−6|=0

타일을 고를 때, i번째 타일로부터 2번째 떨어진 타일을 택했을 때 칠해지는 타일을 나타냈다. 1, 3, 5번째 타일은 서로 같은 색이어야 한다.

그 후 i번째 타일로부터 3번째 떨어진 타일을 택했을 때

1번째와 4번째 6%|1-4|=0
2번째와 5번째 6%|2-5|=0
3번째와 6번째 6%|3-6|=0

결과적으로 전부 같은 색을 쓸 수 밖에 없다.

이 과정에서 이 문제가 소인수분해를 이용한다는 것을 알았다.

$n\%|i-j|$가 0이 되는 경우는 당연하게도 $|i-j|$가 n의 소인수분해 값일 때이다. 또한 소인수의 개수가 4개 이상이라면 타일은 전부 같은 색 밖에 사용하지 못한다.

이유는 6의 소인수분해 값 1, 2, 3, 6에서 2와 3을 통해 타일이 전부 연결될 수 있기 때문이다(즉 타일과 타일의 떨어진 거리가 2 혹은 3이라면). 소인수의 개수가 4개 이상이라면 1과 자신을 제외한 소인수들을 이용해 곱하다 보면 n을 만들 수 있는데 이는 선택한 2개의 타일들의 공배수가 n이 되며 결국 모든 타일이 연결되기 때문이다.

그러면 소인수의 개수가 3일 때는 어떨까?

$n=9$일 때,

1)~3)의 과정을 통해 3개의 색상을 이용할 수 있다.

이는 $n\%|i-j|$가 0이 되는 9의 소인수분해 값 1, 3, 9 중에서 1과 9를 제외한 3(타일과 타일의 떨어진 거리가 3이라면)은 타일 2개를 고를 때 모든 타일을 연결할 수 없으므로 9의 제곱수 값 3이 정답이 된다(문제의 조건에 따라 $n\%|i-j|$가 0을 만족하며 색을 칠하면 위의 그림과 같다).

n개의 타일을 최대로 색칠하는 개수의 정답 로직은

   소인수 개수가 2개 이하일 때(소수인 경우와 1) → n
   소인수 개수가 3개일 때 → $\sqrt{n}$
   소인수 개수가 4개 이상일 때 → 1

코드로 구현하기 전에 문제의 시간 제한은 1초로, 최대 1억 번의 연산을 할 수 있다.

n의 최댓값은 10^{12}이므로 1부터~n까지 소인수인지 확인하는 방법은 시간초과가 난다.

소인수분해에도 소수판별 알고리즘의 원리를 통해 시간복잡도를 $O(\sqrt{n})$만큼 줄일 수 있다.

12의 소인수는 1, 2, 3, 4, 6, 12이다.

소인수를 확인할 때, $n=12$이라면 $\sqrt{12}=3.464...$의 내림수 3까지의 인수는 1, 2, 3 그 후의 인수는 4, 6, 12인데, 이는 1과 12, 2와 6, 3과 4로 매칭된다.

1부터 $\sqrt{n}$까지 판별한 소인수값과 매칭되는 소인수값은 $\sqrt{n}$~n부터 소인수를 판별할 때, 순서가 바뀌기만 할 뿐이다.

이러한 소수 판별 원리를 이용해 $O(\sqrt{n})$의 시간복잡도로 구할 수 있다.

해답코드

```
1   def sosu(num):
2       for i in range(2, int(num**0.5)+1):
3           if num%i==0: return i
4       return -1
5
6   def soinsu(num):
7       for i in range(2, int(num**0.5)+1):
```

```
8        if num%i==0:
9            while num%i==0:num//=i
10           if num==1:return 1
11           else: return -1
12   return -1
13
14
15   n=int(input())
16   answer=sosu(n)
17   s=soinsu(n)
18   if answer==-1:print(n)
19   else:
20       if s==-1:print(1)
21       else: print(answer)
```

코드라인 1~4: 소수 판별 함수이다.

코드라인 6~12: 소인수의 개수가 3개인지 4개인지 판별하는 함수이다.

코드라인 15: n을 입력받는다.

코드라인 16: n이 소수라면 −1을 반환, 그 외에 경우 n의 소인수분해 값 중 1 다음 처음으로 발견된 수를 반환해줬다.

코드라인 17: n의 소인수 개수를 확인한다.

코드라인 20: 소인수의 개수가 4개 이상이라면 1을 출력한다.

코드라인 21: 소인수의 개수가 3개라면 코드라인 16에서 얻은 $\sqrt{n}$ 값을 출력해준다(이 경우 n의 소인수분해 값 중 1 다음 처음으로 발견된 수는 $\sqrt{n}$ 이다).

16-3-4 최대공약수와 최소공배수

최대공약수란 두 수를 소인수분해를 한 뒤, 두 수의 공통된 소인수를 모두 곱한 수이다.

최소공배수란 두 수를 소인수분해를 한 뒤, 두 수의 모든 소인수를 곱한 수이다.

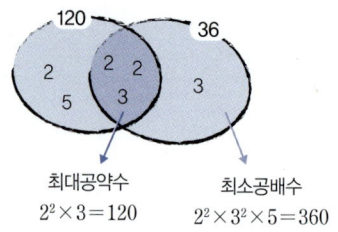

[그림 16-3] 최대공약수와 최소공배수

두 수 A, B의 최대공약수는 A, B를 1~A, B 둘 중 작은 수 Min(A, B)로 나누어 보며 A, B 둘 다 나누어 떨어지는 수 중 가장 큰 값이 된다.

A=4, B=12, Min(4, 12)=4

  A를 1로 나눈 나머지 0, B를 1로 나눈 나머지 0
  A를 2로 나눈 나머지 0, B를 2로 나눈 나머지 0
  A를 3으로 나눈 나머지 0, B를 3으로 나눈 나머지 0
  A를 4로 나눈 나머지 0, B를 4로 나눈 나머지 0

따라서 최대공약수는 4이다. 시간복잡도는 $O(\text{Min}(A, B))$이다.

$O(\text{Min}(A, B))$보다 더 빠르게 최대공약수를 찾는 방법이 있다.

유클리드 호제법을 이용하여 A를 B로 나눈 몫을 Q라 하고, 나머지를 R이라 할 때 A, B의 최대공약수 GCD(A, B)는 B, R의 최대공약수 GCD(B, R)이다.[4]

1) A와 B의 최대공약수를 구하기 위해서 A를 B로 나눈 나머지 R_1을 구한다.
2) B를 R_1로 나눈 나머지 R_2를 구한다.
3) R_1을 R_2로 나눈 나머지 R_3을 구한다.
4) 이 과정을 계속 반복하여, 어느 한쪽이 나누어 떨어질 때까지 반복한다. 나누어 떨어질 때, 이 직전에 얻은 나머지가 최대공약수가 된다.

---

4 GCD는 최대공약수를 일컫는 말이다.

숫자 72와 30의 최대공약수를 유클리드 호제법을 이용하여 구해보자.

1) A=72, B=30, R_1=12
2) B=30, R_1=12, R_2=6
3) R_1=12, R_2=6, R_3=0

R_1이 R_2로 나누어 떨어지므로 최대공약수는 R_2=6이 된다.

유클리드 호제법을 이용하여 최대공약수를 구하는 시간복잡도는 대략 $O(\log^{N+M})$이다.

A, B의 최소공배수 LCM(A, B)는 A*B/최대공약수이다.[5]

A*B를 유클리드 호제법을 이용하여 구한 최대공약수로 나누어서 구하면 된다.

유클리드 호제법을 이용하여 최소공배수를 구하는 시간복잡도는 대략 $O(\log^{N+M})$이다.

유클리드 호제법을 통해 최대공약수, 최소공배수를 구하는 것을 증명하려면 할 수 있겠지만 내 경우 최대공약수, 최소공배수를 구하기 위해 유클리드 호제법을 코드로 함수화해 두고, 필요할 때마다 함수를 호출해서 구해준다. 이 부분은 굳이 증명까지는 필요없다고 생각한다.

16-3-5 최소공배수를 이용한 예제

LCM

https://www.acmicpc.net/problem/5347

시간 제한	메모리 제한	제출	정답	맞힌 사람	정답 비율
1초	128MB	3579	1823	1619	52.192%

문제

두 수 a와 b가 주어졌을 때, a와 b의 최소공배수를 구하는 프로그램을 작성하시오.

입력

첫째 줄에 테스트 케이스의 개수 n이 주어진다. 다음 n개 줄에는 a와 b가 주어진다. a와 b사이에는 공백이 하나 이상 있다. 두 수는 백만보다 작거나 같은 자연수이다.

---

5 LCM은 최소공배수를 일컫는 말이다.

출력

각 테스트 케이스에 대해서 입력으로 주어진 두 수의 최소공배수를 출력한다.

예제 입력 1
3 15 21 33 22 9 10

예제 출력 1
105 66 90

시간 제한은 1초로 최대 1억 번의 연산을 할 수 있고, 〈백준〉 난이도는 실버4이다.

시간 제한	최대	난이도
1초	1억 번 연산	실버4

문제설명

a, b가 주어질 때 최소공배수를 구하면 된다.

이 문제를 해결하기 위해 유클리드 호제법을 통해 최소공배수를 구해보겠다.

해답코드

```
1   def LCM(a, b):
2       return (a * b) // GCD(a, b)
3
4   def GCD(a, b):
5       if b % a: return GCD(b % a, a)
6       else: return a
7
8   n = int(input())
9   for i in range(n):
10      a, b = map(int, input().split())
11      print(LCM(a, b))
```

코드라인 4~6: 유클리드 호제법을 통해 최대공약수를 구하는 코드이다.

재귀함수를 이용하여

    1) A와 B의 최대공약수를 구하기 위해서 A를 B로 나눈 나머지 R_1을 구한다.

    2) B를 R_1로 나눈 나머지 R_2를 구한다.

    3) R_1을 R_2로 나눈 나머지 R_3을 구한다.

    4) 이 과정을 계속 반복하여, 어느 한쪽이 나누어 떨어질 때까지 반복한다.
       나누어 떨어질 때, 이 직전에 얻은 나머지가 최대공약수가 된다.

위의 1)~4) 과정을 코드화해두었다.

코드라인 1~2: 최소공배수를 구해주기 위한 함수로 a*b를 코드라인 4~6에서 얻은 최대공약수로 나누어준 값을 반환해준다.

코드라인 8: 테스트 케이스의 수 n을 입력받는다.

코드라인 10: a, b를 입력받는다.

코드라인 11: 코드라인 1~2를 통해 최소공배수를 구해준다.

최대공약수와 최소공배수는 〈코드포스〉 예제없이 이 정도로만 해두겠다. 이 두 가지가 있다는 것을 알면 추가로 필요한 것은 수학적 사고력을 통해 시간복잡도와의 싸움뿐이기 때문이다. 아직 내 경험으로는 "어떨 때 최대공약수 혹은 최소공배수를 떠올려야 할까?" 하는 발상 자체가 문제로 출제된 적을 보지 못했다.

보통의 취준생을 위한
코딩 테스트
with 파이썬

코딩 테스트 출제 빈도

코드포스 출제 빈도

제17장
이분탐색

독자 선형탐색 $O(n)$과 이분탐색 $O(\log^n)$, 2가지를 쓸 수 있는 경우 이분탐색을 쓰는 게 더 좋은 것이 아닌가요?

저자 선형탐색 $O(n)$ 대 최초 정렬 $O(n*\log^n)$+이분탐색 $O(\log^n)$일 텐데요? 무조건은 아니고 수를 찾는 횟수가 많을수록 이분탐색이 유리하겠죠.

17-1 이분탐색

이분탐색Binaray Search이란 정렬되어 있는 집합에서 탐색 범위를 절반씩 줄여가며 찾아가는 탐색 방법이다(이분탐색이라고도 하며 이진탐색이라고도 한다). 정렬되어 있는 집합이라는 것을 꼭 명심하자. 집합이 오름차순(혹은 내림차순)으로 정렬되어 있지 않다면, 이분탐색을 적용할 수 없다.

$O(\log^n)$의 시간복잡도를 설명했을 때의 예를 보면 이해하기 쉽다.

이분탐색을 구현하기 위해 트리 자료구조를 사용할 수도 있지만 보통은 아래와 같은 방법을 사용한다.

- 이분탐색을 위해서 start, mid, end 3가지의 위치가 필요하다.
- start는 집합의 시작 위치이고, end는 집합의 마지막 위치이다.
- mid는 집합의 mid번째 수를 의미한다.

집합의 크기가 n인 $\{1, 2, 3, ..., n-2, n-1, n\}$에서 X를 찾기 위해,

0) start는 집합의 시작 위치, end는 집합의 크기(마지막 위치)로 설정한다.

start<=end일 동안 아래 1)부터 2-3)을 반복한다.

1) mid값을 (start+end)/2로 설정한다(mid값이 실수라면 소수점 첫째 자리에서 내림해준다).
2-1) X와 집합의 mid번째 수가 같다면 X를 찾았으므로 종료한다.
2-2) X가 집합의 mid번째 수보다 크다면 start=mid+1로 바꾼다. 1)로 이동한다.
2-3) X가 집합의 mid번째 수보다 작다면 end=mid-1로 바꾼다. 1)로 이동한다.

집합의 크기가 10인 $\{1, 2, 3, 5, 7, 8, 9, 10, 13, 16\}$에서 9를 찾는 예는 다음과 같다.

순서도 0) start=1, end=10
순서도 1) mid=(start=1+end=10)/2=5.5 → 5로 내린다.

start				mid					end
1	2	3	5	7	8	9	10	13	16

순서도 2-2) 9는 mid=5번째 집합의 수=7보다 크므로 start=mid+1=6이다.

					start			end
1	2	3	5	7	8	9	10	13	16

순서도 1) mid=(start=6+end=10)/2=8이다.

					start		mid		end
1	2	3	5	7	8	9	10	13	16

순서도 2-3) 9는 mid=8번째 집합의 수=10보다 작으므로 end=mid-1=7이다.

					start	end			
1	2	3	5	7	8	9	10	13	16

순서도 1) mid=(start=6+end=7)/2=6.5 → 6으로 내린다.

					mid				
					start	end			
1	2	3	5	7	8	9	10	13	16

순서도 2-2) 9는 mid=6번째 수 8보다 크므로 start=mid+1=7이다.

						start			
						end			
1	2	3	5	7	8	9	10	13	16

순서도 1) mid=(start=7+end=7)/2=7이다.

						mid			
						start			
						end			
1	2	3	5	7	8	9	10	13	16

순서도 2-1) 9는 mid=7번째 수와 같기 때문에 종료한다.

이분탐색의 가장 큰 특징은 start나 end가 변할 때마다 탐색해야 할 범위가 집합 크기의 1/2로 줄어든다는 점으로 집합 크기 n에 대한 시간복잡도는 $O(\log_2 n)$이 된다.

위의 집합은 수가 오름차순으로 정렬되어 있으므로 이분탐색을 적용할 수 있지만, 만약 수가 정렬되어 있지 않다면 탐색 범위를 1/2씩 줄여 mid값을 찾는 것을 보장할 수 없다. 그렇기 때문에 집합을 오름차순으로 정렬해준 뒤, 이분탐색을 적용해주면 된다(최초 정렬시 $O(데이터의 크기 * \log^{데이터의 크기})$ 시간복잡도가 소요된다(정렬은 18장에서 더 자세히 설명한다).

이분탐색은 시간복잡도에서 효율성이 높으므로 응용 폭이 넓다. 또한 카카오 코딩 테스트에서도 이분탐색을 요구하는 문제가 있었으며, 〈코드포스〉에서는 단골로 사용되는 알고리즘이다. 이에 대표적인 이분탐색 예제와 자주 사용되는 응용방법을 익히자.

17-2 이분탐색을 이용한 예제 1

수 찾기

https://www.acmicpc.net/problem/1920

시간 제한	메모리 제한	제출	정답	맞힌 사람	정답 비율
2초	128MB	94335	29921	19508	30.663%

문제

N개의 정수 $A[1], A[2], \cdots, A[N]$이 주어져 있을 때, 이 안에 X라는 정수가 존재하는지 알아내는 프로그램을 작성하시오.

입력

첫째 줄에 자연수 $N(1 \leq N \leq 100{,}000)$이 주어진다. 다음 줄에는 N개의 정수 $A[1], A[2], \cdots, A[N]$이 주어진다. 다음 줄에는 $M(1 \leq M \leq 100{,}000)$이 주어진다. 다음 줄에는 M개의 수들이 주어지는데, 이 수들이 A안에 존재하는지 알아내면 된다. 모든 정수의 범위는 -2^{31}보다 크거나 같고 2^{31}보다 작다.

출력

M개의 줄에 답을 출력한다. 존재하면 1을, 존재하지 않으면 0을 출력한다.

예제 입력 1

```
5
4 1 5 2 3
5
1 3 7 9 5
```

예제 출력 1

```
1
1
0
0
1
```

시간 제한은 2초로 최대 2억 번의 연산을 할 수 있고, 〈백준〉 난이도는 실버4이다.

시간 제한	최대	난이도
2초	2억 번 연산	실버4

문제설명

n의 크기를 가진 배열 a와 m의 크기를 가진 배열 b가 입력으로 들어온다. 배열 b의 원소들이 배열 a에 존재한다면 1을 출력하고, 존재하지 않는다면 0을 출력하면 되는 문제이다.

가장 먼저 생각해볼 수 있는 방법은 완전 탐색이다.

예제 입력 1을 보면,

　n=5,
　a[0]=4, a[1]=1, a[2]=5, a[3]=2, a[4]=3

　m=5
　b[0]=1, b[1]=3, b[2]=7, b[3]=9, b[4]=5

　b[0]=1이 배열 a에 있는지 확인하기 위해 a[0]~a[4]의 원소를 확인한다.
　b[1]=3이 배열 a에 있는지 확인하기 위해 a[0]~a[4]의 원소를 확인한다.
　b[2]=7이 배열 a에 있는지 확인하기 위해 a[0]~a[4]의 원소를 확인한다.
　b[3]=9가 배열 a에 있는지 확인하기 위해 a[0]~a[4]의 원소를 확인한다.
　b[4]=5가 배열 a에 있는지 확인하기 위해 a[0]~a[4]의 원소를 확인한다.

이때 시간복잡도는 $O(n*m)$이 되며 n과 m의 최댓값이 100,000이므로 시간초과가 난다.

배열 b의 원소가 a에 있는지 좀 더 빠른 방법으로 확인할 방법이 필요하다. 이때 이분탐색의 핵심 역할인 원하는 수를 $O(\log^n)$으로 찾을 수 있음을 떠올려야 한다.

m개의 b 원소들이 배열 a에 존재하는지 확인하기 위해 $O(m*\log^n)$의 시간복잡도가 소요된다. 이를 위해 이분탐색의 필수조건인 탐색할 배열은 오름차순(혹은 내림차순)으로 정렬되어 있어야 한다. 즉 배열 a는 아래와 같이 정렬되어 있어야 한다(정렬되지 않으면 수를 탐색할 때마다 탐색 범위가 1/2로 줄어드는 것을 보장할 수 없다).

a[0]=4, a[1]=1, a[2]=5, a[3]=2, a[4]=3 →
a[0]=1, a[1]=2, a[2]=3, a[3]=4, a[4]=5

이렇게 정렬했다면, $b[0]$부터 $b[4]$까지 수가 배열 a에 있는지 이분탐색을 해주면 정답이 된다.

해답코드

```
1   n=int(input())
2   a=list(map(int, input().split()))
3   a.sort()
4
5   def binarySeach(target):
6       start=0
7       end=n-1
8       while start<=end:
9           mid=(start+end)//2
10          if a[mid]==target:
11              print(1)
12              return
13          elif a[mid]<=target:
14              start=mid+1
15          else:
16              end=mid-1
17      print(0)
18      return
19
```

```
20    m=int(input())
21    b=list(map(int, input().split()))
22    for i in range(m):
23        binarySeach(b[i])
```

코드라인 1~2: n과 배열 a를 입력받는다.

코드라인 3: 이분탐색을 이용하기 위해 a를 오름차순으로 정렬해주었다.

코드라인 22~23: m과 배열 b를 입력받는다.

코드라인 24~25: 배열 b의 원소들을 코드라인 5에 binarySeach 함수를 통해 이분탐색해준다.

코드라인 5: 이분탐색 함수를 정의해두었다. 인자로는 b의 원소를 받는다.

코드라인 6~7: start=배열의 처음 위치=0, end=배열의 마지막 위치=n-1로 설정한다.

코드라인 8: start<=end일 동안 무한반복한다.

코드라인 9 mid=start와 end의 중간 값=(start+end)/2로 설정한다.

코드라인 10~12: a[mid]가 찾고자 하는 b의 원소와 같다면 1을 출력하고 함수를 종료한다.

코드라인 13~14: a[mid]가 찾고자 하는 b의 원소보다 작다면 start=mid+1로 설정해두어 탐색 범위를 1/2로 줄여준다.

코드라인 15~16: a[mid]가 찾고자 하는 b의 원소보다 크다면 end=mid-1로 설정해두어 탐색 범위를 1/2로 줄여준다.

코드라인 17~18: 수를 못 찾은 경우 0을 출력해주고 함수를 종료한다.

17-3 이분탐색을 이용한 예제 2

랜선 자르기

https://www.acmicpc.net/problem/1654

시간 제한	메모리 제한	제출	정답	맞힌 사람	정답 비율
2초	128MB	77028	17286	11263	20.520%

문제

집에서 시간을 보내던 오영식은 박성원의 부름을 받고 급히 달려왔다. 박성원이 캠프 때 쓸 N개의 랜선을 만들어야 하는데 너무 바빠서 영식이에게 도움을 청했다.

이미 오영식은 자체적으로 K개의 랜선을 가지고 있다. 그러나 K개의 랜선은 길이가 제각각이다. 박성원은 랜선을 모두 N개의 같은 길이의 랜선으로 만들고 싶었기 때문에 K개의 랜선을 잘라서 만들어야 한다. 예를 들어 300cm 짜리 랜선에서 140cm 짜리 랜선을 두 개 잘라내면 20cm는 버려야 한다. (이미 자른 랜선은 붙일 수 없다.)

편의를 위해 랜선을 자르거나 만들 때 손실되는 길이는 없다고 가정하며, 기존의 K개의 랜선으로 N개의 랜선을 만들 수 없는 경우는 없다고 가정하자. 그리고 자를 때는 항상 센티미터 단위로 정수길이만큼 자른다고 가정하자. N개보다 많이 만드는 것도 N개를 만드는 것에 포함된다. 이때 만들 수 있는 최대 랜선의 길이를 구하는 프로그램을 작성하시오.

입력

첫째 줄에는 오영식이 이미 가지고 있는 랜선의 개수 K, 그리고 필요한 랜선의 개수 N이 입력된다. K는 1이상 10,000이하의 정수이고, N은 1이상 1,000,000이하의 정수이다. 그리고 항상 K≤N이다. 그 후 K줄에 걸쳐 이미 가지고 있는 각 랜선의 길이가 센티미터 단위의 정수로 입력된다. 랜선의 길이는 $2^{31}-1$보다 작거나 같은 자연수이다.

출력

첫째 줄에 N개를 만들 수 있는 랜선의 최대 길이를 센티미터 단위의 정수로 출력한다.

예제 입력 1	예제 출력 1
4 11 802 743 457 539	200

힌트

802cm 랜선에서 4개, 743cm 랜선에서 3개, 457cm 랜선에서 2개, 539cm 랜선에서 2개를 잘라내 모두 11개를 만들 수 있다.

시간 제한은 2초로 최대 2억 번의 연산이 가능하며, 〈백준〉 난이도는 실버3이다.

시간 제한	최대	난이도
2초	2억 번 연산	실버3

문제설명

랜선의 개수 k가 주어질 때 각 랜선을 Xcm로 잘랐을 때 랜선의 개수가 n개 이상인 최댓값 X를 구하는 문제이다.

이 문제는 앞으로 이분탐색 알고리즘을 사용한다면 매우 자주 쓰일법한 접근법이다. 우선 이분탐색에 대한 오해를 없애보자. 나는 이 문제를 처음 풀었을 때, '이분탐색은 원하는 수를 시간복잡도 $O(\log_2 n)$로 빠르게 찾아주는 거 아니야? 이 문제에 어떻게 적용하지?'와 같은 생각을 했다. 물론 이분탐색은 원하는 수를 빠른 시간 안에 찾아주지만 그것은 이분탐색의 한 예일 뿐이다.

1. 이분탐색 순서도

집합의 크기가 n인 {1, 2, 3, ..., n−2, n−1, n}에서 X를 찾기 위해

0) start는 집합의 시작 위치, end=집합의 크기로 설정한다.
1) mid값을 (start+end)/2로 설정한다(mid값이 실수라면 소수점 첫째 자리에서 내림해준다).
2-1) X와 집합의 mid번째 수가 같다면 X를 찾았으므로 종료한다.
2-2) X가 집합의 mid번째 수보다 크다면 start=mid+1로 바꾼다. 1)로 이동한다.
2-3) X가 집합의 mid번째 수보다 작다면 end=mid−1로 바꾼다. 1)로 이동한다.

집합의 크기가 10인 {1, 2, 3, 5, 7, 8, 9, 10, 13, 16}에서 9를 최소점에 두고 나머지는 9보다 위에 있다고 해보자. 그리고 최소점을 찾아보자.

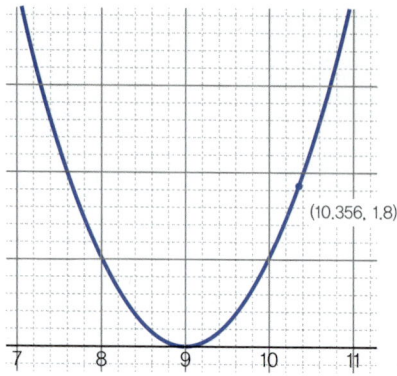

집합의 mid번째 수가 찾는 값 9보다 크다면 mid는 왼쪽으로 가야 한다.

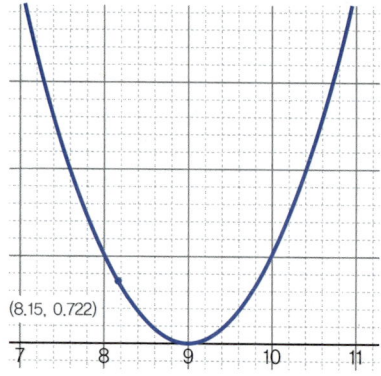

집합의 mid번째 수가 찾는 값 9보다 작다면 mid는 오른쪽으로 가야 한다. 결국 마지막 mid는 그래프의 최소점 위치인 9를 찾아내게 된다.

이분탐색 알고리즘은 찾고자 하는 값을 빠르게 찾는 알고리즘뿐만 아닌 [시작범위~끝범위]에서 최솟값 혹은 최댓값이 1개일 때 그 최솟값이나 최댓값을 빠르게 구할 수 있는 특성이 있다. 많은 책에서 딱딱한 알고리즘을 설명할 때 개념이 응용된 모습은 잘 보지 못했던 것 같다. 그럴 만한 것이 이 알고리즘 개념을 응용하려면 너무 많은 사례가 있다. 결국 많은 문제를 풀어보며 복기를 하면서 알고리즘의 특성과 응용 방법을 혼자 연구해가는 것이 좋은 학습 방법이다.

[시작범위~끝범위]에서 최솟값 혹은 최댓값이 1개일 때 그 최솟값이나 최댓값을 빠르게 구할 수 있는 특성을 이용해 위의 문제를 풀어보자.

2. 예제 입력

랜선의 개수 $k=4$, 필요한 랜선의 개수 $n=11$이며, 각각의 랜선 길이는 다음과 같다.

802
743
457
539

정말 간단하게 푸는 방법은 완전 탐색 알고리즘을 사용하는 것이다. 랜선을 자를 길이 Xcm 를 1부터 랜선의 최대길이 $2^{31}-1=2,147,483,647$까지 전부 설정해보면 답을 구할 수 있다. 하지만 시간복잡도는 $O($랜선의 최대길이$)$로 프로그램의 실행시간은 20초 이상이 걸린다.

> **여기서 잠깐!** 여기서 이분탐색을 왜 사용해야 하는지 알 수 있다. 이분탐색은 일반적인 선형탐색(처음부터 끝까지 하나하나 탐색하는 방법)에 비해 연산의 횟수가 적으므로 사용한다.

X를 대략적으로 설정해보자.

[표 17-1] Xcm에 대한 랜선 개수

자를 길이 Xcm	랜선 개수	계산식
1	2541	802/1+743/1+457/1+539/1
100	24	802/100+743/100+457/100+539/100
150	15	802/150+743/150+457/150+539/150
198	11	802/198+743/198+457/198+539/198
199	11	802/199+743/199+457/199+539/199
200	11	802/200+743/200+457/200+539/200

자를 길이 Xcm	랜선 개수	계산식
201	10	802/201+743/201+457/201+539/201
202	10	802/202+743/202+457/202+539/202
250	8	802/250+743/250+457/250+539/250
300	6	802/300+743/300+457/300+539/300

자를 길이 X가 커질수록 랜선의 개수는 줄어드는 감소 그래프이다. 랜선의 개수는 n보다 크거나 같아야 하므로 11보다 크거나 같아야 한다.

시작점은 1cm이고 끝점은 11cm이며 여기서 가장 최댓값인 X는 200cm이라는 것을 알 수 있다.

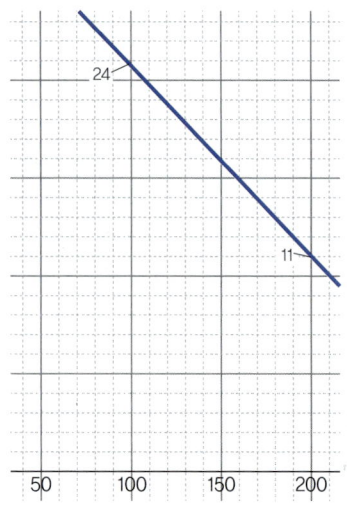

[시작점~끝지점]의 최댓값을 구하는 문제이므로 이분탐색으로 해결해준다면 시간복잡도는 $O(k*\log_2^{랜선의최대길이})$로 $10{,}000*\log_2^{2147483647}=310{,}000$번의 연산횟수로 대략 0.03초로 문제를 해결할 수 있다.

코드로 이분탐색 구현을 보자.

해답코드

```
1   k, n = map(int, input().split())
2   lanson = []
3   for i in range(k): lanson.append(int(input()))
4   start, end = 0, 10000000000
5   answer=0
6   while start <= end:
7       mid = (start + end) // 2
8       num = 0
9       for len in lanson:
10          num += len//mid
11      if num >= n:
12          start = mid + 1
13          if mid> answer :
14              answer=mid
15      else: end = mid - 1
16  print(answer)
```

코드라인 6~15: 이분탐색 알고리즘 부분이다.

코드라인 6: start<=end라면 코드라인 7~15를 반복한다.

코드라인 7: mid=(start+end)/2로 설정한다.

코드라인 8~10: 랜선의 길이를 mid로 나누었을 때 생성되는 랜선의 개수 num을 저장한다.

코드라인 11~12: 랜선의 개수 num이 n보다 크다면 start=mid+1이다.

코드라인 13~14: 랜선의 개수 num이 n보다 클때 answer값을 가장 큰 mid값으로 설정한다.

코드라인 15: 랜선의 개수 num이 n보다 작다면 end=mid−1이다.

17-4 이분탐색을 이용한 예제 3

개똥벌레

https://www.acmicpc.net/problem/3020

시간 제한	메모리 제한	제출	정답	맞힌 사람	정답 비율
1초	128MB	8958	3563	2657	41.393%

문제

개똥벌레 한 마리가 장애물(석순과 종유석)로 가득찬 동굴에 들어갔다. 동굴의 길이는 N미터이고, 높이는 H미터이다. (N은 짝수) 첫 번째 장애물은 항상 석순이고, 그 다음에는 종유석과 석순이 번갈아가면서 등장한다.

아래 그림은 길이가 14미터이고 높이가 5미터인 동굴이다. (예제 그림)

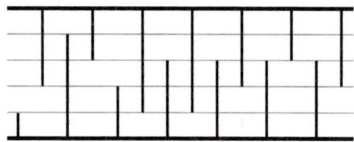

이 개똥벌레는 장애물을 피하지 않는다. 자신이 지나갈 구간을 정한 다음 일직선으로 지나가면서 만나는 모든 장애물을 파괴한다.

위의 그림에서 4번째 구간으로 개똥벌레가 날아간다면 파괴해야 하는 장애물의 수는 총 여덟개이다. (4번째 구간은 길이가 3인 석순과 길이가 4인 석순의 중간지점을 말한다)

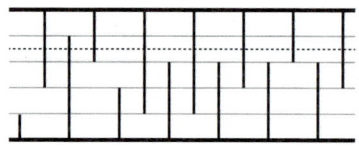

하지만, 첫 번째 구간이나 다섯 번째 구간으로 날아간다면 개똥벌레는 장애물 일곱 개만 파괴하면 된다.

동굴의 크기와 높이, 모든 장애물의 크기가 주어진다. 이때, 개똥벌레가 파괴해야 하는 장애물의 최솟값과 그러한 구간이 총 몇 개 있는지 구하는 프로그램을 작성하시오.

입력

첫째 줄에 N과 H가 주어진다. N은 항상 짝수이다. ($2 \leq N \leq 200,000, 2 \leq H \leq 500,000$)

다음 N개 줄에는 장애물의 크기가 순서대로 주어진다. 장애물의 크기는 H보다 작은 양수이다.

출력

첫째 줄에 개똥벌레가 파괴해야 하는 장애물의 최솟값과 그러한 구간의 수를 공백으로 구분하여 출력한다.

예제 입력 1

```
6 7
1
5
3
3
5
1
```

예제 출력 1

```
2 3
```

예제 입력 2

```
14 5
1
3
4
2
2
4
3
4
3
3
3
2
3
3
```

예제 출력 2

```
7 2
```

시간 제한은 1초로 최대 1억 번의 연산을 할 수 있고, 〈백준〉 난이도는 골드5이다.

시간 제한	최대	난이도
1초	1억 번 연산	골드5

문제설명

n의 길이와 h를 가진 동굴이 있으며, 장애물은 아래, 위에서 번갈아 나타난다.

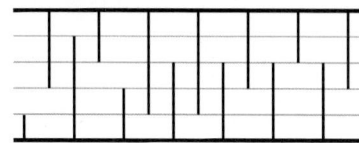

이때 개똥벌레는 장애물을 피하지 않고 일직선으로 가며 장애물을 파괴하여 0부터 n의 길이까지 이동한다.

4번째 구간으로 개똥벌레가 이동한다면 파괴하는 장애물의 수는 총 8개이다.

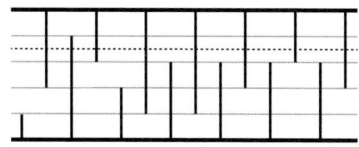

하지만, 첫 번째 구간이나 다섯 번째 구간으로 날아간다면 개똥벌레는 장애물 7개만 파괴하면 된다. 개똥벌레가 파괴해야 하는 장애물의 최솟값과 그러한 최솟값은 몇 개가 있는지 구하는 문제이다.

예제 입력 1에 해당하는 그림이 바로 위의 그림과 같다.

14 5
1
3
4
2
2
4
3
4
3
3
3
2
3
3

이 문제는 홀수번째 위치는 아래서 위로 장애물이 뻗고, 짝수번째 위치는 위에서 아래로 장애물이 뻗는다. 그러므로 배열 2개를 통해 동굴의 상태를 저장할 수 있다.

위 → 아래		3	2	4	4	3	2	3
아래 → 위	1	4	2	3	3	3	3	

가장 먼저 떠오르는 방법은 역시 완전 탐색으로, 높이 1부터 5까지 개똥벌레를 0부터 n까지 이동하며 부딪히는 장애물의 수를 구하면 해결할 수 있다.

높이가 1이라면

1) 위 → 아래에서는 (동굴의 높이 5−현재 높이 1=4)보다 큰 값과 부딪히므로 장애물을 만나지 않는다.
2) 아래 → 위에서는 현재 높이 1보다 크거나 같은 값과 부딪히므로 1, 4, 2, 3, 3, 3, 3 총 7개의 장애물을 만난다. 따라서 7개의 장애물을 만난다.

높이가 2라면

1) 위 → 아래에서는 (동굴의 높이 5−현재 높이 2=3)보다 큰 값과 부딪히므로 4, 4 총 2개의 장애물을 만난다.
2) 아래 → 위에서는 현재 높이 2보다 크거나 같은 값과 부딪히므로 4, 2, 3, 3, 3, 3 총 6개의 장애물을 만난다. 따라서 8개의 장애물을 만난다.

이런 식으로 완전 탐색하면 문제를 해결할 수 있지만 동굴의 길이 n의 최댓값은 200,000이고, 동굴의 높이 h의 최댓값은 500,000이다. 높이 1부터 500,000까지 길이 n의 탐색을 한다면 시간복잡도는 $O(h*n)$으로 주어진 1초 안에 연산할 수 없다.

여기서 이분탐색의 응용법을 하나 더 배워보자. 위 문제에서 결국,

1) 위 → 아래에서 만나는 장애물의 개수는 (동굴의 높이 − 현재 높이)보다 큰 값이고
2) 아래 → 위에서 만나는 장애물의 개수는 현재 높이보다 크거나 같은 값이다.

그러므로 장애물의 순서는 중요하지 않고, 오름차순으로 정렬해두어도 된다.

위 → 아래		2	2	3	3	3	4	4
아래 → 위	1	2	3	3	3	3	4	

이렇게 동굴의 상태를 바꾸고,

1) 위 → 아래에서 (동굴의 높이 - 현재 높이)보다 큰 값이 처음 나타내는 위치를 idx라 하면 $n/2-\text{idx}$의 값은 장애물과 만나는 개수가 된다.
2) 아래 → 위에서 현재 높이보다 크거나 같은 값이 처음 나타내는 위치를 idx라 하면 $n/2-\text{idx}$는 장애물과 만나는 개수가 된다.

예를 들어, 높이가 2라면

1) 위 → 아래에서는 (동굴의 높이 5-현재 높이 2=3)보다 큰 값이 처음 나타내는 위치 idx=5, n/2-idx=7-5=2, 총 2개의 장애물을 만난다.
2) 아래 → 위에서는 현재 높이 2보다 크거나 같은 값이 처음 나타내는 위치 idx=1, n/2-idx=7-1=6, 총 2개의 장애물을 만난다.

따라서 8개의 장애물을 만난다.

자, 그러면 이렇게 처음 나타나는 위치를 구하고자 할 때 이분탐색을 적용할 수 있지 않을까 생각해볼 수 있다. 이분탐색은 정렬된 집합에서 찾고자 하는 수의 위치를 파악할 수 있기 때문이다. 이렇게 찾고자 하는 수의 위치를 파악하는 데 $O(\log^n)$의 시간복잡도가 소요되며, 높이 h만큼 실행하므로 총 시간복잡도는 $O(h*\log^n)$이 된다.

즉 이분탐색으로 찾고자 하는 수의 위치를 파악할 뿐만 아니라 찾고자 하는 숫자의 개수를 파악할 수 있다.

찾고자 하는 수의 위치를 파악하는 방법으로 유명한 방법에는 2가지가 있다.

1) lower bound: 찾고자 하는 숫자 이상의 값이 처음으로 나오는 인덱스 값을 반환한다.
2) upper bound: 찾고자 하는 숫자 초과의 값이 처음으로 나오는 인덱스 값을 반환한다.

    (이 2가지를 사용하기 위해 집합은 정렬되어 있어야 한다.)

이 2가지가 어떻게 구현되었는지, 각각의 의미를 이해해두면 다음부터는 함수화해두어 필요할 때마다 사용하길 권한다(참고로 이 문제에서는 upper bound는 필요없지만 추가해두었다).

n=5
배열 a= 1, 2, 5, 7, 7
찾고자하는 숫자 k=7

k 이상의 수의 인덱스 처음 위치에 lower bound를 사용하면 7이 처음 등장하는 인덱스 3을 반환해준다.

k를 초과하는 수의 인덱스 처음 위치에 upper bound를 사용하면 7의 초과값 8이 없으므로 n의 크기 인덱스 5를 반환해준다.

n=7
배열 a= 1, 2, 3, 4, 6, 7, 8
찾고자하는 숫자 k=5

k 이상의 수의 인덱스 처음 위치 → lower bound를 사용하면 5 이상의 값 6이 처음 등장하는 인덱스 4를 반환해준다.

k를 초과하는 수의 인덱스 처음 위치 → upper bound를 사용하면 5의 초과값 6이 처음 등장하는 인덱스 4를 반환해준다.

n=4
배열 a= 1, 2, 3, 4
찾고자 하는 숫자 k=5

k 이상의 수의 인덱스 처음 위치에 lower bound를 사용하면 5 이상의 값이 없으므로 n의 크기 인덱스 4를 반환해준다.

k를 초과하는 수의 인덱스 처음 위치에 upper bound를 사용하면 5의 초과값이 없으므로 n의 크기 인덱스 4를 반환해준다.

해답코드

```python
def upper_bound(s, e, d, L):
    while(e - s > 0):
        m = (s+e)//2
        if(L[m] <= d):
            s = m+1
        else:
            e = m
    return e

def lower_bound(s, e, d, L):
    while(e - s > 0):
        m = (s+e)//2
        if(L[m] < d):
            s = m+1
        else:
            e = m
    return e

up=[]
down=[]
result=[0]*500001
n, h=map(int, input().split())
for i in range(n):
    obstacle=int(input())
    if i%2==1: up.append(obstacle)
    else :down.append(obstacle)

up.sort()
down.sort()

answer=0
mx=2147483647

for i in range(1, h+1):
    idxd=lower_bound(0, len(down), i, down)
```

```
36      idxu=lower_bound(0, len(up), h-i+1, up)
37      result[i]=n//2-idxd + n//2-idxu
38      mx=min(mx, result[i])
39
40  for i in range(1, h+1):
41      if result[i]==mx:answer+=1
42
43  print(mx, answer)
```

코드라인 1~8: upper bound 내부 구현으로 찾고자 하는 숫자 초과값이 처음으로 나오는 인덱스값을 반환한다.

코드라인 10~17: lower bound 내부 구현으로 찾고자 하는 숫자 이상의 값이 처음으로 나오는 인덱스값을 반환한다.

코드라인 21: 동굴의 장애물을 위 → 아래 상태로 저장하기 위한 배열 up이다.

코드라인 22: 동굴의 장애물을 아래 → 위 상태로 저장하기 위한 배열 down이다.

코드라인 23: 장애물을 통과하는 수를 저장해두기 위한 result의 크기를 높이 h로 해두었다. 후에 최솟값이 몇 개있는지 파악하기 위해 쓰인다.

코드라인 24: n과 h를 입력받고,

코드라인 25~28: 홀수번째 장애물은 up 배열에 넣고, 짝수번째 장애물은 down 배열에 넣는다.

코드라인 30~31: up, down 배열을 오름차순으로 정렬한다.

코드라인 33: 최솟값의 개수를 저장하기 위한 정답을 0으로 초기화한다.

코드라인 34: 최솟값을 찾기 위한 값을 2147483647로 초기화한다.

코드라인 36: 높이 1부터 h까지 for문을 이용하여 탐색한다.

코드라인 37: idxd = 아래 → 위 장애물을 처음 만나는 위치를 찾는다.

코드라인 38: idxu = 위 → 아래 장애물을 처음 만나는 위치를 찾는다.

코드라인 39: result[i] = 장애물을 만나는 총 개수는 n/2-idxd + n/2-idxu와 같다.

코드라인 40: 장애물을 만나는 총 개수 중 최솟값을 찾는다.

코드라인 42~43: result 배열을 순회하며 값이 mx라면(최솟값이라면) 개수를 세어준다.

코드라인 45: 최솟값과 최솟값의 개수를 출력한다.

이분탐색에서 가장 많이 쓰이는 3가지 예제이다. 이 정도 틀을 기억해두면 더욱더 많은 응용에 쓰일 수 있고, 알고리즘 문제를 푸는 데 걸림돌은 없을 것이라고 생각한다. 꼭 익혀두기를 권한다.

보통의
취준생을 위한
코딩 테스트
with 파이썬

코딩 테스트 출제 빈도
■■■■■

코드포스 출제 빈도
■■■■■

제18장

정렬

저자 독자 여러분 제 앞으로 줄을 서보세요.

독자 사람들 키가 전부 제각각이라 뒤죽박죽인 느낌이 있어요. 키가 작은 순서대로 앞에 서면 한눈에 보기 편할 텐데.

저자 데이터를 프로그래머의 입맛에 맞게 처리하기 위해 정렬을 이용하는 수준까지 이르렀군요?

18-1 정렬

정렬은 데이터를 정렬하는 방법에 대한 알고리즘이다.

{3, 4, 6, 1, 8}을 오름차순으로 정렬한다면, {1, 3, 4, 6, 8}이 되고 내림차순으로 정렬한다면 {8, 6, 4, 3, 1}이 된다.

정렬은 왜 하는 것일까? 지금까지 이 책을 읽어온 독자라면 다음과 같은 내용을 눈치챌 수 있다.

1) 이분탐색을 이용하려면 집합의 원소들이 정렬되어 있어야 한다.
2) 문제를 해결함에 있어 결과적으로 효율적인 연산횟수를 내기 위해서이다.

내가 여러 정렬 문제를 풀어보고 느낀 것은 정렬 알고리즘 자체만으로는 너무너무 쉬운 난이도라 어떤 문제가 주어졌을 때, 통상적으로 해결하려면 연산횟수가 많이 들지만 이를 해결하기 위해 집합을 정렬한 후 연산횟수를 줄이는 방향으로 해결해야 하는 문제가 자주 출제된다는 것이다(코딩 테스트, 〈코드포스〉 모두 이런 식의 유형으로 출제된다). 이러한 유형은 뒤에서 보고 우선 정렬의 종류에 대해서 알아보자.

같은 정렬을 한다고 해도 어떤 방식은 시간복잡도가 $O(n^2)$일 수 있고, 어떤 방식은 시간복잡도가 $O(n*\log_2^n)$일 수 있다. 이번 정렬 설명에서는 대표적인 정렬 방법인 선택정렬과 퀵정렬을 비교하며 읽어보면 될 것이다.

18-2 선택정렬

{3, 4, 6, 1, 8}을 {1, 3, 4, 6, 8}로 선택정렬해 보자.

선택정렬Select Sort이란 집합의 크기를 n이라 할 때

1. 순서도

1) $i(1<=i<=n)$번째 수와 i번째 수~n번째 수 중 최솟값과 바꿔가며 정렬하는 방법이다.

    교체할 수   최솟값

    {3,   4,   6,   1,   8}

2) 1번째 수인 3과 1번째 수~5번째 수의 최솟값 1을 바꿔준다.

    {1,   4,   6,   3,   8}
    탐색횟수 5

           교체할 수   최솟값

    {1,   4,   6,   3,   8}

3) 2번째 수인 4와 2번째 수~5번째 수의 최솟값 3을 바꿔준다.

    {1,   3,   6,   4,   8}
    탐색횟수 4

                  교체할 수 최솟값

    {1,   3,   6,   4,   8}

4) 3번째 수인 6과 3번째 수~5번째 수의 최솟값 4를 바꿔준다.

    {1,   3,   4,   6,   8}
    탐색횟수 3

                           최솟값
                        교체할 수

    {1,   3,   4,   6,   8}

5) 4번째 수인 6과 4번째 수~5번째 수의 최솟값 6을 바꿔준다.

{1,   3,   4,   6,   8}
탐색횟수 2

최솟값
교체할 수

{1,   3,   4,   6,   8}

6) 5번째 수인 8과 5번째 수~5번째 수의 최솟값 8을 바꿔준다.

{1,   3,   4,   6,   8}
탐색횟수 1

탐색횟수는 $n*(n+1)/2$로 $n^2/2+n/2$번 연산을 한다. 즉 선택정렬의 시간복잡도는 $O(n^2)$이다. $n*(n+1)/2$와 n^2 또한 그래프의 모형은 비슷하므로 시간복잡도로 표현할 경우 $O(n^2)$으로 표현해도 큰 문제가 되지 않는다.

18-3 퀵정렬

{3, 4, 6, 1, 8}을 {1, 3, 4, 6, 8}로 퀵정렬을 해보자.

퀵정렬Quick Sort은 분할정복을 통해 구현할 수 있다. 퀵정렬은 집합의 크기를 n이라 할 때

1) 분할: 집합을 pivot 위치를 기준으로 2개의 부분 배열로 분할한다.
2) 정복: 부분 배열을 정렬한다.
3) 합병: 정렬된 부분 배열을 하나의 배열로 합병한다.

1. 순서도

1) Pivot은 집합의 처음 위치로 설정하고, Left는 집합의 첫 번째 위치, Right는 집합의 마지막 위치로 설정한다. 집합의 크기가 0이나 1이 되면 종료한다.

   while(left<=right)

   Left 위치가 Right 위치보다 크거나 같다면 2)~3) 과정을 반복한다.

2) Left 위치를 1씩 증가시키며 Left 위치값이 Pivot 위치값보다 크다면 멈춘다. Right 위치를 1씩 감소시키며 Right 위치값이 Pivot 위치값보다 작다면 멈춘다.

3) Left 위치값과 Right 위치값을 교환한다.

4) Pivot 위치값과 Right 위치값을 바꾸고, Pivot 위치를 Right의 위치와 바꾼 뒤 집합을 집합의 시작위치~Pivot-1 위치와, Pivot+1~집합의 끝 위치, 위치 2개로 분리하여 1)을 추가로 실시한다.

```
        Pivot   left                Right
{        3,     4,      6,     1,    8       }
```

1) Pivot 위치값 3 < Left 위치값 4, Pivot 위치값 3 < Right 위치값 8이므로 Right 위치를 1씩 감소한다.

```
        Pivot   Left          Right
{        3,     4,      6,     1,    8       }
```

2) Pivot 위치값 3 < Left 위치값 4, Pivot 위치값 3 > Right 위치값 1이므로 Left와 Right의 위치값을 바꾼다.

```
        Pivot   Left          Right
{        3,     1,      6,     4,    8       }
```

3) Pivot 위치값 3 > Left 위치값 1, Pivot 위치값 3 < Right 위치값 4이므로 Left 위치가 1씩 증가하고 Right 위치가 1씩 감소한다.

```
        Pivot   Left   Right
{        3,     1,      6,     4,    8       }
```

4) Left 위치가 Right 위치보다 크므로 Pivot 위치값과 right 위치값을 바꾼다. Pivot 위치를 Right 위치로 바꾼다.

```
                Pivot
                Right   Left
{        1,     3,      6,     4,    8       }
```

→ Pivot 위치를 기준으로 집합의 시작위치~Pivot-1 위치값은 Pivot 위치값보다 작다. Pivot+1~집합의 끝 위치의 위치값은 Pivot 위치값보다 크다.

5) 집합의 시작위치~Pivot-1 위치와, Pivot+1~집합의 끝 위치 2개로 분리하여 다시 실행한다.

						Pivot	Left	Right	
{	1,	}	3,	{		6,	4,	8	}

집합의 크기가 1이므로 종료한다.

6) Pivot 위치값 6 > Left 위치값 4, Pivot 위치값 6 < Right 위치값 8이므로 Left 위치가 1씩 증가한다.

					Pivot	Left	Right	
{	1	}	3	{	6	4	8	}

7) Left 위치가 Right 위치보다 크므로 Pivot 위치값과 right 위치값을 바꾼다. Pivot 위치를 Right 위치로 바꾼다.

					Pivot			
					Right	Left		
{	1	}	3	{	4,	6,	8	}

8) 집합의 시작위치~Pivot-1 위치와, Pivot+1~집합의 끝 위치 2개로 분리하여 다시 실행한다.

{	1	}	3	{	4	}	6	{	8	}

집합의 크기가 1이므로 종료   집합의 크기가 1이므로 종료

9) 분할한 집합들을 하나의 집합으로 합쳐준다면 아래와 같이 정렬된 모습을 볼 수 있다.

{   1,   3,   4,   6,   8   }

탐색횟수는 집합의 시작위치~Pivot-1 위치와 Pivot+1~집합의 끝 위치 2가지로 분할하는 과정마다 집합의 크기인 n번 정도 탐색하므로 평균적인 퀵정렬의 시간복잡도는 $O(n*\log_2^n)$이다.

하지만, 최악의 경우 {1, 2, 3, 4, 5}를 이미 정렬되어 있는 집합을 퀵정렬로 정렬한다면 다음과 같다.

→ {1} {2, 3, 4, 5}
→ {1} {2} {3, 4, 5}
→ {1} {2} {3} {4, 5}
→ {1} {2} {3} {4} {5}

집합의 크기가 n일 때, Pivot 위치-집합의 시작위치=1이 되기 때문에 분할을 n번 하고 분할할 때마다 집합의 크기인 n번 정도 탐색하기에 시간복잡도는 $O(n^2)$이 된다.

[표 18-1] 정렬에 따른 시간복잡도

	평균 시간복잡도	최선의 시간복잡도	최악의 시간복잡도
선택정렬	$O(n^2)$	$O(n^2)$	$O(n^2)$
퀵정렬	$O(n*\log_2^n)$	$O(n*\log_2^n)$	$O(n^2)$

선택정렬과 퀵정렬을 코드로 사용하는 예제를 보자.

18-4 정렬을 이용하는 예제 1, 2

수 정렬하기 1

https://www.acmicpc.net/problem/2750

시간 제한	메모리 제한	제출	정답	맞힌 사람	정답 비율
1초	128MB	89178	50594	35084	58.341%

문제

N개의 수가 주어졌을 때, 이를 오름차순으로 정렬하는 프로그램을 작성하시오.

입력

첫째 줄에 수의 개수 N(1≤N≤1,000)이 주어진다. 둘째 줄부터 N개의 줄에는 숫자가 주어진다. 이 수는 절댓값이 1,000보다 작거나 같은 정수이다. 수는 중복되지 않는다.

출력

첫째 줄부터 N개의 줄에 오름차순으로 정렬한 결과를 한 줄에 하나씩 출력한다.

예제 입력 1	예제 출력 1
5 5 2 3 4 1	1 2 3 4 5

시간 제한은 1초로 최대 1억 번의 연산을 할 수 있고, 〈백준〉 난이도는 실버5이다.

시간 제한	최대	난이도
1초	1억 번 연산	실버5

수 정렬하기 2

https://www.acmicpc.net/problem/2751

시간 제한	메모리 제한	제출	정답	맞힌 사람	정답 비율
2초	256MB	131439	34954	23817	30.039%

문제

N개의 수가 주어졌을 때, 이를 오름차순으로 정렬하는 프로그램을 작성하시오.

입력

첫째 줄에 수의 개수 N(1≤N≤1,000,000)이 주어진다. 둘째 줄부터 N개의 줄에는 숫자가 주어진다. 이 수는 절댓값이 1,000,000보다 작거나 같은 정수이다. 수는 중복되지 않는다.

출력

첫째 줄부터 N개의 줄에 오름차순으로 정렬한 결과를 한 줄에 하나씩 출력한다.

예제 입력 1	예제 출력 1
5 5 4 3 2 1	1 2 3 4 5

시간 제한은 2초로 최대 2억 번의 연산을 할 수 있고, 〈백준〉 난이도는 실버5이다.

시간 제한	최대	난이도
2초	2억 번 연산	실버5

문제설명

두 문제 모두 크기가 n인 수열을 오름차순으로 정렬하는 문제이다. 차이점은 다음과 같다.

- 첫 번째 문제는 n의 최댓값이 1,000이다.
- 두 번째 문제는 n의 최댓값이 1,000,000이다.

[표 18-1]을 보면서 다시 한 번 선택정렬과 퀵정렬에 대해서 다시 상기해보자.

첫 번째 문제의 경우,

  1) 선택정렬을 이용하여 정렬한다면 평균적으로 1,000,000번의 연산으로 0.01초 이상의 실행시간이 소요된다.
  2) 퀵정렬을 이용하여 정렬한다면 평균적으로 10,000번의 연산으로 0.0001초 이상의 실행시간이 소요된다.

선택정렬, 퀵정렬 모두 시간 제한 1초 안에 문제를 해결할 수 있다.

두 번째 문제의 경우,

  1) 선택정렬을 이용하여 정렬한다면 평균적으로 1,000,000,000,000번의 연산으로 10000초 이상의 실행시간이 소요된다.
  2) 퀵정렬을 이용하여 정렬한다면 평균적으로 20,000,000번의 연산으로 0.2초 이상의 실행시간이 소요된다.

퀵정렬만 시간 제한 2초 안에 문제를 해결할 수 있다.

n값이 클 때를 포함해서 정렬할 때에는 선택정렬보다는 더욱 빠른 정렬 알고리즘을 사용하는 것이 좋다. 선택정렬보다 더욱 빠른 정렬 알고리즘을 각 언어에 내장된 라이브러리를 사용한다면 선택정렬보다 더욱 쉽게 구현할 수 있다.

1. 선택정렬

```
1    N = int(input())
2    arr = list()
3    for i in range(N):
4        arr.append(int(input()))
5    for i in range(N):
6        for j in range(i+1, N):
7            if arr[i]>arr[j]:
8                tmp=arr[i]
9                arr[i]=arr[j]
10               arr[j]=tmp
11   for i in arr:
12       print(i)
```

2. 퀵정렬 이상의 효율적인 시간복잡도 정렬

```
1    N = int(input())
2    arr = list()
3    for i in range(N):
4      arr.append(int(input()))
5    arr.sort()
6    for i in arr:
7      print(i)
```

'선택정렬'의 코드라인 5~10을 '퀵정렬 이상의 효율적인 시간복잡도 정렬'의 코드라인 5처럼 한 줄로 사용할 수 있다.

퀵정렬의 경우 최악의 시간복잡도는 $O(n^2)$이다.

그러나 언어에 내장되어 있는 라이브러리를 이용한 정렬은 실행시간에 매우 최적화되어 있어 거의 모든 경우에 $O(n*\log_2 n)$의 시간복잡도로 수행할 수 있다.

또한 오름차순, 내림차순, 사용자가 요구하는 정렬방식 모두 언어에 내장되어 있는 라이브러리와 함께 사용 가능하니 정렬할 때에는 라이브러리를 사용하여 정렬한다.

물론, 이렇게 단순히 정렬만을 요구하는 문제는 코딩 테스트에서는 출제되지 않는다.

정렬은 문제를 해결함에 있어 결과적으로 효율적인 연산횟수를 내기 위해서 사용한다고 앞서 말했다.

코딩 테스트 혹은 〈코드포스〉에서는 아래 문제처럼 정렬과 더불어 문제를 해결하기 위한 능력을 필요로 하는 문제가 출제된다.

18-5 정렬을 이용하는 예제 3

저울

https://www.acmicpc.net/problem/2437

시간 제한	메모리 제한	제출	정답	맞힌 사람	정답 비율
1초	128MB	10797	4193	3389	38.251%

문제

하나의 양팔 저울을 이용하여 물건의 무게를 측정하려고 한다. 이 저울의 양 팔의 끝에는 물건이나 추를 올려놓는 접시가 달려 있고, 양팔의 길이는 같다. 또한, 저울의 한쪽에는 저울추들만 놓을 수 있고, 다른 쪽에는 무게를 측정하려는 물건만 올려놓을 수 있다.

무게가 양의 정수인 N개의 저울추가 주어질 때, 이 추들을 사용하여 측정할 수 없는 양의 정수 무게 중 최솟값을 구하는 프로그램을 작성하시오.

예를 들어, 무게가 각각 3, 1, 6, 2, 7, 30, 1인 7개의 저울추가 주어졌을 때, 이 추들로 측정할 수 없는 양의 정수 무게 중 최솟값은 21이다.

입력

첫째 줄에는 저울추의 개수를 나타내는 양의 정수 N이 주어진다. N은 1 이상 1,000 이하이다. 둘째 줄에는 저울추의 무게를 나타내는 N개의 양의 정수가 빈칸을 사이에 두고 주어진다. 각 추의 무게는 1 이상 1,000,000 이하이다.

출력

첫째 줄에 주어진 추들로 측정할 수 없는 양의 정수 무게 중 최솟값을 출력한다.

예제 입력 1

```
7
3 1 6 2 7 30 1
```

예제 출력 1

```
21
```

시간 제한은 1초로 최대 1억 번의 연산을 할 수 있고, 〈백준〉 난이도는 골드3이다.

시간 제한	최대	난이도
1초	1억 번 연산	골드3

문제설명

n개의 저울 추들을 사용하여 측정할 수 없는 무게 중 최솟값을 찾는 문제인데, 쉽게 말하면 저울추들을 더해서 만들 수 없는 숫자 중 최솟값을 찾으면 된다.

어떻게 해결해야 할까?

쉽게 접근하려면 추를 이용하여 만들 수 있는 모든 무게를 만들어 완전 탐색하여 최솟값을 찾아주면 되지만 문제에서 n의 최댓값은 1,000으로 추를 택한다. 추를 택하지 않는 경우 완전 탐색을 할 때 시간복잡도는 $O(2^n-1)$로 시간 제한에 걸린다($2^{1,000}-1$은 정말 어마어마하게 큰 수이다).

탐욕법을 설명할 때 팁으로 설명한 다음 내용 중에서 1번 완전 탐색은 불가능하니 문제의 다른 규칙을 찾아보자.

1) 완전 탐색 했을 경우 시간초과를 확인하는 시간복잡도 계산하기
2) 문제의 규칙 찾기
3) 탐욕법 생각하기

우선 직감적으로 최솟값을 찾기 위해 가장 작은 추를 우선적으로 쌓으면서 특정 수를 만드는 것이 불가능한 지점을 찾아야 한다는 생각이 들었다.

그 후 테스트 케이스를 만들어 해답을 찾기 위한 규칙을 찾으면 될 것이다.

1) n=3이고 저울추의 무게가 1, 2, 6이라면
   무게 1, 2, 3은 만들 수 있지만 무게 4는 만들 수 없으므로 4가 측정할 수 없는 최솟값이 된다.
2) n=3이고 저울추의 무게가 1, 2, 5라면
   무게 1, 2, 3은 만들 수 있지만 무게 4는 만들 수 없으므로 4가 측정할 수 없는 최솟값이 된다.
3) n=3이고 저울추의 무게가 1, 2, 4라면
   무게 1, 2, 3, 4, 5, 6, 7을 만들 수 있지만 무게 8은 만들 수 없으므로 8이 측정할 수 없는 최솟값이 된다.
   무게 3은 1+2,
   무게 5는 1+4,
   무게 6은 2+4,
   무게 7은 1+2+4로 만들 수 있다.

재미있는 규칙을 발견했다.

측정한 저울추의 무게들의 합+1이 다음 저울추 무게보다 작다면 측정한 저울추의 무게들의 합+1이 정답이 된다는 것이다.

문제의 예에서는 $n=7$이고, 각각의 저울추의 무게는 3, 1, 6, 2, 7, 30, 1이다.

저울추의 무게들을 정렬하여 1, 1, 2, 3, 6, 7, 30을 만들고, 변수 answer=1로 설정한 후 (변수 answer값은 1~answer−1까지의 값을 측정할 수 있음을 의미한다.) 저울추의 무게가 answer값보다 크다면 종료하고, 저울추의 무게가 answer값보다 작거나 같다면 저울추의 무게를 answer에 더해보자.

처음 탐색한 1은 answer=1과 같으므로 answer=1+1=2가 된다.
1부터 현재 answer값-1인 1까지의 무게는 전부 측정할 수 있다.

2번째 탐색한 1은 answer=2보다 작으므로 answer=2+1=3이 된다.
1부터 현재 answer값-1인 2까지의 무게는 전부 측정할 수 있다.

3번째 탐색한 2는 answer=3보다 작으므로 answer=2+3=5가 된다.
1부터 현재 answer값-1인 4까지의 무게는 전부 측정할 수 있다.

4번째 탐색한 3은 answer=5보다 작으므로 answer=5+3=8이 된다.
1부터 현재 answer값-1인 7까지의 무게는 전부 측정할 수 있다.

5번째 탐색한 6은 answer=8보다 작으므로 answer=8+6=14가 된다.
1부터 현재 answer값-1인 13까지의 무게는 전부 측정할 수 있다.

6번째 탐색한 7은 answer=14보다 작으므로 answer=14+7=21이 된다.
1부터 현재 answer값-1인 20까지의 무게는 전부 측정할 수 있다.

7번째 탐색한 30은 answer=21보다 크므로 최대로 측정할 수 있는 무게는 20이 되고, 측정할 수 없는 최솟값은 결국 21이 된다.

해답코드

```
1   n=int(input())
2   weight=list(map(int, input().split()))
3   weight.sort()
4
5   answer=1
6   for i in weight:
7       if answer<i:
8           break
9       answer+=i
10
11  print(answer)
```

코드라인 1~2: n과 저울추의 무게를 입력받는다.

코드라인 3: 저울추들을 오름차순으로 정렬한다.

코드라인 5: 정답으로 나올 수 있는 최솟값 1을 answer 변숫값으로 설정한다.

코드라인 6: 오름차순으로 정렬된 저울추들을 작은 무게부터 큰 무게 순으로 탐색해간다.

코드라인 7: 저울추의 무게가 answer 변숫값보다 크다면 종료한다.

코드라인 9: 저울추의 무게가 answer 변숫값보다 작다면 answer 변수에 저울추의 무게만큼 더해준다.

코드라인 11: 정답인 answer를 출력한다.

이렇듯 정렬 문제는 정렬 그 자체로만 출제되기보다는 이분탐색, 탐욕법, 이후에 배울 동적 프로그래밍 등을 이용하기 위해 사용하는 방식으로 코딩 테스트나 〈코드포스〉에서 주로 출제된다.

18-6 계수정렬

수 정렬하기 3

https://www.acmicpc.net/problem/10989

시간 제한	메모리 제한	제출	정답	맞힌 사람	정답 비율
5초	8MB	114920	23994	18436	23.088%

문제

N개의 수가 주어졌을 때, 이를 오름차순으로 정렬하는 프로그램을 작성하시오.

입력

첫째 줄에 수의 개수 N(1≤N≤10,000,000)이 주어진다. 둘째 줄부터 N개의 줄에는 숫자가 주어진다. 이 수는 10,000보다 작거나 같은 자연수이다.

출력

첫째 줄부터 N개의 줄에 오름차순으로 정렬한 결과를 한 줄에 하나씩 출력한다.

예제 입력 1	예제 출력 1
10 5 2 3 1 4 2 3 5 1 7	1 1 2 2 3 3 4 5 5 7

시간 제한은 5초로 최대 3억 번의 연산을 할 수 있고, 〈백준〉 난이도는 실버5이다.

시간 제한	최대	난이도
5초	5억 번 연산	실버5

이 문제를 통해서 계수정렬Counting Sort을 설명하고 메모리 제한도 결코 무시하지 못함을 설명하겠다.

이 문제를 처음 보면 "어? 수 정렬하기 2(18-4, 정렬을 이용하는 예제 1, 2)에서 배운 $O(n*\log^n)$의 시간복잡도 정렬(예 퀵정렬)을 사용하면 해결할 수 있는 문제네!" 하고 제출하면 틀린다.

"$10,000,000*\log_2^{10,000,000}=70,000,000$으로 5억 번의 연산 안에 해결할 수 있는데 왜 틀린 거지?" 이유는 메모리 제한 때문이다. 이 문제의 정답 비율이 22.964%인 만큼 많은 사람이 틀린 문제이다.

이 문제가 수 정렬하기 2와 다른 점은 메모리 제한이 256MB에서 8MB로 줄었으며, 수의 범위가 절댓값 1,000,000보다 작거나 같은 수에서 10,000보다 작거나 같은 자연수로 바뀌었다.

먼저 메모리 크기에 대해서 알아보자.

C++를 기준으로 int형 정수 변수 하나의 크기는 4바이트이다. 이는 32비트와 같으며 -2^{32}~$2^{32}-1$의 수를 표현할 수 있다. 파이썬이라면 상관없지만 다른 언어를 사용한다면 int 같은 자료형이 나타내는 수의 범위가 대략 어디까지인지 알고 있어야 한다.

문제에서 n의 최댓값은 10,000,000이므로 1천만 개의 데이터를 메모리에 저장해야 한다.

각 데이터 한 개마다 4바이트이므로 총 메모리는 40,000,000바이트가 되고 이는 40MB이다(100,000,000바이트는 100MB이다).

즉 문제에서 요구한 8MB 안에 문제를 해결할 수 없다. 이를 해결하기 위해 메모리에 저장시킬 데이터의 수를 줄여야 한다.

여기서 계수정렬을 알아보자.

계수정렬이란 수를 정렬할 때 각 숫자가 몇 번 등장하는지 세어주는 역할을 하며, n개의 데이터를 정렬하는 데 $O(n)$의 시간복잡도로 가장 빠른 정렬 방법이다. 수열 A가 5, 5, 2, 4, 1, 6, 8, 2, 9라고 할 때, 일반적인 오름차순 정렬을 하면 A는 1, 2, 2, 4, 5, 5, 5, 6, 8, 9가 된다. 수열 A에 각 숫자가 몇 번 등장하는지 세어 주는 계수정렬을 사용해보자.

숫자	0	1	2	3	4	5	6	7	8	9
등장 횟수	0	1	2	0	1	3	1	0	1	1

이것을 코드로 이용하기 위해서 다음과 같이 배열의 크기를 정해준다(배열의 크기는 저장할 수 있는 숫자의 크기이다).

```
count_sort = [0] * 10001
```

이후에 A라는 배열의 값들을 count_sort의 인덱스에 넣어 1씩 증가시켜주면 된다.

```
for num in A:
    count_sort[num]+=1
```

물론 장점도 있지만 단점도 있다.

장점은 n개의 데이터를 정렬하는 데 $O(n)$의 시간복잡도가 소요되고, 해당 숫자가 몇 개 있는지 확인하기 위해 $O(1)$의 시간복잡도가 소요되는 정말 빠른 정렬 방법이다.

단점은 수의 크기가 크다면 메모리를 많이 이용한다는 점이다. 예를 들어 수의 범위가 최대 100,000,000이라면 count_sort = [0] * 100000001처럼 1억의 배열 크기를 잡아야 하는데 이는 벌써 400MB를 소비한다.

자, 이제 계수정렬을 배웠으니 다시 문제로 돌아가면 수의 범위가 최대 10,000일 때 계수정렬에 소비되는 메모리는 10,000*4=40,000byte=0.04MB이다.

계수정렬을 이용하여 수들이 몇 번 출현됐는지 확인한 후 0부터 10000까지의 i에 대하여 count_sort[i]가 0이 아니라면 i를 등장횟수 counst_sort[i]의 값만큼 출력한다.

해답코드

```
1   import sys
2   n = int(input())
3   count_sort = [0] * 10001
4   for i in range(n):
5       count_sort[int(sys.stdin.readline())] += 1
6   for i in range(10001):
7       if count_sort[i] != 0:
8           for j in range(count_sort[i]):
9               print(i)
```

코드라인 1: 좀 더 빠른 입력 sys.stdin.readline()을 사용하기 위한 sys를 import한다.
코드라인 2: n을 입력받고,
코드라인 3: 계수정렬을 위한 배열의 크기를 10001로 선언한다.
코드라인 4: n개의 정수를 입력받기 위한 for문이다.
코드라인 5: 입력받은 값 k를 이용해 계수에 등장횟수 1을 추가한다. count_sort[k]+=1이다. (input()의 입력 속도가 10,000,000개의 정수를 입력받는 데 시간이 많이 소요된다. 따라서 sys 라이브러리에 있는 sys.stdin.readline()를 이용해주었다.)
코드라인 6: 0부터 10,000까지 탐색하여
코드라인 7~9: 해당 계수의 등장횟수가 0이 아니라면 등장횟수만큼 계수 i를 출력해 준다.

이 문제에서 조금 당황스러웠던 점은 계수정렬을 위한 배열의 크기가 조금만 커져도 메모리 초과가 난다는 것이다. 계수정렬에서 0.04MB를 사용하여 7.96MB를 더 쓸 수 있다고 생각할 수 있지만 코드를 실행할 때 부가적인 메모리 소비가 더 있다(굳이 알 필요는 없지만 기본적으로 코드를 실행하는 데 몇 MB 정도가 소요되었기 때문이다).

또한 제출 언어로 pypy3으로 제출하면 메모리 초과가 나는데 오히려 python3으로 제출하니 메모리 초과가 나지 않았다(pypy3에서도 메모리 초과를 받지 않으려면 좀 더 코드를 최적화해야 했다).

18-7 안정정렬과 불안정정렬

나이순 정렬

https://www.acmicpc.net/problem/10814

시간 제한	메모리 제한	제출	정답	맞힌 사람	정답 비율
3초	256MB	57089	24438	18513	42.074%

문제

온라인 저지에 가입한 사람들의 나이와 이름이 가입한 순서대로 주어진다. 이때, 회원들을 나이가 증가하는 순으로, 나이가 같으면 먼저 가입한 사람이 앞에 오는 순서로 정렬하는 프로그램을 작성하시오.

입력

첫째 줄에 온라인 저지 회원의 수 N이 주어진다. (1≤N≤100,000)

둘째 줄부터 N개의 줄에는 각 회원의 나이와 이름이 공백으로 구분되어 주어진다. 나이는 1보다 크거나 같으며, 200보다 작거나 같은 정수이고, 이름은 알파벳 대소문자로 이루어져 있고, 길이가 100보다 작거나 같은 문자열이다. 입력은 가입한 순서로 주어진다.

출력

첫째 줄부터 총 N개의 줄에 걸쳐 온라인 저지 회원을 나이 순, 나이가 같으면 가입한 순으로 한 줄에 한 명씩 나이와 이름을 공백으로 구분해 출력한다.

예제 입력 1

```
3
21 Junkyu
21 Dohyun
20 Sunyoung
```

예제 출력 1

```
20 Sunyoung
21 Junkyu
21 Dohyun
```

시간 제한은 3초로 최대 3억 번의 연산을 할 수 있고, 〈백준〉 난이도는 실버5이다.

시간 제한	최대	난이도
3초	3억 번 연산	실버5

문제설명

n이 입력으로 주어지고, n명의 회원 나이와 이름이 입력으로 주어진다. n개의 줄에 걸쳐 회원을 나이가 빠른 순서로, 나이가 같으면 가입한 순으로 한 줄씩 나이와 이름을 출력하면 되는 문제이다.

이 문제를 위해 안정정렬Stable Sort과 불안정정렬unstable Sort 방식을 이해하면 좋을 것 같다.

예제 입력 1의

```
21 Junkyu
21 Dohyun
20 Sunyoung
```

을 알파벳이 빠른 순서로 정렬하면 아래와 같다.

```
21 Dohyun
21 Junkyu
20 Sunyoung
```

D가 가장 빠르고, 그 다음 J, S순으로 빠르기 때문이다.

그럼 이번엔 숫자를 나이가 적은 순으로 정렬을 해보자. 어떻게 될까?

1)
20 Sunyoung
21 Junkyu
21 Dohyun

2)
20 Sunyoung
21 Dohyun
21 Junkyu

1)과 2) 중에서 어떤 것이 정답일까? 숫자를 나이가 적은 순으로 정렬했을 때 나이가 같다면 이름도 알파벳이 빠른 순으로 정렬될 것 같다고 생각해서 2)를 택할 수도 있다고 생각한다.

하지만 정답은 1)이다. 그 이유는 파이썬을 포함한 C++, 자바가 기본적으로 안정정렬 방식을 택하기 때문이다.

안정정렬은 정렬 대상에 있어 같은 값이 있는 경우(예를 들어, 나이 21은 2명이 있고, 이들은 같은 나이값을 가진다.) 해당값의 순서를 정렬 전 그대로 유지한다.

즉, [1, 2(x), 3, 4, 2(y)]를 오름차순으로 정렬한다면

[1, 2(x), 2(y), 3, 4]와 같이 정렬되며 정렬 전 2(x)가 2(y)보다 앞에 있었으므로 오름차순 정렬 후에도 2(x)가 2(y)보다 앞에 있다.

불안정정렬에서는 이러한 정렬을 장담할 수 없다.

자, 이렇게 파이썬 언어가 정렬을 어떤 방식으로 하는지 배웠으니 n명의 회원들을 나이가 빠른 순으로 정렬해보자. C++, 자바를 포함한 파이썬에서는 정렬 기준을 프로그래머에게 할당하여 정렬할 수 있다. 우선 파이썬에서 배열을 오름차순으로 정렬하기 위해 sort() 함수를 이용한다.

arr = [15, 22, 8, 79, 10]
arr.sort()

오름차순뿐만 아니라 정렬 기준을 프로그래머가 정하기 위해 key와 lambda 표현식을 이용할 수 있다.

arr.sort(key=lambda x:x[0])

무슨 뜻인지 보자.

lambda 표현식은 이름 없는 함수로 parameter(매개변수, 인자):return 인수를 뜻한다.

위의 lambda x:x[0]은 다음을 뜻한다.

```
def 함수이름(x):
    return x[0]
```

arr.sort(key=lambda x:x[0])는 x[0]에 대해서 오름차순으로 정렬한다는 뜻이고, 이는 나이를 작은 것이 앞으로 가게 정렬해준다.

내림차순으로 사용하고 싶다면, arr.sort(key=lambda x:-x[0])으로 가능하며 이는 나이가 많은 것이 앞으로 가게 정렬해준다.

arr.sort(key=lambda x: (-x[0], x[1]))

이것은 무엇을 뜻할까?

나이를 내림차순으로 정렬하되 나이가 같다면 이름이 빠른 것부터 정렬한다는 뜻이다.

21 Junkyu		21 Dohyun
21 Dohyun	→	21 Junkyu
20 Sunyoung		20 Sunyoung

arr.sort(key=lambda x: (-x[0], x[1]))에서 비교할 정렬 기준 요소가 여러 개인 경우 (-x[0], x[1]) 비교할 정렬 기준 요소의 순서를 차례대로 적으면 된다.

해답코드

```
1   n = int(input())
2   member = []
3   for i in range(n):
4       age, name = map(str, input().split())
5       age = int(age)
6       member.append([age, name])
7
8   member.sort(key = lambda x : x[0])
9
10  for i in member:
11      print(i[0], i[1])
```

코드라인 1~6: n과 n명의 회원들의 이름과 나이를 입력받는다.

코드라인 8: 회원들을 나이를 오름차순으로 정렬한다.

코드라인 10~11: 정렬된 회원들의 이름과 나이를 한 줄씩 출력한다.

이 장에서는 정렬을 하는 방법인 선택정렬, 퀵정렬, 계수정렬을 배웠다. 앞에서도 말했듯이 정렬 자체는 언어마다 라이브러리에 구현되어 있으므로 쉽게 할 수 있다. 이에 코딩 테스트나 〈코드포스〉는 연산횟수를 줄이기 위해 혹은 문제의 로직을 찾기 위해 정렬을 사용해야 한다는 것을 지문 속에 숨겨두는데, 이를 프로그래머가 찾아내어 "이 문제가 정렬을 해야 하는구나!"를 찾아낼 줄 알아야 한다(18-5. 정렬을 이용하는 예제 3과 같은 문제).

이를 위해 가장 좋은 방법은 정렬이라는 알고리즘을 배웠으니 "문제의 데이터를 정렬했을 때 내가 데이터를 처리하기 더 쉽겠는데!"라는 것을 스스로 떠올리도록 훈련해야 하는 것이다. 정렬에 필요한 기본적인 개념과 문제풀이 방법을 이 장에서 소개했으므로, 더 나아가 많은 문제에 정렬을 접해보길 바란다.

보통의
취준생을 위한
코딩 테스트
with 파이썬

코딩 테스트 출제 빈도

코드포스 출제 빈도

제19장
문자열

독자 if l=='l' : 문자열 공부 복습
　　　　else : 문자열 공부 성공!

저자 독자 분은 여기서 문자열 공부를 '성공!' 하시겠네요.

19-1 문자열

문자열과 관련하여 아호코라식Aho-Corasick 알고리즘, KMP 알고리즘 외에도 다양한 알고리즘이 존재하지만 대기업 코딩 테스트에서는 이러한 중급 이상의 알고리즘은 나오지 않는다.

카카오에서는 트라이 자료구조 정도를 이용하여 푸는 문제가 코딩 테스트에서 출제된다. 이 책에서는 적어도 프로그래밍에 입문한 코더들이 꼭 알아야 하는 상식과 트라이 자료구조, 문자열 파싱에 대해서만 다룰 것이다.

문자열 파싱은 카카오 코딩 테스트 문제를 통해 한번 보여주었다.

"Enter uid1234 Muzi"를 3가지로 나누기 위해 띄어쓰기(' ')를 기준으로 문자열을 나누어 주었다.

"asd!asfsa!asd!f", 이 문자열을 ! 기준으로 나누고 싶다면 "asd", "asfsa", "asd", "f" 4가지로 분리할 수 있는데, 문자열 파싱이란 이처럼 어떤 문자열을 기준으로 문자를 분리할 때 쓰는 알고리즘이다.

이는 뒤의 예제 문제를 통해 조금 더 설명할 것이다.

컴퓨터는 0, 1 두 가지의 숫자만 사용한다는 것은 누구나 알 것이다. 그런데 어떻게 문자열을 이해할 수 있을까? 사실 당연하게도 컴퓨터는 문자열도 숫자로 인식한다.

10진수	부호	10진수	부호	10진수	부호	10진수	부호
032		056	8	080	P	104	h
033	!	057	9	081	Q	105	i
034	"	058	:	082	R	106	j
035	#	059	;	083	S	107	k
036	$	060	<	084	T	108	l
037	%	061	=	085	U	109	m
038	&	062	>	086	V	110	n
039	'	063	?	087	W	111	o
040	(	064	@	088	X	112	p
041	)	065	A	089	Y	113	q
042	*	066	B	090	Z	114	r
043	+	067	C	091	[	115	s
044	,	068	D	092	\	116	t

[그림 19-1] 아스키코드 표

컴퓨터는 미리 해당 숫자에 해당하는 문자들을 아스키코드라는 방식으로 지정해두었다.

> 예 10진수 숫자 097 = a에 해당한다.
> 10진수 숫자 097 = 2진수 101 1110에 해당한다.

우리가 키보드로 ab라는 문자열을 친다면 컴퓨터는 다음처럼 인식하여 해석할 수 있다.

1) ab= 097, 098로 인식하고(문자열을 10진수로 인식)
2) 097, 098 = 101 1110, 101 1111(10진수를 2진수로 인식)

아스키코드에는 한글이 없는데 한글은 어떻게 인식할까? 아스키코드 외에도 유니코드라는 전 세계 언어를 컴퓨터로 인식할 수 있도록 약속해 둔 표가 있다. 컴퓨터는 한글, 한자 그 외에도 전 세계 모든 언어 또한 0과 1, 2가지의 수를 이용하여 해석할 수 있다.

이런 배경 지식을 기반으로 문제 하나를 보자.

19-1-1 문자열을 이용한 예제 1

숫자의 합

https://www.acmicpc.net/problem/11720

시간 제한	메모리 제한	제출	정답	맞힌 사람	정답 비율
1초	256MB	106987	55136	47087	52.946%

문제

N개의 숫자가 공백 없이 쓰여있다. 이 숫자를 모두 합해서 출력하는 프로그램을 작성하시오.

입력

첫째 줄에 숫자의 개수 N(1≤N≤100)이 주어진다. 둘째 줄에 숫자 N개가 공백없이 주어진다.

출력

입력으로 주어진 숫자 N개의 합을 출력한다.

예제 입력 1	예제 출력 1
1 1	1

예제 입력 2	예제 출력 2
5 54321	15

예제 입력 3	예제 출력 3
25 7000000000000000000000000	7

예제 입력 4	예제 출력 4
11 10987654321	46

시간 제한은 1초로 최대 1억 번의 연산을 할 수 있고, 〈백준〉 난이도는 브론즈2이다.

시간 제한	최대	난이도
1초	1억 번 연산	브론즈2

문제설명

수가 주어질 때 각 자리의 수를 모두 더한 값을 출력하면 되는 문제이다.

예제 입력 2의 경우는 다음과 같다.

수의 길이 = 5

수 = 54321(→ 5+4+3+2+1=15)

정답: 15

이 문제를 해결하기 위해 수학적 사고력을 이용한다면 아래 방식으로 각 자리의 수를 구해 줄 수 있다.

54321%10000/1=1
54321%1000/10=2
54321%100/100=3
54321%10/1000=4
54321%1/10000=5

발상을 전환해보자.

컴퓨터에는 숫자이든, 영어이든, 한국어든, 무엇이든 문자열의 형태로 저장할 수 있는 변수형 타입 문자열 변수가 있다.

예를 들면

abcde의

1번째 글자는 a
2번째 글자는 b
3번째 글자는 c
4번째 글자는 d
5번째 글자는 e이며

54321의

1번째 글자는 5
2번째 글자는 4
3번째 글자는 3
4번째 글자는 2
5번째 글자는 1이다.

따라서 문자열을 통해 각 글자 하나마다 더한 값을 정답으로 출력하면 된다.

다소 쉬운 문제이지만 이 문제를 통해 수를 모두 숫자로만 생각하지 말고 문자열 형식의 타입으로도 이용할 수 있다는 것을 인지하면 좋을 것 같다.

해답코드

```
1    N=int(input())
2    num=list(input())
3    answer=0
4    for i in num:
5        answer += int(i)
6    print(answer)
```

코드라인 4~5: 입력으로 주어진 수를 문자열 형식으로 하나씩 더한다.

19-1-2 문자열을 이용한 예제 2

백대열

https://www.acmicpc.net/problem/14490

시간 제한	메모리 제한	제출	정답	맞힌 사람	정답 비율
2초	512MB	2627	1874	1714	73.217%

문제

대열이는 욱제의 친구다.

- "야 백대열을 약분하면 뭔지 알아?"
- "??"
- "십대일이야~하하!"

n:m이 주어진다. 욱제를 도와주자. (...)

입력

n과 m이 :을 사이에 두고 주어진다. (1<=n, m<=100,000,000)

출력

두 수를 최대한으로 약분하여 출력한다.

예제 입력 1	예제 출력 1
100:10	10:1

예제 입력 2	예제 출력 2
18:24	3:4

시간 제한은 2초로 최대 2억번의 연산을 할 수 있고, 〈백준〉 난이도는 실버4이다.

시간 제한	최대	난이도
2초	2억 번 연산	실버4

문제설명

n:m 형식의 문자열이 한 줄로 주어질 때, 두 수를 최대한 약분한 결괏값을 출력하는 문제이다.

카카오 코딩 테스트에서 자주 출제되는 문자열 파싱에 대해서 알아보자.

위 문제에서 n=1,000, m=123,123이라면,

입력은 str="1000:123123" 문자열 형태로 들어올 것이다. 두 수를 최대한 약분한 값으로 만들기 위해서 n="1000", m="123123" 두 개의 수로 분리(파싱) 할 필요가 있다.

입력은 항상 "n:m"의 형식으로 들어온다. 그러므로 ":"을 기준으로 이전에는 n, 이후에는 m이 들어 있다. 그러므로 문자열을 ":"을 기준으로 분리해야 한다.

파이썬에서 문자열을 특정문자열을 기준으로 분리하는 함수가 있다. 문법은 아래와 같다.

문자열.split(" 분리할 기준 문자열 ")

str="100:10:50" 문자열을 ":"을 기준으로 분리하는 것은 코드로 아래와 같다.

```
parsing = list(map(str, str.split(':')))
parsing[0]="100", parsing[1]="10", parsing[2]="50""
```

parsing 배열 안에는 위의 값이 들어가게 된다. 생각보다 사용법이 매우 쉬우며, 이 정도만 알고 있어도 이후의 응용은 사용자에게 맡겨진다.

문자열 파싱을 완료한 후 둘의 최대공약수 a를 통해 n/a, ":", m/a, 3가지를 출력해주면 정답이 된다(최대공약수 알고리즘은 '16장. 수학'에서 배운 유클리드 호제법 알고리즘을 사용했다).

해답코드

```
1   def GCD(a, b):
2       if b % a: return GCD(b % a, a)
3       else: return a
4
5   n, m = map(int, input().split(':'))
6   a = GCD(n, m)
7   print(n//a, end='')
8   print(":", end='')
9   print(m//a, end='')
```

코드라인 1~3: 유클리드 호제법을 통한 두 수의 최대공약수를 빠르게 구하는 함수를 정의한다.
코드라인 5: 입력을 ":"을 기준으로 파싱한다.
코드라인 6: n과 m의 최대공약수 a를 구한다.
코드라인 7~9: n/a, ":", m/a, 3가지를 출력해준다.

19-1-3 문자열을 이용한 예제 3

문자열은 동적 프로그래밍, 이분탐색, 스택, 큐, 탐욕법 등 매우 많은 알고리즘을 포함한 문제 유형이 나올 수 있다. 그러한 문제의 특징은 여타 다른 문제와 마찬가지로 시간복잡도를 줄이거나 혹은 정답의 구현을 위해 문자열+a(알고리즘) 형식의 문제가 대부분이다.

문자열 폭발

https://www.acmicpc.net/problem/9935

시간 제한	메모리 제한	제출	정답	맞힌 사람	정답 비율
2초 (추가 시간 없음)	128MB	30812	6609	4463	22.262%

문제

상근이는 문자열에 폭발 문자열을 심어 놓았다. 폭발 문자열이 폭발하면 그 문자는 문자열에서 사라지며, 남은 문자열은 합쳐지게 된다.

폭발은 다음과 같은 과정으로 진행된다.

- 문자열이 폭발 문자열을 포함하고 있는 경우에, 모든 폭발 문자열이 폭발하게 된다. 남은 문자열을 순서대로 이어 붙여 새로운 문자열을 만든다.
- 새로 생긴 문자열에 폭발 문자열이 포함되어 있을 수도 있다.
- 폭발은 폭발 문자열이 문자열에 없을 때까지 계속된다.

상근이는 모든 폭발이 끝난 후에 어떤 문자열이 남는지 구해보려고 한다. 남아있는 문자가 없는 경우가 있다. 이때는 "FRULA"를 출력한다.

폭발 문자열은 같은 문자를 두 개 이상 포함하지 않는다.

입력

첫째 줄에 문자열이 주어진다. 문자열의 길이는 1보다 크거나 같고, 1,000,000보다 작거나 같다.

둘째 줄에 폭발 문자열이 주어진다. 길이는 1보다 크거나 같고, 36보다 작거나 같다.

두 문자열은 모두 알파벳 소문자와 대문자, 숫자 0, 1, ..., 9로만 이루어져 있다.

출력

첫째 줄에 모든 폭발이 끝난 후 남은 문자열을 출력한다.

예제 입력 1
```
mirkovC4nizCC44
C4
```

예제 출력 1
```
mirkovniz
```

예제 입력 2
```
12ab112ab2ab
12ab
```

예제 출력 2
```
FRULA
```

시간 제한은 2초로 최대 2억 번의 연산을 할 수 있고, 〈백준〉 난이도는 골드4이다.

시간 제한	최대	난이도
2초	2억 번 연산	골드4

문제설명

문자열과 폭발 문자열이 입력으로 주어진다. 이때 문자열 폭발 과정은 아래와 같다.

- 문자열이 폭발 문자열을 포함하고 있는 경우에, 모든 폭발 문자열이 폭발하게 된다. 남은 문자열을 순서대로 이어 붙여 새로운 문자열을 만든다.
- 새로 생긴 문자열에 폭발 문자열이 포함되어 있을 수도 있다.
- 폭발은 폭발 문자열이 문자열에 없을 때까지 계속된다.

이때 남아 있는 문자열이 있다면 해당 문자열을 출력하고, 남아있는 문자열이 없다면 "FRULA"를 출력하면 되는 문제이다.

예제 입력 1과 2를 통해 이해해보자.

예제 입력 1

문자열="mirkovC4nizCC44"

폭발 문자열="C4"

1) 문자열에서 폭발 문자열을 포함하고 있다면 폭발 문자열을 전부 지우고 남은 문자열을 합친다.
   문자열="mirkovC4nizCC44" → 문자열="mirkovnizC4"

2) 위의 과정을 반복하면
   문자열="mirkovnizC4" → 문자열="mirkovniz"가 최종적으로 남게 된다.

예제 입력 2

문자열="12ab112ab2ab"

폭발 문자열="12ab"

1) 문자열에서 폭발 문자열을 포함하고 있다면 폭발 문자열을 전부 지우고 남은 문자열을 합친다.
   문자열="12ab112ab2ab" → 문자열="12ab"

2) 위의 과정을 반복하면
   문자열="12ab" → 문자열=" " 남은 문자열이 없고 "FRULA"를 출력하면 된다.

역시나 가장 기본적으로 생각할 수 있는 방법은 완전 탐색 알고리즘이다. 문자열을 하나하나 비교하며 폭발 문자열이 있다면 해당 문자열을 지우고 남은 문자열을 합치면 된다.

문자열=s="mirkovC4nizCC44"
폭발 문자열=bomb="C4"

문자열 =	m i r k o v C 4 n i z C C 4 4
폭발 문자열 =	C 4
폭발 문자열 =	C 4
폭발 문자열 =	C 4
폭발 문자열 =	C 4
...	
폭발 문자열 =	C 4 → 폭발 문자열이 포함되므로, 지워야 한다.
...	
폭발 문자열 =	C 4 → 폭발 문자열이 포함되므로, 지워야 한다.
폭발 문자열 =	C 4

1) 이 과정에서 시간복잡도는 O(문자열의 길이*폭발 문자열의 길이)가 된다.
   폭발 문자열 삭제 후 남은 문자열을 합칠 때 시간복잡도는 다음과 같다.
   m i r k o v _ _ n i z C _ _ 4   (_는 지워둔 문자열 자리)
   지워둔 문자열을 다시 앞으로 당겨 아래처럼 만들어주어야 한다.
   m i r k o v n i z C 4
2) 이 과정에서 시간복잡도는 O(삭제하는 글자 수*문자열의 길이)가 된다.
   (이것이 잘 이해되지 않는다면 ArrayList를 설명했을 때, 시간복잡도를 생각해보자.)

문자열의 최대길이는 1,000,000이고, 폭발 문자열의 최대길이는 36으로 완전 탐색을 하면 시간초과가 난다.

1)에서 1,000,000*36=36,000,000

2)에서 최대 삭제 가능한 글자 수는 문자열의 길이이며 이를 문자열의 길이와 곱하면 대략 1,000,000*1,000,000=1,000,000,000,000이 된다.

즉, 시간초과가 난다.

이 문제를 해결하기 위해 1)과 2)에서 시간초과가 나지 않도록 로직을 바꿔 주어야 한다.

어떻게 줄일 수 있을까?

1)의 비교 관점을 완전히 바꿀 필요가 있다.

1)에서는 문자열에서 폭발 문자열이 있는지 확인을 위해 O(문자열의 길이*폭발 문자열의 길이)의 완전 탐색을 해주었다. 여기서 스택을 사용하여 문자열을 하나씩 스택의 상단에 쌓아보자.

폭발 문자열=	C 4
문자열 =	m
문자열 =	m i (파란색은 C4와 비교할 문자열)

문자열의 길이가 폭발 문자열과 같다면 둘을 비교한다. 다르다면 스택에 계속하여 문자열을 하나씩 추가한다.

| 문자열 = | m i r |

문자열을 추가했을 때 스택의 처음부터(m부터) 비교가 아닌 i r과 C 4를 비교하면 매번 비교마다 시간복잡도는 O(폭발 문자열의 길이)가 된다.

O(문자열의 길이)=1,000,000에서 O(폭발 문자열의 길이)=36이 되어 비약적으로 연산 횟수가 줄었다. 계속해보자.

문자열 =	m i r k
...	
...	
문자열 =	m i r k o v C 4

폭발 문자열에 해당하는 문자를 찾았다. 이때 스택을 이용했으므로 스택의 최상단을 C4의 길이 2번만큼 지워주면 된다. 2)에서 1,000,000(삭제할 문자열의 수)*1,000,000(문자열의 길이)=1,000,000,000,000 연산을 1,000,000(삭제할 문자열의 수)의 연산으로 대폭 줄였다.

시간복잡도 문제를 전부 해결했다. 마저 실행해보자.

...

문자열 =	mirk**o**v
문자열 =	mirko**v**n
문자열 =	mirkov**n**i
문자열 =	mirkovn**i**z
문자열 =	mirkovniz**C**
문자열 =	mirkovniz**C**C
문자열 =	mirkovnizCC**4** → 지워준다.
문자열 =	mirkovni**z**C
문자열 =	mirkovnizC**4** → 지워준다.
정답 문자열 =	mirkovniz

흔히 이렇게 한 글자, 한 글자 문자열의 위치를 옮기며 비교하는 방식을 슬라이딩 윈도우 알고리즘이라고 하는데, 이 기법도 알고리즘 문제를 풀 때 유용하게 쓰일 법한 알고즘이다. 코드로 어떻게 구현했는지 보자.

해답코드

```
1   s=str(input())
2   bomb=str(input())
3   left=[]
4
5   start=0;end=len(s)-1
6   while(start<=end):
7     tof=True
8     left.append(s[start]);start+=1
9     if(len(left)>=len(bomb)):
10      for i in range(len(bomb)):
11        if bomb[i]!= left[len(left)-len(bomb)+i]:
12          tof=False
13          break
14    if tof==True:
```

```
15          for i in range(len(bomb)):
16              left.pop()
17
18  if len(left)==0 : print("FRULA")
19  else :
20      for i in range(len(left)):
21          print(left[i], end='')
```

코드라인 1: 문자열 s를 입력받는다.

코드라인 2: 폭발 문자열 bomb을 입력받는다.

코드라인 3: 문제의 시간복잡도를 사용하기 위한 스택을 사용한다.

코드라인 5: start=0, end=문자열의 길이-1, 이는 슬라이딩 윈도우 알고리즘을 사용하기 위한 범위이다.

코드라인 6: start가 end보다 작거나 같다면 무한반복한다.

코드라인 7: tof값을 True로 설정한다.

코드라인 8: 스택 left에 문자열[start] 값을 넣은 후 start를 1 증가시킨다.

코드라인 9: 스택의 크기가 폭발 문자열보다 크거나 같다면

코드라인 10~13: 폭발 문자열 길이에 해당하는 스택 상단이 폭발 문자열과 다르다면 tof=False로 설정해두고 for문을 종료한다(쉽게 생각하면 문자열 끝과 폭발 문자열을 비교한다).

코드라인 14~16: tof=True라면 폭발 문자열 길이에 해당하는 스택 상단이 폭발 문자열과 같다는 것이다. 이때는 폭발 문자열의 길이만큼 스택의 상단을 지워준다(문자열 끝에 있는 폭발 문자열을 지워주는 것이다).

코드라인 18: 스택의 길이가 0이라면(문자열이 비어있다면) "FRULA"를 출력해준다.

코드라인 19~21: 그 밖의 경우 스택 left를 출력해주면 정답이 된다.

19-2 트라이 자료구조

카카오 코딩 테스트에서 3번 이상 출제된 자료구조로 코딩 테스트의 모든 문제를 맞추는 게 목표가 아니라면 상관없지만 알아두면 좋은 자료구조라고 생각한다.

트라이Trie 자료구조는 문자열을 저장하고 효율적으로 탐색하기 위한 자료구조이다.

트라이는 그림으로 보면 쉽게 이해 할 수 있을 것이다.

문자열 5개 "game", "he", "her", "device", "develop"가 주어졌을 때, 이를 배열에 넣는 경우와 트라이 자료구조에 넣는 경우를 비교하여 보자.

1. 배열에 문자열을 넣는 경우

배열 a에 위의 문자열 5개를 넣는 경우 배열 a의 상태는 아래와 같다.

a1	a2	a3	a4	a5
game	he	her	device	develop

여기서 he라는 글자를 찾는 경우 배열의 시작 부분인 a1부터 배열의 끝부분인 a5까지 he가 있는지 하나하나 비교하여야 한다.

    a1 game과 he는 다르다(문자열이 서로 같은지 비교하기 위해 4번의 연산을 한다).
    a2 he와 he는 같다(문자열이 서로 같은지 비교하기 위해 2번의 연산을 한다).
    a3 her과 he는 다르다(문자열이 서로 같은지 비교하기 위해 3번의 연산을 한다).
    a4 device와 he는 다르다(문자열이 서로 같은지 비교하기 위해 5번의 연산을 한다).
    a5 develop과 he는 다르다(문자열이 서로 같은지 비교하기 위해 6번의 연산을 한다).

배열의 크기(문자열의 개수)가 n이고 각 문자열의 길이가 m일 때, 총 연산횟수는 대략 $O(n*m)$의 시간복잡도를 가진다(이때 배열대신에 맵 자료구조를 사용한다면 $O(\log^n *m)$의 시간복잡도가 소요된다).

2. 트라이 자료구조에 문자열을 넣는 경우

문자열 5개는 아래의 그림과 같은 트리 상태가 된다.

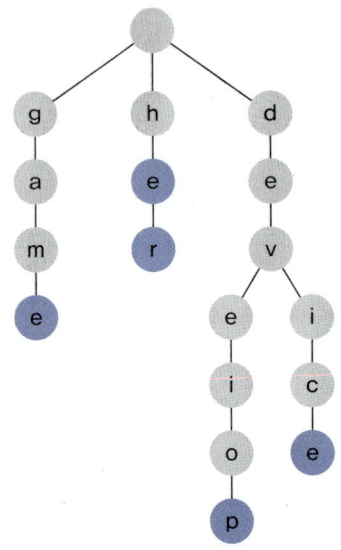

루트 노드가 되는 최상의 노드에는 비어 있는 상태로 두고, 루트 아래 노드부터 삽입할 문자열들의 접두사가 하나씩 나타나게 된다.

1) game의 삽입 시 g → ga → gam → game 순으로 들어가며 트리의 진한 회색 부분은 문자열이 끝났음을 의미한다.
2) he의 삽입 시 h → he 순으로 들어가며 e 부분은 진한 회색으로 문자열의 끝을 의미한다.
3) her의 삽입 시 h → he → her 순으로 들어가며 r 부분은 진한 회색으로 문자열의 끝을 의미한다.
4) device의 삽입 시 d → de → dev → devi → devic → device 순으로 들어가며 e 부분은 진한 회색으로 문자열의 끝을 의미한다.
5) develop의 삽입 시 d → de → dev → deve → devel → develo → develop 순으로 들어가며 p 부분은 진한 회색으로 문자열의 끝을 의미한다.

여기서 he라는 글자를 찾는 경우, 최상의 루트노드와 연결된 노드 중에서 h노드와 연결된 부분이 있는지를 찾는다.

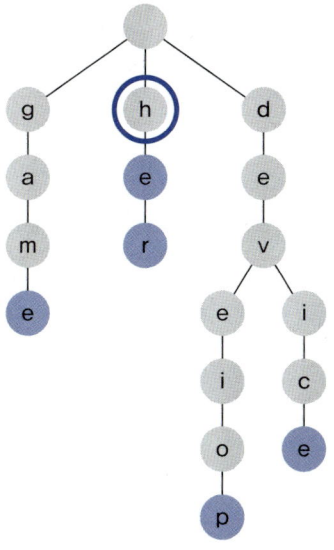

h 노드가 있다면 h 노드와 연결된 부분에서 e 노드와 연결된 부분이 있는지를 찾는다.

여기서 e 부분은 진한 회색으로 문자열이 끝났다는 것을 의미하므로 찾고자 하는 he가 존재한다는 것을 확인할 수 있다.

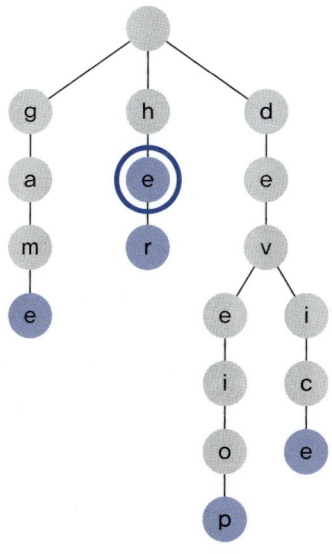

문자열의 개수가 n이고 찾고자 하는 문자열의 길이가 m일 때, 트라이 자료구조에 삽입할 때에는 $O(n*m)$의 시간복잡도를 가지며, 찾고자 하는 문자열을 찾을 때 총 연산횟수는 $O(m)$의 시간복잡도를 가진다. 앞에서 말한 배열 방식에 비해 매우 효율적인 자료구조이다.

하지만, 이런 트라이 자료구조에는 메모리를 많이 차지한다는 단점이 있다. 각 노드마다 a~z까지 26개의 문자들이 들어올 만한 공간을 만들어두어야 하기 때문에 트라이 자료구조의 메모리 사용량, 즉 공간복잡도는 $O($트라이에 존재하는 총 노드의 수*문자열의 범위$)$가 된다는 점이 있다. 이는 배열이나 맵에 비해 많은 메모리를 차지한다.

예제를 통해 코드로 어떻게 구현하는지 보자. 가장 기본적인 트라이 자료구조 사용 예제이다.

19-2-1 트라이 자료구조를 이용한 예제

전화번호 목록

https://www.acmicpc.net/problem/5052

시간 제한	메모리 제한	제출	정답	맞힌 사람	정답 비율
1초	256MB	24620	7632	4434	29.434%

문제

전화번호 목록이 주어진다. 이때, 이 목록이 일관성이 있는지 없는지를 구하는 프로그램을 작성하시오.

전화번호 목록이 일관성을 유지하려면, 한 번호가 다른 번호의 접두어인 경우가 없어야 한다.

예를 들어, 전화번호 목록이 아래와 같은 경우를 생각해보자.

- 긴급전화: 911
- 상근: 97 625 999
- 선영: 91 12 54 26

이 경우에 선영이에게 전화를 걸 수 있는 방법이 없다. 전화기를 들고 선영이 번호의 처음 세 자리를 누르는 순간 바로 긴급전화가 걸리기 때문이다. 따라서, 이 목록은 일관성이 없는 목록이다.

입력

첫째 줄에 테스트 케이스의 개수 t가 주어진다. ($1 \leq t \leq 50$) 각 테스트 케이스의 첫째 줄에는 전화번호의 수 n이 주어진다. ($1 \leq n \leq 10000$) 다음 n개의 줄에는 목록에 포함되어 있는 전화번호가 하나씩 주어진다. 전화번호의 길이는 길어야 10자리이며, 목록에 있는 두 전화번호가 같은 경우는 없다.

출력

각 테스트 케이스에 대해서, 일관성 있는 목록인 경우에는 YES, 아닌 경우에는 NO를 출력한다.

예제 입력 1

```
2
3
911
97625999
91125426
5
113
12340
123440
12345
98346
```

예제 출력 1

```
NO
YES
```

시간 제한은 1초로 최대 1억 번의 연산을 할 수 있고, 〈백준〉 난이도는 골드4다.

시간 제한	최대	난이도
1초	1억 번 연산	골드4

문제설명

전화번호 목록이 입력으로 들어올 때, 한 전화번호가 다른 전화번호의 접두어와 겹치면 *"NO"*, 겹치지 않는다면 *"YES"*를 출력하면 되는 문제이다.

접두어가 무엇인지 보자.

911의 접두어는 9, 91, 911이다.

91125426의 접두어는 9, 91, 911, 9112, 91125, 911254, 9112542, 91125426이다.

사실 이 문제는 전화번호의 모든 접두어를 맵 자료구조에 넣어 풀면 매우 쉽게 풀 수 있다. 그렇지만 이번 문제에서는 트라이 자료구조를 코드로 어떻게 사용하는지에 초점을 두자.

전화번호 목록이 다음과 같다고 하자.

97625999

911

91125426

그러면 트라이 자료구조는 아래와 같이 생성된다.

해답코드(일부)

```
1    class NODE:
2        def __init__(self):
3            self.value = False
4            self.childs ={}
5
6    class Trie:
7        def __init__(self):
8            self.root = NODE()
9
10       def insert(self, phone_num):
11           curNode = self.root
12           for num in phone_num:
13               if num not in curNode.childs:
14                   curNode.childs[num] = NODE()
15               curNode = curNode.childs[num]
16               if curNode.value is True:
17                   return False
18           curNode.value = True
19           return True
```

트라이를 class화시켜 두었으며 알아야 할 코드 부분은 다음과 같다.

코드라인 1~4: 트라이에 글자를 저장하는 노드 부분이다. 문자열의 끝을 표시하기 위한 self.value와 문자열과 문자열이 연결된 트리를 만들기 위해 self.childs={}를 노드의 데이터로 만들었다.

코드라인 7~8: 트라이 자료구조에 루트노드를 만들어 준다.

코드라인 10: 트라이 자료구조의 문자열을 삽입할 때의 알고리즘이다.

코드라인 11: 현재 노드를 트라이의 루트노드로 설정해 둔다.

코드라인 12: 전화번호(예를 들어 911)의 글자 하나하나씩(num) 탐색해가며

코드라인 13~14: 현재 노드의 자식 중 전화번호의 글자가 없다면 현재 노드의 자식에 새로운 노드를 만든다.

코드라인 15: 현재 노드를 현재 노드의 자식 중 num으로 위치시킨다.

코드라인 16~17: 문제의 접두어 확인을 위한 알고리즘이다. 현재 노드가 문자열의 끝이라면 접두어와 만난 것이므로 False를 반환했다.

코드라인 18: 코드라인 12의 for문을 통해 현재 노드는 문자열의 끝을 가리킨다. 문자열의 끝 노드는 True로 표시한다.

코드라인 19: 접두어를 만나지 못했으므로 True를 반환한다.

그림으로 보자.

1) 97625999를 트라이 자료구조에 삽입한다(색이 있는 원은 전화번호의 마지막 글자를 표시한다).

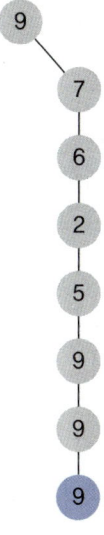

2) 911을 트라이 자료구조에 삽입한다.

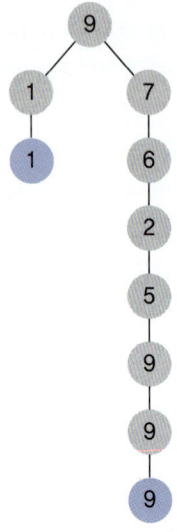

3) 91125426을 트라이 자료구조에 삽입한다.

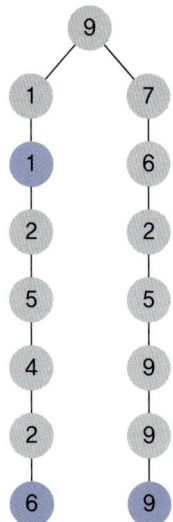

원래대로라면 위에 그림과 같이 트라이 자료구조가 생성되겠지만, 삽입 과정 중 코드라인 16~17에 의해 91125426 중 9, 1 그리고 1을 삽입하는 과정에서 이전에 삽입한 911과 현재 91125426의 접두어 911이 같기 때문에 False를 반환해 준다.

여기서 전화번호 목록은 정렬되어 있어야 한다.

코너 케이스를 만들어보자.

1) 전화번호목록 -
   911
   91125426
   이 경우 위와 같이 한 전화번호와 다른 전화번호의 접두어가 겹치는 것을 확인할 수 있다 (911의 끝부분 파란색과 현재 91125426의 접두어가 만났기 때문이다).

2) 전화번호목록 -
   91125426
   911

하지만 이 경우 91125426을 먼저 삽입하면 아래와 같은 그림이 된다.

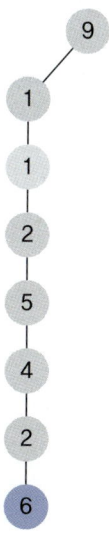

제19장 문자열

하지만 여기서 911을 삽입해도 911의 마지막 문자열 1부분은 파란색 원이 아니므로 접두어와 겹치는지 확인할 수 없다. 그러므로 문자열의 길이가 짧은 것을 먼저 트라이 자료구조에 삽입하기 위해 정렬을 해주었다.

해답코드(전체)

```python
class NODE:
    def __init__(self):
        self.value = False
        self.childs ={}

class Trie:
    def __init__(self):
        self.root = NODE()

    def insert(self, phone_num):
        curNode = self.root
        for num in phone_num:
            if num not in curNode.childs:
                curNode.childs[num] = NODE()
            curNode = curNode.childs[num]
            if curNode.value is True:
                return False
        curNode.value = True
        return True

for _ in range(int(input().rstrip())):
    n = int(input().rstrip())
    phone_List = [input().rstrip() for _ in range(n)]
    phone_List.sort()
    trie = Trie()
    tof=True
    for num in phone_List:
        tof = trie.insert(num)
```

```
29              if not tof:
30                  break
31      if tof:print("YES")
32      else:print("NO")
```

코드라인 21: 테스트 케이스의 수를 입력받는다.

여기서 잠깐!

코드라인 21에서 입력을 input().rstrip()으로 받았다. 이는 예제 입력 1을 드래그해보면 마지막에 띄어쓰기가 하나 있음을 알 수 있는데, 띄어쓰기 부분을 없애기 위해서다.

예제 입력 1

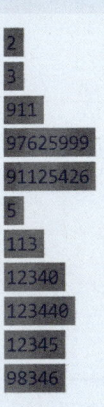

알고리즘 공부 초기에 이 작업을 안 하고 제출해서 잘못된 정답이 나와 '대체 어디가 틀린 거지?' 생각하며 화가 났던 적이 많다. 자신이 쓰는 언어의 입력 방법을 잘 이해하여 이러한 사태가 일어나지 않도록 하자.

코드라인 22~23: n과 전화번호 목록을 입력받는다.

코드라인 24: 전화번호 목록을 길이가 짧은 것이 앞으로 오도록 정렬해 준다.

코드라인 25: 트라이 자료구조를 코드라인 6에서 만든 트라이 클래스를 통해 만들었다.

코드라인 26: 한 전화번호와 다른 전화번호의 접두어가 겹치는지 확인용 tof 변수를 생성한다.

코드라인 27~30: 전화번호 목록에 있는 전화번호를 하나하나 트라이에 삽입하며, 이때 한 전화번호와 다른 전화번호의 접두어가 겹친다면 tof=False로 설정 후 for문을 탈출한다.

코드라인 31~32: tof=True라면 "YES"를 출력하고, tof=False라면 "NO"를 출력한다.

이렇게 19장에서는 문자열을 공부했다. 문자열 또한 결국 시간복잡도와의 싸움이 관건이고, 다른 알고리즘 지식과 혼용되어 출제되기 좋으니 지금껏 배운 알고리즘을 더욱 더 익힐 수 있게 문제를 많이 풀어보자. 이제 20장의 동적 프로그래밍까지 공부하면 필요한 알고리즘 기초들은 전부 습득한다. 동적 프로그래밍은 어렵기로 소문난 알고리즘이다. 어떤 알고리즘인지 살펴보자.

코딩 테스트 출제 빈도

코드포스 출제 빈도

제20장
동적 프로그래밍

독자 대망의 마지막 알고리즘이네요.

저자 동적 프로그래밍이 처음이라면 정말 어려울 거예요.

독자 준비 됐습니다.

저자 핵심은 큰 문제를 해결하기 위해 작은 문제가 중복되는 게 필요하다는 것을 발견하는 거예요.

20-1 동적 프로그래밍

동적 프로그래밍DP, Dynamic Programing은 불필요하게 다시 계산하는 일을 막아 주는 기능을 한다. 여기서 불필요한 계산이란 예전에 구해둔 계산을 다시 필요로 할 때 이전에 구해둔 계산을 통해 얻는 방법을 말한다. 이러한 동적 프로그래밍의 대표적인 예는 스마트폰의 앱 비활성화 기능이다. 새로운 앱을 실행하기 위해 필요한 메모리가 부족해지면 스마트폰의 운영체제가 활성화되어 있는 앱 중 몇 개를 선택하여 비활성화해야 할 경우 비활성화에 필요한 계산을 최적화해야 하는데, 이때 동적 프로그래밍이 쓰인다(이 외에도 정말 많은 곳에서 쓰이고 있다).

다이나믹 프로그래밍, 디피, DP, 동적계획법 등 다양한 이름으로 불리는 이 알고리즘은 큰 문제를 작은 문제로 나누어 푸는 문제를 말한다. 분할정복과 동적 프로그래밍, 둘 다 큰 문제를 작은 문제로 나누어 푼다는 공통점이 있지만, 분할정복은 작은 문제끼리의 연관성이 없지만, 동적 프로그래밍은 작은 문제끼리 중복되는 부분이 있다는 차이가 있다.

즉 동적 프로그래밍은 큰 문제를 작은 문제로 나누어 푼다. 그리고 구해둔 작은 문제의 정답을 어딘가에 적어 둔다. 그런 후 작은 문제보다 조금 더 큰 문제를 풀 때, 작은 문제의 정답이 다시 필요한 경우 그 정답을 통해 작은 문제의 정답을 다시 구할 필요를 줄이면 된다.

구해 둔 작은 문제의 정답을 어딘가에 적어두는 방식을 메모이제이션memoization이라고 한다. 그러므로 작은 문제의 정답을 다시 구할 필요 없이 작은 문제의 정답만 그대로 가져와 쓰면 되게 해준다.[1]

동적 프로그래밍은 많은 이들이 어려워하는 알고리즘이다. 나 역시 동적 프로그래밍이라는 알고리즘을 지금도 제일 싫어하며, 알고리즘을 공부하는 코더들도 멘탈을 부수는 주요 원인이라고 한다. 동적 프로그래밍 알고리즘은 코더에 따라 잘하는 사람도 있고, 어려워하는 사람이 있는데 대부분의 사람들은 동적 프로그래밍 알고리즘이 가장 어렵다고들 한다. 내가 동적 프로그래밍 알고리즘을 풀면서 느낀 것이 어려운 동적 프로그래밍 문제는 정말 어렵지만 코딩 테스트에서 출제되는 동적 프로그래밍 수준은 〈백준〉에 있는 대표적인 동적 프로그래밍 유형 정도만 알아도 충분했다는 점이다. 동적 프로그래밍의 핵심은 큰 문제를

---

1 알고리즘 문제를 해결 할 때 메모이제이션을 사용하기 위해서는 배열을 이용한다.

작은 문제로 나눌 때 작은 문제들의 중복 여부를 파악하여 연산횟수를 줄이는 데 있다. 이렇게 줄인 연산횟수는 프로그램의 실행시간을 줄여주며, 코드를 최적화할 수 있게 만들어 준다. 실제로도 휴대폰을 최적화한다든가 다양한 분야의 최적화를 위해 동적 프로그래밍이 사용되고 있고, 잘 구현된 동적 프로그래밍 패러다임은 프로그램의 실행시간을 비약적으로 단축시켜 줄 수 있다.

큰 문제를 작은 문제로 나눌 때 빼놓을 수 없는 단어는 '점화식'이다. 동적 프로그래밍의 핵심인 점화식이란 수열 간의 관계를 말한다.

피보나치 수열을 예로 들면, $a_0=0$, $a_1=1$로 설정했을 때, 수열은 $a_n=a_{n-1}+a_{n-2}$와 같은 점화식을 갖게 된다.

  $a_2=a_1+a_0=1+0=1$
  $a_3=a_2+a_1=1+1=2$
  $a_4=a_3+a_2=2+1=3$
  $a_5=a_4+a_3=3+2=5$
  $a_6=a_5+a_4=5+3=8$
  ...

이렇게 점화식을 세워 두면 a_4를 구하기 위해

  $a_4=a_1+a_1+a_1+a_0+a_0$

대신, 미리 구해둔 a_3+a_2 값을 통해 a_4를 구할 수 있게 되며 이는 연산횟수를 줄여 준다.

  $a_4=a_3+a_2$

예제 하나를 보며 대표적인 동적 프로그래밍의 점화식 사용 예를 보자.

20-2 동적 프로그래밍의 기본 예제 1

포도주 시식

https://www.acmicpc.net/problem/2156

시간 제한	메모리 제한	제출	정답	맞힌 사람	정답 비율
2초	128MB	77537	26420	18956	33.138%

문제

효주는 포도주 시식회에 갔다. 그 곳에 갔더니, 테이블 위에 다양한 포도주가 들어있는 포도주 잔이 일렬로 놓여 있었다. 효주는 포도주 시식을 하려고 하는데, 여기에는 다음과 같은 두 가지 규칙이 있다.

1. 포도주 잔을 선택하면 그 잔에 들어있는 포도주는 모두 마셔야 하고, 마신 후에는 원래 위치에 다시 놓아야 한다.
2. 연속으로 놓여 있는 3잔을 모두 마실 수는 없다.

효주는 될 수 있는 대로 많은 양의 포도주를 맛보기 위해서 어떤 포도주 잔을 선택해야 할지 고민하고 있다. 1부터 n까지의 번호가 붙어 있는 n개의 포도주 잔이 순서대로 테이블 위에 놓여 있고, 각 포도주 잔에 들어있는 포도주의 양이 주어졌을 때, 효주를 도와 가장 많은 양의 포도주를 마실 수 있도록 하는 프로그램을 작성하시오.

예를 들어 6개의 포도주 잔이 있고, 각각의 잔에 순서대로 6, 10, 13, 9, 8, 1 만큼의 포도주가 들어 있을 때, 첫 번째, 두 번째, 네 번째, 다섯 번째 포도주 잔을 선택하면 총 포도주 양이 33으로 최대로 마실 수 있다.

입력

첫째 줄에 포도주 잔의 개수 n이 주어진다. ($1 \leq n \leq 10,000$) 둘째 줄부터 n+1번째 줄까지 포도주 잔에 들어있는 포도주의 양이 순서대로 주어진다. 포도주의 양은 1,000 이하의 음이 아닌 정수이다.

출력

첫째 줄에 최대로 마실 수 있는 포도주의 양을 출력한다.

예제 입력 1

```
6
6
10
13
9
8
1
```

예제 출력 1

```
33
```

시간 제한은 2초로 최대 2억 번의 연산을 할 수 있고, 〈백준〉 난이도는 실버1이다.

시간 제한	최대	난이도
2초	2억 번 연산	실버1

문제설명

n개의 포도주 잔이 있고, 포도주 잔의 양이 입력으로 주어진다. 포도주는 아래의 두 규칙에 따라 마실 수 있다.

1. 포도주 잔을 선택하면 그 잔에 들어있는 포도주는 모두 마셔야 하고, 마신 후에는 원래 위치에 다시 놓아야 한다.
2. 연속으로 놓여 있는 3잔을 모두 마실 수는 없다.

가능한 많은 포도주를 먹을 때, 마실 수 있는 양을 출력하는 문제이다.

예제 입력 1의 경우 아래의 상태와 같다.

　n=6,
　포도주 = 6, 10, 13, 9, 8, 1

가장 먼저 떠오르는 방법은 포도주를 먹는 방법을 모두 구해서 그 중 최댓값을 찾는 것이다.

```
      선택한 포도주
 1)    6 10  9 8      = 33
 2)    6 10  9 1      = 26
 3)    6 10  8 1      = 25
 4)    6 13  9 1      = 29
 5)    6 13  8 1      = 28
 6)    6  9  8 1      = 24
 7)   10 13  8 1      = 32
 ...
```

다양한 선택 방법이 있고, 최종 정답은 33이 된다.

이를 완전 탐색으로 해결하려면,

1. 포도주를 1잔 마시고, 한 칸 건너뛴 후 연속된 포도주를 2잔 마시고 ...
2. 연속된 포도주를 2잔 마시고, 한 칸 건너뛴 후 현재 칸 포도주를 1잔 마시고 ...
3. 연속된 포도주를 2잔 마시고, 현재 칸은 마시지 않는다.

경우의 수가 정말 많아지며 n의 최댓값 10,000으로는 제한시간 2초 안에 해결할 수 없다.

근데 이 3가지 규칙을 잘 보면 포도주 잔을 마실 수 있는 점화식(규칙)을 찾을 수 있다.

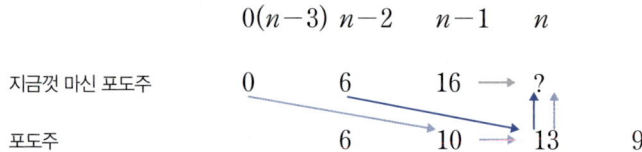

1. 지금껏 마신 포도주[n]=지금껏 마신 포도주[n-3]+포도주[n]+포도주[n-1]
2. 지금껏 마신 포도주[n]=지금껏 마신 포도주[n-2]+포도주[n]
3. 지금껏 마신 포도주[n]=지금껏 마신 포도주[n-1]
   (포도주를 3번 연속 먹을 수 없으므로 포도주 13은 마시지 못한다.)

이 3가지는 지금껏 마신 포도주가 n번째일 때, 얻을 수 있는 포도값의 모든 경우이다. 최대로 많이 마실 수 있는 포도주의 양을 구해야 하므로 최종 점화식은 다음과 같이 된다(3가지 경우 중 최댓값을 현재 마실 수 있는 최대 포도주 양[n]으로 설정).

현재 마실 수 있는 최대 포도주 양[n]
= max(지금껏 마신 포도주[n-3]+포도주[n]+포도주[n-1],
       지금껏 마신 포도주[n-2]+포도주[n],
       지금껏 마신 포도주[n-1])

이 과정에서 시간복잡도를 위해 동적 프로그래밍의 메모이제이션(작은 문제의 해답을 어딘가에 기록)을 한다면 아래의 점화식으로 표현된다.

(glass는 포도주, dp는 메모이제이션을 의미하는 배열)

dp[1]=glass[1] → 1번째 위치에서 가장 많은 양을 마시는 경우
dp[2]=glass[1]+glass[2] → 2번째 위치에서 가장 많은 양을 마시는 경우
dp[n]=max(dp[n-1], dp[n-2]+glass[n], dp[n-3]+glass[n-1]+glass[n])
→ n번째 위치에서 가장 많은 양을 마시는 경우(n>=3)

코드로 어떻게 구현했는지 보자.

해답코드

```
1   dp=[0]*10001
2   glass=[0]*10001
3
4   n=int(input())
5   for i in range(1, n+1):
6       glass[i]=int(input())
7
8   dp[1]=glass[1]
9   dp[2]=glass[1]+glass[2]
10  for i in range(3, n+1):
11      dp[i]=max(dp[i-1], dp[i-2]+glass[i], dp[i-3]+glass[i-1]+glass[i])
12
13  print(dp[n])
```

코드라인 1: dp 메모이제이션을 위한 배열 크기를 n의 최댓값+1로 설정한다.
코드라인 2: 포도주 양의 상태를 저장하기 위한 배열을 생성한다.
코드라인 4~6: n과 포도주 양의 상태를 입력받는다.
코드라인 8: dp[1]은 첫 번째 포도주 잔으로 설정한다.
코드라인 9: dp[2]는 첫 번째 포도주 잔+두 번째 포도주 잔으로 설정한다.
코드라인 10~11: n>=3보다 클 때, i번째 위치에서 가장 많이 마실 수 있는 포도주 양은 dp[i]=max(dp[i-1], dp[i-2]+glass[i], dp[i-3]+glass[i-1]+glass[i])와 같다.
코드라인 13: 최종적으로 가장 많이 마실 수 있는 포도주 양을 출력한다.

시간복잡도는 어떻게 될까? 당연히 for문을 통해 n번 탐색했으므로 시간복잡도는 $O(n)$=10,000이 된다. 코드라인 10에 있는 for문의 i값이 증가함에 따라 이전에 구해둔 작은 정답(i번째까지 마신 포도주)을 이용해 큰 문제의 정답을 해결한 것이다.

자, 처음으로 점화식을 세워봤는데 난이도가 어떤가? 알고리즘 문제를 좀 풀어봤다고 자신하다 동적 프로그래밍 문제의 점화식 세우기에 좌절을 느꼈던 기억이 있다. 동적 프로그래밍이 처음이라면 당연히 어려울 수 있다. 동적 프로그래밍의 체감 난이도를 낮추려면 스스로 많은 점화식을 세우는 것 밖에 답이 없다. 이 문제를 통해 "동적 프로그래밍은 이렇게 사용되는 구나"라는 것을 알았으면 한다.

20-3 동적 프로그래밍의 기본 예제 2

가장 긴 증가하는 부분수열

https://www.acmicpc.net/problem/11053

시간 제한	메모리 제한	제출	정답	맞힌 사람	정답 비율
1초	256MB	78257	30310	19937	36.973%

문제

수열 A가 주어졌을 때, 가장 긴 증가하는 부분수열을 구하는 프로그램을 작성하시오.

예를 들어, 수열 A={10, 20, 10, 30, 20, 50}인 경우에 가장 긴 증가하는 부분수열은 A={**10, 20, 10, 30, 20, 50**} 이고, 길이는 4이다.

입력

첫째 줄에 수열 A의 크기 N(1≤N≤1,000)이 주어진다.

둘째 줄에는 수열 A를 이루고 있는 A_i가 주어진다. (1≤A_i≤1,000)

출력

첫째 줄에 수열 A의 가장 긴 증가하는 부분수열의 길이를 출력한다.

예제 입력 1

```
6
10 20 10 30 20 50
```

예제 출력 1

```
4
```

시간 제한은 1초로 최대 1억 번의 연산을 할 수 있고, 〈백준〉 난이도는 실버2이다.

시간 제한	최대	난이도
1초	1억 번 연산	실버2

문제설명

가장 긴 증가하는 부분수열을 구하는 것이다. 참고로 이 문제 유형은 n의 값이 작다면 매우 다양한 곳에 쓰일 수 있는 점화식이다.

예제 입력 1을 보면

  n=6
  A=10, 20, 10, 30, 20, 50이다.

가장 긴 증가하는 부분수열이란 수열의 부분수열 중에서 오름차순으로 정렬된 것 중 길이가 가장 긴 것을 말한다.

  A의 부분수열
    A'=10
    A'=10 20
    A'=10 20 10
    ...
    A'=10 20 30 50
    ...
    A'=20 30 50
    ...
    A'=10 20 50
    ...

위와 같이 순서를 바꾸지 않고 A의 수열 중 몇 개를 택하여 만들 수 있는 부분수열을 말한다. 이때 수열 A가 오름차순인 것은 아래를 포함한 것들이 있으며, 길이가 가장 긴 A'=10 20 30 50이 정답이 된다.

A'=10 20 30 50   길이 4
A'=20 30 50   길이 3
A'=10 20 50   길이 3

당연하게도! 역시 완전 탐색을 하면 문제를 쉽게 해결할 수 있다. 수열을 택하거나, 택하지 않거나 하여 모든 부분수열을 만들고(이때 시간복잡도는 $O(2^n)$) 부분수열들이 오름차순이라면 최대 길이를 찾아내면 된다.

이를 위해 '작은 문제의 정답을 통해 큰 문제를 해결할 수 있지 않을까?' 하는 생각을 떠올려야 하는데 동적 프로그래밍을 접해보지 못한 사람이라면 이러한 생각을 하기에는 솔직히 어렵다고 생각한다. 이 기회를 통해 LIS(가장 긴 증가하는 수열) 알고리즘을 배워보자.

1) 우선 dp의 모든 값을 0으로 초기화해둔다.

n번째	0	1	2	3	4	5	6
A=	0	10	20	10	30	20	50
dp=	0	0	0	0	0	0	0

※ A[0]=0은 점화식을 원활히 세우기 위해 임의로 넣어줬다.

2) dp[1]에 a[1]>a[i] (0<=i<=0)이 있다면 dp[1]=max(dp[1], dp[i]+1)로 설정해준다.
→ dp[i]+1의 의미는 수열 A의 i까지 길이 중 가장 긴 증가하는 수열 수+현재 자신을 의미한다.
A[1]보다 작은 수는 A[0] 1개이다.

dp[1]=max(dp[1], dp[0]+1)=1

n번째	0	1	2	3	4	5	6
A=	0	**10**	20	10	30	20	50
dp=	0	**1**	0	0	0	0	0

3) dp[2]에 a[2]>a[i] (0<=i<=1)이 있다면 dp[2]=max(dp[2], dp[i]+1)로 설정해준다.
A[2]보다 작은 수는 A[0], A[1]이다.

dp[2]=max(dp[2], dp[0]+1)=1

dp[2]=max(dp[2], dp[1]+1)=2

n번째	0	1	2	3	4	5	6
A=	0	**10**	**20**	10	30	20	50
dp=	0	1	2	0	0	0	0

4) dp[3]에 a[3]>a[i] (0<=i<=2)가 있다면 dp[3]=max(dp[3], dp[i]+1)로 설정해준다.
A[3]보다 작은 수는 A[0]이다.

dp[3]=max(dp[3], dp[0]+1)=1

n번째	0	1	2	3	4	5	6
A=	0	10	20	**10**	30	20	50
dp=	0	1	2	1	0	0	0

5) dp[4]에 a[4]>a[i] (0<=i<=3)가 있다면 dp[4]=max(dp[4], dp[i]+1)로 설정해준다.
A[4]보다 작은 수는 A[0], A[1], A[2], A[3]이다.

dp[4]=max(dp[4], dp[0]+1)=1

dp[4]=max(dp[4], dp[1]+1)=2

dp[4]=max(dp[4], dp[2]+1)=3

dp[4]=max(dp[4], dp[3]+1)=3

n번째	0	1	2	3	4	5	6
A=	0	**10**	**20**	10	**30**	20	50
dp=	0	1	2	1	3	0	0

6) dp[5]에 a[5]>a[i] (0<=i<=4)가 있다면 dp[5]=max(dp[5], dp[i]+1)로 설정해준다.
A[5]보다 작은 수는 A[0], A[1], A[3]이다.

dp[5]=max(dp[5], dp[0]+1)=1

dp[5]=max(dp[5], dp[1]+1)=2

dp[5]=max(dp[5], dp[3]+1)=2

n번째	0	1	2	3	4	5	6
A=	0	**10**	20	10	30	**20**	50
dp=	0	1	2	1	3	2	0

7) dp[6]에 a[6]>a[i] (0<=i<=5)가 있다면 dp[6]=max(dp[6], dp[i]+1)로 설정해준다. A[6]보다 작은 수는 A[0], A[1], A[2], A[3], A[4], A[5]이다.

dp[6]=max(dp[6], dp[0]+1)=1
dp[6]=max(dp[6], dp[1]+1)=2
dp[6]=max(dp[6], dp[2]+1)=3
dp[6]=max(dp[6], dp[3]+1)=3
dp[6]=max(dp[6], dp[4]+1)=4
dp[6]=max(dp[6], dp[5]+1)=4

n번째	0	1	2	3	4	5	6
A=	0	**10**	20	10	**30**	20	**50**
dp=	0	1	2	1	3	2	4

동적 프로그래밍의 메모이제이션을 통해 수열 $A[i]$를 포함했을 때, 만들 수 있는 가장 긴 증가하는 수열을 dp[i]에 저장했다. 이 방식을 통해 dp에 있는 값 중 가장 큰 값인 dp[6]이 정답이며, 시간복잡도는 2개의 for문을 통해 완전 탐색해 주었으므로 $O(n^2)$이 된다.

내가 동적 프로그래밍을 사용해서 이 문제를 풀겠다고 떠올린 사고 과정, n의 최댓값이 1,000으로 $O(n^2)$의 시간복잡도까지는 시간 제한에 문제가 없겠다는 것을 알았고, dp[i]번째에 만들 수 있는 가장 긴 수열들을 저장해가며 최종 답을 구하자는 것이었다.

점화식은 아래와 같다.

    if arr[i]>arr[j]: dp[i]=max(dp[i], dp[j]+1)

해답코드

```
1    dp=[0]*1001
2
3    n=int(input())
4    arr=list(map(int, input().split()))
5    arr.insert(0, 0)
6
7    answer=0
8    for i in range(1, n+1):
9        for j in  range(0, i):
10           if arr[j]<arr[i]:
11               dp[i]=max(dp[i], dp[j]+1)
12       answer=max(answer, dp[i])
13
14   print(answer)
```

코드라인 1: dp 메모이제이션을 위한 배열 크기를 n의 최댓값+1로 설정한다.

코드라인 3~5: n과 배열 a를 입력받고, a[0]에 0을 삽입해두었다(이는 수열들이 a[1]~a[n]에 위치하게 된다).

코드라인 7: 정답을 저장하기 위한 answer 변수를 생성한다.

코드라인 8~9: 점화식을 위한 이중 for문을 사용한다.

코드라인 10~11: 현재 수열값보다 작은 수가 있다면 (arr[j]<arr[i]) dp[i]의 값을 현재 dp[i]값과 작은 수에 해당하는 dp[j]의 값+ 1(현재 수열을 포함) 둘 중 큰 것으로 한다.

코드라인 12: 모든 dp 값 중 최댓값을 정답으로 설정한다.

코드라인 14: 정답을 출력한다.

20-4 동적 프로그래밍 완전 탐색

내리막 길

https://www.acmicpc.net/problem/1520

시간 제한	메모리 제한	제출	정답	맞힌 사람	정답 비율
2초	128MB	41138	11155	7953	28.360%

문제

여행을 떠난 세준이는 지도를 하나 구했다. 이 지도는 아래 그림과 같이 직사각형 모양이며 여러 칸으로 나뉘어져 있다. 한 칸은 한 지점을 나타내는데 각 칸에는 그 지점의 높이가 쓰여 있으며, 각 지점 사이의 이동은 지도에서 상하좌우 이웃한 곳끼리만 가능하다.

50	45	37	32	30
35	50	40	20	25
30	30	25	17	28
27	24	22	15	10

현재 제일 왼쪽 위 칸이 나타내는 지점에 있는 세준이는 제일 오른쪽 아래 칸이 나타내는 지점으로 가려고 한다. 그런데 가능한 힘을 적게 들이고 싶어 항상 높이가 더 낮은 지점으로만 이동하여 목표 지점까지 가고자 한다. 위와 같은 지도에서는 다음과 같은 세 가지 경로가 가능하다.

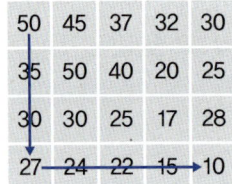 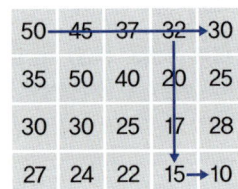 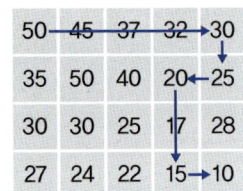

지도가 주어질 때 이와 같이 제일 왼쪽 위 지점에서 출발하여 제일 오른쪽 아래 지점까지 항상 내리막길로만 이동하는 경로의 개수를 구하는 프로그램을 작성하시오.

입력

첫째 줄에는 지도의 세로의 크기 M과 가로의 크기 N이 빈칸을 사이에 두고 주어진다. 이어 다음 M개 줄에 걸쳐 한 줄에 N개씩 위에서부터 차례로 각 지점의 높이가 빈칸을 사이에 두고 주어진다. M과 N은 각각 500이하의 자연수이고, 각 지점의 높이는 10000이하의 자연수이다.

출력

첫째 줄에 이동 가능한 경로의 수 H를 출력한다. 모든 입력에 대하여 H는 10억 이하의 음이 아닌 정수이다.

예제 입력 1	예제 출력 1
4 5 50 45 37 32 30 35 50 40 20 25 30 30 25 17 28 27 24 22 15 10	3

시간 제한은 2초로 최대 2억 번의 연산을 할 수 있고, 〈백준〉 난이도는 골드4이다.

시간 제한	최대	난이도
1초	1억 번 연산	골드4

문제설명

세로 m, 가로 n에 해당하는 지도의 상태가 입력으로 주어진다. 이때 이동은 현재 좌표값보다 상하좌우의 값이 작다면 해당 방향으로 움직일 수 있다. $(0, 0)$에서 $(m-1, n-1)$까지 이동할 수 있는 경우의 수를 전부 구하는 문제이다.

전형적인 DFS 알고리즘을 사용하면 해결할 수 있는 문제이다. 큐에 $(0, 0)$ 좌표를 삽입한 뒤 현재좌표의 값보다 상하좌우의 값이 작다면 큐에 해당 방향의 좌표를 넣고 $(m-1, n-1)$에 도달하면 정답을 1씩 추가하면 된다.

하지만 그렇게 DFS 알고리즘을 사용했다가 시간 제한에 의해 실패를 받았다. 이 문제의 정답 비율이 28.360%인 이유는 '시간 복잡도 계산을 안 하고 무작정 DFS 알고리즘이구나!' 하고 제출했기 때문이 아닐까 생각한다.

1) DFS의 시간복잡도는 $O($이동할 수 있는 정점의 개수$)$이다.
2) n, m의 최댓값은 500이다.
3) 지도의 크기는 500*500=250,000이 된다.
4) 현재 $(1, 1)$ 칸에서 이동 가능한 칸은 상하좌우 4개이다.

각 정점마다 최대 4개의 좌표를 이동할 수 있다고 하면 시간복잡도는

O(이동할 수 있는 정점의 개수^4)=$250,000^4$=3,906,250,000,000,000,000,000이 된다 (물론 4개의 좌표 모두 움직이는 건 불가능하므로 대략적인 시간복잡도를 나타내면 위와 같다. 이동할 수 있는 좌표가 2개라고만 해도 $250,000^2$=62,500,000,000이 된다).

시간복잡도를 줄일 필요가 있다.

$(0, 0)$ 좌표에서 $(m-1, n-1)$ 좌표까지 이동할 때, 상하좌우 모두 움직일 수 있기에, 중복되는 칸으로의 이동이 있다는 것을 알 수 있다.

m=4, n=5

map(지도) =

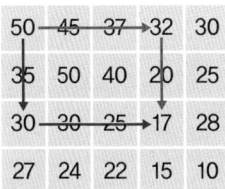

그렇다면 50→32→17로 이동한 뒤 $(m-1, n-1)$까지의 이동 방법 개수 1을 저장해두고, 50→30→17로 이동했을 때는 미리 구해둔 $(m-1, n-1)$까지의 이동 방법을 더해주면 되는 것이 아닐까?

이를 위해 동적 프로그래밍의 메모이제이션 기법을 통해 작은 문제를 통해 큰 문제를 해결할 수 있다는 것을 떠올렸다.

예제를 하나 만들어서 시뮬레이션 해보겠다.

1) 11에서 5로 갈 수 있는 방법은 1개이다. 해당 dp 좌표를 1 증가시켜 주자.

    n=3, m=3

map(지도)=			db(메모이제이션)=		
20	15	12	0	0	0
18	13	11	0	0	1
12	9	5	0	0	0

2) 9에서 5로 갈 수 있는 방법은 1개이다. 해당 dp 좌표를 1 증가시켜 주자.

   n=3, m=3

   map(지도)=   db(메모이제이션)=

   20 15 12   0   0   0
   18 13 11   0   0   1
   12   9→ 5   0   1   0

3) 13에서 5로 갈 수 있는 방법은 13→11→5, 13→9→5이다.
   11의 dp값과 9의 dp값을 더해주면 구할 수 있다.

   n=3, m=3

   map(지도)=   db(메모이제이션)=

   20 15 12   0   0   0
   18 13→11   0   2   1
   12   9   5   0   1   0

4) (0, 2)에서 이동할 수 있는 좌표는 (1, 2) 뿐이므로 dp(1, 2) 좌표값을 dp(0, 2)로 설정한다.
   (2, 0)에서 이동할 수 있는 좌표는 (2, 1) 뿐이므로 dp(2, 1) 좌표값을 dp(2, 0)으로 설정한다.

   n=3, m=3

   map(지도)=   db(메모이제이션)=

   20 15 12   0   0   1
   18 13 11   0   2   1
   12→ 9   5   1   1   0

5) 18에서 이동할 수 있는 곳은 13과 12이다.
   해당 좌표의 dp값을 더한 값을 통해 18에서 $(m-1, n-1)$로 이동하는 방법의 개수를 알아
   낼 수 있다.

   n=3, m=3

   map(지도)=   db(메모이제이션)=

   20 15 12   0   0   1
   18→13 11   3   2   1
   12   9   5   1   1   0

6) 15에서 이동할 수 있는 곳은 13과 12이다.

해당 좌표의 dp값을 더한 값을 통해 15에서 $(m-1, n-1)$로 이동하는 방법의 개수를 알아낼 수 있다.

n=3, m=3

map(지도)=   db(메모이제이션)=

20   15 → 12   0   3   1
      ↓
18   13   11   3   2   1

12   9   5   1   1   0

7) 20에서 이동할 수 있는 곳은 18과 15이다.

해당 좌표의 dp값을 더한 값을 통해 20에서 $(m-1, n-1)$로 이동하는 방법의 개수를 알아낼 수 있다.

map(지도)=   db(메모이제이션)=

20 → 15   12   6   3   1
 ↓
18   13   11   3   2   1

12   9   5   1   1   0

즉 (0, 0)에서 $(m-1, n-1)$로 이동하는 방법은 총 6가지가 있다.

한번 방문한 좌표는 dp값을 통해 다시 방문하지 않아도 되므로 시간복잡도는 $O(n*m)=500,500=250,000$이 되며 주어진 시간 안에 해결할 수 있다.

이것을 코드로 어떻게 구현했는지 보자.

해답코드

```
1   m, n = map(int, input().split())
2   map = [list(map(int, input().split())) for _ in range(m)]
3   dp = [[-1]*n for _ in range(m)]
4   move=[[0, 1], [1, 0], [0, -1], [-1, 0]]
5
6   def dp_bruteForce(y, x):
7       if dp[y][x]!=-1:return dp[y][x]
8       if y==m-1 and x==n-1 : return 1
9
```

```
10      dp[y][x]=0
11      for i in range(0, 4):
12          dy=y+move[i][0]
13          dx=x+move[i][1]
14          if 0 <= dy < m and 0 <= dx < n and map[y][x]>map[dy][dx]:
15              dp[y][x]+=dp_bruteForce(dy, dx)
16
17      return dp[y][x]
18
19  print(dp_bruteForce(0, 0))
```

코드라인 1~2: m, n 그리고 지도의 상태를 입력받는다.

코드라인 3: dp의 값들을 모두 -1로 설정해둔다. 이는 이후에 코드라인 7에서 방문한 좌표를 다시 방문하지 않기 위함이다.

코드라인 4: 상하좌우 이동을 나타내는 변수를 생성한다.

코드라인 19: 코드라인 6의 dp_bruteForce 함수에 (0, 0) 인자를 넣어 실행한다.

코드라인 6: (y, x)에 좌표를 얻어 dp 완전 탐색을 실행한다.

코드라인 7: dp[y][x]가 -1이 아니라면 방문한 점이므로 dp[y][x]를 반환해준다.

코드라인 8: (m-1, n-1) 좌표에 도달했다면 1을 반환해준다.

코드라인 10: 해당 좌표는 방문했음을 표시해 dp[y][x]=0으로 설정해둔다.

코드라인 12~13: 상하좌우 위치 (dy, dx)를 얻는다.

코드라인 14~15: (dy, dx)가 (y, x)값보다 작고 (dy, dx)의 범위가 지도의 크기를 벗어나지 않는다면 dp[y][x]+=dp_bruteForce(dy, dx)로 값을 설정한다.

여기서 dp[y][x]+=dp_bruteForce(dy, dx)는 현재 좌표 (y, x)의 dp값에 이동가능한 좌표들의 dp값들을 계속 더해준다. 코드라인 8에 의해 방문한 칸이라면 해당 dp값을 반환하고, 코드라인 7에 의해 (m-1, n-1)에 도착했다면 1을 증가시켜준다.

코드라인 17: 코드라인 15에서 얻은 dp[y][x]값을 반환해준다.

완전 탐색에 동적 프로그래밍 알고리즘을 적용하는 방식은 문제 풀이를 하다 보면 자주 쓰일 수 있다. 물론 코딩 테스트에서는 동적 프로그래밍 알고리즘이 자주 출제 되지 않아 완전 탐색 동적 프로그래밍은 보지 못했으나, 알아두면 좋은 알고리즘인 것은 분명하다.

20-5 동적 프로그래밍의 기본 예제 - 〈코드포스〉

이제 〈코드포스〉에서 동적 프로그래밍이 어떻게 사용되는지 보자.

1) 만들기 엄청 어려운 점화식을 만들어라.
2) 문제 지문을 어렵게 꼬아두어 규칙을 찾는 것은 어렵지만 코드의 구현은 쉽다.

둘 중 한 가지가 내가 풀어본 〈코드포스〉 난이도 2,100 이하 문제들의 공통점이었다.

어려운 알고리즘을 몰라도 머리를 비약적으로 써야 하는 〈코드포스〉 동적 프로그래밍 문제들은 어떻게 출제되는지 보자.

F1. Flying Sort (Easy Version)

http://codeforces.com/problemset/problem/1367/F1

time limit per test	memory limit per test	input	output
2 seconds	256MB	standard input	standard output

This is an easy version of the problem. In this version, all numbers in the given array are distinct and the constraints on n are less than in the hard version of the problem.

You are given an array a of n integers (there are no equals elements in the array). You can perform the following operations on array elements:

1. choose any index $i(1 \le i \le n)$ and move the element $a[i]$ to the **begin** of the array;
2. choose any index $i(1 \le i \le n)$ and move the element $a[i]$ to the **end** of the array.

For example, if $n=5$, $a=[4, 7, 2, 3, 9]$, then the following sequence of operations can be performed:

- after performing the operation of the first type to the second element, the array a will become [7, 4, 2, 3, 9];
- after performing the operation of the second type to the second element, the array a will become [7, 2, 3, 9, 4].

You can perform operations of any type any number of times in any order.

Find the minimum total number of operations of the first and second type that will make the a array sorted in non-decreasing order. In other words, what is the minimum number of operations that must be performed so the array satisfies the inequalities $a[1] \le a[2] \le \cdots \le a[n]$.

Input

The first line contains a single integer $t(1 \le t \le 100)$ – the number of test cases in the test. Then t test cases follow.

Each test case starts with a line containing an integer $n(1 \le n \le 3000)$ – length of the array a.

Then follow n integers $a_1, a_2, \cdots, a_n (0 \le a_i \le 10^9)$ – an array that needs to be sorted by the given operations. **All numbers in the given array are distinct.**

The sum of n for all test cases in one test does not exceed 3000.

Output

For each test case output one integer – the minimum total number of operations of the first and second type, which will make the array sorted in non-decreasing order.

input

```
4
5
4 7 2 3 9
5
3 5 8 1 7
5
1 4 5 7 12
4
0 2 1 3
```

output

```
2
2
0
2
```

Note

In the first test case, you first need to move 3, and then 2 to the beginning of the array. Therefore, the desired sequence of operations: $[4, 7, 2, 3, 9] \rightarrow [3, 4, 7, 2, 9] \rightarrow [2, 3, 4, 7, 9]$.

In the second test case, you need to move the 1 to the beginning of the array, and the 8 – to the end. Therefore, the desired sequence of operations: $[3, 5, 8, 1, 7] \rightarrow [1, 3, 5, 8, 7] \rightarrow [1, 3, 5, 7, 8]$.

In the third test case, the array is already sorted.

시간 제한은 2초로 최대 2억 번의 연산을 할 수 있고, 〈코드포스〉 난이도는 *2,100(오렌지)이다.[2]

시간 제한	최대	난이도
2초	2억 번 연산	*2,100(오렌지)

문제설명

n의 크기를 가진 배열 A가 입력으로 들어온다.

$n=5, a=[4, 7, 2, 3, 9]$

이때 2가지의 작동을 수행할 수 있다.

1. 배열의 한 원소를 맨 앞으로 위치한다. 7을 선택하면 [7, 4, 2, 3, 9]가 된다.
2. 배열의 한 원소를 맨 뒤로 위치한다. 4를 선택하면 [7, 2, 3, 9, 4]가 된다.

2가지의 작동을 통해 배열을 오름차순으로 만드는 데 필요한 최소 작동횟수를 구하면 된다.

문제를 그대로 구현하므로, 배열의 del(삭제), insert(삽입)를 이용한다면 시간 초과로 인해 틀리게 된다.

O(테스트케이스의 수=100*배열의 크기=3,000*삽입 혹은 삭제 연산=3,000)=100*3,000*3,000=900,000,000

나는 이 문제의 로직을 빨리 발견해서 나름 빨리 풀었다. 이유는 LIS(가장 긴 증가하는 수열) 알고리즘이 머릿속에 있었기 때문이었다. 배열 $a[4, 7, 2, 3, 9]$가 있을 때, 최소한의 작동 횟수로 오름차순으로 정렬을 해야 한다. 최소한의 작동 횟수란 최대한 배열을 원상태로 두고 최소한의 횟수만으로 배열 위치를 바꿔야 함을 뜻한다. 그렇다면 자연스럽게 배열의 원상태의 크기가 커야 하지 않을까?

이를 확인하기 위해 LIS 알고리즘을 응용해야겠다고 생각했고, 배열마다 인덱스를 붙혀둔 뒤 정렬을 했다.

---

[2] 〈백준〉 난이도로는 다이아5 이상으로 추정할 수 있다.

$a=$ 4 7 2 3 9

인덱스=   0 1 2 3 4

→

$a=$ 2 3 4 7 9

인덱스=   2 3 0 1 4

a 배열에서 가장 긴 증가하는 수열은 다음과 같다.

2 3 4,

2 3 7,

2 3 9,

3 4 7,

3 4 9,

4 7 9

여기서 문제의 핵심인데, a의 연속된 부분수열 중 $a[i-1]$의 인덱스보다 $a[i]$의 인덱스가 크다면 정렬을 위해 원상태 배열에서 이동할 필요가 없다.

$a=$ 4 7 9

인덱스=   0 1 4

위의 경우 원상태 배열에서 2와 3을 앞으로 빼준 상태이다.

이때 총 작동횟수는 $n-$연속된 수열의 길이=5-3=2이다.

$a=$ 2 3 4

인덱스=   2 3 0

$a[1]=3$의 인덱스 3보다 $a[2]=4$의 인덱스 0이 더 크므로 점화식이 세워지지 않는다.

$a=$ 2 3 9

인덱스=   2 3 4

위의 가장 긴 증가하는 수열은 원배열의 정렬된 상태에서 연속된 수열이 아니므로 의미가 없다.

즉, dp 초기값을 모두 1로 설정한후, 다음과 같은 점화식을 세울 수 있다.

a[i-1]의 인덱스<a[i]의 인덱스 : dp[i]=dp[i-1]+1

$a=$　　　　2 3 4 7 9
인덱스=　　2 3 0 1 4
dp=　　　　1 2 1 2 3

dp의 최댓값은 결국 원상태 배열에서 이동을 하지 않아도 되는 배열이고, 나머지는 이동을 해야 하는 횟수를 의미하므로 $n-$(dp의 최댓값)이 정답이 됨을 알 수 있다.

해답코드

```
1   dp=[0]*3001
2
3   for _ in range(int(input())):
4       n=int(input())
5       for i in range(0, n):dp[i]=1
6       tmp=list(map(int, input().split()))
7       a=[]
8       mx=1
9       for i in range(n):
10          a.append([tmp[i], i])
11      a.sort()
12      for i in range(1, n):
13          if a[i-1][1]<a[i][1]:
14              dp[i]=dp[i-1]+1
15          mx=max(mx, dp[i])
16      print(n-mx)
```

코드라인 1: dp 메모이제이션을 위한 배열을 생성한다.
코드라인 3: 테스트 케이스만큼 반복한다.
코드라인 4: n을 입력받고,
코드라인 5: dp의 초기값을 모두 1로 설정했다.
코드라인 6: 배열 a를 입력받은 후

코드라인 8: dp의 최댓값을 저장하기 위한 변수를 생성한다.
코드라인 9~10: 배열 a를 a[i]값과 i 인덱스 쌍으로 저장했다.
코드라인 11: 배열 a를 정렬해준다.
코드라인 12: 1부터 n-1까지 for문을 이용하여
코드라인 13~14: a[i-1]의 인덱스가 a[i]의 인덱스보다 작다면 dp[i]=dp[i-1]+1로 설정한다.
코드라인 15: dp의 최댓값을 mx에 저장해간다.
코드라인 16: 정답인 n-mx를 출력한다.

> **보통의 취준생을 위한 팁!**
>
> 맵 자료구조의 해시 방법 중 체이닝, 오픈 어드레싱 방법과, 우선순위 큐를 구현하기 위한 힙 자료구조, 퀵 정렬과 선택 정렬의 비교 등은 대기업 면접에서도 자료구조와 알고리즘 부분에서 많이 나올법한 주제이다. 10가지의 알고리즘 정도는 확실하게 익혀두고 가자!

20-6 2부를 마치며

알고리즘을 공부하기 위해서 코드 자체를 외우는 방식보다 더 중요한 건 알고리즘의 개념을 이해하는 것이다. 코드 자체를 외운 방식은 응용을 필요로 하는 문제를 풀 능력을 길러주지 않는다. 하지만 알고리즘의 개념을 이해한 사람은 응용을 필요로 하는 문제를 보면 '내가 이해한 개념과 비슷한 방식의 알고리즘을 사용해야 하지 않을까?'와 같은 접근 자체를 가능하게 한다.

알고리즘 문제를 풀 때 항상 코드를 구현하기 전에 어떤 접근을 해야 하는지 생각하는 단계를 반드시 거쳐야 한다는 것의 중요성을 느끼곤 한다. 접근 방식을 생각하지 않은 채 의식의 흐름대로 코드를 구현하여 그 코드가 실패하면, 코드를 구현한 시간자체를 날려버리는 셈이 되기 때문이다. 취업을 위해, 코딩 테스트라는 관문을 뚫기 위해, 몇 분이라도 시간을 아끼는 것은 중요한 일이다. 항상 코드를 구현하기 전에 풀이에 대한 증명을 마친 후 코드를 구현하는 습관을 들여야 한다.

코드로 구현하는 것은 나중의 일이다. 우선은 10가지 알고리즘에 대한 정확한 이해를 해야 한다. 수학적 사고력에서 내가 좋아하는 점은 개념을 이해한다면 그에 대한 공식은 외울 필요 없이 자연스레 따라온다.

고등학교 영어학원에서 선생님이 가르쳐 준 방식이 있다. 음료수라는 뜻을 가진 beverages 라는 단어를 외울 때 beverages의 발음인 "배버리지를 배부르지, 음료수를 먹으면 배부르지"와 같이 연관시켜 외운 것이 생각난다. 6년이 지난 지금도 beverages가 음료수라는 것을 기억한다. 알고리즘 또한 실생활과 연결해서 이해한다면 오랫동안 잊지 않을 것이다. 솔직히 나는 〈백준〉 알고리즘 문제들이 너무 재밌고, 인상 깊어 문제 자체가 머릿속에 기억되어 있다.

모든 개발자가 공감할 것이라고 생각하는데 개발자가 가장 중요하게 여겨야 하며 잘해야 하는 것은 구글링이다. 우리가 찾고자 하는 궁금한 점의 99.99999%는 구글에 검색한다면 해답을 찾을 수 있다. 궁금한 점이 생기거나 모르는 것이 생긴다면 구글 검색을 통해 해결할 수 있는 능력이 필요하다.

앞서 말한 10가지의 알고리즘을 구글에 검색한다면 잘 설명된 글과 코드 또한 수 없이 많다. 필요할 때마다 부족한 부분이 있다면 구글링을 통해 의문점을 해소하는 습관을 들이자.

이렇게 알고리즘을 이해하고, 코드로 구현해봤다면 앞으로 남은 과정은 응용을 위한 많은 문제를 풀어보는 일만 남았다. 많은 사람이 "응용을 위해서는 많은 문제를 풀어봐야 한다"라고 말한다. 분명 맞는 말이지만 이런 추상적인 해결책으로는 근본적인 응용 방법을 이해하기 어렵다.

축구선수를 보자. 정상급의 축구선수들은 분명 많은 축구 경험을 통해 지금의 자리에 오를 수 있었을 것이다. 그러나 축구 경험을 제외하고도 90분 동안 계속 뛸 수 있는 기초 체력과 공을 차기 위한 허벅지 근육을 단련하는 일을 꾸준하게 했을 것이다.

응용을 위해 꼭 선행되어야 하는 것은 그에 대한 기초이다. 기초에 대한 것은 숨을 쉬듯이 자연스럽게 익혀져야 응용을 할 준비가 됐다고 생각한다. 즉 알고리즘의 개념을 여러 현상들과 접목해 보고, 코드로 구현해보는 연습을 반복적으로 하여 숨을 쉬듯이 당연하게 외울 정도가 되어야 응용을 위한 기초적인 준비가 끝난 것이다.

이제 정말 남은 일은 여러 가지 문제를 풀어보며 풀이 과정을 복귀하는 일만 남았다.

자신이 틀렸던 문제 혹은 모르는 문제는 성장을 위한 중요한 디딤돌이 될 것이다.

보통의
    취준생을 위한
코딩 테스트
  with 파이썬

부록 A

코딩 테스트 기출문제, 전공면접

A-1 삼성 S/W 역량 테스트를 풀어보는 곳

삼성 S/W 역량 테스트 A, B, C형 시험접수는 다음 사이트에서 할 수 있다.

- https://swexpertacademy.com/main/sst/intro.do

[그림 A-1] 삼성 S/W 역량 테스트 사이트

기출문제는 다음 사이트에서 풀 수 있다.

- https://swexpertacademy.com/main/code/problem/problemList.do

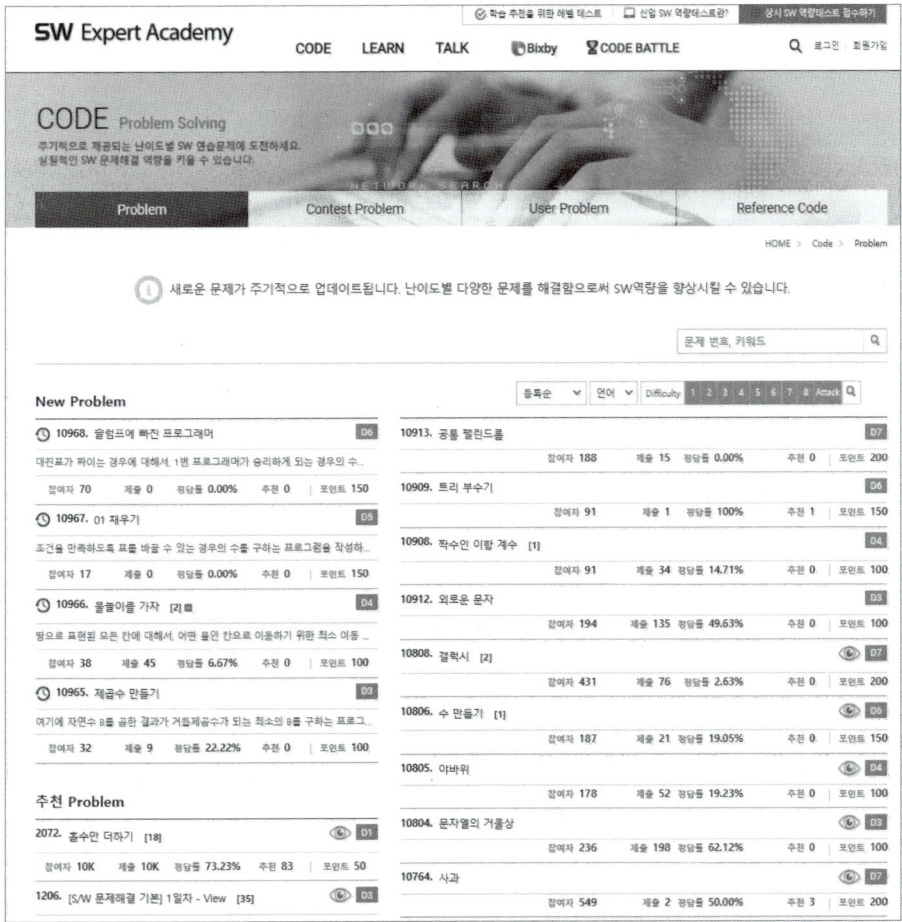

[그림 A-2] 삼성 S/W 역량 테스트 기출문제 사이트

그렇지만 〈백준〉 사이트에서도 S/W 역량 테스트 기출문제를 제공하며 이 정도만 모두 풀어도 충분하다고 본다.

- https://www.acmicpc.net/workbook/view/1152

단계	제목	설명	정보	총 문제	내가 맞은 문제
1	입출력과 사칙연산	입력, 출력과 사칙연산을 연습해 봅시다. Hello World!	완료	11	11
2	if문	if문을 사용해 봅시다.	도전 중	5	4
3	for문	for문을 사용해 봅시다.	완료	11	11
4	while문	while문을 사용해 봅시다.	완료	3	3
5	1차원 배열	배열을 사용해 봅시다.	완료	7	7
6	함수	함수를 정의하면 코드가 깔끔해지고 관리하기 쉬워집니다.	완료	3	3
7	문자열	문자열을 다루는 문제를 해결해 봅시다.	완료	10	10
8	수학 1	수학 문제로 수학적 사고력을 길러 봅시다.	완료	8	8
9	수학 2	소수와 기하를 다뤄 봅시다.	완료	10	10
10	재귀	재귀함수를 다뤄 봅시다.	완료	4	4
11	브루트 포스	가장 간단한 알고리즘인, 모든 경우의 수를 검사하는 브루트 포스 알고리즘을 배워 봅시다.	완료	5	5
12	정렬	배열의 원소를 순서대로 나열하는 알고리즘을 배워 봅시다.	완료	9	9
13	백트래킹	모든 경우를 탐색하는 백트래킹 알고리즘을 배워 봅시다.	도전 중	8	7
14	동적 계획법 1	기초적인 동적 계획법 문제를 풀어봅시다.	완료	16	16
15	그리디 알고리즘	특정 상황에 성립하는 그리디 알고리즘을 배워 봅시다.	완료	4	4
16	수학 3	정수론과 조합론을 배워 봅시다.	완료	11	11
17	스택	스택을 구현하고 사용해 봅시다.	완료	5	5
18	큐, 덱	큐와 덱을 구현하고 사용해 봅시다.	완료	7	7
19	분할 정복	재귀를 응용하는 알고리즘, 분할 정복을 익혀 봅시다.	도전 중	10	4
20	이분 탐색	이분 탐색 알고리즘을 배워 봅시다.	완료	7	7
21	우선순위 큐	가장 작은/큰 원소를 뽑는 자료구조를 배워 봅시다.	완료	4	4
22	동적 계획법 2	조금 더 어려운 동적 계획법 문제를 풀어 봅시다.	도전 중	6	3
23	DFS와 BFS	그래프를 순회하는 알고리즘을 배워 봅시다.	완료	9	9
24	최단 경로	그래프의 간선에 가중치가 없으면 BFS로 최단거리를 찾을 수 있습니다. 가중치가 있다면 어떨까요?	도전 중	7	2
25	동적 계획법 3	비트마스크를 배우고, 동적 계획법에 적용해 봅시다. 그 후에는 선형이 아니라 원형으로 구성된 문제를 다룹니다.	도전 중	5	1
26	동적 계획법과 최단거리 역추적	지금까지는 최소값, 최댓값, 최단거리만 찾았습니다. 이번에는 실제 최적해와 최단경로를 찾아 봅시다.	도전 중	8	4
27	두 포인터	두 포인터와 미드 인 더 미들 (TODO: 설명 넣기)		0	0
28	트리	대표적인 그래프 종류 중 하나인 트리를 다뤄 봅시다.	완료	6	6
29	유니온 파인드	유니온 파인드(또는 disjoint set, 상호 배타적 집합, ...) 자료구조를 배워 봅시다.		3	0
30	최소 신장 트리	최소 비용으로 그래프의 모든 정점을 연결해 봅시다.	도전 중	5	1
31	트리에서의 동적 계획법	트리에 동적 계획법을 적용해 봅시다.		4	0
32	수학 4 (수정 예정)	일단 기하 문제를 넣었고, 또 무엇을 넣을지는 고민 중입니다.		5	0
33	문자열 알고리즘 1	KMP 알고리즘과 트라이 자료구조를 다뤄 봅시다.	도전 중	7	4

[그림 A-3] 삼성 S/W 역량 테스트 기출문제를 제공하는 〈백준〉 사이트

삼성 S/W 역량 테스트 중 어려운 문제는 〈백준〉 난이도는 골드1 정도이다.

〈백준〉 사이트인 www.boj.kr에서는 삼성 S/W 역량 테스트 A형 기출문제를 제공하고 있다. 제목 옆의 색깔을 보면 알겠지만 대부분 골드 난이도의 수준이지만, 실버 난이도도 있다. 삼성 S/W 역량 테스트에서 가장 어려운 〈백준〉 난이도는 골드1 정도이다.

〈백준〉 난이도 골드1을 풀기까지 추천하는 공부법은 다음과 같다.

1) www.boj.kr 사이트에 접속한다.

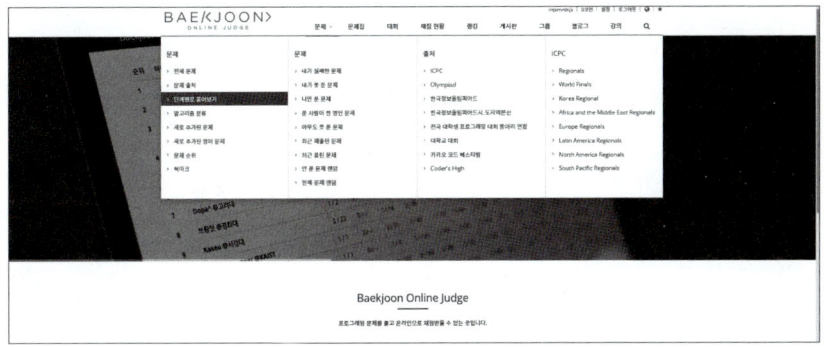

[그림 A-4] 추천하는 공부법 ①

2) 상단의 [문제] → [단계별로 풀어보기]로 들어간다.

문제 번호	제목	정보	맞은 사람	제출	정답 비율
13460	구슬 탈출 2	성공 대메그 분류	6294	42034	25.373%
12100	2048 (Easy)	성공 대메그 분류	5850	39957	23.884%
3190	뱀	성공 출처 다국어 분류	7019	28258	35.919%
13458	시험 감독	성공 대메그 분류	8953	46415	25.693%
14499	주사위 굴리기	성공 대메그 분류	7135	24222	41.538%
14500	테트로미노	성공 대메그 분류	7774	33206	34.287%
14501	퇴사	성공 대메그 분류	12002	37785	47.822%
14502	연구소	성공 대메그 분류	10488	33918	54.665%
14503	로봇 청소기	성공 대메그 분류	8318	24313	51.767%
14888	연산자 끼워넣기	성공 대메그 분류	10209	31113	49.795%
14889	스타트와 링크	성공 대메그 분류	8987	30335	48.829%
14890	경사로	성공 대메그 분류	5152	13986	53.589%
14891	톱니바퀴	성공 대메그 분류	6077	16344	52.347%
15683	감시	성공 대메그 분류	5272	20391	40.909%
15684	사다리 조작	성공 대메그 분류	3788	33180	20.626%
15685	드래곤 커브			4633	12967	52.097%

[그림 A-5] 추천하는 공부법 ②

단계별 풀어보기의 23단계까지는 취업에 필요한 10가지 알고리즘을 이용하여 풀 수 있으므로 풀어보는 것을 추천한다.

단계별 풀어보기를 풀어보았다면 solved.ac 사이트를 통해 난이도별, 알고리즘별로 공부해 나가면 된다.

[그림 A-6] 추천하는 공부법 ③

대학교 학부과정에서 배우는 알고리즘들은 보통 골드 이하의 난이도에 많이 배치되어 있다. 대학생을 위한 대회 ICPC, UCPC, 고등학생을 위한 대회 KOI, IOI, JOI, POI는 플래티넘 이상에서 요구하는 알고리즘도 필요하다.

solved.ac 확장 프로그램은 난이도별, 알고리즘별로 문제들을 잘 정리해서 필요한 알고리즘을 잘 공부할 수 있게 해두었다. 지인 중 한국의 대기업 코딩 테스트를 목표로 했다가, 알고리즘에 흥미를 붙여 해외 대기업(실리콘밸리)으로 목표로 바꾼 사람은 코딩 테스트에서 필요한 알고리즘 이외에도 solved.ac를 통해 심화된 알고리즘을 공부하고 있다.

많은 사람이 "문제를 못 풀겠으면 어떻게 해야 할까요?"와 같은 질문을 한다.

그럼 나는 이렇게 대답한다.

"단계별 풀어보기에서 모르는 문제가 나온다면 15분을 넘기지 말고 해답을 보아라."
"단계별 풀어보기와 같은 알고리즘의 사용법 및 구현을 처음 공부할 때는
모르는 문제를 오래 고민해도 도움이 되지 않는다.
우선은 그 알고리즘에 대한 이해도를 높여라."

그 후 알고리즘에 대해 이해를 했지만 1~2시간 동안 생각해도 구현 방법을 모르겠다면 그때 풀이를 확인하면 된다. 풀이 같은 경우 구글에 검색하면 매우 많은 자료가 있을 것이다. 다만 너무 오랜 시간 고민해도 풀지 못하는 경우에는 도움이 되지 못하고, 너무 조금 고민한 채 해답을 보는 것 또한 도움이 되지 않음을 기억하자.

슬슬 취업을 걱정하고 있던 나는 대기업 코딩 테스트 기출문제들을 풀어보자 마음먹었다. 많은 대기업 코딩 테스트 문제를 풀어봤을 때, 그리고 남들이 말하길 코딩 테스트만 놓고 보자면 우리나라에서는 삼성과 카카오의 난이도가 높은 편이라고 한다. 문제들을 풀어본 바, 내가 생각하기에 각 회사별 문제의 난이도를 solved.ac 난이도와 비교하면 삼성의 코딩 테스트 경우 3시간 동안 2문제가 출제되며 문제의 난이도는 골드1 정도이다(1~2문제를 맞춰야 합격커트라인에 들어온다).

카카오의 코딩 테스트인 경우 5시간 동안 7문제가 출제되며 2문제 정도는 실버 난이도, 4문제 정도는 골드 난이도, 1문제는 플래티넘 난이도 정도이다(대략 4문제를 맞춰야 합격커트라인에 들어온다. 코딩 테스트 기출 난이도는 년도별로 다를 수 있다).

〈백준〉 문제들을 풀며 solved.ac가 제공하는 각 난이도별 특징을 파악하고 있다면, 문제를 볼 때 '이 문제는 이런 난이도겠다'라는 것이 주관적으로 보인다.

대기업 코딩 테스트에 합격하기 위해서 〈백준〉과 solved.ac를 통해 문제의 난이도를 익혔다면 실제 코딩 테스트를 실시할 때에는 난이도가 어려운 문제를 나중에 풀고, 쉬운 문제를 우선적으로 푼다든지 하는 등으로 문제를 푸는 시간을 배분하여 전략을 세울 수 있을 것이다.

A-2 카카오 신입 공채 코딩 테스트를 풀어보는 곳

카카오의 신입공채 1차 테스트의 경우 다음 사이트를 이용한다.

- https://programmers.co.kr/learn/challenges?tab=all_challenges

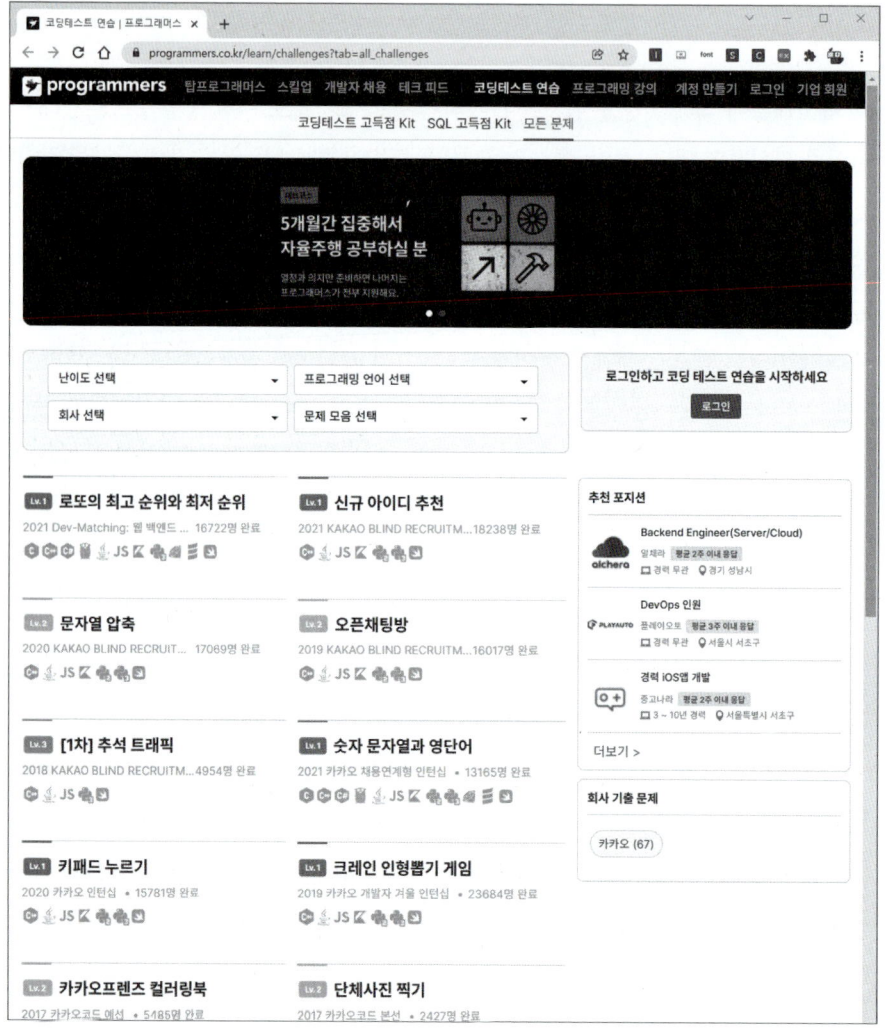

[그림 A-7] 카카오의 신입공채 1차 테스트를 볼 수 있는 사이트

2차 코딩 테스트의 경우 http에 의한 데이터를 입출력하는데, 카카오측에서 풀어볼 수 있는 환경을 제공했다. 카카오 입사를 지원한다면 꼭 풀어보길 권한다.

- https://github.com/kakao-recruit/2019-blind-2nd-elevator

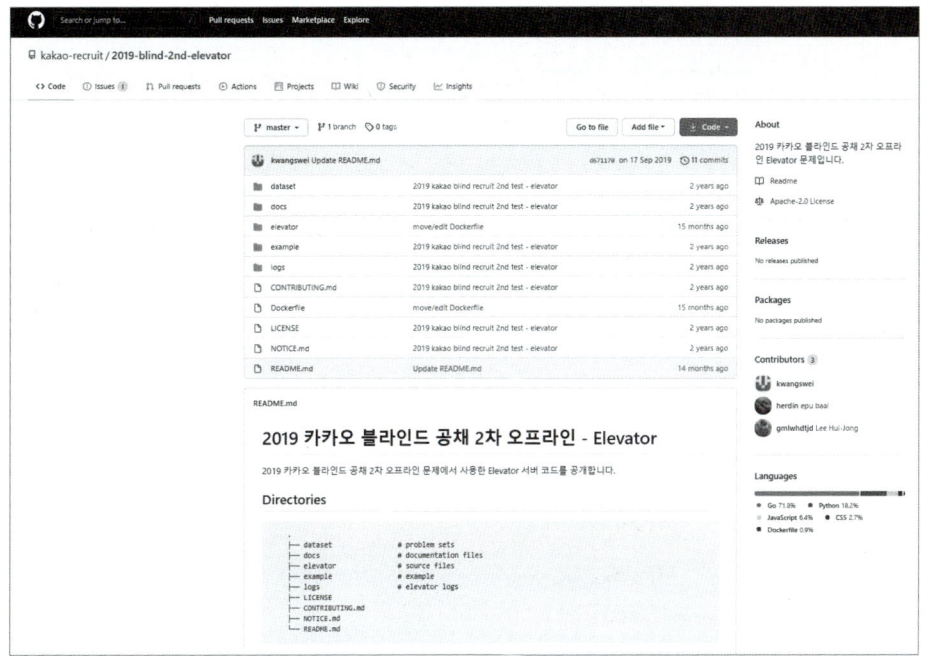

[그림 A-8] 카카오의 신입공채 2차 코딩 테스트를 볼 수 있는 사이트

github 사용에 익숙하지 않더라도 사용법이 있으니 읽고 따라한다면 어렵지 않을 것이다.

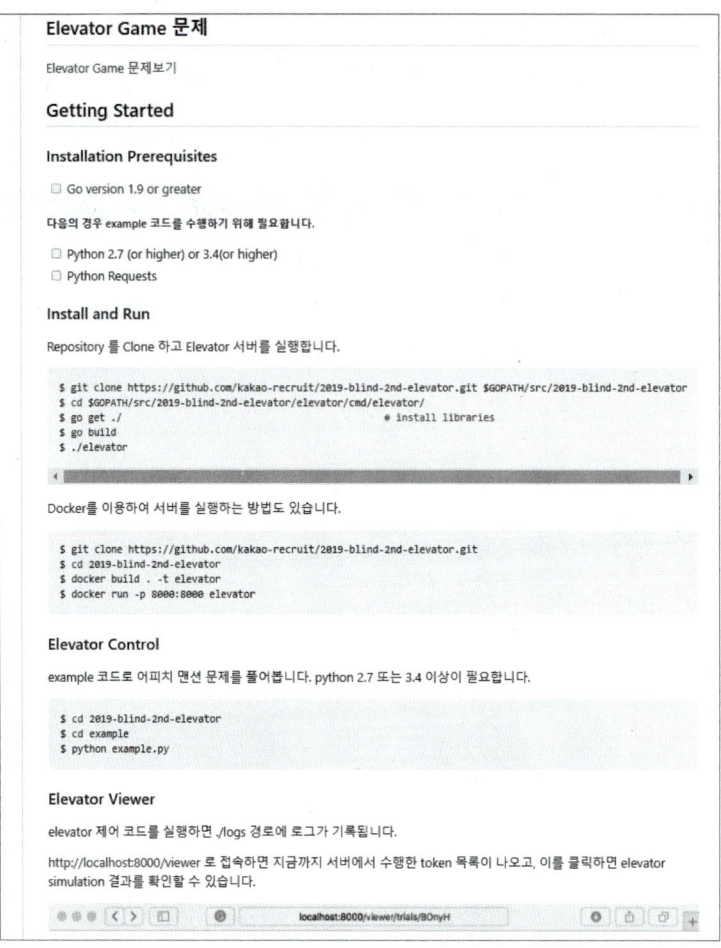

[그림 A-9] github 사용에 대한 안내 페이지

사용법이 이해되지 않는다면 리눅스, 윈도우즈 운영체제의 명령창 이용 방법에 익숙하지 않은 사람들일 것이다.

구글링을 통해 cd, 파이썬 코드 실행법 등의 리눅스 조작법을 이해하고 로컬 호스트가 무엇인지, git 사용법은 무엇인지 찾아보는 게 좋을 것이다.

A-3 전공 면접 준비

보통 4학년이 되면 취업을 위해서 필요한 것들을 준비해야 한다. 개발자로 취업하기 위해 준비해야 할 것은 다음과 같다.

1. 코딩 테스트
2. IT 기술면접
3. 개인 혹은 다수의 프로젝트 경험
4. 그 밖의 회사별 요구 스펙 충족

1~2번까지의 과정은 꼭 준비해야 하며, 3번도 추가로 준비하는 게 좋다. 여기서는 취업을 위해 기술면접을 준비하는 사람들을 위해 기술 면접에서의 FAQ를 정리했다.[1]

면접에서 필요한 가장 중요한 전공과목인 다음의 6가지 기준에 맞춰 정리했다.

- 자료구조, 알고리즘, 데이터베이스, 컴퓨터구조, 운영체제, 컴퓨터 네트워크

A-3-1 개발 상식[2]

Q1. 좋은 코드란 무엇인가요?

A1. 프로그램 개발은 많은 사람이 협업하는 경우가 많습니다. 여러 사람이 읽기 쉬운 가독성이 좋은 코드, 코드가 중복되는 부분은 함수화해 둔 코드, 테스트하기 용이한 코드가 좋은 코드라고 생각합니다.

Q2. 절차지향 프로그램과 객체지향 프로그래밍을 비교해보세요.

A2. 절차지향 프로그래밍은 코드가 위에서 아래로 한 줄씩 순차적으로 실행되는 프로그래밍 기법을 말합니다. 이는 컴퓨터의 처리구조와 유사하여 실행속도가 빠르지만 디버깅이 어렵다는 단점이 있습니다.

---

[1] 질문과 답은 대기업에 취업한 학교 선배들과, https://github.com/JaeYeopHan/Interview_Question_for_Beginner의 github 정보와, 내가 공부한 전공과목 지식을 토대로 작성했다.

[2] 여기에 등장하는 FAQ는 현장감을 높이기 위해 경어체로 서술한다.

객체지향 프로그래밍은 현실세계의 사물들을 객체로 보며 그 객체들의 데이터나 절차를 한 덩어리로 처리하는 프로그래밍 기법을 말합니다. 객체지향 프로그래밍은 코드를 재사용하기 용이하며 디버깅이 쉽다는 장점이 있습니다. 반면에 처리속도가 절차지향에 비하여 느리고 설계가 비교적 어렵다는 특징이 있습니다.

객체지향 프로그래밍에는 크게 4가지 특징이 있습니다.

1. 추상화로 객체들의 공통점을 뽑아내어 속성과 메서드로 만듭니다.
2. 캡슐화로 외부로부터 데이터를 감추고 외부와의 상호작용은 메서드를 이용합니다.
3. 상속은 기존에 작성된 클래스의 속성을 물려받아서 새로운 클래스를 만드는 것입니다. 이는 기존 코드를 재활용하기 좋게 합니다.
4. 다형성으로 같은 코드로 다른 행위를 할 수 있게 할 수 있습니다.

이를 위해서 오버라이딩(Overriding)과 오버로딩(Overloading)이 필요합니다.

Q3. 오버라이딩과 오버로딩의 차이점은 무엇인가요?

A3. 오버라이딩은 부모클래스에 정의되어 있는 메서드를 자식클래스에서 재정의하여 사용하는 방법입니다. 이때 부모클래스 메서드는 무시됩니다.

오버로딩은 같은 이름의 메서드를 여러 개 정의하되 매개변수의 유형과 개수를 달리하여 호출하는 방식을 말합니다.

Q4. RESTful하게 API를 디자인 한다는 것은 무슨 뜻인가요?

A4. REST는 REpresental State Transfer의 약자로 웹에 있는 자원을 HTTP를 통하여 전달하기 위한 인터페이스입니다. RESTful하게 API를 디자인한다는 것은 URI로 표현하는 리소스와 GET=조회, POST=추가, PUT=수정, PATCH=일부 수정, DELETE=삭제와 같은 행위를 분리하는 것을 말합니다.

Q5. 테스트 주도 개발방법(Test-Driven Developement)이란 무엇인가요?

A5. 테스트가 코드 작성을 주도하는 개발방식으로 새로운 기능을 추가하기 전에 테스트를 먼저 작성하는 것을 말합니다. 이에 대한 장점은 검증된 테스트 코드로 인해 안정성을 높여줍니다. 단점으로는 모든 상황에 대한 테스트 코드 작성이 어렵고, 생산성의 저하가 따릅니다.

Q6. 함수형 프로그래밍을 설명해주세요.

A6. 함수형 프로그래밍이란 함수를 이용해서 사이트 이펙트가 없도록 선언적으로 프로그래밍을 하는 것입니다. 즉 동일한 입력에 대하여 동일한 결과를 내는 어떤 결과를 얻는가에 초점을 둔 프로그래밍 기법입니다.

Q7. MVC 패턴이란 무엇인가요?

A7. MVC 패턴이란 Model-View-Controller의 약자로 디자인 패턴 중 하나입니다. MVC 패턴은 비즈니스 로직 영역과 사용자 인터페이스 영역을 구분하므로 서로 영향 없이 개발이 가능하다는 장점이 있습니다.

    1) 모델(model): 사용자에게 보이지 않는 영역으로 데이터베이스, 내부 알고리즘 등 백그라운드에서 동작하는 로직을 말합니다.

    2) 뷰(view): 사용자에게 보여주는 영역입니다.

    3) 컨트롤러(controller): 모델과 뷰 사이를 연결하는 역할로 사용자의 입력처리와 흐름 제어 담당을 합니다.

Q8. call-by-value와 call-by-reference를 설명해주세요.

A8. call-by-value란 변숫값을 복사하여 함수의 인자로 전달하는 것을 말합니다. 그렇게 전달된 인자는 함수 내에서만 사용할 수 있는 지역변수의 특징이 있습니다.

call-by-reference란 변수의 주솟값을 복사하여 함수의 인자로 전달하는 것입니다. 함수 안에서 값이 변경된다면 주솟값에 해당하는 변숫값도 변경됩니다.

배열을 함수의 인자로 넘겨줘야할 때 call-by-value 방식은 배열을 복사하여 함수의 인자로 넘겨주므로 실행속도가 느리지만 call-by-reference 방식은 변수의 주솟값을 복사하여 함수의 인자로 넘겨주므로 실행속도가 빠릅니다.

A-3-2 컴퓨터 네트워크

Q1. HTTP의 GET과 POST를 비교해보세요.

A1. GET과 POST 모두 HTTP 프로토콜을 이용하여 서버에 무엇을 요청할 때 사용하는 방식입니다.

    1) GET: 요청하는 데이터가 HTTP request message의 header 부분의 url에 담겨서 전송되기 때문에 데이터의 크기가 제한적이며 요청하는 데이터가 url에 고스란히 보이므로 보안이 중요시되는 요청은 자제하는 것이 좋습니다.

    2) POST: 요청하는 데이터가 HTTP request message의 body 부분에 담겨서 전송되는 방식이기 때문에 데이터의 크기가 GET보다 크지만 보안 면에서 좋습니다.

Q2. OSI 7 계층은 무엇이고 존재 이유는 무엇인가요?

A2. OSI 7 계층은 통신 접속에서 완료까지의 과정을 7단계로 정의한 국제 통신 표준 규약입니다. OSI 7 계층을 사용할 때 통신이 일어나는 과정을 단계별로 파악하기에 용이하여 문제가 발생한 부분을 쉽게 찾을 수 있습니다.

[표 A-1] OSI 7 계층

layer	계층이름	프로토콜	장비	역할
7계층	응용 계층	DNS, HTTP, DHCP, Telnet		응용 프로그램과 통신 프로그램 간의 인터페이스를 제공한다.
6계층	표현 계층	SMB, AFP		송신할 때는 컴퓨터가 관리하는 방식으로 데이터를 변환하고, 수신할 때는 사용자가 볼 수 있는 방식으로 데이터를 변환한다.
5계층	세션 계층	SSH, TLS		포트 연결을 담당하며 통신 장치간의 상호작용을 설정하고 동기화한다.
4계층	전송 계층	TCP, UDP, ARP		흐름을 제어하여 데이터가 정상적으로 전송되게 하며, 오류 복구를 위해 패킷을 재전송한다.
3계층	네트워크 계층	IP, ICMP, IGMP	라우터	데이터를 목적지까지 안전하고 빠르게 전달하는 라우팅 역할을 한다.
2계층	데이터 링크 계층	MAC	브리지, 스위치	네트워크 계층에서 전달되어 내려온 패킷을 프레임으로 만든다.
1계층	물리 계층	Eternet	데이터 케이블, 허브	7계층부터 2계층을 거쳐 캡슐화가 완료된 데이터를 전기신호로 바꾸어 전송한다.

Q3. UDP와 TCP를 비교해 보세요.

A3. UDP는 전송계층의 비연결형 프로토콜로 상대방이 손상된 세그먼트를 수신하더라도 재전송을 하지 않는다는 특징이 있습니다.

반면에 TCP는 전송계층의 연결형 프로토콜로 신뢰성과 순서를 중요시하며 오류가 발생할 시 재전송하며, 전송이 양방향으로 일어나는 전이중과 각 연결이 정확히 2개의 종단점을 가지는 점대점이라는 특징이 있습니다. TCP에서 연결설정은 TCP 3-way handshake에 의하여 행해집니다.

Q4. TCP 3-way handshake를 설명해주세요.

A4. 클라이언트와 서버가 통신하기 위해 다음처럼 3단계의 과정을 거칩니다.

SYN(Client) → SYN+ACK(Server) → ACK(Client)

1) 우선 클라이언트가 서버에 접속을 요청하는 SYN 패킷을 보냅니다.
2) 그 후 서버가 클라이언트로부터 SYN 패킷을 받으면 서버는 클라이언트에게 요청을 확인했다는 ACK 패킷을 보내고 SYN 패킷을 보내어 클라이언트가 응답하길 기다립니다.
3) 클라이언트는 서버로부터 ACK 패킷을 받으면 이후부터 연결이 이루어지고 데이터가 오가게 됩니다.

Q5. HTTP와 HTTPS의 차이점을 말해주세요.

A5. HTTP는 Hypertext Transfer Protocol의 약자로 HTML을 전송하기 위한 통신 규약을 의미합니다. 이 HTTP의 특징은 평문 통신이므로 도청을 당할 경우 해당 의미를 파악당할 수 있으며, 통신상대를 확인하지 않으므로 위장이 가능하다는 보안에 취약점이 존재합니다. 이를 위해 HTTP와 SSL(Secure Sockets Layer) 프로토콜을 합친 HTTPS 프로토콜을 사용합니다.

HTTP는 TCP와 직접 통신하여 도청이 가능했지만 HTTPS 프로토콜은 HTTPS에서 HTTP는 SSL과 통신하고 SSL이 TCP와 통신하므로 모든 HTTP 요청과 응답 데이터는 네트워크로 보내지기 전에 암호화됩니다(TCP/IP 특성상 도청이 가능합니다).

Q6. 인터넷 주소창에 url을 검색하면 어떤 방식으로 통신이 이루어지나요?

A6. 1) 브라우저
- 브라우저는 url에 입력된 값의 의미에 따라 HTTP 요청 메시지를 만듭니다.
- 그 후 만들어진 메시지를 웹서버로 전송합니다.
- 이때 메시지 전송은 브라우저가 직접하지 않고 운영체제에 부탁합니다.
- 부탁받은 운영체제는 DNS 서버를 조회해서 메시지를 보내야 할 IP 주소를 지정합니다.

2) 프로토콜 스택과 LAN 어댑터
- 프로토콜 스택(운영체제에 내장된 네트워크 제어용 소프트웨어)과 LAN 어댑터에서 브라우저로부터 메시지를 받은 후 그 메시지를 패킷 속에 저장합니다.
- 패킷 속에 수신처 주소 등의 제어정보에 덧붙인 후 LAN 어댑터에 넘깁니다.
- LAN 어댑터는 패킷을 전기신호로 변환시켜 LAN 케이블에 송출시킵니다.

3) 허브, 스위치, 라우터
- LAN 어댑터에서 송신한 패킷은 스위치, 허브를 경유하여 인터넷 접속용 라우터에 도착합니다.
- 라우터는 패킷을 ISP(인터넷 접속 서비스를 제공하는 업체, 즉 통신사)에게 전달합니다.
- 인터넷으로 들어가게 됩니다.

4) 액세스 회선, ISP
- 인터넷의 입구에 있는 통신 회선인 액세스 회선에 의해 패킷은 통신사용 라우터까지 운반됩니다.
- 통신사용 라우터를 거쳐 인터넷의 핵심부로 들어가게 되고 수많은 고속 라우터를 통하여 패킷은 목적지까지 흘러갑니다.

5) 방화벽, 캐시서버
- 인터넷 핵심부를 통과한 패킷은 목적지의 LAN에 도착하게 됩니다.
- 방화벽이 먼저 패킷을 검사한 후, 캐시서버로 보내서 웹서버까지 갈 필요가 있는지 검사합니다(접속한 페이지의 데이터가 캐시서버에 존재하면 웹서버에 의뢰하지 않고 바로 그 값을 읽을 수 있습니다).

6) 웹서버
- 패킷이 웹서버에 도착하면, 웹서버의 프로토콜 스택이 패킷을 추출하여 메시지를 복원하고, 웹서버 애플리케이션에 넘깁니다.
- 애플리케이션은 요청에 대한 응답 데이터를 넣어 클라이언트로 회송합니다.

A-3-3 운영체제

Q1. 캐시를 사용하는 이유와 캐시 적중률을 높이기 위한 방법에는 무엇이 있나요?

A1. 캐시는 메모리와 CPU 간의 속도 차이를 완화하기 위해 메모리의 데이터를 미리 가져와서 저장해두는 임시 장소입니다. 캐시는 필요한 데이터를 모아 한꺼번에 전달하는 버퍼의 일종으로 CPU가 앞으로 사용할 것으로 예상되는 데이터를 미리 가져다 놓습니다. 이러한 캐시의 적중률을 높이기 위한 방법으로, 캐시의 크기를 늘리는 방식이 있지만 이는 가격이 비싸다는 한계가 있습니다. 다른 방법으론 앞으로 많이 사용될 데이터를 가져오는데, 지역성 이론에 따르면 현재 위치에 가까운 데이터가 멀리 있는 데이터보다 사용될 확률이 더 높다는 것이 있습니다.

Q2. 프로세스와 스레드의 차이를 설명해주세요.

A2. 프로세스란 프로그램을 실행했을 때 디스크에서 메모리에 올라와 CPU 자원의 할당을 받을 수 있는 상태를 말합니다. 프로세스는 프로세스마다 구분하기 위한 정보와 우선순위, 메모리가 어느 위치에 할당되어 있는지 등에 대한 정보가 필요한데 이는 프로세스를 생성할 때 생성되는 프로세스 제어 블록에 정보가 보관됩니다.

스레드는 프로세스가 CPU에 작업을 요청을 하는 실행 단위입니다. 한 프로세스 내에서 스레드는 1개 일 수도 있고 여러 개일 수도 있습니다. 스레드 간에는 프로세스의 주소나 자원을 공유할 수 있습니다.

Q3. 멀티스레드와 멀티 프로세스의 차이를 설명해주세요

A3. 멀티스레드란 하나의 프로세스 내 작업을 여러 개의 스레드로 분할함으로써 작업의 부담을 줄이는 효율적인 프로세스 운영 기법입니다.

멀티 프로세스란 여러 개의 CPU를 통해 여러 개의 스레드를 동시에 처리하는 작업 환경을 말합니다.

멀티 스레드는 멀티 프로세스보다 적은 메모리를 차지하며 문맥 전환(CPU를 차지하던 프로세스가 나가고 새로운 프로세스를 받아들이는 작업)이 빠르다는 장점이 있지만 오류로 인해 하나의 스레드가 종료되면 전체 스레드가 종료될 수 있다는 단점이 있습니다. 반면 멀티 프로세스는 하나의 프로세스가 종료되어도 다른 프로세스에 영향을 미치지 않는 장점이 있지만 멀티스레드에 비해 많은 메모리 공간과 CPU를 차지한다는 단점이 있습니다.

Q4. 스케줄러란 무엇이며 스케줄링의 3단계를 설명해 주세요.

A4. 스케줄러란 여러 프로세스 상황을 고려하여 CPU와 시스템 자원을 어떻게 배정할지 결정하는 역할을 합니다. 스케줄링을 위한 큐는 현재 시스템 내에 있는 모든 프로세스의 집합인 작업큐, 메모리 안에서 CPU의 할당을 기다리는 프로세스의 집합인 준비큐, 입출력을 대기하고 있는 프로세스의 집합인 장치큐 3가지가 있습니다. 각각의 큐에 프로세스들을 넣고 빼주는 스케줄러에도 장기, 단기, 중기 스케줄러가 있습니다.

- 장기 스케줄러: 어떤 프로세스를 준비큐에 넣을지를 정합니다.
- 단기 스케줄러: 준비큐에 있는 프로세스 중에서 어떤 프로세스를 CPU에 할당할지를 정합니다.
- 중기 스케줄러: 메모리에 여유 공간이 부족할 경우 공간을 만들기 위해 프로세스 일부를 디스크로 옮기는 역할을 합니다.

Q5. CPU 스케줄링 방법을 설명해주세요.

A5. 스케줄링 대상은 준비큐에 있는 프로세스 대상으로 다음과 같은 방식이 있습니다.

- FCFS(First Come First Served): 처음 도착한 프로세스가 먼저 스케줄링을 받는 방식입니다. 시간이 긴 프로세스가 먼저 오면 효율성이 떨어지는 문제점이 있습니다.
- SJF(Short Job First): 프로세스의 수행시간이 짧은 프로세스부터 CPU를 할당하는 방식으로 수행시간이 긴 프로세스는 영원히 할당받지 못하는 문제점이 있습니다.
- SRT(Short Remaining Time): 현재 프로세스의 수행시간이 끝나는 시간보다 나중에 오는 프로세스의 수행시간의 완료 시간이 더 짧다면 즉시 그 프로세스에게 CPU를 할당하는 방식으로 CPU의 수행시간을 측정할 수 없다는 문제점이 있습니다.

우선순위 방식은 정수로 표현된 우선순위가 더 높은 프로세스에게 할당하는 방식으로 선점형 방식과 비선점형 방식이 있습니다. 선점형 방식은 우선순위가 높은 프로세스에게 즉시 CPU를 할당하고, 비선점형 방식은 준비큐의 맨 앞에 프로세스를 등록합니다. 우선순위 방식은 프로세스가 영원히 CPU를 할당받지 못할 수도 있는 문제점이 있습니다.

Round Robin 방식은 현대에서 많이 쓰이는 CPU 스케줄링으로, 각 프로세스들은 동일한 CPU 할당 시간을 받습니다. 할당시간이 만료되면 준비큐의 맨 뒤로 가게 됩니다. 문제점은 할당시간이 너무 길다면 FCFS와 같게 된다는 점이 있습니다.

Q6. 동기와 비동기의 차이가 무엇인가요?

A6. 동기란 요청과 응답이 동시에 이루어짐을 말합니다. 이는 즉 데이터를 서버에 요청한다면 그 서버가 데이터 요청에 따른 응답을 이루기 전까지 사용자는 다른 활동을 할 수 없음을 말합니다.

비동기란 동기의 반대로 요청과 응답이 동시에 이루어지지 않습니다. 그러므로 서버에게 데이터를 요청한 후 응답을 기다리지 않은 채 다른 요청을 보낼 수 있습니다.

Q7. 프로세스 동기화에 대해서 설명해주세요.

A7. 프로세스끼리 자원을 공유하다보면 어떤 데이터에 대해 동시 작업이 일어났을 경우 경쟁 상태가 되며 처리순서에 상관없이 원하는 결과값을 얻지 못하는 문제가 발생할 수 있습니다. 이를 해결하는 방법은 임계구역이라는, 공통으로 쓰이는 자원을 모아둔 구역에 접근하는 프로세스를 하나만 존재하도록 관리하는 방법이 있습니다.

임계구역에 문제를 해결하기 위한 기본 조건에는 3가지가 있습니다.

- 상호배제: 임계구역에는 무조건 하나의 프로세스만 둡니다.
- 진행: 임계구역이 비어있으면 별도의 동작이 없는 프로세스를 임계구역에 넣습니다.
- 한정 대기: 한번 임계구역에 들어갔다 나온 프로세스는 다음에 들어갈 때까지 횟수제한을 둡니다.

구체적인 해결 방법은 다음과 같습니다.

1) Mutex(상호 배제) 방식: 동기화 대상이 하나일 때 임계구역에 진입하는 프로세스에게 열쇠(lock)를 주고, 임계구역에서 나올 때 열쇠(lock)를 반납하는 방식입니다. 임계구역에 진입한 프로세스가 열쇠를 가지고 있는 동안 다른 프로세스는 임계구역에 진입할 수 없게 하여 공유자원 문제를 해결하는 방식입니다.

2) 세마포어(Semaphore) 방식: 동기화 대상이 하나 이상일 때 임계구역에 접근할 수 있는 프로세스의 수를 나타내는 값 카운트를 두어 상호배제 문제를 해결하는 방법입니다. 임계구역에 진입할 때 카운트가 1 감소하고, 임계구역에 나올 때는 카운트가 1 증가하여 카운트가 0보다 크다면 공유 자원을 사용할 수 있게 합니다.

Q8. 가상 메모리란 무엇이며, 어떤 방식으로 작동하나요?

A8. 가상 메모리란 프로세스 전체가 메모리 내에 올라오지 않더라도 실행이 가능하도록 하는 기법입니다. 이를 위해 최소한의 메모리는 램에서 할당받고 나머지는 HDD(가상 메모리 공간)에 저장합니다.

가상 메모리를 사용하게 된다면 프로그램이 사용하는 페이지는 물리 메모리인 램과 가상 메모리인 HDD에 나뉘어 저장되는데 이때, 프로그램이 필요로 하는 페이지가 물리 메모리에 없을 경우 '페이지 폴트'라고 합니다.

페이지 폴트가 발생하면 운영체제가 가상 메모리에서 해당 페이지를 찾아 물리 메모리의 불필요한 페이지와의 교체를 요구하는데 이를 '요구 페이징'이라고 합니다.

Q9. 메모리 단편화란 무엇인가요? 이를 위한 해결법을 말해주세요.

A9. 단편화란 프로세스들이 메모리에 할당하고 해제되는 과정에서 메모리 사이에 사용하지 못할 정도로 작은 빈 공간이 생김을 말합니다. 단편화는 2가지 종류로 나뉩니다.

- 내부 단편화: 프로세스가 사용하는 메모리 공간에 포함된 남는 부분을 말합니다.
- 외부 단편화: 메모리의 할당과 해제 작업의 반복 시 생겨난 빈 공간에 의하여 사용하지 못하게 되는 일부분이 모인 것을 말합니다.

메모리 단편화를 해결하기 위해서는 '페이징'과 '세그먼테이션' 기법이 있습니다.

페이징: 하나의 프로세스가 사용하는 메모리 공간이 연속적이어야 한다는 제약을 없앤 메모리 관리 방법으로, 외부 단편화 문제를 해결하기 위해서 사용합니다. 물리 메모리는 frame, 논리 메모리는 페이지라는 고정 크기의 블록으로 분리한 후 논리 메모리는 물리 메모리에 저장될 때, 연속되어 저장될 필요 없이 물리 메모리의 남는 프레임에 배치함으로서 외부단편화 문제를 해결합니다.

세그먼테이션: 메모리를 페이징과 다르게 가변 크기의 세그먼트로 나눈 후 메모리를 할당합니다. 각 세그먼트는 필요한 메모리만큼 사용하기 때문에 내부 단편화 문제를 해결할 수 있습니다.

Q10. 페이지 교체 알고리즘을 설명해주세요.

A10. 요구 페이징 발생할 경우 교체할 물리 메모리의 페이지를 선정하는 알고리즘을 말합니다. 이는 크게 4가지가 존재합니다.

- FIFO(First int First Out) 방식: 먼저 물리 메모리에 들어온 페이지 순서대로 페이지 교체 시점에 먼저 나가게 됩니다. 단점으로는 페이지의 사용빈도를 고려하지 않으므로 활발하게 사용하는 페이지가 교체될 수 있습니다.
- LRU(Least Recently Used) 방식: 가장 오랜 기간 사용되지 않은 페이지를 교체합니다. 그리디한 방법으로 가장 최적의 페이지 교체 방법입니다.
- LFU(Least Frequently Used) 방식: 참조 횟수가 가장 적은 페이지를 교체합니다. 사용되지 않는 페이지의 경우 교체가 이루어지지 않는다는 문제가 있습니다.
- MFU(Most Frequently Used) 방식: LFU의 반대로 참조 횟수가 가장 많은 페이지를 교체합니다. 이 또한 최적의 근사치에 가깝지 못하여 잘 쓰이지 않습니다.

A-3-4 컴퓨터구조

Q1. 컴퓨터의 3대 구성요소가 무엇인가요?

A1. 연산을 담당하는 CPU, 기억을 담당하는 메모리, 다양한 입출력 장치 3가지입니다.

Q2. CPU의 구조는 어떻게 되어 있나요?

A2. CPU의 주요 구성 요소는 메모리에서 명령을 받아 해독과 실행을 지시하는 제어장치, 제어장치의 지시에 따라 산술, 논리, 비트 연산 등을 수행하는 연산장치, 제어, 연산 등에 사용하는 임시 기억 장치인 기억장치 3가지가 있습니다.

Q3. 병렬처리의 파이프라인 기법과 슈퍼스칼라 기법을 설명해주세요.

A3. CPU의 성능을 향상하기 위해서는 CPU의 클록을 높이거나 캐시의 크기를 늘려야하지만 현재 기술의 한계를 맞아 코어를 여러 개 만들거나, 동시에 실행 가능한 명령의 개수를 늘리는 방법을 사용합니다. 이때 병렬처리는 동시에 여러 개의 명령을 처리하여 작업의 능률을 올리는 방식을 말합니다.

파이프라인 기법은 하나의 코어에 여러 개의 스레드를 사용하는 방법으로 명령어를 여러 개의 단계로 분할한 후, 각 단계를 동시에 처리하는 방법을 말합니다.

슈퍼스칼라 기법은 코어를 여러 개 구성하여 복수의 명령어를 동시에 실행되도록 하는 방식입니다.

Q4. 메모리 영역의 코드 영역, 데이터 영역, 힙 영역, 스택 영역에 대하여 말해주세요.

A4. 프로그램은 어떤 데이터를 사용하여 어떤 작업을 할지 그 절차를 적어둔 것입니다. 그리고 프로세스는 프로그램 실행을 위해 프로그램 데이터를 메모리에 올려둔 상태입니다. 메모리에 올려둔 프로세스는 코드 영역, 데이터 영역, 힙 영역, 스택 영역이 있습니다.

- 코드 영역: 프로그래머가 작성한 프로그램은 코드 영역에 탑재됩니다.
- 데이터 영역: 코드가 실행되면서 사용하는 변수나 파일 등의 각종 데이터를 모아둔 곳입니다.
- 힙 영역: 동적으로 할당되는 변수 영역으로 어쩌다 한 번 쓰는 큰 배열을 처음부터 선언하고 끝까지 놔두는 일이 없어야 하는 곳입니다.
- 스택 영역: 운영체제가 프로세스를 실행하기 위해 부수적으로 필요한 데이터를 모아 놓은 곳으로 함수를 수행하고 함수를 수행한 위치로 돌아오기 위한 정보 등을 저장해 둡니다.
- 코드 영역과 데이터 영역: 프로세스가 실행되기 직전에 위치와 크기가 결정되고 실행되는 동안 변하지 않는 정적 할당 구역입니다.
- 힙 영역과 스택 영역: 프로세스가 실행되는 동안 만들어지는 영역으로, 그 크기가 늘어났다, 줄어 들기도 하는 동적 할당 구역입니다.

Q5. 컴파일러와 인터프리터의 차이는 무엇인가요?

A5. 컴파일러와 인터프리터는 소스코드를 해석하고 실행시키는 방식을 말합니다.

컴파일러는 소스코드가 런타임되기 전에 어셈블리어로 변환하고 그 후 어셈블러를 통해 기계어로 변환 및 해석되는 방식으로 소스코드에 문제가 있다면 실행되지 않고 오류를 알립니다.

인터프리터는 소스코드가 먼저 런타임된 후에 코드를 한 줄씩 변환 및 해석되는 방식으로 소스코드에 문제가 있을 때 오류를 알리며, 그 이전까지는 실행되는 방식입니다.

Q6. RISC와 CISC에 대해 설명해주세요.

A6. 프로세서가 가진 명령어 세트를 기준으로 RISC와 CISC로 나눌 수 있습니다.

RISC(Reduce Instruction Set Computer): 핵심적인 명령어를 기반으로 최소한의 명령어 세트를 구성한 프로세서입니다. 간단한 명령어를 통한 빠른 속도를 낼 수 있다는 장점이 있습니다.

CISC(Complex Instruction Set Computer): 연산을 처리하는 복잡한 명령어를 수 백개 이상 탑재하고 있는 프로세서입니다. 명령어의 개수가 많아 프로그램 구성이 복잡해지지만 적은수의 명령어로 구현할 수 있다는 장점이 있습니다.

A-3-5 데이터베이스

Q1. 데이터베이스를 사용하는 이유가 무엇일까요?

A1. 데이터베이스가 등장하기 전까지는 데이터를 각각의 파일 단위로 저장하는 파일처리 시스템 방식이었습니다. 데이터베이스를 이용하면 데이터의 변경 시 응용 프로그램에 영향을 미치지 않는 독립성과 데이터의 중복 문제와 보안 문제를 해결할 수 있습니다.

Q2. 인덱스란 무엇인가요?

A2. 데이터베이스에서 특정 컬럼값을 가지고 있는 열 혹은 값을 찾기 위해서 사용하는 방법입니다. 이를 위해 컬럼의 값과 해당 레코드의 주소를 키와 값의 쌍으로 인덱스를 만들어 둡니다. DBMS의 인덱스는 항상 정렬된 상태를 유지하기 때문에 원하는 값을 찾는 속도가 빠릅니다.

Q3. B-트리 인덱스 알고리즘과 해시 인덱스 알고리즘을 비교해주세요.

A3. 둘 다 DBMS가 인덱스를 관리하는 방법에 대한 알고리즘입니다.

- B-트리 인덱스 알고리즘: 이진 검색 트리의 형태로 인덱스를 관리하며 데이터 접근시 $O(\log^n)$의 시간복잡도로 접근이 가능합니다.
- 해시 인덱스 알고리즘: 컬럼의 값을 해시화한 값을 인덱싱하는 알고리즘으로 원하는 데이터 접근 시 $O(1)$의 시간복잡도로 접근이 가능합니다.

해시 인덱스 알고리즘이 B-트리 인덱스 알고리즘보다 원하는 데이터의 접근속도가 빠르지만 쿼리문의 where 조건문의 경우 등호(=) 연산이 아닌 부등호(), () 연산에는 B-트리가 효율적이므로 인덱스를 생성하는 데는 보통 B-트리 인덱스 알고리즘을 사용합니다.

Q4. 정규화에 대해서 설명해주세요.

A4. 정규화란 함수 종속성을 이용하여 릴레이션을 연관성이 있는 속성들로만 구성되도록 분해하여, 이상 현상이 발생하지 않는 올바른 릴레이션을 만드는 것을 말합니다. 이상 현상으로는 다음과 같은 문제가 있습니다.

- 새 데이터를 삽입하기 위해 불필요한 데이터도 함께 삽입해야하는 삽입 이상 문제
- 중복 튜플 중 일부만 변경되어 데이터가 불일치하게 되는 갱신 이상 문제
- 튜플 삭제시 꼭 필요한 데이터까지 함께 삭제되는 삭제 이상 문제

이를 해결하기 위해 제1정규형, 제2정규형, 제3정규형, BCNF 정규형이 있습니다.

- 제1정규형: 릴레이션에 속한 모든 속성의 도메인이 원자값으로만 구성되어 있음을 말합니다.
- 제2정규형: 릴레이션이 제1정규형에 속하고, 기본 키가 아닌 모든 속성이 기본 키에 완전 함수 종속이 됨을 말합니다.
- 제3정규형: 릴레이션이 제2정규형에 속하고 기본 키가 아닌 모든 속성이 기본 키에 이행적 함수 종속이 되지 않는 상태를 말합니다.
- BCNF 정규형: 릴레이션 함수 종속 관계에서 모든 결정자가 후보 키임을 말합니다.

데이터베이스의 설계 목표는 BCNF 정규형에 가깝게 만드는 것이며 이에 대한 장점으로는 위에서 말한 이상 현상을 제거할 수 있다는 점입니다. 단점으로는 릴레이션의 분해로 인한 JOIN 연산이 많아져 쿼리의 응답 시간이 느려질 수 있다는 것입니다.

Q5. 트랜잭션에 대해서 설명해주세요.

A5. 트랜잭션이란 데이터베이스 작업의 완전성을 보장해주는 역할을 합니다. 논리적인 작업 여러 개를 모두 완벽하게 처리하면 문제 없지만 문제가 발생할 경우 이를 원상태로 복구하여 일부만 작업이 완료된 상태를 방지합니다.

이런 트랜잭션에는 4가지 특성이 있습니다.

- 원자성: 트랜잭션을 구성하는 연산들이 모두 정상적으로 실행되거나 문제가 발생할 경우 하나도 실행되지 않은 상태로 복구됩니다.
- 일관성: 트랜잭션이 완료된 다음 상태에도 트랜잭션이 일어나기 전의 상황과 동일하게 데이터의 일관성을 보장해야 합니다.
- 고립성: 각각의 트랜잭션은 서로 간섭 없이 독립적으로 수행해야 합니다.
- 지속성: 현재 수행중인 트랜잭션이 완료될 때까지 트랜잭션이 생성한 중간 연산 결과에 다른 트랜잭션이 접근할 수 없습니다.

트랜잭션은 5가지 상태가 있습니다.

- 활동 상태: 트랜잭션이 실행 중인 상태입니다.
- 실패 상태: 트랜잭션 실행에 오류가 발생하여 중단된 상태입니다.
- 부분완료 상태: 트랜잭션의 마지막 연산까지 실행했지만 완료 직전의 상태입니다.
- 완료 상태: 트랜잭션이 완료된 상태입니다.
- 취소 상태: 트랜잭션이 취소된 상태입니다.

완료와 부분 완료의 차이점은 부분완료 시 오류가 발생하면 실패 단계로, 문제가 없다면 완료 단계로 이동한다는 점입니다.

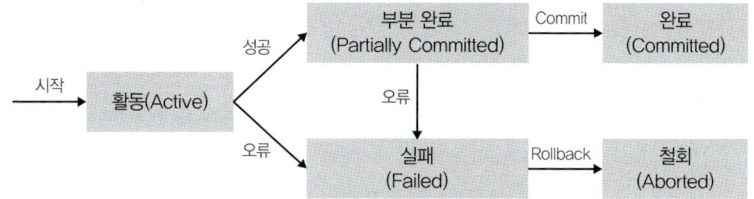

Q6. RDMBMS(관계형 데이터베이스)와 NoSQL의 차이를 설명해주세요.

A6. RDBMS는 엄격한 스키마에 따라 데이터를 저장하므로 명확한 데이터 구조를 보장하는 데이터베이스입니다. 중복 데이터가 존재하지 않아 저장 공간을 절약할 수 있으며, 테이블간의 JOIN을 통해 데이터를 분산 저장할 수 있습니다. 이러한 RDBMS는 일관성을 중요시하며 항공사 예약 시스템의 비행기 표에 관한 정보와 같이 모든 항공사에서 일관성 있게 전달되는 상황에 쓰이면 좋습니다.

NoSQL(Not only SQL)은 스키마 없이 유연하게 데이터를 저장/관리하는 데이터베이스입니다. 데이터의 중복이 허용되는 자유로운 데이터 입력과 컬렉션 간 JOIN을 지원하지 않는 데이터에 대한 규격화된 값을 얻을 수 없습니다. 이러한 NoSQL에는 대표적으로 mongo DB가 있으며 확장성과 가용성에 용이하다는 특징으로 빅데이터, 메시징, 세션 관리 등에 사용에 유리합니다.

A-3-6 그 밖의 질문들

Q1. 개인 혹은 다수의 프로젝트 경험을 말해주세요.

A1. 면접 시에는 개인보다 다수의 사람과 프로젝트 경험이 있는지, 프로젝트를 하면서 어려웠던 점과 그것을 어떻게 극복했는지를 중요시한다고 합니다. 또한 Github를 통해 자신의 프로젝트 소스를 관리했다면 면접관들이 이 코드들을 보고 하나하나 질문이 들어올 수 있으므로 코드를 사용할 때 왜 그 코드를 사용해야 하는지에 대한 개념을 확실히 이해하고 사용하는 게 좋습니다.

학부생 수준에서는 프로젝트 규모가 그렇게 크지 않을 것이라고 생각합니다. 주변에서 프로젝트를 할 때는 남들이 만들지 않은 것을 만들어야 한다는 이야기를 정말 많이 듣지만 실제로 대기업 취업에 성공한 학부생들의 프로젝트 규모는 흔히 볼 수 있는 것부터 차별화된 프로젝트까지 다양합니다. 기업에서 코딩 테스트를 중요시한다면 그만큼 프로젝트 부분보다는 코딩 테스트 역량을 어필하면 되므로 프로젝트로 인한 너무 큰 스트레스를 받지 않아야 합니다.

보통의
취준생을 위한
코딩 테스트
with 파이썬

부록 B
코드포스 대회

B-1 〈코드포스〉 대회 참가 경험

〈코드포스〉는 끝난 대회를 다시 참가하여(가상 대회) 자신의 대략적인 등수를 파악할 수 있는 기능도 있다. 군복무 중 많은 가상 대회에 참가했으며, 점점 나의 실력이 늘어가는 것을 보며 뿌듯함을 느낄 수 있었다.

[그림 B-1] 〈코드포스〉 대회의 참가 기록

대략 17,000명 중 1,100등을 했던 가상의 대회이다.

〈코드포스〉 문제인 경우에는 대회가 끝난후 그 문제의 난이도가 어느 정도일지 측정되며, 정답을 맞추기 위해 어떤 알고리즘을 사용해야 하는지 주어진다. 대회를 하며 내가 풀었던 문제와 문제의 해답코드를, C++를 통해 보여줄 예정인데, 문제의 해답코드는 대회를 치르며 생각한 해답에 대한 나의 개인적인 수순이 담겨 있으므로 매우 읽기 힘들 것이다. 어떤 사고를 하여 2시간 동안 대회에 임했는지 마치 대회를 하듯이 설명해 보겠다. 문제에 표기된 사용 알고리즘, 측정 난이도는 실제 대회를 실시하는 도중에는 보이지 않는다.

B-1-1 〈코드포스〉 대회 문제 A

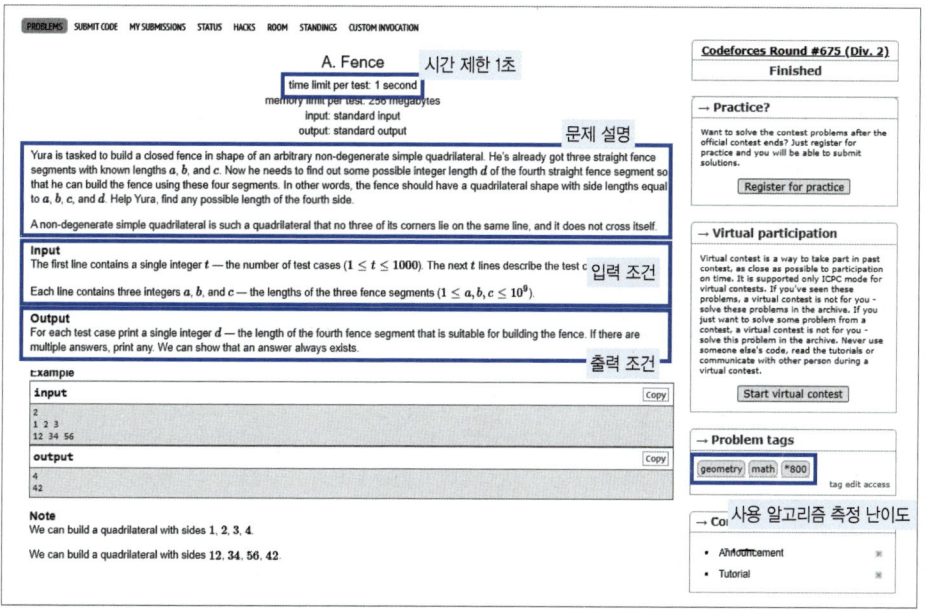

[그림 B-2] 〈코드포스〉 문제 A(http://codeforces.com/contest/1422/problem/A)

시간 제한은 1초로, 최대 1억 번의 연산을 할 수 있다. A번 문제는 기하학, 수학 알고리즘을 사용했고, 측정난이도는 레이팅 800이다. 레이팅 800은 회색 랭크 계정이 풀만한 난이도라는 의미다.

C++를 이용한 해답코드

```cpp
#include <bits/stdc++.h>
using namespace std;
// .......................macro k........................ //
#define pb push_back
#define fi first
#define se second
#define endl '\n'
#define sz(A) (int)(A).size()
#define ALL(A) A.begin(), A.end()
#define ub(A,B) upper_bound(ALL(A), B) - A.begin()
#define lb(A,B) lower_bound(ALL(A), B) - A.begin()

typedef long long i64;
typedef unsigned long long ui64;
typedef double ld;
typedef pair<int, int> ii;
typedef pair<int, ii> iii;
typedef vector<int> vi;
typedef vector<i64> vi64;
typedef vector<string> vs;
typedef vector<vi> vvi;
typedef vector<ii> vii;
typedef vector<vii> vvii;
// .......................fuction1........................ //


// .......................main........................ //
void solve() {
  int t;cin>>t;
  while(t--){
    vi64 a(3);
    for(int i=0;i<3;i++)cin>>a[i];
    sort(ALL(a));
    cout<<a[2]+1<<endl;
  }
```

```
}

int main() {
    cin.tie(0), ios_base::sync_with_stdio(false);
    solve();
    return 0;
}
```

문제설명

유라는 a, b, c 3개의 직선 울타리를 갖고 있다. 유라가 이 3개의 직선 울타리와 추가로 d를 포함한 직선 울타리를 이용하여 네 변으로 이루어진 사각형 울타리를 만들고자 할 때, 가능한 d의 길이를 구하는 것이 핵심이다.

문제를 해석하면서 해야 할 것은 다음과 같다.

1. 문제를 확실히 이해한다.
2. 변수들의 범위를 확인한다.
3. 문제에서 요구한 시간 제한 안에 해결할 해답의 로직을 세운다.

가장 먼저 변수들의 범위를 확인하면 $1<=a, b, c<=10^9$ a, b, c는 1~10억 사이의 수이다. 문제를 해결하기 위해 우선 어떤 경우 a, b, c에서 d를 추가해 사각형 울타리를 만들 수 있는지 생각해보자. 문제를 읽고 기하학적으로 접근해야 한다는 것을 생각하여 그림을 그려가며 풀었다.

$a=1, b=2, c=3$ 일 때

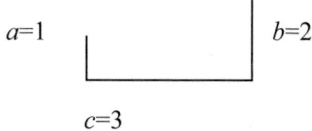

d의 길이는 어떤 경우에 사변형을 만들 수 있을까?

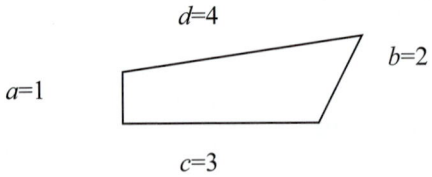

d의 길이가 a, b, c 중에서 가장 큰 변의 길이 +1일 때, 나머지 2변을 기울이다보면 무조건 사변형을 만들 수 있다는 것을 생각했다.

시간복잡도는 a, b, c 중에서 가장 큰 변을 찾으면 되므로 $O(1)$로, 문제가 요구한 시간 내에 문제를 해결할 수 있다. A번 문제답게 쉬운 문제였고, 이 문제를 푸는데 4분이 걸렸다.

이제 다른 문제를 보자.

B-1-2 〈코드포스〉 대회 문제 B

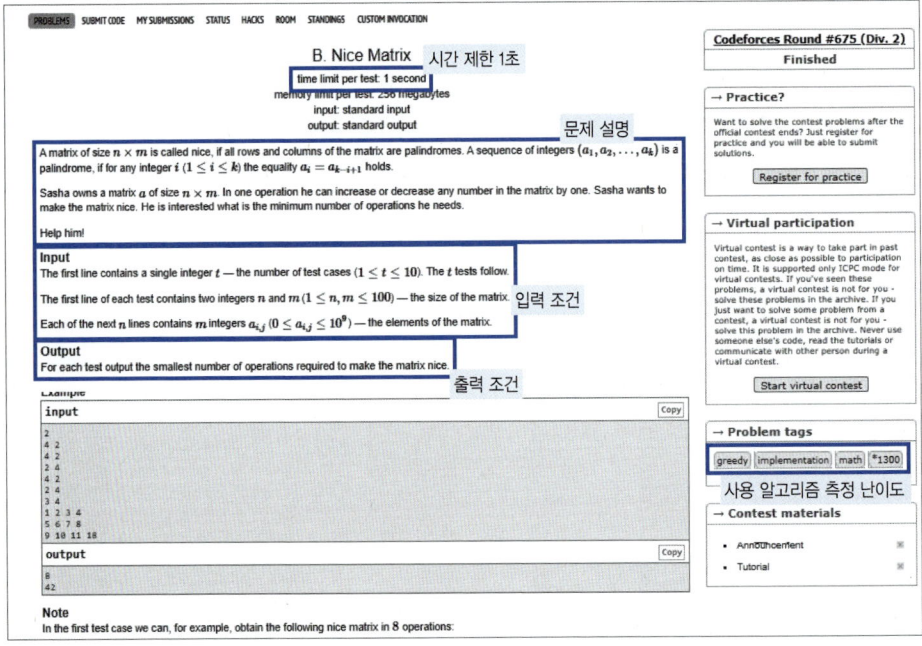

[그림 B-3] 〈코드포스〉의 문제 B(http://codeforces.com/contest/1422/problem/B)

시간 제한은 1초로 최대 1억 번의 연산을 할 수 있다. B번 문제는 탐욕법, 구현, 수학 알고리즘을 사용했고, 측정난이도는 레이팅 1,300이다. 레이팅 1,300은 그린 랭크 계정이 풀만한 난이도라는 의미이다.

C++를 이용한 해답코드

```
#include <bits/stdc++.h>
using namespace std;
// ......................macro k........................ //
#define pb push_back
#define fi first
#define se second
#define endl '\n'
#define sz(A) (int)(A).size()
#define ALL(A) A.begin(), A.end()
#define ub(A,B) upper_bound(ALL(A), B) - A.begin()
#define lb(A,B) lower_bound(ALL(A), B) - A.begin()

typedef long long i64;
typedef unsigned long long ui64;
typedef double ld;
typedef pair<int, int> ii;
typedef pair<int, ii> iii;
typedef vector<int> vi;
typedef vector<i64> vi64;
typedef vector<string> vs;
typedef vector<vi> vvi;
typedef vector<ii> vii;
typedef vector<vii> vvii;
// ......................fuction1........................ //


// ......................main........................ //
void solve() {
  int t;cin>>t;
  while(t--){
```

```
    int n,m;cin>>n>>m;
    i64 tb[101][101]{0,};
    for(int i=0;i<n;i++){
      for(int j=0;j<m;j++){
        cin>>tb[i][j];
      }
    }
    i64 ans=0;
    for(int i=0;i<n;i++){
      i64 sum=0;
      for(int j=0;j<m;j++){
        vi64 tr;
        tr.pb(tb[i][j]);
        tr.pb(tb[i][m-j-1]);
        tr.pb(tb[n-i-1][j]);
        sort(ALL(tr));
        ans+=abs(tr[1]-tb[i][j]);
        ans+=abs(tr[1]-tb[i][m-j-1]);
        ans+=abs(tr[1]-tb[n-i-1][j]);
        tb[i][j]=tr[1];
        tb[i][m-j-1]=tr[1];
        tb[n-i-1][j]=tr[1];
      }
    }
    cout<<ans<<endl;
  }
}

int main() {
cin.tie(0), ios_base::sync_with_stdio(false);
solve();
return 0;
}
```

문제설명

$n*m$ 크기의 매트릭스는 모든 행과 열이 팰린드롬일 때 나이스라고 불린다. 팰린드롬은 $a_1, a_2, ..., a_k$ ($1<=i<=k$) 수들이 $a_i=a_{k-i+1}$을 만족할 때 팰린드롬이라고 한다.

샤샤는 $n*m$ 크기의 매트릭스 a를 가지고 있다. 그는 매트릭스에 있는 수 중 하나를 1 증가하거나 1 감소할 수 있고 이를 무한 번 반복할 수 있다. 이 매트릭스의 모든 행과 열을 팰린드롬인 나이스를 만들기 위해 가장 적은 증가나 감소 횟수는 몇 번인지를 구하는 문제이다.

이 문제를 포함하여 해석해도 이해가 어려운 문제들은 Examples의 예시를 보면서 이해하는 게 좋다.

예제의 2번째 매트릭스는 다음과 같다.

```
n(세로)=3, m(가로)=4
1  2  3  4
5  6  7  8
9 10 11 18
```

매트릭스를 나이스로 만들기 위해서는, 첫 번째로 모든 수를 같게 만들어 주는 방법이 있다.

```
18 18 18 18
18 18 18 18
18 18 18 18
```

첫 가로 줄을 보면 $a_1=18, a_2=18, a_3=18, a_4=18$로 $a_1=a_4, a_2=a_3$으로 $a_1, a_2, ..., a_k$($1<=i<=k$) 수들이 $a_i=a_{k-i+1}$을 만족한다. 나머지 가로 줄과 나머지 세로 줄 또한 팰린드롬을 만족한다.

이때 증가하거나 감소한 횟수는 132번이다.

하지만 매트릭스가 다음과 같을 때는 증가하거나 감소한 횟수는 42번으로 가장 적게 증가나 감소를 한 횟수가 된다.

```
5 6 6 5
6 6 6 6
5 6 6 5
```

어떻게 해야 증가나 감소 횟수를 가장 적게 하며 매트릭스를 나이스로 만들 수 있을까?

자, 이제 변수들의 범위를 보자.

$1<=n, m<=100, 0<=a_{i,j}<=10^9$

가장 좋은 방법으로는 완전 탐색을 해주는 방법이 있다.

각 매트릭스의 수들을 $a_{i,j}$의 범위인 0부터 10억까지 하나씩 대입하여 가장 최소가 되는 증가 횟수나 감소 횟수를 찾는 것이다. 하지만 이 방법은 매트릭스에 있는 수 하나하나마다 최대 10억 번의 연산이 필요하므로 시간복잡도는 매트릭스의 크기 $n*m$와 $a_{i,j}$의 최댓값을 곱한 $O(n*m*a_{i,j})$이다. 최대 연산횟수는 10^{13}으로 프로그램이 실행하는 데 최대 10만 초가 걸릴 수 있다.

다른 방법을 생각해보자.

내가 생각했던 가장 적게 증가하거나 감소하기 위한 방법은 "매트릭스의 값들을 한 행씩 '행 숫자들의 합/행 크기'를 맞추고 그 후 나머지 열들을 '열 숫자들의 합/열 크기'로 맞춰나간다면 되지 않을까?"였다.

하지만 이런 방법은 다른 행이나 열에서 더 많은 증가나 감소가 필요하므로 최솟값이 될 수 없었다. 그러다 생각한 방법이 매트릭스의 행과 열을 동시에 중앙값으로 만든다면 최솟값이 된다는 것을 알았고 즉, 그리디한 방법으로 문제를 해결했다.

설명으로 보자.

1) 한 행씩 '행 숫자들의 합/행 크기'로 맞추고 그 후 나머지 열들을 '열 숫자들의 합/열 크기'로 맞춰나간다.

```
1  2  3  4
5  6  7  8
9 10 11 18
```

우선 한 행씩 '행 숫자들의 합/행 크기'로 맞춘다.

2   2 2   2
13 13 13 13
12 12 12 12

2) 그 후 열들을 '열 숫자들의 합/열 크기'로 맞춘다.

9 9 9 9
9 9 9 9
9 9 9 9

증가나 감소횟수는 48로 최솟값인 42가 되지 않는다.
두 번째 행과 열을 동시에 중앙값으로 만든다면

1 2 3 4
5 6 7 8
9 10 11 18

행과 열이

$a_{1,1}, a_{1,2}, ..., a_{1,m}$ $(1<=i<=m)$

$a_{2,1}, a_{2,2}.....a_{2,m}$

.
.

$a_{n,1}, a_{n,2}.....a_{n,m}$

$(1<=j<=n)$인 매트릭스에서

$a_{i,j} = a_{i,j}, a_{n-j-1}, j, a_{i,m-i-1}$ 중에서 2번째로 큰 값

$a_{n-j}-1, j = a_{i,j}$ $a_{n-j}-1, j, a_{i,m-i}-1$ 중에서 2번째로 큰 값

$a_{i,m-i-1} = a_{i,j}$ $a_{n-j-1}, j, a_{i,m-i-1}$ 중에서 2번째로 큰 값으로 바꾼다.

4 3 3 4
5 6 6 5
4 3 3 4

로 정답인 42번이 된다.

시간복잡도는 $n*m$ 메트릭스를 한번 순회하면 되므로 $O(n*m)$으로 문제가 요구한 시간 내에 해결할 수 있다. B번 문제는 해답 로직을 생각했지만 코드로 구현에 시간이 소요되어 푸는 데 20분이 걸렸다.

B-1-3 〈코드포스〉 대회 문제 C

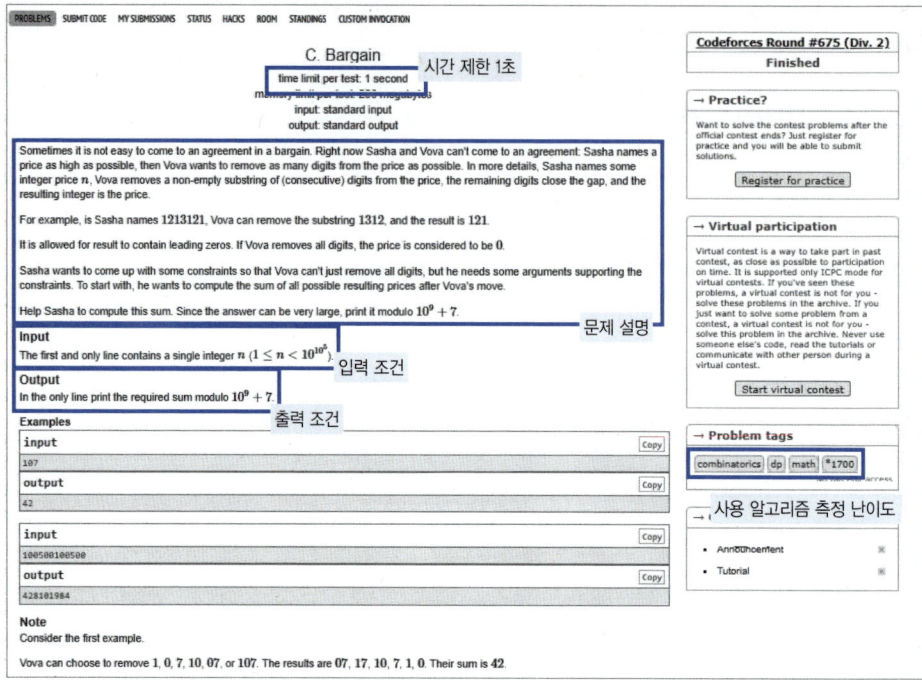

[그림 B-4] 〈코드포스〉의 문제 C(http://codeforces.com/contest/1422/problem/C)

시간 제한은 1초로 최대 1억 번의 연산을 할 수 있다. C번 문제는 조합론, 동적 프로그래밍, 수학 알고리즘을 사용했고, 측정난이도는 레이팅 1,700이다.

레이팅 1,700은 파란 랭크 계정이 풀만한 난이도라는 의미다.

C++를 이용한 해답코드

```
#include <bits/stdc++.h>
using namespace std;
// .......................macro k........................ //
#define pb push_back
#define fi first
#define se second
#define endl '\n'
```

```cpp
#define sz(A) (int)(A).size()
#define ALL(A) A.begin(), A.end()
#define ub(A,B) upper_bound(ALL(A), B) - A.begin()
#define lb(A,B) lower_bound(ALL(A), B) - A.begin()

typedef long long i64;
typedef unsigned long long ui64;
typedef double ld;
typedef pair<int, int> ii;
typedef pair<int, ii> iii;
typedef vector<int> vi;
typedef vector<i64> vi64;
typedef vector<string> vs;
typedef vector<vi> vvi;
typedef vector<ii> vii;
typedef vector<vii> vvii;
// .......................fuction1........................ //

const i64 m=1e9+7;
i64 frr[100100]{0,};
i64 fr2[100100]{0,};
inline i64 Pow(i64 x,i64 n){
    if(x==1)return 1;
    i64 r=1;
    while(n){
        if(n&1){
            r=(r*x)%m;
        }
        x=(x*x)%m;
        n>>=1;
    }
    return r;
}
// .......................main........................ //
void solve() {
    i64 ans=0;
    string s;cin>>s;
```

```cpp
    i64 n=s.length();
    i64 f=0;
    for(i64 i=1;i<100000;i++){
      f+=i;
      f%=m;
      frr[i]=f;
    }
    for(i64 i=1;i<100000;i++){
      f=Pow(10,i-1);
      f*=i;
      f%=m;
      fr2[i]=f;
      fr2[i]+=fr2[i-1];
      fr2[i]%=m;
    }
    for(int i=0;i<n;i++){
      i64 left= Pow(10,n-i-1)*frr[i];
      left%=m;
      left*=(s[i]-'0');
      left%=m;
      ans+=left;ans%=m;
      i64 right=fr2[n-i-1];
      right%=m;
      right*=(s[i]-'0') ;right%=m;
      ans+=right; ans%=m;
    }
    cout<<ans<<endl;
}

int main() {
cin.tie(0), ios_base::sync_with_stdio(false);
solve();
return 0;
}
int main() {
```

```
cin.tie(0), ios_base::sync_with_stdio(false);
solve();
return 0;
}
```

문제설명

숫자 n이 주어질 때 n에서 연속된 글자를 지우고 남은 수의 모든 경우를 더한 값을 10^9+7로 나눈 나머지를 구하는 문제이다.

쉽게 이해하기 위하여 Examples input 1을 보자.

n이 107일 때 지울 수 있는 수는

  1을 지우면 남는 수는 07
  0을 지우면 남는 수는 17
  7을 지우면 남는 수는 10
  10을 지우면 남는 수는 7
  07을 지우면 남는 수는 1
  107을 지우면 남는 수는 0

이 남고 지우고 남은 수를 전부 더한 값은 42가 된다.

따라서 정답은 42를 10^9+7로 나눈 나머지인 42가 된다.

n의 값의 범위는 $1<=n<=1010^5$이다. n의 최댓값은 매우 크지만 걱정할 건 없다.

결국 n의 최댓값이 1010^5이므로 문자열로 나타내면 대략 10^5=10만 정도의 글자 길이가 된다는 것이다(10^1=10으로 두글자, 10^2=100으로 3글자, 10^3=1000으로 4글자).

이 문제를 완전 탐색으로 풀려면 10만 자리의 글자를 하나하나 지우거나, 지우지 않거나를 택해야 하므로 시간복잡도는 $O(2^n$의 글자 길이)로 문제가 요구한 1초라는 1억 번 안의 연산 안에 시행할 수 없다.

또한 시간복잡도를 $O(n^2)$을 택해도 10만*10만 번의 연산을 하므로 이문제를 풀 때 택할 수 있는 시간복잡도는 $O(n)$, $O(n*\log^n)$ 정도이다.

*n의 값이 10,000이 넘어간다면 $O(n^2)$의 시간복잡도를 택하기 어려운 경우가 많으므로 항상 조심해야 한다.

문제를 풀기 위한 로직을 찾아보자.

n이 1247일 때 지울 수 있는 수는

```
1을      지우면 남는 수는 247
12를     지우면 남는 수는 47
124를    지우면 남는 수는 7
1247을   지우면 남는 수는 0
2를      지우면 남는 수는 147
24를     지우면 남는 수는 17
247을    지우면 남는 수는 1
4를      지우면 남는 수는 127
47을     지우면 남는 수는 12
7을      지우면 남는 수는 124가 남게 된다.
```

문제를 보고 처음 15분 동안은 이걸 어떻게 해야 $O(n)$의 시간복잡도로 해결할 수 있을지 많은 고민을 했다. 그러다 찾은 규칙은 다음과 같다.

결국 n이 1247일 때 정답은

첫 번째 자리의 1을 통해 더해지는 수들은 1, 10, 10, 100, 100, 100이며,
두 번째 자리의 2를 통해 더해지는 수들은 2, 20, 20, 200이며,
세 번째 자리의 4를 통해 더해지는 수들은 4, 40, 40, 40이며,
네 번째 자리의 7을 통해 더해지는 수들은 7, 7, 7, 7, 7, 7이 된다.

왜 첫 번째 자리의 1을 통해 1, 10, 10, 100, 100, 100이 더해지는 걸까?

왜냐하면 첫 번째 자리의 수 1은 뒤에 남은 3글자를 통해 첫 번째 글자 이후의 한 글자를 지우는 것 3번(124, 127, 147 총 3번 남음), 첫 번째 글자 이후의 두 글자를 지우는 것 2번(12, 17 총 2번 남음), 첫 번째 글자 이후의 세 글자를 지우는 것 1번(1, 총 1번 남음)이 가능하기 때문이다. 첫 번째 자리의 1을 통해 더해지는 수들은 1, 10, 10, 100, 100, 100이다.

왜 두 번째 자리의 2를 통해 2, 20, 20, 200이 더해지는 걸까?

우선 첫 번째 자리를 지우면 247에서 200이 더해지고 두 번째 자리 뒤에 남은 두 글자를 통해 첫 번째 글자를 지우고 두 번째 글자 이후의 한 글자를 지우는 것 2번(24, 27 총 2번), 첫 번째 글자를 지우고 두 번째 글자 이후의 두 글자를 지우는 것 1번(2 총 1번 남음)이 가능하기 때문이다. 두 번째 자리의 2를 통해 더해지는 수들은 2, 20, 20, 200이다.

왜 세 번째 자리의 4를 통해 4, 40, 40, 40이 더해지는 걸까?

첫 번째 자리를 지우면 247에서 40이 더해지고 두 번째 자리를 지우면 147에서 40이 더해지고 첫 번째 자리와 두 번째 자리를 지우면 47에서 40이 더해지고 첫 번째와 두 번째를 지우고 세 번째 글자 이후의 한 글자를 지우는 것 1번(4가 총 1번 남음)이 가능하기 때문이다. 세 번째 자리의 4를 통해 더해지는 수들은 4, 40, 40, 40이다.

왜 네 번째 자리의 7을 통해 7, 7, 7, 7, 7, 7가 더해지는 걸까?

이젠 눈치챘겠지만

첫 번째 글자

첫 번째 글자, 두 번째 글자

첫 번째 글자, 두 번째 글자, 세 번째 글자

두 번째 글자

두 번째 글자, 세 번째 글자

세 번째 글자를 지우는 6가지의 경우의 수 때문에 7이 6번 더해진다.

세 번째 자리 뒤에 남은 한 글자를 통해

결국 $n=1247$을 $a_1=1$, $a_2=2$, $a_3=4$, $a_4=7$이라 할 때 ($1<=i<=n$의 길이)

$a[i]$를 기준으로

왼쪽은 pow(10, $n-i-1$)*($a[i]$-'0')*i!을 더해 준 값이 되고,

오른쪽은 ($a[i]$-'0')*pow(10, $n-i-1$)+($a[i]$-'0')*pow(10, $n-i-2$)+......+($a[i]$-'0')*pow(10, 1)+($a[i]$-'0')*pow(10, 0)을 더해준 것이 정답이 된다(C++ 기준으로 pow(a, b)=a^b이다).

이렇게 정답 로직을 세우기까지는 30분이 걸렸지만 문제는 그 후였다. 위의 식을 코드로 구현해야 하므로 일반적으로 생각했을 때는 $O(n^2)$의 시간복잡도가 필요했다($a[i]$를 기준으로 왼쪽에 더해지는 $i!$과 오른쪽에 더해지는 $n-1$번의 연산 때문에 n^2번의 연산이 필요했다).

문제에서 요구한 1초, 즉 1억 번의 연산 안에 해결하기 위해서 배열 frr, frr2에 미리 왼쪽과 오른쪽에 필요한 계산을 구해 두고 n을 한번 탐색하여 정답을 구하는 방식으로 바꿀 수 있었다.

정답을 10^9+7로 나눈 나머지 값을 구하기 위해서 모듈러 연산을 이용했다.

결국 $O(n)$의 시간복잡도로 문제를 해결할 수 있었고, 문제를 푸는 데 1시간 16분이 소요되었다.

D번 문제를 풀 수 있는 시간이 20분 남았지만 풀지 못했다. C번 문제를 좀 더 빨리 풀었어야 했다는 생각이 든다.

코드를 한 줄짜기도 힘들어하던 코더 입문자가 대회 문제를 풀며 성장해나갔다는 점이 참 뿌듯했다. 처음 〈코드포스〉 대회를 치루었을 때 A번 문제를 2시간 동안 풀지 못해 울었던 기억이 있다. 이번 대회 경우 A번은 푸는데 4분, B번은 푸는데 20분, C번은 1시간 16분이 소요되었다.

처음 〈코드포스〉 대회를 치루었을 때 울었던 이유는 나에게는 당연했다. 대학교 학부과정에서 배우는 기초 알고리즘을 공부했고, 코딩 테스트에서 주로 출제되는 알고리즘 문제들 경향에 맞게 공부를 했던 나는 문제풀이에 자신이 있어서 대회문제들 또한 잘 풀 수 있을 것이라고 생각했지만 결과는 1문제도 풀지 못한 처참한 상황뿐이었다.

〈코드포스〉 문제들은 대기업 코딩 테스트 문제와 유형이 다르고 동떨어진 문제라는 소리가 있다. 내가 생각하기에도 그렇긴 하다. 대기업 코딩 테스트 문제들은 구현과 기초 알고리즘 지식, 응용에 초점이 맞추어져있고, 〈코드포스〉 대회 문제들은 극한의 수학적사고력을 요구하는 문제들로 초점이 맞추어져 있기 때문이다. 그럼에도 〈코드포스〉 대회 문제들은 풀 것을 적극 추천한다. 수학적 사고력은 알고리즘 문제를 푸는 기본이 되기 때문이다. 이러한 수학적 사고력은 간단한 알고리즘 문제들에 대해서는 크게 빛을 발하지 않지만 심화된 알고리즘 문제들에서 빛을 발한다. 카카오 코딩 테스트 기출문제 같은 경우 수학적사고력을 크게 요하는 문제들이 몇몇 출제된다. 〈코드포스〉에서 길렀던 수학적 사고력은 코딩 테스트에도 빛을 발할 것이다.

〈코드포스〉 대회를 하는 2시간 동안 게임 한 판을 하는 듯한 몰입감을 주며 세계에 있는 알고리즘 문제풀이 유저와의 실시간 대결은 내게는 게임 이상의 재미를 주었다고 생각한다. 알고리즘 공부를 한다면 대회에 참가하기를 적극 추천한다.

〈코드포스〉의 장점은 다음 3가지이다.

1) 실전과 같은 문제풀이 경험
2) 코너 케이스 생각 능력(코너 케이스란 쉽게 말하면 허점을 유발하는 테스트 케이스이다.)
3) 수학적 사고력 증진

보통 대회 시간인 2시간 동안 문제를 풀기 위해 최선을 다해 문제를 푸는 경험은 문제를 푸는 시간을 두지 않고 푸는 방식에 비하여 전투적으로 문제를 푸는 느낌을 준다.

〈코드포스〉 대회 문제 특성상 어려운 알고리즘을 아느냐보다는 수학적 사고력을 통해 문제를 풀 수있느냐에 초점을 두어 다양한 창의적인 생각을 유도하는 경우가 많다.

공부를 할 때마다 느끼는 것이 있다. 풀었던 문제와 비슷한 문제를 반복하여 풀 때는 별다른 생각없이 문제를 외워서 푼다는 느낌을 종종 받는다. 이렇게 외워서 푼 문제들은 나의 창의력을 가둔 채 정해진 틀로만 문제를 풀게 하는 습관을 만든다.

노력을 하면 할수록 정석적인 즉 정해진 방식의 풀이에 집중을 하게 되고, 처음 내가 가진 창의력들은 점차 줄어든다는 느낌을 받곤 한다.

이러한 이유를 극복하고자 〈코드포스〉를 적극 추천한다.

〈코드포스〉의 문제들은 여러분의 창의력을 요구할 것이다. 다양하고 신기한 문제들을 보며 "와~ 재밌는 문제다", "발상의 전환이 신기하네"와 같은 흥미로운 문제들을 접할 수 있을 것이다.

B-2 〈코드포스〉 대회 참가 방법

〈코드포스〉 대회 참가를 위해 codeforces.com 사이트에 접속한다.

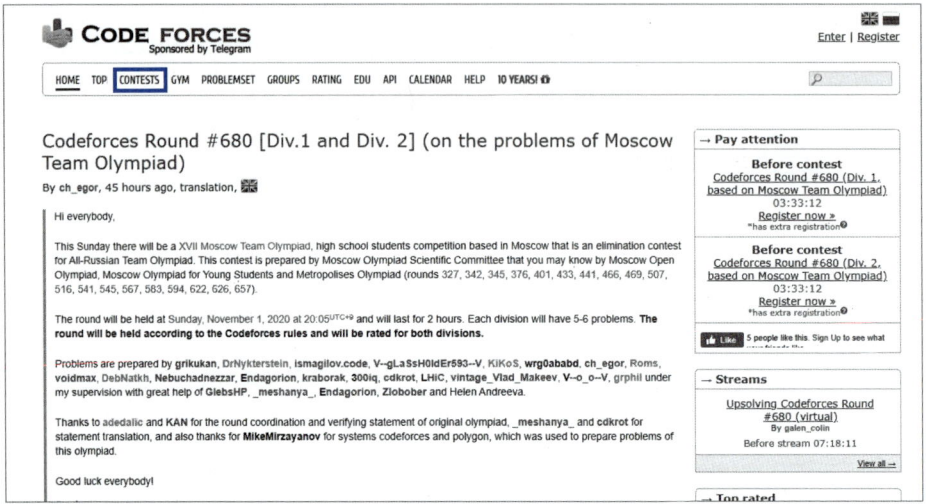

[그림 B-5] 〈코드포스〉 사이트 접속

그러면 상단의 [CONTESTS]를 누르면 진행예정인 대회 일정을 볼 수 있다. 보통 대회는 1주일에 1~2번 정도 개최된다.

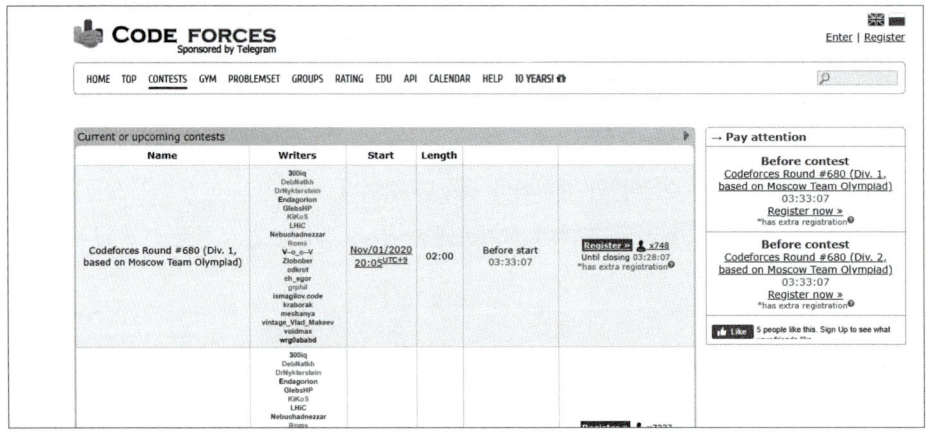

[그림 B-6] 코드 테스트 진행 일정

문제의 해답을 제출하기 위해선 위의 [SUBMIT CODE]를 누른 후 문제 이름, 제출 언어를 선택한 후, Source code 부분에 해답코드를 올린 후 [submit] 버튼을 누르면 된다. 제출 언어 같은 경우 웬만한 언어들은 다 제출 가능하니 걱정하지 않아도 된다.

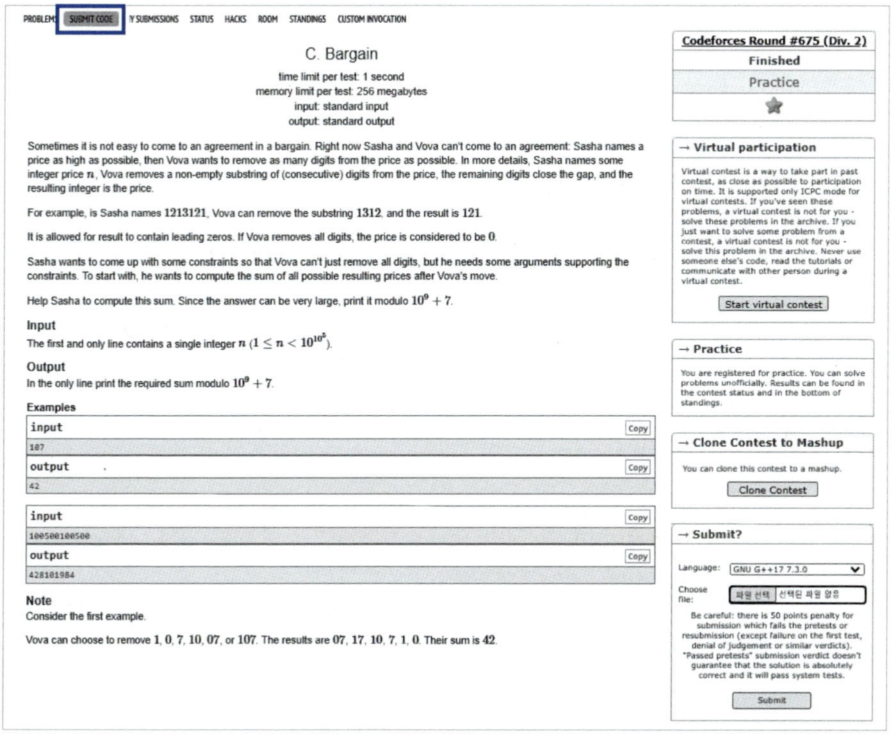

[그림 B-7] 해답코드 제출 방법

이렇게 제출하면 맞았는지 틀렸는지 결과를 확인할 수 있다.

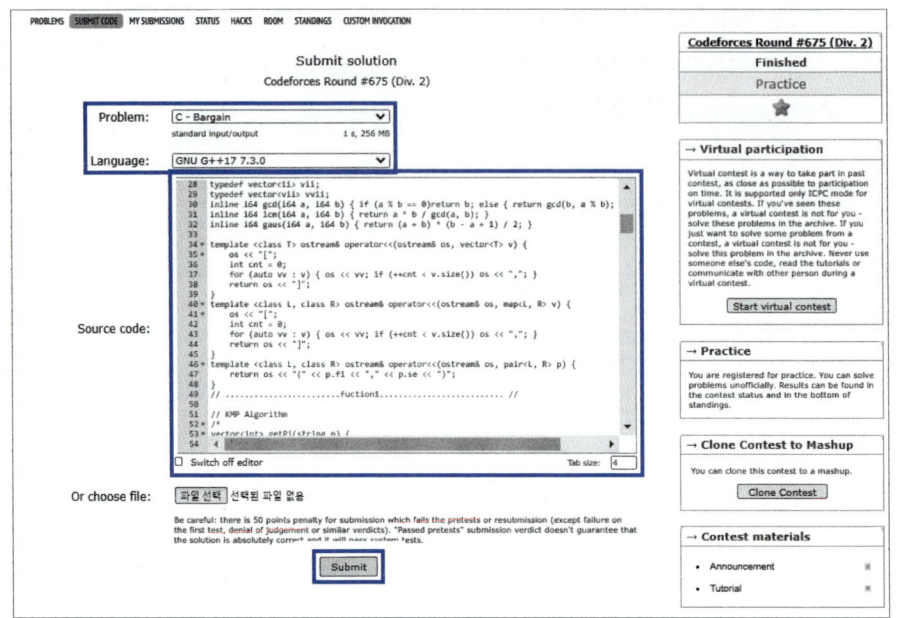

[그림 B-8] 제출 후 결과 확인

〈백준〉 문제들을 풀면서 실버 난이도까지 풀만해졌다면, 〈코드포스〉 대회 참가를 통해 수학적 사고력의 극대화를 노리라고 추천하고 싶다.

〈코드포스〉 유저들 사이에서 레이팅 차이가 300점 이상이 난다면 레이팅이 더 높은 쪽이 대회 도중 배가 아파 화장실에 다녀온다 해도 레이팅이 더 낮은 쪽을 이긴다는 말이 있다. 대회를 여러본 치러본 지금에야 이해할 수 있는 말이었다.

〈코드포스〉 대회 A번, B번, C번 등의 문제들은 각 문제마다 부여된 점수가 다르고 (education codefoces 대회는 제외) 당연히 더 어려운 문제를 맞추면 점수를 많이 획득한다. 또한 문제를 빨리 맞출수록 점수를 많이 획득하여 결국 최종점수가 높은 사람이 등수가 높아지는 시스템이다.

〈코드포스〉 대회는 보통 2시간 동안 진행된다.

〈코드포스〉를 처음할 당시 A번 문제를 풀지 못했다.

〈코드포스〉를 조금 더하자 A번 문제는 15분에 푸는데, B번 문제는 풀지 못했다.

〈코드포스〉를 조금 더하자 A번 문제는 10분에 풀고, B번 문제는 1시간에 풀고, C번 문제를 풀지 못했다.

〈코드포스〉를 조금 더하자 A번 문제는 5분에 풀고, B번 문제는 30분에 풀고, C번 문제를 풀지 못했다.

〈코드포스〉를 조금 더하자 A번 문제는 3~4분에 풀고, B번 문제는 20분에 풀고, C번 문제는 1시간에 풀고, D번 문제는 풀지 못했다.

…

〈코드포스〉 문제들을 문제를 풀지 못한다 → 문제를 푸는 데 시간이 오래 걸린다. → 문제를 푸는 데 시간이 단축된다.

나도 이러한 과정을 통해 풀게 되었다.

레이팅이 오르기 위해선 문제를 빠르게 풀 수 있어야 한다. 문제를 빠르게 풀기 위해선 역시 꾸준한 노력만이 보통의 취준생이 해야 할 사명이라고 생각한다.

찾아보기

A
Android 89

Application Software 106

C
CDN 56

D
Data Architect 87

DBA 86

Div.1 39

Div.2 39

Div.3 39

Div.4 39

E
elasticserach 56

F
Front-End 개발 89

H
Hadoop Engineer 87

I
iOS 앱 개발 89

M
Middleware Software 106

N
Network Engineer 86

O
$O(2n)$ 62

$O(logn)$ 58

$O(n)$ 57

$O(n2)$ 61

S
Segment tree 33

S/W 역량 테스트 92

System Engineer 86

System Software 106

ㄱ

개발 도구 개발 88

구글 검색엔진 55

기술 면접 93

ㄴ

네트워크 85

ㄷ

데이터 분야 89

데이터 사이언스 90

데이터 엔지니어링 90

ㄹ

로드밸런싱 56

ㅁ

맵 자료구조 81

문자열 파싱 81

미들웨어 85

미들웨어 소프트웨어 106

ㅂ

빅오 표현법 56

ㅅ

샘플 테스트 케이스 45

서버 분야 87

서비스 개발 88

시간복잡도 56

시스템 소프트웨어 106

ㅇ

어플리케이션 소프트웨어 106

오픈채팅방 74

운영체제 85

유튜브 53

인성 면접 93

인프라 분야 85

ㅈ

지도 플랫폼 88

ㅊ

창의 면접 93

ㅋ

카카오 신입 공개 채용 72
컴퓨터 사양 53
코너 케이스 45
코드포스 45
클라우드 플랫폼 88
클라이언트 분야 88

ㅍ

프로그래밍 분야 87
플랫폼 개발 88

ㅎ

하드웨어 85